채만식 중 · 장편소설 연구

채만식 연구총서 • 1
채만식 중 · 장편소설 연구

초판 인쇄 2009년 1월 25일 **초판 발행** 2009년 1월 30일
엮은이 군산대학교 채만식연구센터 **펴낸이** 박성모 **펴낸곳** 소명출판 **출판등록** 제13-522호
주소 서울시 서초구 서초동 1621-18 란빌딩 1층
전화 02-585-7840 **팩스** 02-585-7848 **전자우편** somyong@korea.com

값 19,000원

ISBN 978-89-5626-363-2 93810

채만식 중·장편소설 연구

군산대학교 채만식연구센터 편

소명출판

펴내며

여기, 전지구적 자본주의의 동시성에 주목하면서도 그가 살고 있던 곳의 비동시성을 간과하지 않은 한 작가가 있다. 그는 무엇보다도 전지구적 자본주의의 불균등성 때문에 발생하는 이곳의 고유한 역사지리지를 읽어내고 그 누구보다도 고투하였으며 끝내 자신만의 진리로 세상을 읽어내는 것은 물론 자신만의 소설 문법을 개척하게 되었다. 바로 채만식이다.

채만식은 무엇보다 주변부가 전지구적 자본주의에 의해 준주변부로 편입해가는 과정, 그러니까 한국의 식민지 근대화 과정에 누구보다도 민감한 시선을 보낸 작가이다. 채만식은 그 민감한 시선으로 특히 '과도기의 특산물', 그러니까 전지구적인 시스템과 주변부적 시스템이 충돌하면서 만들어내는 갈등들에 깊은 관심을 보였으며, 그를 통해 식민지 근대화의 풍경과 해방 후의 그 역설적인 상황들을 어떤 작가보다도, 심지어 어떤 역사서보다도 더 풍부하고 객관적으로 표현한 작가이다.

그런 점에서 채만식은 그 시대 여타의 작가들과 달랐다. 여타의 작가들이 전지구적 자본주의라는 보편적 시스템이 발생시키는 문제, 예컨대 계급모순이나 문명화에 따른 불안과 불만들에 관심을 집중시켰다면, 그들이 살고 있는 이곳에 관심을 보이는 경우는 전지구적 자본주의와 단절된 현존형식에만 시선을 고정시켰다면, 채만식은 전지구적 자본주의라는 보편적 시스템과 이전부터 이어져 내려오던 토착적 시스템이 복잡하게 뒤엉키면서 발생한 추락과 상승, 비극과 희극의 파노라마들을 주목한 거의 유일한 작가이다.

이처럼 자신만의 진리를 고집했기에 채만식은 고독한 작가이기도 했다. 그는 살아 있는 내내 어떤 거대한 담론들 틈바구니에서 홀로 다른 발성법을 고집했다. 동시에 당대의 압도적인 문학적 집단들 사이에 홀로 서 단독정부를 구축하곤 했었다. 그러니 외로울 밖에. 물론 때에 따라서는 어떤 문제틀의 호명방식을 그대로 수용한 적이 없는 것은 아니었다. 하지만 그 문제틀이 이곳의 동시성과 비동시성의 기묘한 변증법적 운동을 단순화시킨다고 판단된다면 싸늘하리만치 냉정하게 그 문제틀을 바꿔나갔다. 흔히 채만식의 대표작으로 일컬어지는 「과도기」, 『인형의 집을 나와서』, 『탁류』, 『태평천하』, 「민족의 죄인」 등의 위대한 소설들은 이곳의 동시성과 비동시성을 민감하게 읽어낸 채만식 특유의 시대에의 동참의지와 그 처절한 고독의 산물들이다.

하지만 최근 들어 이 풍요롭고 위대한 채만식 문학이 문학 외적인 동기 때문에 세상 사람들의 관심 바깥으로 떠밀려 가고 있는 느낌이다. 외로웠기 때문일까, 아니면 세상이 너무 탁한 탓에 이곳이 아닌 저곳의 삶이 너무 매혹적이었던 탓일까. 하여간 채만식은 식민지 말기에 우리가 충분한 분석도 없이 혐오해마지 않는 식민지 체제협력자의 길을 걸었던 바 있다. 이미 잘 알려진 이 사실이 최근 새삼 문제가 되어 채만식 문학의 일부분이 아닌 채만식 문학 전체를 평가절하하는 분위기가 팽배해지고 있는 것이다.

우리가 채만식을 기억해야 하는 것은 그가 무결점의 인간이어서가 아니다. 또 채만식의 문학 작품 모두가 위대해서도 아니다. 채만식은 수많은 시행착오를 거친 작가이다. 그는 결코 적지 않은 판단착오를 한 작가이기도 하고, 때문에 때로는 잘못된 길에 접어들기도 한 작가이다. 특히나 일제 말기의 체제협력은, 자본주의라는 타락한 세상 대신에 순수 증여 혹은 '공평한 분배' 사회를 건설하고자 하는 그의 순수하지만 성마른 열정에 연유한 것이라 하더라도, 쉽게 납득하기 힘든 안이한 선택이었다고 할 수 있다. 하지만 그렇다고 해서 채만식 문학 전체가 한 순간에 아무것도 아닌 것으로 폄훼되어서는 안 된다. 채만식이 위대한 작가로 널리 인정받는 것은 그가 '무결점 인간'이어서가 아니라 자신의 시행착오를 항상 뼈저린 자기 반성을 통해 위대한 문학작품으로 승화시켰기 때문이다.

그러므로 작가가 생애의 어느 순간 행했던 오판을 전면화해 채만식 문학의 전체를 의미없는 것으로 전락시키는 일은 있어서는 안 된다. 대신 필요한 것은 자신만의 진리에 충실했던 그가 '친일'이라는 심연 속으로 빠져들어 갔으며, 그리고 그것을 어떻게 반성해내고 동시에 그 참담한 경험을 어떤 경로를 통해 위대한 문학으로 승화시켰는가를 따져보는 일이다. 다시 말해 채만식 문학의 빛과 어둠, 절정과 심연 모두를 총체적으로 다시 읽어보고 치밀하게 구성해내는 일만이 그의 문학을 현재적 의미로 충만한 살아 있는 역사로 만들 수 있을 것이며, 지금 시급한 일 역시 바로 이것일 터이다. '채만식연구총서'가 기획된 것 역시 이와 맥을 같이한다. 채만식 문학을 총체적으로 읽어내고 분석하여 그의 문학을 살아 있는 전사(前史)로 계승하고자는 것.

여러 가지 어려움이 있었으나 '채만식연구총서'가 첫 발을 내디딜 수 있었던 것은 전적으로 채만식 문학을 누구보다도 사랑하고 깊숙이 들여다본 연구자들 덕분이다. 일이 진행되는 동안 품은 많이 들고 실속은 별로 없는 이 작업에 기꺼이 뜻을 모아 주었을 뿐만 아니라 격려까지 아끼지 않았다. 다만 처음에는 번쩍번쩍 윤이 나던 원고들이 준비하는 쪽의 미숙함으로 낡은 원고가 되고 말았으니 여간 죄송한 일이 아니다.

2008년 한 해를 보내며
'채만식연구총서' 간행위원회

차
례

통속과 친일, 이종동형(異種同形)의 서사논리 심진경

『여인전기』론

해방 전후의 채만식과 좌우합작론의 소설적 형상화 방민호

단편소설 「역로」에 관하여

『옥랑사』에 나타난 역사인식과 현실인식 황국명

작가의 존재와 자기 처벌, 혹은 대속 한형구

「민족의 죄인」

과도기적 실험으로서의 「과도기」

손정수

1. 「과도기」의 발생사적 맥락과 텍스트의 존재방식

「과도기」는 채만식의 첫 소설이다. 비록 공식적으로 발표되거나 출간되지는 않았지만, 채만식 문학세계의 첫머리에 놓인 이 소설은 이후 본격적으로 전개될 궤도의 방향과 성격을 암시하고 있는바, 그것은 첫 작품이 갖는 운명이자 특권이라고 할 수 있을 것이다.

「과도기」의 집필과 미발표 사정에 관련된 기록은 두 가지를 참조할 수 있다. 우선 채만식 자신의 기록에 의거하면, 그가 「과도기」를 집필한 것은 1923년 여름방학 무렵으로 되어 있다.[1] 21세 되던 1922년 서울 중앙고등보통학교를 졸업하고 일본 도쿄로 건너가 와세다대학 부속 제1와세다 고등학원 문과에 입학한 채만식은 그 이듬해 여름방학을 맞아 학업을 중단하고 귀국한다. 귀국한 그의 앞에는 문학에 대한 열망이라는 내적인 과제와 더불어 직업을 구해야 하는 현실적인 문제가 함께 놓

1) 채만식, 「잃어버린 십 년」, 『조선일보』, 1938년 2월 24일, 『채만식전집』 9, 창작사, 1987년, 511~512면.

여 있었다. 그가 신문사(『동아일보』)를 목표 코스로 정한 것 또한 이러한 그의 처지와 관련될 터이다. 그러나 당시로서는 문학에 입문하여 작가가 되는 것이 곧 신문사에 진입하는 정규 코스였고, 또 그래야만 계속 문학을 해나갈 수 있는 물질적인 조건이 마련될 수 있었기에, 결국 따지고 보면 학업 중단의 결정과 그로 인한 공백상태, 그리고 신문사 취직이라는 현실적인 문제 설정의 근원에는 오로지 문학에 전심하겠다는 의지가 가로놓여 있었다고 볼 것이다. 이러한 계획을 위한 '성능시험'이 곧 「과도기」의 집필이었던 것이다.

그리하여 20대 초반의 청년 채만식은 자신이 쓴 장편소설 「과도기」를 소중하게 짊어지고, 그리고 문학에 대한 입문과 취직에 대한 꿈을 더불어 안고 서울로 올라오게 된다. 서울로 올라온 그가 무엇보다 먼저 선배를 찾아 소설 검토를 청했음은 물론이다. 선배로부터 호의적인 반응과 출판을 하라는 격려까지 받은 그가 한껏 고무되어 다음 날을 기다리지 못하고 그 날로 바로 출판사로 달려갔을 것 또한 불문가지이다. 마침 중학 선배가 근무하고 있는 한성도서를 찾아 의기양양하게 원고를 맡기고, 미구에 일어날 펄프 기근을 염려하고 있던 그에게 돌아온 것은 그러나 출판 사절의 답변이었다. 분개하고 절망한 그가 새롭게 의지를 가다듬고 다시 도전하게 되기까지는 다시 1년 가까운 시간이 필요했다. 강화도의 한 사립학교의 교원으로 취직한 그가 공식적으로 문단에 데뷔(「세 길로」, 『조선문단』, 1924년 12월)하게 되는 것은 「과도기」의 사건이 일어났던 다음 해의 막바지에 이르러서였다. 채만식의 첫 소설인 「과도기」가 세상의 빛을 보지 못하고 묻혀 있다가 1973년에 이르러서야 유고작으로 발표된 것(『문학사상』, 1973년 8~9월)은 이러한 사정에 기인한다.

한편 채만식으로부터 들은 바를 토대로 하여 기술된 최태응의 회고에서 제시된 바는 채만식의 기록과 차이를 보이고 있다. 거기에서는 "동경에서 와세다대학 문학부에 다니고 계시던 1922년에서 23년 사이 하숙방 다다미 위에 엎드려 200자 원고지 580매 분량을 대엿새만에 완성시켰다"[2]고 되어 있어 집필 장소와 시기가 다르게 기술되어 있으며, 발표를 시도한 시기와 미발표 사정 또한 "26년 이후에 가서 모 잡지에 게재할 요령으로 검열에 넣었던 것이 여러 군데 삭제 도장이 찍혀 나와 발표를 보류하게 되었다"[3]고 되어 있어 차이를 보이고 있다.

원고 상태로 세상에 모습을 드러낸 채만식의 첫 소설 「과도기」는 첫 페이지와 뒷부분이 누락된 채, 240자 원고지 406매 분량만이 남아 있어 현재로서는 그 전부를 확인할 수 없는 상태이다. 누락된 뒷부분의 분량에 대해서도 의견이 갈라진다. 원고를 처음 확인한 최태응은 첫 장과 마지막 한 두 장이 유실되었다고 보았으며,[4] 『채만식전집』에서도 마지막의 한 장이 누락되었다고 보고 있으나,[5] 최소한 20쪽 이상이 누락된 것으로 보는 견해도 있다.[6] 소설의 중심구조를 이루는 봉우・정수・형식・문자(文子)의 동거는 친구의 애인인 문자(文子)를 향한 욕망을 스스로 두려워한 정수의 귀국으로 일단락되었으나, 정수를 송별하는 기차역 플랫폼에 영자(永子)가 처음 모습을 드러내고 그가 특출한 미인임에 남은 사람들이 놀라는 장면에서 보면 새로운 이야기가 전개될 여지 또한 없지 않다. 첫 소설 「과도기」에 대한 채만식의 기록을 다시 참조하여, 그가 「과도기」를 시종일관 장편소설로 지칭하고 있는 점, 그리고 단행본 출간을 염두에 두고 있었다는 점 등을 생각하면 후자의 가능성에 무게가 실리지만, 그 전개의 방향조차 전혀 짐작할 수 없는 현재로서는 후반부의 존재 여부가 그다지 큰 의미를 갖는 것은 아니라고 할 것이다.

「과도기」 원본 원고의 또 다른 중요한 특징은 일제 당국에 의한 검열의 흔적이다. 민족의식을 드러내는 표현이나 내용 및 외설적이라고 할

2) 최태응, 「검열에 사장되었던 처녀작」, 『문학사상』, 1973년 8월, 268면.
3) 위의 글.
4) 위의 글.
5) 『채만식전집』 5, 168면.
6) 방민호, 「채만식 소설과 일제하 검열 문제—처녀작 「과도기」 원본을 중심으로」, 국민대학교 어문학연구소, 『어문학논총』 제23집, 2004년 2월, 75면.

수 있는 부분, 그리고 일본이나 일본인에 대한 비난 및 친일파의 행태를 표현한 부분이 주된 삭제의 대상이다.[7] 200자 원고지 여섯 장 정도의 분량이 반일감정을 나타낸 점에서, 그리고 일곱 장 정도의 분량이 표현이 외설하다는 점에서 붉은 줄이 그어졌고 삭제 도장이 찍혔다. 찍힌 삭제 도장의 수는 57개이다.[8] 「과도기」 원고에 행해진 검열의 양상, 즉 ① 붉은 줄만 쳐놓은 경우, ② 붉은 줄을 치고 군데군데 '삭제(削除)'라는 푸른 도장을 찍은 경우, ③ 붉은 색의 꺾기 표시로 묶어놓은 경우 등에 따라 구분되는 검열의 성격과 기능에 대한 상세한 분석도 이루어진 바 있다.[9] 이러한 측면에서 보면 「과도기」는 "당대 검열 상황에 대한 상세한 정보를 제공하는 실증적인 사례"[10]로서도 각별한 의미를 갖고 있는 작품이라 하겠다.

「과도기」를 둘러싼 발생사적 맥락 및 텍스트의 존재방식은 대략 이상과 같이 정리해볼 수 있을 듯하다. 이 경우 무엇보다 뚜렷한 것은 「과도기」가 채만식의 첫 소설이라는 점일 것이다. 곧 첫 소설이되 당시에는 출간되지 못하고 반세기가 지나서야 유고의 형태로 발표되었다는 점이 그것이다. 이러한 사정으로 인해 「과도기」의 텍스트는 특수한 방식으로 존재하게 된다. 곧 소설 뒷부분의 누락과 검열의 흔적은 이 소설이 미발표 유고로 남겨졌다는 근본적인 사실로부터 파생된 특징이라고 할 수 있다.

「과도기」는 채만식의 첫 소설임에도 불구하고 기존의 연구에서 그다지 활발하게 논의된 편은 아니다. 이는 무엇보다 채만식 문학 연구의 무게중심이 1930년대 소설에 놓여져 있다는 사실과 밀접히 관련되며, 앞에서 본 바와 같이 당대에 발표되지 않은 유고작이며 게다가 텍스트

7) 『채만식전집』 5, 168면.
8) 최태웅, 앞의 글, 269면.
9) 방민호, 앞의 글.
10) 위의 글, 74면.

또한 불완전하다는 사실 또한 그 원인의 일부를 이루고 있다.

기존의 연구에서 「과도기」가 독자적인 분석 대상으로 설정된 경우는 발견하기 힘들다. 그 대신 채만식 문학의 특성이 앞서 전제되고 그러한 특성의 연원을 살피는 과정에서 「과도기」를 그 기원에 두는 방식이 일반적이다. 그리하여 「과도기」는 채만식 소설 가운데 특히 자전적 성격을 갖는 소설적 계보의 첫머리에 놓이기도 하고,[11] 식민지 시대 여성의 삶과 운명에 대한 지속적인 천착의 출발점으로 간주되기도 한다.[12] 그런가 하면 채만식 특유의 현실 부정의식을 감상적 수준에서 보여주는 초기적 양상으로 설명된 바 있으며,[13] 1930년대 장편에서 본격화되는 풍자 양식의 시험적 시도로 설명되기도 한다.[14] 한편 「과도기」에 나타난 애정윤리, 허무주의, 사회환경의 비판 등의 요소들이 이후 채만식 문학의 주요 특징들로 전개된다는 견해와,[15] 「과도기」의 '과도기적 의식'이 채만식 문학의 회귀 단위임을 주장하는 견해들도 있다.[16]

이와 같은 층위들이 「과도기」의 중요한 내용적·주제적 측면을 이루고 있다는 점에는 이의를 달기 어렵다. 이 글에서는 이러한 기존의 연구성과를 토대로, 「과도기」를 자전적 층위, 서술적 층위, 양식적 층위, 주제적 층위 등의 네 차원으로 구분하여 각 층위의 성격 및 특징에 대한 세부적인 검토를 통해 「과도기」의 전체적 면모를 종합적으로 구성하는 작업에 초점을 맞추기로 한다. 그 가운데에서도 특히 이 글은 「과도기」에 나타난 여러 가지 분열적 양상에 주목하고 그 효과와 의미에 대해 분석하는 것을 중심적인 목표로 설정한다.

---

11) 방민호, 『채만식과 조선적 근대문학의 구상』, 소명출판, 2001년.
12) 박심자, 「채만식의 과도기에 나타난 집과 여성적 현실의 시대적 의미고」, 『한국어문학연구』 16집, 2002년 9월, 155~167면.
13) 이주형, 「채만식 문학과 부정의 논리」, 『한국 근대소설 연구』, 창작과비평사, 1995년, 267~284면.
14) 정홍섭, 「채만식 문학의 풍자 양식 연구」, 서울대 박사논문, 2003년 2월.
15) 홍기삼, 「풍자와 간접화법」, 『문학사상』, 1973년 12월, 302~308면.
16) 우한용, 『채만식 소설담론의 시학』, 개문사, 1992년, 37~69면.

2. 「과도기」의 작품 분석

본격적인 분석에 앞서, 「과도기」의 대략적인 개요를 짚어두기로 한다. 누락된 부분을 별도로 치면, 「과도기」는 모두 18개의 장으로 구성되어 있다. 이는 다시 전반부(1~10장)와 후반부(11~18장)로 나눌 수 있는데, 전반부가 봉우, 정수, 형식, 문자 등 네 명의 중심인물들이 한 집에서 함께 살게 되기까지의 내력에 대한 서술이라면, 후반부는 이들 네 인물들의 공동생활 속에서 일어나는 사건들이 그 내용으로 되어 있다.

소설은 봉우의 이야기로 시작된다. 방학을 맞아 고향에 돌아온 봉우는 부모에게 자신의 아내와 이혼하도록 해줄 것을 요구하는 한편 아내를 심하게 구박한다. 결국 스스로의 숙명을 비관한 봉우의 아내는 양잿물을 마시고 피를 흘리며 죽어간다. 이 과정에서 아내에 대한 증오와 성욕 사이에서 갈등하는 봉우의 모습, 그리고 아내에 대한 죄의식과 경멸감이 모순적으로 얽혀 있는 봉우의 의식이 선명하게 드러나 있다.

봉우의 생활과 의식은 그 자체로 현실적인 것이지만, 그 다음(3장)에 등장하는 정수의 의식과 대비되는 순간 새로운 성격을 부여받게 된다. 뒤이어 봉우와 영순의 관계(4~5장), 영순과의 관계를 두고 봉우와 정수가 나누는 대화(6장), 봉우와 정수, 형식과 문자가 정수의 집에 함께 모이는 장면(7장), 문자와 형식의 관계(7~10장) 등으로 인물들이 차례차례 등장하고 있다. 말하자면 「과도기」는 봉우→봉우, 정수→봉우, 정수, 영순→봉우, 정수, 영순, 형식, 문자→봉우, 영순, 정수, 형식, 문자, 영자 등과 같은 식으로 새로운 인물을 차례차례 등장시키면서 그때마다 새로운 성격적 대립구도를 재편하는 방식의 구조로 이루어져 있다. 이러한 방식으로 인해 「과도기」에서 인물들 간의 성격 대립은 평면적 차원을 넘어서 각각의 삶의 현실성을 확보하는 계기를 마련하고 있다.

이 가운데 특히 중심에 놓인 것은 봉우・정수・형식・문자가 이루는 구도인바, 「과도기」는 이 네 사람의 결합체가 성립되었다가 해체되는 전말기의 형식으로 이루어져 있다.

> 네 사람이 모인 이 조그만 오막살이에는 평화의 기운이 차고 넘쳤다. 그들은 아무 거리낌없는 생활을 하여나갔다.
>
> 아직 현실에 물들지 아니한 그들은 이상을 토론하기 아니면 모여앉아 농하고 지껄이는 것으로 세월을 보내었다.[17]

이들의 '생활' 가운데 가장 두드러지는 것은 '토론하기'와 '농하고 지껄이기'이다. 후자가 소설의 육체를 마련하는 과제에 대응되는 것이라면, 전자는 이 소설의 주제적 차원과 직결된다. 이렇듯 이 두 차원은 구분되어 있지만 그렇다고 대립적인 것은 아니다. '농하고 지껄이기'는 '토론하기'의 관념성을 견제하면서도 다른 한편으로는 우회적으로 관념을 비판하는, 그 역시 '토론하기'의 한 방식이기 때문이다. 「과도기」의 후반부에는 등장인물들 간의 '토론하기'를 중심으로 정수와 문자가 위태로운 연애감정에 휘말리게 되는 사건과 그로 인해 정수가 귀향을 결심하면서 네 사람의 공동생활이 해체에 이르는 과정이 주된 내용으로 되어 있다.

전체적으로 소설의 전반부는 동향의 친구들인 봉우·정수·형식 등의 유학생 및 그들과 연애관계로 얽힌 문자·영순·영자 등의 여성 인물들의 사연이 번갈아 기술되는 파노라마식 구성이 우세하다면, 후반부는 인물들 간의 갈등이 주로 대화('토론하기')를 통해 제시되고 있다.

---

17) 『채만식전집』 5, 230~231면(이하 「과도기」 작품 인용은 이 텍스트에 의거하여 괄호 안에 페이지수만 밝히기로 한다).

1) 자전적 층위

이 소설의 중심인물인 도쿄 유학생 봉우·정수·형식 등은 공통적으로 조혼한 상태이며 그러한 상태를 일종의 굴레로 인식하고 있다. 지금까지 밝혀진 채만식의 전기적 사실에 의거하면, 그 또한 중앙고등보통학교 3학년 재학중이던 1920년(19세)에 한 살 위의 은선흥과 혼인한 것으로 되어 있다. 채만식 또한 소설 속의 봉우처럼, 혼인 이후에도 서울에서 학업을 계속했으며, 고보 졸업 후 일본 도쿄로 건너가 유학생활을 했다. 이런 점들에 비추어 본다면, 「과도기」에는 작가를 둘러싼 실제 현실의 흔적이 드리워져 있다고 말할 수 있을 것이다.

하지만 그럼에도 불구하고 이와 같은 작품과 현실의 대응이 허구로서의 소설 장르의 성립 조건 자체를 와해시킬 수 있는 것은 아니다. 그러하기에 전기적 사실을 바탕으로 작품의 자전적 성격을 입증하려고 하는 경우, 한편으로는 작품과 현실의 대응관계를 보여주면서 다른 한편으로 양자의 직접적인 상호치환을 경계하는 일이 동시에 일어나게 된다. 가령 한 논자는 채만식이 결혼생활을 통해 경험한, 인습의 질곡을 벗어나려는 근대적 자아와 그것을 결행할 수 없는 전근대적 자아 사이의 격렬한 내적 갈등과 고뇌가 봉우·형식·정수 등의 인물들에 투영되어 있기에 그들이 채만식의 정신적 분신과 같은 인물임을 전제하면서도 "구질서의 질곡에 대한 채만식의 비판은 그의 개인적인 체험과 결코 무관하지 않다. 그러나 그는 그것을 개인적인 체험의 한계 내에서 이해하지 않고, 사회적인 맥락에서 파악하여 소설로 수용하고 있다. 그렇기 때문에 그의 개인적 체험은 소설로 허구화되면서 하나의 사회 문제로 나타난다"[18]고 설명하고 있다. 또 다른 논자는 "이를테면, 주인공 봉우의 경우 그가 일찍이 장가를 가서 아내를 싫어하고 저주하고 죽어주었으면

---

18) 이내수, 「채만식의 초기소설 연구」, 『동국대학교 경주캠퍼스 논문집』 제4집, 4면.

하는 생각까지를 일으키되 작가를 시켜 그 아내는 그러나 추호도 봉우에게서 버림을 받아야 할 이유라고는 없음을 밝혀나간 부분만 보더라도 이 작품이 지니고 있는 자전적 요소란 너무도 다양한 것으로서 섣불리 가려낼 생각을 버려야 한다"고 하면서도 "봉우뿐만 아니라 정수, 형식 3명의 작중인물이 크든 작든 모두 작가의 편모, 한부분씩을 나눠 갖고 움직이는 데 주목"[19]해야 한다고 하여, 순서는 다르지만 근본적으로 앞의 태도와 동일한 태도를 보이고 있다.

그러나 작중인물들을 작가의 정신적 분신들이라고 설명하는 태도 또한 근본적으로는 전기적 사실을 근거로 한 객관적인 분석이 아니라, 오히려 그 반대로 작품 속에 나타난 사건을 작가를 둘러싼 현실의 일부로 간주하는 소박한 반영론의 가정에 입각한 추측의 일종이다. 이 소설의 남성인물들을 두고 "봉우가 작가의 마음속에 숨어 있는지도 모르는 속된 욕망을 대변하고 있다면, 형식은 조혼한 아내를 둔 유학생의 고민을 대변하고 있으며, 정수는 가족과 결혼을 부정하고 독거를 지향하는 작가의 급진적인 사고를 대변한다. 이 점에서 이들은 모두 작품 바깥의 작가를 강하게 암시한다"[20]는 주장 역시 결국 작품에 드러난 내용을 통해 작가의 의식을 유추하는 방식이지 그 역은 아니다. 이처럼 내용적 차원의 반영론적 관점에서 접근하는 한 작품에 나타난 전기적 측면과 관련하여 허구와 실재 사이에 조화로운 접점을 설정하는 것은 불가능하다. 허구와 실재 사이의 불투명한 연관성이 소설 그 자체의 아포리아를 이루고 있기 때문이다. 「과도기」의 자전적 스타일을 설명하기 위해 작가의 이력과의 대비라는 내용적 차원이 아닌, 다른 접근방식이 필요한 것 또한 이 때문이다.

19) 최태응, 「'과도기'로 본 채만식의 인간」, 『문학사상』, 1973년 9월, 239면.
20) 방민호, 앞의 책, 65면.

2) 서술적 층위

근대소설에서 서술자는 텍스트 외부의 작가와 텍스트 내부의 인물들과 거리를 유지하면서 텍스트 내에 안정된 위치를 차지하고 있다. 하지만 「과도기」는 이 시기의 다른 소설들과 마찬가지로 아직 안정된 서술자의 지위를 확보하지 못하고 있다. 이러한 불안정한 서술자의 지위는 이 소설의 불안정한 시점에 대응된다. 「과도기」는 1인칭 소설은 아니지만, 그렇다고 3인칭의 시점을 안정적으로 활용하고 있는 것도 아니다. 「과도기」의 불안정한 시점의 양상이 가장 두드러지게 드러나는 것은 서술자의 과도한 개입이다.

> 이어 경관이 온다. 이십 리나 되는 군산서 검사(檢事)가 출장한 한다 하여 애처로운 기운을 머금은 집안의 공기는 자못 조이는 듯하였으나 아! 죽음을 뉘라서 말리리요!
>
> 불쌍하고 가엾은 그는—봉우의 안해는 그날 새벽에 먼동이 채 트기 전에 마지막으로 수천 길이나 되는 깊은 저 속에서 우러나오는 듯한 비수(悲愁)와 원한을 머금은 눈동자로 전별하는 듯이 봉우를 한번 바라보고는 그만 이 세상—스물네 해 이 세상에서 구천에라도 사무치고 오뉴월 삼복 염천에라도 서리칠 무궁한 원한과 설움을 가슴에 품고 그만 자취도 없이 소리도 없이 다시 오지 못하는 소멸의 나라로 길을 떠나고 말았다. (182면)

여기에서 발화의 주체는 물론 서술자이다. 하지만 이 경우 서술자의 목소리는 일반적인 상황에서와는 다르게 드러나 있다. 서술자의 감정이 개입해 있기 때문이다. 그것은 '애처로운', '불쌍하고 가엾은' 등의 표현에서도 간접적으로 드러나 있지만, '아! 죽음을 뉘라서 말리리요!' 같은 대목에서는 직접적으로 드러나고 있다. 이럴 경우 텍스트 외부 존재로서의 작가와 텍스트 내부 존재로서의 서술자의 거리는 순간적으로 소멸되어버린다.

「과도기」에서 서술자의 목소리는 작가의 목소리와 혼동되고 있을 뿐 아니라, 작중인물의 목소리와 겹쳐져 있기도 하다. 가령 다음과 같은 대목에서 그러한 혼란을 발견할 수 있다.

> 정수는 이번 길이 영자나 문자와 영영 이별이라는 것을 아무 근거도 없이 본능적으로 의식하였다. 그는 그 하루 이틀 미뤄 나가는 동안에 마음이 말할 수 없이 졸이고 설뚱거렸다.
>
> 아! 이 어린 꿈―변할 수 없는 꿈―언제나 깨려나? 아니, 아니다. 차라리 그녀로 하여금 하루라도 더디게 그 꿈을 깨게 하는 것이 그들에게 행복이다. 하루라도 더디게 현실의 비애를 맛보게 하는 것이 적선(積善)이겠다. (286면)

위의 인용의 후반부는 정수의 의식인지 아니면 서술자의 음성인지가 불분명하다. 이처럼 「과도기」에서 서술자의 시선은 매우 불안정하다. 그것은 작가―서술자―인물 간의 층위가 엄밀하게 구분되지 못하고 있기 때문이다. 그로 인해 작가, 서술자, 인물 간의 거리가 안정적으로 확보되지 못하고 그러하기에 텍스트의 자율성을 온전하게 성립시키지 못하고 있다. 「과도기」에서 텍스트 내의 사건이 실제 작가의 현실을 연상시키게 되는 것 또한 이러한 문제와 관련된다. 「과도기」에 나타나고 있는 이러한 서술적 특징은 이 소설의 내용을 작가의 전기적 사실의 일부로 간주하는 빌미를 제공하고 있는 것이다. 이러한 양상은 1920년대 전반기에 특히 빈번하게 등장하는 근대 초기 소설의 일반적인 특성에 해당되는 것이기도 하다. 요컨대 「과도기」의 자전적 성격이라는 것은 채만식의 전기적 사실과의 대비의 측면뿐만 아니라 실상 그 문체 혹은 서술적 특징에 기인한 것이고, 그것은 채만식의 개인적 차원의 것이라기보다는 근대 초기 소설의 제도적 차원에 연결된 것이라고 할 수 있다.[21)]

21) 소설의 제목 '과도기'는 1920년대 초반에 유행했던 신조어 가운데 하나이다. 제목이 보여주듯 소설 속에는 봉건에서 근대로 이행하기 시작하는 과도기적 상황에서 일어나는 풍속 및 의식 등의 '시사적인 사상(事象)'이 도쿄의 유학생 사회를 중심으로 풍부하게

채만식의 소설 가운데 특히 자전적 성격이 두드러지는 작품들이 1920년대 중반 무렵과 1940년을 전후한 시점에 주로 발표되고 있는 것 또한 근본적으로는 이러한 제도적 차원의 문제와 관련된다고 볼 수 있을 것이다.

3) 양식적 층위

이와 같은 「과도기」의 서술적 특징들은 양식상의 특징들을 발생시키는 조건으로 작용한다. 「과도기」의 양식상의 특징은 인물들의 독백적인 상념이나 대화에서 극 양식의 특성이 드러나고 있다는 점에서 찾을 수 있다. 소설과 극 양식이 얽혀 있는 이러한 양식상의 혼란 역시 「과도기」의 특징일 뿐만 아니라 한국 근대 초기 소설의 일반적 특성으로, 이 시기에 이르기까지 근대소설의 장르적 규범이 여전히 마련되어 있지 않은 상황에 기인한다.[22]

묘사되어 있다. 말하자면 「과도기」는 1920년대 전반기의 가장 민감한 사회적, 문학적 주제를 소설적 대상으로 삼고 있는 셈이다. 가령 전영택의 「혜선의 사」(『창조』, 1919년 2월), 김동인의 「마음이 옅은 자여」(『창조』, 1919년 12월~1920년 5월), 임노월의 「춘희」(『매일신보』, 1920년 11월 24~29일)와 「위선자」(『매일신보』, 1920년 3월 2~8일), 방정환의 「그날 밤」(『개벽』, 1920년 12월~1921년 2월), 이익상의 「번뇌의 밤」(『학지광』, 1921년 6월), 염상섭의 「제야」(『개벽』, 1922년 2~6월), 「묘지」(『신생활』, 1922년 7~9월), 「너희들은 무엇을 얻었느냐」(『동아일보』, 1923년 8월 27일~1924년 2월 5일), 최승일의 「아내」(『신여성』, 1924년 6월), 「떠나가는 날」(『신여성』, 1924년 8월), 「그 여자」(『신여성』, 1924년 10월), 「새벽」(『신여성』, 1925년 3~4월) 등의 작품들이 이혼과 자유연애라는, 「과도기」와 동일한 모티프를 취하고 있다는 것이 확인된다. 이들 작품들이 대부분 자전적 성격을 띠고 있는 것 또한 제도적 차원과 관련된다고 할 것이다.

22) 채만식의 경우 이러한 양식상의 혼란을 소설 규범의 확립을 통해 해소하지 않고 두 양식의 병행을 통해 지속시켜 나간 점에서 특징적이다. 「과도기」에 나타나고 있는 이와 같은 소설 양식과 극 양식의 혼란은 1930년대 중반에 이르기까지 지속되고 있다. 가령 「가죽버선」 이후의 단막극들이 여기에 해당된다. 이 극 양식은 엄밀한 의미에서의 극 양식이라고 하기 어렵다는 점이 작가 스스로에 의해 지적되어 있다. "그런데 소설도 아니오 희곡도 아니오 시나리오도 물론 아니오 라디오드라마…… 라고도 하기 어려운

우선 소설의 전반부에서는 사건에 대한 기술에 비해 인물의 의식에 대한 기술이 비대하다. 가령 봉우 아내의 의식 속에서 일어나는 갈등 양상에 대한 기술(178~179면)이나 정수의 공상 속에서 일어나는 상념들에 대한 서술(183~183, 282~284면), 형식과 육체관계를 맺고 난 문자의 번민(214~215면) 등은 사건 전개에 합당한 비중으로 제시되어 있다기보다 갈등과 상념이 펼쳐지는 양상 그대로를 기술하고 있다. 이로 인해 전체 서사의 유기성이 빈약해지는 결과를 초래하고 있으며, 그 결과 일종의 파노라마식 구성이 될 수밖에 없다.

전반부에서 사건에 비해 인물들의 의식에 대한 서술 비중이 과다하다면, 후반부에서는 사건에 비해 대화의 비중이 비대한 양상을 발견할 수 있다. 대화 중심의 서사 전개일 뿐만 아니라, 그 대화의 길이가 서사 구성상의 균형을 넘어서고 있다. "대화에서 한 인물의 말이 대화의 상황이라든지 상대방과의 의견 교섭이나 의미 조정 없이 길어지는 경우는 소설의 양식 자체를 이완시킨다"[23]는 지적처럼 이와 같은 대화 비중의 과다는 소설 양식의 성격을 모호하게 만드는 결과를 초래하고 있다. 그 결과 「과도기」에는 일종의 극 양식의 특징이 개입되고 있다. 그리하여 「과도기」 속의 대화는 일상적 행위에 대한 모방의 차원이 아닌 관념의 표현에 가깝게 된다. "이는 대화라기보다는 독백적 발언에 가깝다"[24]는 지적 또한 이러한 사실과 관련되는 것일 터이다. 이와 같은 양식적 특징은 이 소설의 주제가 관념적으로 표현되는 조건을 이루고 있다.

이것을 나 역시 무엇이라고 이름 지었으면 좋을지 모른다(편의상 「간도행」은 촌극이라 하고 「조그마한 기업가」와 이번 것은 대화소설이라고 하였지만 결코 만족한 명칭은 아니다)."(「'부촌' 작가부기」, 『신동아』, 1932년 7월, 138면)와 같은 대목에서 그 점을 확인할 수 있다.

23) 우한용, 앞의 책, 51면.

24) 위의 책, 52면.

4) 주제적 층위

이와 같은 근대소설에 미처 이르지 못한 서술적, 양식적 특징은 이 소설에 담긴 과도기적 의식에 대응되는 것이라고 볼 수 있다. 이 과도기적 의식은 소설의 주제적 차원을 이루고 있다.

소설 속에서 과도기적 의식은 남성인물들이 처한 상황, 곧 봉건적 현실과 그로부터 벗어나고자 하는 근대적 지향 사이의 혼란을 통해 드러나 있다.

> 뜻밖에 놀라던 일, 진저리가 나게 무서운 자기 아내의 그 형상. 그러나 인젠 그만하면 이혼을 할 수가 있다는 생각, 이혼을 한 뒤에 자기가 자나깨나 속맘으로 상상하던 그 아리따운 아내에게 다시 장가를 들 일, 학교를 마치고 나서 돈을 어쨌든지 많이 좀 모을 일 …… 삼층 양옥, 피아노, 별장, 서서(瑞西)나 이태리로의 여행, 사회사업, 동포구제, 사회에서 자기의 높은 명예……. (278면)

위의 인용은 봉우의 몽상을 기술하고 있는 부분이다. 이 짧은 몽상 속에 봉우의 의식을 점유하고 있는 두 가지 축이 극단적으로 대립하고 있다. 한 면에는 '진저리가 나게 무서운 아내의 형상'으로 요약되는 봉건의 세계가 있다면, 그 세계로부터 벗어나 그 반대의 방향으로 치달으면 '삼층 양옥, 피아노, 별장, 서구로의 여행, 사회사업, 동포구제' 등으로 상징되는 근대 지향성이 놓여 있다. 이혼과 자유연애는 봉건과 근대의 경계에 놓여 있다. 네 사람이 논의하는 첫 번째 관심사가 '이혼'인 것 또한 이와 같은 맥락에서 설명될 수 있다. 그 시대적인 의미를 차치하더라도, 이혼은 봉우·정수·형식 세 사람에게, 넓게는 문자(文子)까지 포함한 네 사람에게 공통적으로 제기된 절박한 과제이다. 채만식은 네 인물의 대화를 통해 당대의 시대적인 풍조를 드러내는 한편, 그러한 현실에 대한 의식을 주로 정수의 입을 빌어 제시하고 있다.

인물들의 몽상 속에서 근대 지향성은 끝없이 펼쳐지지만, 실제의 현실 속에서는 제약되고 있다.

> 봉우는 집 짓는 곳에서 손수 집안 머슴이나 진배없이 거들어 일을 하고 일군들을 되알지게 잡도리하였다.
>
> 봉우는 자기 골에 틀리는 일이 있으면 어느 계급 어느 사회에 속한 사람에게든지 달려들어 멱살을 잡고 쌈을 했다.
>
> 그러므로 봉우의 성질의 그 일면만 보는 사람들은 봉우를 '쌈잘하는 몽릿군'이라고 은연중 두려워하였고, 또 밉게 말하는 사람은 '그놈이 일본 가서 공부하는 세를 믿고 건방진 짓을 한다' 하기도 하였다. (285면)

위에서 보는 것처럼 봉우의 합리성을 지향하는 의식 혹은 행위는 여전히 봉건적 습성에 익숙한 주위 사람들로부터 '일본 가서 공부하는 세를 믿고' 하는 '건방진 짓'으로 간주된다. 말하자면 봉우의 근대 지향성에는 현실화의 조건이 결여되어 있는 것이다. 이러한 근대 지향성과 그 현실적 조건 사이에서 빚어지는 모순은 그대로 이 소설의 중심인물들의 의식 속에서의 모순에 대응되고 있다. 무엇보다 그 모순은 소설 속의 인물들이 추구하는 근대의식 자체의 피상성 · 추상성으로 드러나고 있다.

> 둘이서 학교를 졸업하고 조선으로 돌아가서 형식은 병원 하나를 잘 세워 돈도 모으고 자선사업도 하고 문자는 소학교나 하나 세워 조선 아이들을 모아놓고 열심히 가르치고…….
>
> 사회의 방면으로는 그러하고, 가정에서는 형식이가 병원서 몸이 피곤하여 돌아오면 문자는 피아노 위에 앉아 청아한 곡조로 위로나 하고 예쁘장스러운 아들도 낳고 딸도 낳고 때 맞추어 경치 좋은 곳으로 여행도 다니고.
>
> 그렇지만 만일 형식이가 문자와 부부가 되어 가지고 그처럼 하면 사회에서 혹 배척을 할지도 모르니까 그러면 조선으로 갈 것이 아니라 남미나 남양이나 아프리카로 가서 천연스러운 토인(土人)들을 상종하며 한평생 사는 것이 좋겠다는둥, 그것도 좋지만 태평양이나 대서양 가운데로 가서 무인도나 하나 발견하여 가지고 그곳에서 한평생 살면 둘의 사이에 정의도 변치 않고 아주 썩 좋

겠다는 둥—이처럼 그들은 꼭같은 공상을 하며 그 공상이 인제 장차 꼭 그들의 눈앞에 실현될 것이란 것을 의심치도 아니하였다. (223~224면)

앞서 봉우의 몽상에서도 드러난 바 있지만, 형식의 근대 지향 의식 또한 추상적이고 표피적이기는 마찬가지이다. 추구해야 할 대상의 상이 명확하지 않은 채 추구의 지향성만이 드러나 있기 때문이다.

지향점이 불명확하기에 대화를 통해 드러나는 인물들의 현실 비판은 관념적이며, 그러하기에 과격한 양상을 띠고 있다.

"…… 개미(蟻)집만도 못한 사회, 어린애 장난 같은 과학, 구역질나는 종교, 거짓부리 예술, 수박 겉핥기 같은 철학, 같잖은 도덕, 십 년 묵은 대통(煙管) 같은 사상…… 그래 가지곤 저희끼리 자유니 평등이니 진보니 퇴보니 …… 자연곌(自然界) 정복하느니, 진릴 찾느니, 선악이 어쩌니 미추(美醜)가 어쩌니 …… 국가(國家)니 전쟁이니, 혁명이니 개조니, 영이니 육이니 해가면서 저희끼리도 잘난 놈 못난 놈 구별을 해가지곤 색다른 놈은 다른 색다른 놈에게 텃셀 하고 …… 그래서 서로 잡아먹질 못해서 으르룽거리고…… 어이구 구역난다. 그런데 난 어쩌고. 그렇지만 나도 그중의 하나야. 조금도 다름없는…… 이 우주의 무궁대에 비해 보면 먼지 한낱보다도 크다고 할 수가 없는 요 몸뚱이 …… 우주의 무궁한 시간에 비하면 깩하는 일초 시각보다 그다지 길다고 할 수도 없는 육십 년쯤 되는 생명 …… 그 몸 그 생명을 가지고 요 기가 막히고 구역이 나는 인생사회에 가 뒤섞여서 나 역시 어쩌구저쩌구 나댄단 말이야. 어허허 …… 이것이 무어야 도무지. 그렇지만 아무래도 살아 있는 동안엔 '생활'이란 걸 면할 수가 없는데…… 생활, 생활, 인생생활…… 현실, 아! 현실 …… 어라 이놈의 세상이 귀찮다……" (283~284면)

위의 인용은 외부를 향한 비판의 시선이 결국 자기 자신에 대한 허무주의로 귀착되는 과정을 그대로 드러내고 있다. 이 대목에 대해 우한용은 "위에서 볼 수 있는 것은 풍자가 아니라 동일한 수사법의 반복을 통한 언어리듬이다. (……) 현실과 걸맞는 내용으로 되어 있는 어휘를 선택하는 것이 아니라 텍스트 안에서 이루어지는 말의 리듬에 바탕을 둔 수사이기 때문에 현실에 대해 거리를 두고 바라볼 수 없게 한다. 이러한 리듬은 산문에서 필요로 하는 시각의 분화를 저해한다"[25]고 분석한 바 있는데, 이처럼 「과도기」의 비판은 대상에 초점을 맞추지 못하고 비판하는 행위 자체만 드러나 있기에 거기에는 현실 비판의 구체성도, 냉정한 자기비판도 자리를 찾기 어렵다. 그 결과 인물들의 행위나 사건을 통해 현실 비판이 수행되는 것이 아니라 관념의 제시를 통해 주제가 도출되는 방식으로 기울어지는 현상이 나타나게 된다.

이 소설의 특색 가운데 하나인 민족 감정의 직접적인 표현 또한 같은 차원에 놓인다.

(A) "<…… 그놈이 감옥에서 나올 때에 마침 이 경도에 있는 일본 사람 야심가들이 저희 말대로 하면 소위 '일선 융화를 촉진'할 목적으로 그 화친회란 것을 세우는 기밀 알구, 그놈이 에끼나 먹을 것 생겼구나 하구 그곳에 뛰어들어가서 지금 그 꼬릴 펴구 다니는 거예요 …… 그래 고놈이 — 아이구! 그저 고놈의 소월 생각하면 — 우리 나라 민족의 체면을 팔아 일본 사람에게 아첨하기, 어리숙한 조선 여학생 꾀이기 …… 그러면서두 고놈의 외면으룬 애국잔 체 일류 신산 체하고 뭐라구 딱딱거리구 다니니 그놈의 하는 짓이 분하구 밉잖겠습니까?……>" (195면)

(B) "인제 또 한가지 것은 양자 문젠데 …… 진정 말이지 내가 양잔 갈 수가 없는 형편이야. <난 어디까지든지 조선 사람이니까 …… 지금 피정복자의 설움 가운데서 자기네의 존재까지도 의심할 만한 조선민족에게는> '사랑이나 주의에는 국경이 없다'는 말은 그다지 힘차게 울리지 않고 …… 또 그것이 결코 무리의 일이 아니야. 이렇듯한 동포의 큰 기대나 희망을 저버리구서 내가 문자하구 결혼을 해서 피 섞인 자식을 뒤에 끼치는 것만 해두 여간 큰일이 아닌데다가, 더구나 내가 아주 일본 사람이 되어버린단 것은 너무나 내가 잘못이 아니

25) 위의 책, 49면.

라구?" (222～223면)

(C) "순사놈이 무어라구 지껄이기에 '저놈들이 우릴 보구 지나인이니 짱꼬로니 하구 모욕(侮辱)하길래 젊은 혈기에 싸운 것이라'구 그랬지 …… 그리구 어쩌구저쩌구 하구 얼렁얼렁 얼러넘기구 와버렸지. 오늘 빈 맞었지만 맘은 시원하다. <'난 왜놈 두들겨주는 게 맘에 제일 상쾌해……'"(이 말만은 우리 나라 말로)
하고 자기만 마치 유쾌한 듯이 웃었다.>
(277～278면 : < > 안의 내용은 검열로 인해 삭제된 부분)

(A)에는 봉우가 영순에게 화친회와 서태문을 비판하는 대목이다. 친일 조선인에 대한 신랄한 비판이 노골적으로 드러나 있다. (B)는 결혼문제로 인한 갈등을 두고 형식과 문자가 나누는 대화 부분이다. 둘의 관계가 합법화되기 위해서는 우선 형식의 이혼이 전제되어야 하며, 또한 데릴사위를 들이려는 문자 어머니의 요구가 충족되어야 한다. 조선인 청년과 일본인 처녀의 연애관계에서 일단 애정으로 민족적 장벽을 넘어선다 해도, 그 현실화의 과정에는 또 다른 문제들이 개재되어 있다. 민족문제는 이 지점에서 다시 한 번 표면화되고 있다. (C)는 봉우와 형식이 정수와 문자를 두고 해수욕장에 다녀와서 자신들을 경멸하는 일본인들을 혼내준 이야기를 전하고 있는 대목이다. 그것은 분명하고 직접적이기는 하나, 그 반면에 세련성을 갖추고 있지는 못하다. 민족의식의 표현과 관련된 대부분의 대목에 삭제 도장이 찍혀 있는 것 또한 이로 보면 당연한 일이다.

전체적으로 보아, 「과도기」의 서술적, 양식적 특징은 주제 표현의 차원에도 직접적으로 영향을 미치고 있음을 확인할 수 있다. 그러한 관계를 검토하는 과정에서 「과도기」가 보여주고 있는 주제 표현의 관념적 특징을 살펴볼 수 있었다. 하지만 「과도기」가 그와 같은 한계 내에 머물러 있는 것만은 아니다. 그와 같은 서술상, 양식상, 주제상의 혼란은 서사의 진행과 꼭 맞물려 있지 않은 영역을 생산해 내고 있고, 이 영역은 어떤 의미에서 관념적인 주제 표현에 대한 비판적 기능을 수행하고 있기 때문이다.

「과도기」에서는 한편으로는 당대의 상황과 그러한 상황 속의 인물들에 대한 신랄하고도 무차별적인 비판이 직접적으로 드러나 있지만, 다른 한편으로는 그러한 관념의 허구적 성격 또한 간접적인 방식으로 비판되고 있음을 볼 수 있다. 그런 의미에서 이 소설의 주제의식은 현실에 대한 순응도, 비판도 아닌, 그 양쪽에 걸쳐져 있는 과도기적 의식에 대응되고 있다고 할 수 있을 것이다.

> 그러니까 우린 우리 양심에 거리끼지만 않으면 사회여론 같은 게야 모르는 체하는 게 좋아. 그렇지만 한편으로 보면 그 여론이 그다지 근거가 없는 것도 아니야. 왜 그러냐 하면 지금 우리 나라 젊은 애들 가운데 참말 버큼나는 꼴이 있으니까. 시체 젊은애들이 걸핏하면 이혼을 한다지 …… 그래, '왜 이혼을 하려느냐'구 물으면 열이면 아홉은 '무식하구 얼굴이 미운 것'이 그 제일 큰 조건이라구 대답을 하지. 그러면 유식하구 얼굴 예쁜 색신 얻어 무엇하려냐구 물으면, '둘이서 같이 활동을 해서 벌어먹구 살려구 그런대나. 글쎄, 금시 제 여편네하구 막 좋아 지내던 게 그런단 말이야. 사실 정이 없어 그러는 것두 아니야. 그러니까 사회에선 그따위 것들을 눈감아 볼 수가 있겠다구? 만일 인류제조소(人類製造所)란 게 있다면 그 쓰레기통에다나 모두 쓸어담아서 서울 시구문 밖에다 쿵쿵 파묻어버릴 감들 …… 그것들이 모두 과도기의 특산물(特産物) 부스러기들이야. (240면)

위의 대목은 「과도기」의 가장 핵심적인 주제를 드러내고 있는 부분으로 자주 거론된 바 있다. 여기에서 정수가 비판하는 대상은 시류에 휘말려 이혼 열풍을 벌이고 있는 청년들이다. 그런데 이와 같은 비판의 앞에 놓여 있던 주장은 사회 여론과 무관하게 사회 제도를 떠나 스스로 정당하다고 생각하는 자유연애를 이끌어나갈 필요성에 대한 역설이었다. 인용문 초반부의 '우린 우리 양심에 거리끼지만 않으면 사회여론 같은 건 모르는 체하는 게 좋아'라는 대목에서 그러한 주장의 성격을 확인할 수 있다. 그런데 그 이후 논의는 그 반대 방향으로 전환되고 있다. '사회 여론에 근거가 없는 것도 아니다'라는 주장의 방향이 그것이다. 그리하여 비판의 대상으로 선택된 현상은 정수 자신 또한 해당되는 자유연애 열풍인 것이다. 이 지점에서 조혼이라는 봉건적 폐습으로 인한 당시 젊은이들의 고충과 그로부터 벗어나고자 하는 의식을 한편으로 제시하면서 그러한 의식 속에 내재된 부정적 측면을 동시에 비판하는 것이 가능해질 수 있게 된다. 그것은 주로 작중인물의 자기모순을 드러내는 방식을 통해 이루어지고 있다. 물론 이러한 측면이 자각적이고도 세련된 방식으로 이루어지고 있는 것은 아니다. 하지만 작가의 견해가 일방적인 관점을 취하고 있지 않다는 사실만은 확인할 수 있다.

> "얌전은 무엇이 얌전해? 그것이 모두 예술 잘못 믿은 여독(餘毒)이지. 그리구 얌전하면 정말 얌전해서 그러나? 남의 눈을 꺼려 그러지. 사실 말이지, 요새 그 신여자란 게 새롤 신자 신여잔지 초(酸)처럼 시단 신여잔지 모르겠더구나 이애 …… 눈꼴이 시어 볼 수가 있어야지. 성경자나 보구 찬미가깨나 부르구 하면 제 소위 신성한 생활이나 하는 줄로 …… 눈을 가릅뜨구 다니며 남을 낮추 보구 …… 그러구 그따위들이 방탕을 하기 시작해 봐요. 건잡을 수가 없지. 저희가 무얼 난체해 …… 잘나고도 잘난 체하는 것두 보기가 싫은데 못난 것들이 난첼 하니 어쩌잔 말이야 …… 저희가 무얼 좀 안단 건 모두 개대가리에 감투 씌운 셈이지. 정수 말 본으로 그것들이 모두 과도기 특산물 부스러기들이야……" […] 정수는 형식이가 처음에는 봉우를 성화를 먹이느라고 농말을 하던 것이 그처럼 흥분이 되어가지고 자기가 역시 모순되는 말을 섞어 함부로 남을 욕하는 것을 보고……. (281면)

위의 대목은 형식이 봉우에게 온 영순의 편지를 보고 봉우를 놀리기 위해 시작한 발언이 점차 과격해져 마침내 신여성의 행태에 대한 비판으로 치닫고 있는 장면이다. 그리고 애초의 의도와는 모순되는 방향으로 치달은 형식의 주장의 한계가 정수의 생각을 통해 지적되어 있다. 말하자면 신여성의 행동에 대한 비판을 드러내는 한편, 그러한 비판의 일면성을 견제하는 장치 또한 마련해놓고 있는 셈이다.

이러한 비판적 시선의 존재는 「과도기」의 시점적 특징과 연관되어 있다. 앞서 살펴본 대로 「과도기」에서는 서술자의 시선이 안정적으로 확보되어 있지 못하다. 그리하여 텍스트 내적 존재인 서술자와 텍스트의 외부의 경계가 불투명해지는 일이 일어나기도 한다. 그리고 이에 비례하여 서술자와 등장인물간의 거리 또한 멀어지게 된다.

> 아! 현실에서 멀리 떠난 두 사람(형식과 문자—인용자)의 꿈은 더욱 깊어간다. (223면)

> "아! 정수의 꿈, 영자의 꿈—장차 언제나 깨려는지!" (261면)

> "아! 봉우도 깊은 꿈에서 아직 방황한다. 영순이도 그 꿈속으로 끌려 들어가려 한다. 현실에서 멀리 떠나는 그 꿈—그 맛에 앞뒤를 돌아볼 겨를이 없이 끌려간다." (281면)

그런가 하면 어떤 경우에는 서술자의 시선이 등장인물에 밀착되어 객관적인 거리를 확보하지 못하는 경우가 발생하기도 한다. 말하자면 서술자의 시선은 안정되어 있지 못하고 커다란 진폭의 궤적 위에 놓여 있는 셈이다. 그리하여 인물들의 대화를 통해 서술자의 목소리가 개입하는 경우 주제의 관념적 형상화가 이루어지게 되고, 서술자의 시선이 인물과 분리되어 외부에 놓이게 되는 경우 인물들의 발언과 행위를 비판하는 것이 가능하게 된다. 물론 이 두 가지 측면이 유기적으로 결합되지 못하고 분열된 채 모순적으로 결합되어 있기는 하지만, 이러한 서술적 특징이 「과도기」의 주제 표현의 성격을 규정하고 있다는 점은 간과될 수 없다.

이와 같은 시선의 연장선상에서 외부를 향한 언술과 내면의 의식이 모순을 이루는 다음과 같은 장면을 발견할 수 있다.

> "흥, 그러니까 자네 말이 모순이구 자네가 완고란 말이야. 그렇지만 박봉우 자네로는 그두 또 괴이찮은 일일세……."
>
> '그렇지만…….'
>
> 하고 정수는 위의 말은 하고도 혼자 생각을 하였다.
>
> '그렇지만 봉우의 말이 한편으론 옳을지 몰라? 사실 말하면 예쁘고 온순하고 지식 있는 여자가 남자의 사랑을 이끌 가능성이 일반적으로 많으니까. 연애란 원칙으로 보면 남녀가 결합하는 준비 행위니까. 남잔 여자, 여잔 남자의 서로서로의 성질이나 자격을 잘 이해찮고 다만 사랑만 한 것으로 곧 결혼을 했다가 그것이 영구히 계속치 못하는 폐단이 간혹 생기게 하는 것보다, 차라리 봉우처럼 외적 조건이 갖추어 있는 이성을 가리어 가지고 그에서 우러나는 사랑으로 영구히 정답게 지내는 것이 좋을지 몰라? 그렇지만 이성과 이성 사이에 있는 연애나 성적(性的) 관곈 그다지 단순칠 않으니까…… 플라토닉 연애나 봉우의 말하는 것이나 두 가지가 다 완전한 건 못되는군…… 완전한 연애? 완전한 남녀 결합? 그것도 운명이다. 조그마한 사람이란 것의 힘으론 어쩔 수 없는 것이다. 역시 사람은 사람이다! 그것이 사람의 사람 된 원리겠지!' (200~201면)

위의 대목은 정수가 봉우와의 대화 중에 자신의 발언과 상반되는 상념을 떠올리고 있는 부분이다. 이러한 정수의 생각은 대화를 통해 드러난 봉우, 정수, 형식의 생각의 대비에서는 드러나지 않았던, 그와 반대되는 생각으로 되어 있다. 부분적이기는 하지만, 이러한 대목은 「과도기」의 인물들이 전형적으로 유형화되어 있지만은 않다는 점을 보여주고 있다.

여기에 덧붙여 살펴볼 수 있는 것이 주로 봉우의 무의식을 통해 현상하는 타자로서의 여성의 존재이다. 「과도기」에서 여성은 한편으로는 봉우, 정수, 형식의 근대 지향성을 대비시켜 보여주는 준거로서 작용하지만, 다른 한편으로 그러한 근대 지향의식의 피상성과 자기 모순을 비추는 반성적인 타자 역할을 맡고 있다.

그 모양이야말로 참 몸서리가 나도록 끔찍하였다. 얼굴은 양촛빛같이 해쓱하고 혓바닥을 세치나 빼서 깨물은 입에서는 게거품이 질질 흘러 빡빡 찢어발긴 저고리와 치마에 붉은 핏물을 들이고 그 검고 기다란 탐진 머리채는 얼굴로 어깨 위로 앞가슴으로 풀어 흩뜨린 채 휠쭉한 눈으로 봉우를 바라보는 그 형상이 성냥불에 훤히 나타났다가 불이 사라짐을 따라 그만 암흑 속으로 슬며시 사라져버렸다. (276면)

현실 속에서 봉우의 아내는 봉우로부터 철저하게 멸시 당하는 존재이지만, 봉우의 무의식 속에서 그는 위에서 보는 것처럼 공포를 불러일으키는 대상이기도 하다. 이와 같은 봉우의 의식(무의식)은 그들의 피상적이고 자기 모순적인 근대 지향성의 어두운 이면을 표상한다. 말하자면 그 어두운 이면에 드러나는 공포의 형상은 봉우・정수・형식들이 추구하는 근대 지향성의 자기 모순의 반영이라 할 것이다. 소설 속에서 봉우 아내를 통해 봉건 여성들의 부당한 피해가 부각되어 있는 것 또한 이러한 맥락에서 설명될 수 있다.[26)]

3. 「과도기」의 문학사적 의미

「과도기」의 문학사적 의미는 두 가지 좌표 속에서 검토될 수 있다. 첫 번째는 채만식 문학의 내적 차원에서 「과도기」가 점유하고 있는 기

26) 이러한 의식은 이후 채만식 소설에서 지속적으로 여성의 삶을 주제화하는 출발점을 이루고 있다. 이러한 방향은 「박명」(1925년) 「순례의 시집살이」(1926년) 「봉투에 든 돈」(1927년) 등에 직접적으로 이어져 있고, 『인형의 집을 나와서』(1933년)의 임노라와 『탁류』(1938년)의 초봉이는 말할 것도 없고, 「보리방아」(1936년) 「동화」(1938년) 「병이 낫거든」(1941년) 연작이나 「용동댁」(1938년) 「패배자의 무덤」(1939년) 등의 여성인물에까지 지속적으로 이어지고 있다.

원으로서의 의미일 것이며, 두 번째는 동시대 담론들과의 관련 속에서 「과도기」가 갖는 지위에 대한 검토이다.

우선 일본 도쿄에서 유학하고 있는 봉우, 정수, 형식 등 세 인물의 대비를 통해 봉건에서 근대로 이행하는 과도기의 인간 양상을 드러내고 있는 이 소설은 이후에 전개될 채만식 문학의 특징을 징후적으로 보여주고 있다. 곧 채만식의 첫 소설 「과도기」에는 채만식 고유의 풍자와 비판 정신의 단초가 드러나 있고, 이후 지속적으로 전개될 여성 문제에 대한 관심의 단서가 놓여 있으며, 또한 「과도기」에는 그가 이후 병행시켰던 소설과 희곡의 두 갈래 양식이 혼재되어 드러나 있기도 하다.

한편 동시대의 지평 속에서 보면 「과도기」는 자유연애라는 1920년대 전반기의 민감한 사회적, 문학적 주제를 소설적 대상으로 삼고 있으며, 완결된 유기적 서사구조에 미달하는 근대 초기 소설의 특징을 그대로 보여주고 있다. 그러하기에 「과도기」는 서술적, 양식적 측면에서 근대 소설의 규범을 확립하지 못한 불안정한 상태에 놓여 있으며 그러한 특징은 이 소설이 한국근대 초기소설의 성립과정에 위치해 있다는 사실과 무관하지 않다. 이 소설의 자전적 성격 또한 이와 같은 제도적 차원과 밀접하게 관련되어 있다고 할 것이다.

소설 규범의 미확립으로 말미암아 이 소설의 주제 표현 방식은 직접적이고 관념적인 것이 사실이다. 하지만 같은 이유에서 「과도기」의 시점의 불안정성은 주제 표현 또한 분열된 방식으로 드러날 수밖에 없게 만들고 있다. 그로 인해 빚어지는 인물의 성격 혹은 그들의 발화의 모순은 「과도기」를 복합적인 의식이 모순적으로 혼재되어 있는 영역으로 만들고 있다. 거기에서 현실에 대한 직접적이고 관념적인 비판과 그것의 일면성을 견제하는 그 반대 방향의 의식이 모순적으로 결합되어 있다. 여기에서 인물의 발화를 통한 현실 비판과 그 인물에 대한 풍자를 동시에 수행하는 채만식 고유의 스타일의 기원을 확인할 수 있다.

이후 채만식은 근대소설의 규범이 제도적 차원에서 확립되어 가는 과정과 병행하여 그의 고유한 풍자와 현실비판의 세계를 균형 잡힌 방식으로 구축하게 되거니와, 「과도기」는 그 방향으로 나아가는 과도기적인 실험의 양상을 보여주고 있다고 하겠다.

• **손정수** | 계명대학교 문예창작학과 교수. 저서로 『미와 이데올로기』 『개념사로서의 한국근대비평사』 『텍스트의 경계』 등이 있음.

사회주의 여성해방론의 소설적 형상화와 그 의미

『인형의 집을 나와서』를 중심으로

김양선

1. 서론

채만식의 첫 번째 장편소설인 『인형의 집을 나와서』는 1933년 5월 27일부터 11월 14일까지 『조선일보』에 연재되었다.[1] 여러 연구자들이 지적한 바와 같이 채만식은 『탁류』, 『여자의 일생』, 그리고 그것을 친일적 색채로 개작한 『여인전기(女人戰記)』 등 일련의 장편소설을 통해 전근대적 유제와 식민지 근대의 파행성이라는 이중적 구속으로 인해 고통받는

1) 『채만식전집』 1(창작사, 1987년)에 실린 '해제'에 따르면 이 작품은 조선일보에 연재된 후 작가가 원고지 70매 가량의 분량을 퇴고하였다고 한다. 작가는 연재 후 신문연재본에 장 제목을 붙이고, 간간이 삭제하기도 하고 곳에 따라 내용을 추가하여 퇴고본을 완성했다고 한다. 퇴고본에서는 단행본으로 간행 시 검열을 우려했는지 연재본에서 확연하게 드러나는 일본의 식민정책에 대한 날카로운 비판이 상당 부분 완화되어 있거나 빠져 있다.
한편 김사이는 창작사에서 밝힌 연재 회수가 140회인 것과는 달리 본인이 확인한 바에 따르면 150회라고 밝히고 있다. 본고는 퇴고본인 『채만식전집』 1을 대상 텍스트로 하되, 퇴고본에서 빠져 있는 부분의 경우 『조선일보』 연재본을 참고할 것이다.
김사이, 「채만식의 『인형의 집을 나와서』 연구」, 상명대 대학원, 2000년, 6면 참고.

여성의 처지에 각별한 관심을 보여왔다. 『인형의 집을 나와서』는 이처럼 여성 문제에 대한 작가 의식의 발단에 해당하는 작품이라는 점에서, 여성문제가 개체적 실존의 문제가 아니라 당대 사회의 구조적 모순과 관련되어 있음을 분명히 한 작품이라는 점에서 그 의미가 자못 크다.

그런데 『인형의 집을 나와서』가 당대 사회에 대해 사실주의 기율과 풍자의 기법을 적절히 활용하며 날카로운 비판의식을 견지했던 채만식 문학세계의 본령과 어떻게 맞닿아 있는지, "여성문제에 관해 1930년대의 한국 남성작가로는 괄목할 정도의 인식을 지녔다"[2]는 평가가 과연 타당한 것인지를 엄정하게 따져보기 위해서는 몇 가지 전제되어야 할 사항들이 있다. 첫 번째는 작가가 『탁류』, 『여자의 일생』 등의 작품들에서 식민지 자본주의의 파행성과 그 이면에 강고하게 자리한 전근대적인 가부장제의 폭력성을 비판하기 위한 서사적 장치로 여성의 수난을 전기(傳記)적 틀에 담아 형상화했다는 점이다. 그 때문에 채만식 문학에서도 '여성'은 식민지 조선의 부정적 현실을 효과적으로 보여주기 위한 '민족'의 알레고리로 전용되었으며, 주체가 되지 못한 채 '남성 주체의 그늘진 타자'로만 존재한다는 지적[3]이 제기된 바 있다. 그렇다면 『인형의 집을 나와서』의 경우에도 이와 같은 지적은 타당한지를 따져 보아야 할 것은 물론이거니와 이에 앞서 이 소설에서 그려진 여성의 현실은 무엇이고, 식민지 조선의 현실을 우회적으로 드러내기 위한 장치이자 주제로서 적합한지를 먼저 밝혀야 할 것이다.

두 번째는 채만식이 비판적 사실주의의 틀을 고수하면서도 '조선적' 현실을 담기 위해 양식이나 기법면에서 패러디를 적극적으로 차용했다는 점이다. 『인형의 집을 나와서』 역시 입센의 희곡 『인형의 집』을 서사

---

2) 한지현, 「채만식의 『인형의 집을 나와서』에 나타난 여성문제 인식」, 『민족문학사연구』 제9호, 창작과비평사, 1996년, 114면.

3) 심진경, 「채만식 문학과 여성—『인형의 집을 나와서』와 『여인전기』를 중심으로」, 『근대문학연구』 7호, 한국근대문학학회, 2003년, 54면.

의 발단부에서 적극적으로 차용하고 있다. 이채로운 점은 채만식의 이후 소설들과는 달리 전통적인 주제와 양식이 아닌 서구의 희곡을 차용했다는 것이다. 이와 같은 차용에 모종의 의도가 개입해 있음은 작가 스스로도 밝힌 바 있다.

> 이 작은 성공보다는 실패에 더 많이 가까운 작이라는 나는 스스로 잘 알고 있다. 그러므로 친지라든가 혹은 평단에서 흠을 잡아내어 박을 하는데도 별로 이의가 없다. 그러나 비록 실패는 하였을지언정 이름을 『인형의 집을 나와서』라고 붙이고 쓴 의도만은 그래도 짐작하는 이가 많이 (읽는 사람 가운데) 있으리라고 생각하여 왔었다.[4)]

위 예문에서 알 수 있듯이 채만식은 이 작품이 실패작이라는 점을 일정 정도 인정하면서도 왜 작품의 제목을 그렇게 붙였는지, 작품을 쓴 의도가 무엇인지는 독자들이 알 것이라고 주장한다. 이와 같은 주장은 서구문학이라든가 여성해방사상이 식민지 근대 초창기에 이입되는 과정에서 입센의 『인형의 집』, 그리고 이 작품의 주인공 노라가 일반 독자들이 알 정도로 광범위하게 향수되고, 당시 문화적 맥락 속에 상징적으로 위치했음을 반증한다. 또 하나 유념할 점은 서구문학을 이입하면서도 본령인 '조선적' 현실과의 접맥 가능성을 어느 만큼 실현했는가 여부이다. 이와 같은 문제를 해결하기 위해서는 한국 근대 문학에서 '노라'가 어떤 상징적 의미를 지녔는지, 채만식의 소설은 이와 같은 '노라'의 조선적 수용 태도와 어떻게, 왜 거리를 취했는지를 먼저 밝혀야 할 것이다.

따라서 본고는 입센의 『인형의 집』의 수용 양상과 '노라'라는 인물이 지닌 상징성을 간략하게 살핀 후, 『인형의 집』의 후일담에 해당하는 이 소설이 식민지 조선의 현실과 여성의 현실을 어떻게 유기적으로 관련지

---

4) 채만식, 「문예잡감」, 『채만식전집』 10, 창작사, 1987년, 61면.

어 형상화했는지를 구체적으로 규명하고자 한다.

채만식은 『인형의 집을 나와서』를 창작한 동기를 직접 밝히고 있는데, 이 글은 본고의 문제의식에 단서를 제공한다. 그는 "부인해방은 중류가정의 한 안해가 집을 버리고 맨손으로 뛰어나오는 것으로는 그것이 단계는 될지언정 완성은 아"니며, "소뿌르의 의식을 청산하고 진정한 해방의 길을 발견"해야 한다고 주장하였다.[5] 다시 말해 채만식의 관심은 '노라'의 가출을 여성 개인의 근대적 자각과 관련하여 바라보았던 이전의 나혜석, 김일엽 류의 시각에서 더 나아가 그것을 사회문제 내지 계급의 문제로 확장하는데 있었던 것이다. 따라서 이 작품의 공과를 엄정하게 따지기 위해서는 노라의 정체성 형성과정이 당대 식민지 사회의 모순들을 제대로 포괄하고 있는지, 여성문제와 계급문제의 동시적 해결이라는 과제를 설득력있게 형상화했는지를 살펴보아야 한다. 본고는 3장과 4장에서 노라가 식민지 근대의 모순을 체험해가는 과정을 어떻게 서사 전개나 구조에서 배치했는지, 성과와 한계는 무엇인지를 논할 것이다.

2. 한국 근대문학과 '노라'

「인형의 집」은 1921년 1월 25일부터 4월 3일까지 『매일신보』에 양백화와 박계강의 합역으로 연재되면서 우리 근대문학에 처음으로 소개되었다. 1922년 양백화가 번역한 『노라』(영창서관, 1922.6.25)[6]와 이상수가 번

5) 채만식, 「『인형의 집을 나와서』를 쓰면서」, 『삼천리』, 1933년 9월.

6) 이 작품집에는 나혜석 작사, 백우용 곡이 붙여진 악보, 김정진의 '서(序)', 이광수의 '노라야', 김일엽의 발(跋) 등 당대 명망가의 글들이 함께 실렸다. 그만큼 『인형의 집』이 당대 사회, 문화에 미친 파장이 컸음을 반증한다.

이승희, 「번역의 성 정치학과 내셔널리티」, 『한국 근대문학의 형성과 문학 장의 재발

역한 『인형의 가』(한성도서, 1922.11.15)가 각각 단행본으로 출판되었다. 헨릭 입센이 언급되기 시작한 것은 1900년대부터였지만,[7] 1920년대부터 외국문예에 대한 문단의 관심이 급증하면서 입센과 「인형의 집」은 근대적 자아의 실현과 개성의 발현 문제와 관련하여 여러 문사들에 의해 적극적으로 평가되기 시작한다.[8]

이처럼 1920년대 『인형의 집』이 번역 소개된 이후 작품의 여주인공 '노라'는 1920 · 30년대 잡지와 신문, 문학작품에 수다하게 출몰한다. '노라'는 해방된 신여성, 개인의 자아실현을 추구하는 근대적 주체를 가리키는 일종의 대명사로 쓰였다. 하지만 나혜석, 김일엽 등 제1세대 여성운동가 및 문학인들이 '노라'를 긍정적인 기의를 내포한 존재로 호명했던 것은 극히 부분적인 현상에 불과하다. 대중적인 매체와 문학작품에 의해 호명된 '노라'는 집밖을 떠도는 여성, 허울뿐인 개화에 들뜬 부박한 신여성, 이념을 한갓 유행으로 여기는 마르크스 걸, 자기 욕망을 실현하기 위해 남성을 곤경에 빠뜨리는 위험한 여성 등을 지칭하였다. '노라'는 그야말로 다양한 기의를 가진, 하지만 그 다양성 때문에 오히려 정체를 알 수 없는 모호한 존재, 이제 막 근대적 욕망을 펼치기 시작한 여성들을 의혹에 찬 시선으로 바라보는 남성들의 무의식이 투영된 이름이었다. 가령 염상섭은 『너희들은 무엇을 어덧느냐』(1923년)에서 학생첩이 된 덕순의 행적을 '노라의 자유사상'에 빗대어 조롱하는가 하면, 『삼대』의 홍경애 역시 '노라'로 지칭한 바 있다.[9]

견』, 소명출판, 2004년, 213면.

7) 대표적인 글로 나혜석, 「이상적 부인」, 『학지광』 3(1914년 12월)을 들 수 있다.

8) 현철, 「근대문예와 입센」, 『개벽』(1921년 1월), 염상섭, 「지상선을 위하야」, 『신생활』(1922년 7월)의 글들이 대표적이다.

특히 염상섭은 "자기 혁명이라는 것은 진구(陳舊)한 자기에게 대하여 반역하고 새로운 자아를 확충하며 완성함을 이름이니 이러한 의미의 반역은 곧 지상선"이라고 하면서, 노라를 '정의로운 반역자'로 칭하고 있다. 염상섭, 위의 글, 71면.

9) 안미영에 따르면 『인형의 집』과 '노라'가 소개되면서 1920년대 이후 우리 근대소설에 등장하는 여성 인물의 행동반경은 그 이전과는 비교가 안될 정도로 확장된다. 근대

채만식이 이와 같은 당대 사회 문화적 담론의 향방에 무심했을 리 없다. 그런데 그는 이 지점에서 다른 작가들과는 전혀 판이한 길을 택한다. 원작인 『인형의 집』의 내용은 소설의 제1장 '인형의 집을 나온 연유'에서 과감하게 압축해서 제시하고, 제2장부터는 '집을 나온 노라는 어떻게 되었는가'라는 후일담의 형식을 취한 것이다. 제1장은 인물의 설정이라든가 사건의 전개에서 『인형의 집』의 설정을 그대로 가져오고 있다. 가령 여주인공 노라와 남편 현석준은 원작의 노라와 헬머에 해당하며, 고리대금업자인 구가와 노라의 친구인 혜경은 크로스탓과 린덴에, 남의사는 링거에 해당한다. 구체적인 상황 및 사건제시 역시 원작과 차이가 없다. 앞서 작가 자신이 한 말을 상기하자면 채만식은 당대 독자들이 『인형의 집』의 내용을 숙지하고 있음을 전제로 한 후 입센의 길과는 다른 조선적 현실에, 집을 나온 임노라의 후일담에 오히려 중점을 두고자 했음을 미루어 짐작할 수 있다. 이와 같은 제1장의 설정에 대해 한지현은 "입센 희곡의 결말을 자신의 출발점으로 삼겠다는 저자의 '신호'에 해당"하므로, "제1장의 이야기 자체가 얼마나 실감이 나는지를 제2장 이하와 동일한 기준으로 평가하는 것은 그러한 신호를 무시하는 셈"라고 주장한다.[10] 필자 역시 원작의 차용이 작품의 완성도는 물론 이야기의 구성에까지 영향을 미치고 있다는 점은 인정하지만, 원작인 희곡을 읽지 않은 사람들에게는 개연성있거나 설득력있게 다가오지 않는다는 견해[11]에는 동의할 수 없다. 앞서도 말했듯이 작가가 이 소설의

적 개인/여성의 출현은 당대 지적 풍토를 바꿔놓고, 1920년대 이후 근대소설의 주제를 바꾸기도 했다는 것이다. 필자 역시 이런 견해에 동의한다. 덧붙여서 우리 근대문학 작품을 보면 여성인물을 '노라'로 지칭하거나 빗대어 표현하는 경우가 많은데 이런 작품들에 대한 본격적인 서지 작업 및 주제론적 논의가 이루어진다면 근대문학 텍스트에 내재한 성정치의 이데올로기를 밝히는데 기여할 수 있으리라 생각한다.

안미영, 「한국 근대소설에서 헨릭 입센의 『인형의 집』 수용」, 『비교문학』 30권, 한국비교문학회, 2003년, 109~110면 참고.

10) 한지현, 앞의 논문, 98면.

11) 김경수, 「근대소설 담론의 유입과 형성과정」, 『전환기의 서사 담론』, 서강대 인문과

독자 정도라면 원작을 읽거나 적어도 대략적인 내용은 인지하고 있을 것이라는 전제 하에, 즉 자기 소설의 수용층을 나름대로 설정한 채 새로운 서사를 기획하고 있기 때문이다.

그렇다면 왜 후일담의 형식을 취했을까. 작가 스스로 이유를 밝힌 적은 없지만 입센의 차용에 모종의 의도가 개입해 있음은 다음 두 예문을 비교해 보면 어렵지 않게 추측할 수 있다.

①노라를 위해서는 돈—고상한 말로 하면 경제인데 그것이 가장 중요합니다. 물론 자유는 돈으로 살 수 있는 것이 아닙니다. 그러나 돈을 위해 팔 수는 있습니다. 첫째로 가정 안에서 먼저 남녀균등의 분배를 획득하는 일, 둘째로 사회에서는 남녀평등의 힘을 획득하는 일이 필요합니다. 하지만 유감스럽게도 그 힘을 어떻게 하면 획득할 수 있느냐는 것을 나는 모릅니다. 그 또한 투쟁해서 얻을 수밖에 없다는 것을 알고 있을 뿐입니다. 그리고 그렇게 하기 위해선 참정권을 요구하는 일보다도 훨씬 격렬한 투쟁이 필요할 것이라는 생각이 듭니다. 부인이 참정권을 주장하더라도 정면으로 반대를 받지는 않겠지만 만약 경제의 균등한 분배를 요구한다면 그 순간에 적과 부닥칠지도 모릅니다.[12]

②나는 안해를 인형으로 여기고 여자를 노예로 생각하는 남편으로부터 노예가 아니요 한 자유의 인간이 되기 위하여 가정을 나왔소. 그것은 혜경이도 잘 알고 있지요?

그리하여 나는 자유를 얻기는 하였소. 임노라라고 하는 여자는 아무것도 거리낌이 없이 살아갈 수 있는 자유의 인간이 되었었소. 그러나 이 자유를 얻은 대신 나는 어떠한 대상(代償)을 치르었소?

얻은 첫날부터 오늘날 이 시간까지 다만 몸뚱이 하나를 거두어가기 위하여서만 급급하였었소. (…중략…)

배고픈 자유, 외로운 자유, 먹기 위하여 노예가 될 자유, 먹기 위하여 웃음과

학연구소, 1998년, 143면.

12) 루쉰, 「노라는 집을 나간 후 어떻게 되었는가」, 한무희 역, 『노신문집』 3권, 일월서각, 1987년, 63면. (한지현, 위의 글에서 재인용, 100면)

아양과 정조를 파는 자유, 그리고 천륜을 짓밟는 자유. (…중략…)

노예가 되는 자유, 웃음과 아양과 정조를 파는 자유, 그렇지 아니하면 굶어 죽는 자유, 또 그렇지 아니하면 자살을 해버리는 자유[13)]

채만식에 앞서 중국의 루쉰은 「노라는 집을 나간 후 어떻게 되었는가」라는 강연에서 집을 나간 노라가 택할 길은 굶어죽거나, 타락하든가, 그렇지 않으면 집으로 돌아가든가 밖에 없다고 말했다. 그러면서 그는 예문 ①에서처럼 여성해방의 전제조건이 참정권이 아니라 경제권임을 강조한다. 예문 ②는 『인형의 집을 나와서』에서 노라가 가정교사, 화장품외판원, 카페 여급 등 여러 직업을 전전한 끝에 정조를 유린당한 후 자살을 결심하고 혜경에게 남긴 유서의 일부이다. 이 인용문에서 눈에 띄는 대목은 '노예가 되는 자유, 웃음과 아양과 정조를 파는 자유, 굶어 죽는 자유'라는 구절이다. 노예가 되는 자유가 남편의 '완롱물'에 그쳤던 결혼생활을 일컫는 것이라면, 웃음과 아양과 정조를 파는 자유와 굶어죽는 자유는 루쉰이 말했던 타락하든가 굶어죽든가에 정확히 대응한다. 채만식이 루쉰의 글을 접했는지는 직접 밝힌 바 없다. 하지만 근대 시민 국가의 형성 과정을 순조롭게 밟아 온 원작의 배경과는 무관하게 비서구 지식인이 공통적으로 집을 나간 근대 여성의 운명에 관심을 가졌다는 점, 여성의 경제적 자립을 여성해방의 전제조건으로 들고 있는 점에 주목할 필요가 있다. 비서구의 파행적 근대화 과정 속에서, 더욱이 물적 근거가 허약하기 짝이 없는 식민지 경제체제 하에서 사회적 모순과 여성에게 가해지는 성적 모순을 동시에 탐색하는 것이 작가의 진정한 창작 의도인 셈이다.

이 작품이 원작의 틀만 빌려왔을 뿐 전혀 새로운 서사를 기획하고 있음은 예문 ②의 "천륜을 짓밟는 자유, 자살을 해버리는 자유"라는 대목에서도 유추해 볼 수 있다. '천륜을 짓밟는 자유'란 작품에서 간헐적이

---

13) 채만식, 『채만식전집』 1, 창작사, 1987년, 259~261면.

지만 지속적으로 제기되는 노라의 모성적 윤리 내지 책임감과 관련이 있고, '자살을 해버리는 자유'는 노라가 계급적 주체로 거듭나기 위한 일종의 상징적 죽음에 해당한다. 그런데 이 '(의사)자살'과 '재생'이라는 모티프는 신소설이나 이광수의 『무정』 이후 우리 문학에서 흔히 볼 수 있는 서사적 설정이다. '모성' 역시 여성 고유의 체험이자 윤리의 영역이라 할 수 있지만 그것이 '조선적' 현실 속에서 더 문제가 됨은 물론이다. 이와 같은 정황들을 고려한다면 『인형의 집을 나와서』는 원작의 배경인 서구와도, 또 중국과도 다른 식민지 조선의 현실에 깊이 뿌리내리고 있음을 알 수 있다.

3. 여성이 체험한 식민지 근대의 모순

『인형의 집을 나와서』는 중산층 여성이었던 임노라가 '집밖'으로 지칭되는 자본주의 근대의 마성에 노출되면서 어떻게 이와 같은 자본주의적 질서를 몸으로 체험하는지를 사실적으로 보여준다. 또한 이 작품은 노라가 경제적 자립을 위해 직업을 찾아나서는 일련의 과정을 통해 1930년대 당시 여성이 택할 수 있었던 직업들에 대한 사실적인 정보를 제공하고, 사회주의 운동의 향방을 서사에 적극 끌어들임으로써 일상적, 문화적, 운동사적 의의를 확보하고 있다.

먼저 소설의 발단에 해당하는 3장 '옛 얼굴들'과 4장 '지나친 객기'는 노라가 식민지 자본주의 현실과 전근대적 가부장제의 폐해와 처음으로 맞닥뜨리는 장으로서 소설 전체를 관통하는 작가의 문제의식을 예비적으로 보여준다는 점에서 의미가 있다. 3장과 4장은 농촌에까지 밀어닥친 식민지 자본주의의 모순을 여러 각도에서 그리고 있다. 먼저 고향마을에 돌아온 날 밤 노라와 어머니는 일본의 식민정책의 하나로 시행된 '색복장려'에 대해 이야기를 주고 받는다. "빌어먹을 놈들이 허다허다 못허닝개 옷 입는 것까지 참견을 하고, 고무신을 못 신게 하니, 짚신을 심어 삼고, 그러니 못 심어 신는 사람들은 사 신을라니께 돈이 더 들고"(38면)라는 어머니의 말에서 알 수 있듯 일본의 식민지 정책은 의복과 같은 대중의 일상적인 국면까지 세세하게 통제한다. 다음 날 아침 노라가 제일 먼저 목도한 것은 농촌공동체의 상징인 '사정'이 없어진 것, 그리고 "동리를 좌우로 뚫고" 난 새 길이다. 최명익의 「신작로」에서 단적으로 제시된 바와 같이 이 새로 난 길을 통해 미구(未久)에 자본주의적 근대의 산물들이 밀려 들어와 그나마 피폐한 농촌공동체를 잠식할 것임을 작가는 우회적으로 말하고 있는 것이다.

일본의 식민지 경제수탈정책은 사회주의자인 병택 형의 이력을 통해 제시된다. "큰 재산이라고 할 수는 없으나 그다지 군색치 아니한 살림살이"를 하던 병택의 집안은 형이 "토지 전부를 은행에 저당한 돈"으로 '군산 미두시장'에서 없애면서 몰락하고, 지금은 일본의 금융자본을 대표하는 금융조합에 논과 밭을 잡혀 농민들을 상대로 돈놀이를 하는 지경이다. 일본 식민지배체제가 금융조합을 설립한 이유가 농민들에 대한 자금대부를 통해서 농민을 지배체제 내부로 포섭하고 이를 통해 식민지 농업금융과 농업생산을 지배하고자 했다[14]는 점을 상기한다면 병택 집안의 몰락은 식민지 농업정책의 폐해와 긴밀한 연관이 있는 셈이다.

서울로 올라 온 후 노라는 직업을 구하는 과정에서 여러 어려움에 직

---

14) 김호범, 「일제하의 금융조합과 농민층 분해」, 『부산상대논집』 71집, 부산대, 2000년 6월, 394면. 일제 시대 금융조합은 1905년 설립되었고, 1907년에는 농촌구제와 지방 및 농촌지역의 금융완화라는 명분하에 지방금융조합이 설립되었다. 1918년 금융조합령이 제정된 후 금융업무가 금융조합의 중심 사업으로 정착되었다, 1920년대에는 대출업무가 급증하였지만 주로 중농 이상의 농민에게 대부되었고, 소작농을 비롯한 영세농민들은 자금을 받았더라도 고금리로 인하여 토지를 상실할 수밖에 없었다. 따라서 금융조합은 농민층 분해를 촉진하고, 식민지 자본주의의 형성에 기여했다고 볼 수 있다(김호범, 위 논문, 414면).

면하는데, 이와 같은 어려움은 자본주의화 과정을 단계적으로 밟지 못한 식민지 경제구조의 기형성에서 말미암는다. 그런데 이 기형성은 여성에게 좀더 심화된 차별적인 형태로 작용한다. 소설에서 노라는 근대적인 교육을 받은 신여성으로 설정되어 있다. 그런데 정작 그녀가 자신의 지식이나 노동력으로 돈을 벌 수 있는 영역이 가정교사, 화장품 외판원, 카페 여급이라는 것은 의미심장하다. 더욱이 노라는 '취직전선에 나서기에 불리한 조건'에 있는 것으로 설정되어 있다.

> 인물이 잘나서 화장을 잘하고 나서면 스물여섯이라지만 네 살은 어리어 보인다.
>
> 그러나 아무래도 중년을 바라보는 여자로, 따라서 백화점의 여점원이라든가는 도저히 바랄 수가 없는 것이다.
>
> 그밖에 은행이나 회사같은 데는 전문의 지식이 없으니 길이 트일 수가 없다. 훨씬 방향을 돌리어 버스걸이나 제재직공이 되자 해도—아직까지 노라에게 그러한 생각은 없었지만—역시 연령 관계로 자격 상실이다. (175면)

노라가 어느 정도 교육을 받은 신여성인데도 불구하고 '전문의 지식'이 없다는 것은 식민지 시대 여성의 고등교육이 공적 영역에서 자신의 능력을 발휘할 수 있는 기본적인 자질을 갖추게 하기보다는 오히려 근대적인 의미의 현모양처를 양성하는 데 초점이 맞춰져 있음을 보여준다. 때문에 근대적 모성이나 현모양처를 포기한 집밖의 노라는 나이나 전문적 지식 등 공적 영역에서 교환되는 상품으로서의 경쟁력을 갖추지 못한 탓에 전락을 거듭할 수밖에 없다. 가정교사, 화장품외판원, 카페여급, 그리고 예문에서 제시된 백화점 여직원 등은 여성이 공적 영역에서 택할 수 있었던 근대적 직업들로서 안정적인 위치와 수입을 보장하지 못하는 대단히 유동적인 것들이다. 이와 같은 노동의 영역은 식민지 경제구조의 파행성과 더불어 그 파행성이 젠더 위계 체제에 근거해 있음을 단적으로 보여준다. 더욱이 노라가 '연령 관계로 자격 상실'인 직종이 많다는 데서 알 수 있듯 여성의 경우 젊거나 아름다워야 한다는, 즉 자신의 섹슈얼리티를 매개로 해서 살아갈 수밖에 없는 상황에 처해 있다.

노라 주변의 여성들은 노라에게 여성의 타자화된 위치를 깨닫게 해 주는 존재들로서 여성들에게 노예상태를 강요하는 전근대적, 근대적 모순의 중층성을 분담해서 보여준다. 가령 옥순이는 '묵은 도덕의 노예'이며, 성희는 "돈에 얽매어 돈이 시키는 대로 몸을 굴리는 상품경제 시대의 노예"(149면)라는 진술이 그것이다. 성희는 군수 퇴물로서 전당국 고리대금업을 하는 서가에게 한 달에 돈 백원에 '팔려온' 존재로 하락하고, 정원이는 옥순의 남편이었던 을 유혹하여 첩이 되는 대가로 일본 유학을 떠난다. 노라는 옥순이의 자유는 '자살을 하는 자유', 성희의 자유는 '밥 대신 정조를 양식삼는 자유', 정원의 자유는 '돈에 몸을 파는 자유'라고 결론짓는다. 그녀는 전근대성과 근대성이 중층적으로 작용하고, 거기에 더해 식민지 자본주의의 모순이 심화되어 가던 당시 조선의 현실에서는 근대 여성의 위치가 자신의 몸을 버리거나(자살), 자신의 몸을 상품화(소극적 의미의 매춘)해야 하는 극단적 상황에 처해 있음을 이 여성들의 운명을 통해 깨닫게 되는 것이다.

여성이 '상품경제시대의 노예'로 식민지 자본주의 사회에 포획되어 살아갈 수밖에 없는 근본적인 이유는 앞서도 말한 바와 같이 식민지 자본주의의 파행성 때문인데, 소설은 정당한 노동의 대가로는 자본(돈)의 축적이 불가능한 상황을 돈에 대한 노라의 공상이 현실에서 좌절되는 양상을 반복해서 기술함으로써 효과적으로 드러낸다.

> ㉮ 쌀을 서 말만 사고, 그러면 그것이 육 원쯤 될 것이고, 나무를 솔가지로 한 바리만 사자면 이원 오십전, 그리고 하루에 이십 전 평균을 쳐서 한 달 반찬값으로 육원—이렇게 하여 십오원이면 한 달은 살아갈 것이고, 팔 원으로는 전당잡힌 것을 찾고, 그리고 나머지 십오육원 되는 것으로는……? (111면)

㉯ 저녁에 노라는 자리에 누워서 큰 공상을 그리어 보았다. 일 원어치를 팔면 오십 전이 남는다. 그러니까 잘만 재빨리 서둘러서 매일 오 원어치씩만 판다면 하루의 이익이 이원 오십 전, 한 달이면 칠십오원이다. 그 중에서 이십오원만 쓸 요량을 하고 오십원씩 저금을 한다면 일년이면 육백원이다. 삼년만 하면 이천원은 된다. (214면)

㉰ 그는 어젯밤 집에 돌아가 여러 가지 감정이 오고가는 동안에도 화장품 장사로 이천 원을 모으려다가 실패한 계획을 여급 생활로써 다시 만회시킬 결심을 하였다. 하룻밤에 줄잡아서 평균 오 원을 번다면 한 달에 일백오십원… 이 일백 오십원 가운데 의복과 밥값으로 오십원쯤 제하고 백 원씩 저금을 하면 일 년이면 일천이백 원, 이태면 이천사백원, 그리고 일 년만 더하면 사천원 가까운 돈이 수중에 들어온다. (224면)

예문 ㉮는 노라가 가정교사를 해서 '독립한 자유인으로서 노력에 대한 보수'로 번 돈 40원을 놓고 쓸 곳을 벼르는 장면이다. 예문 ㉯는 화장품 장사를 나선 첫 날, ㉰는 카페 여급으로 나선 첫 날, 얼마간의 수입을 얻은 후 집에 돌아와 어떻게 돈을 모을지 공상하는 장면이다. 하지만 "삼 년 동안에 사천원을 잡겠다는 꿈도 화장품 장사로 이천 원을 모으겠다던 꿈과 한가지로 깨어지고"(238면) 만다.

그렇다면 작가는 왜 이처럼 현실적으로 불가능한 '공상' 장면을 반복적으로 제시한 것일까. 노라가 돈을 욕망하는 것, 그리고 그것의 좌절은 염상섭의 소설이나 채만식의 다른 소설 『태평천하』, 『탁류』에 나오는 신흥 부르주아들이 돈 그 자체를 욕망하는 것이나, 김유정 소설의 하층민들이 일확천금의 꿈을 꾸는 것과는 다르다. 돈을 향한 노라의 욕망은 자신의 개체적 실존을 확보할 수 있는 최소한의 경제적 여건, 아이와 함께 살 수 있는 조건을 확보하기 위한 것이므로 그 자체로 타당하다. 노라의 공상 역시 정상적인 자본주의 단계를 거친 나라들에서라면 실현불가능한 것이 아니다. 따라서 노라의 욕망이 좌절되는 이유는 "노라 개인의 성격이 워낙 몽상적이어서"도, "'인형'의 생활을 너무 오래 해온 여성들의 일반적 속성이 드러난"15) 때문도 아니고, 축재의 방법이 비정상적, 비윤리적이어서도 아니다. 정상적인 방법을 통한 정상적인 돈의 획득이 식민지 현실에서는 불가능하기 때문이다. 다시 말해 위의 장면들은 노라가 공적 영역에 진입한 후 비로소 식민지 근대, 자본주의의 모순을 식민지인이자 여성으로서 체험하는 상황에 놓여 있음을 보여주는 징표이다. 또한 노라가 결국 자신을 여성노동자로 위치짓고 계급적 인식을 선취하게 되는 결말의 당위성을 서사적으로 보증해 주는 역할을 하기도 한다.

한편 이 작품은 식민지 여성교육의 허구성과 함께 식민지 근대의 규율체제를 제도적으로 뒷받침하는 법률 체계 역시 여성에게 억압적이라는 점을 날카롭게 지적하고 있다. 노라의 남편인 현석준이 노라의 이혼 요구를 들어주지 않는 연유를 밝히는 다음 대목을 보자.

> 지금 법률이 남의 남편이 다른 여자를 얻을 수는 있게 되었지만 남의 안해로 있는 여자가 다른 남자와 동거를 하거나 그런 짓은 못합니다. 했다가는 싫어도 형무소에를 가야지요. 형무소에 갔다가 나와서도 남편이 이혼을 아니하면 여전히 그 사람의 안해로 있습니다. 그러니까 이 앞으로 임노라라는 계집이 사내를 얻는다는 것은 형무소를 현주소로 정하는 것입니다. (192면)

현은 지금은 은행가이지만 전에는 식민지 법률체제를 실질적으로 운용하는 변호사였다. 그는 변호사나 은행가와 같은 직업을 가지고, 양관

---

15) 한지현, 앞의 글, 103면.

정홍섭 역시 한지현의 견해에 반대하면서, 그와는 다른 견해를 제시하고 있다. 사회적으로 무기력할 수밖에 없는 인물과 그들이 놓인 절망적 상황을 설정하기 위해 채만식이 빈번하게 쓰는 창작방법 중 하나가 '공상' 모티프라는 것이다. 하지만 이 작품의 경우 이와 같은 공상과 그것의 좌절이 새로운 직업 선택 단계마다 반복제시되는 점에 유념할 필요가 있다. 즉 단순한 모티프의 문제가 아니라 노라가 자신이 겪는 경제적 어려움을 개인의 문제에서 사회의 문제로 파악하는 단계로 나아가는데 서사적 필연성을 부여하기 위한 장치인 것이다.

정홍섭, 『채만식－문학과 풍자의 정신』, 역락, 2004년, 106면 참고.

에서 풍족한 삶을 사는 등 근대적 지식과 삶을 영위하는 존재이다. 하지만 이와 같은 면모들은 오히려 그가 지닌 가부장적 의식을 강화하는데 일조한다. 그는 전근대성과 근대성의 양면성을 적절히 활용하여 타자를 억압하는 식민지 근대 지배층의 모습을 단적으로 보여준다.

이처럼 『인형의 집을 나와서』는 근대적 교육을 받은 신여성의 눈에 비친, 그녀가 몸으로 체험한 식민지 자본주의의 모순, 그리고 그것을 제도적으로 뒷받침하는 교육이나 법률의 식민성, 반여성성을 정면에서 형상화하고 있다. 따라서 서사 구성에서 비약이 심하다거나 노라의 행동 역시 서사적 개연성 없이 돌출적이어서 설득력이 없다는 기존의 일부 평가들은 수정될 필요가 있다. 특히 소설 결말부에서 노라가 계급적 주체로 전화하는 과정에 비약이 많은 것은 사실이지만 적어도 이와 같은 사상적 전회를 뒷받침할 밑그림은 충분히 그리고 있다는 게 필자의 생각이다.

4. 사회주의 여성해방론의 소설화와 그 한계 – 성적 주체와 계급적 주체의 이원화

『인형의 집을 나와서』에는 노라가 베벨의 『부인론』을 읽는 대목이 작품의 발단과 결말 부분, 두 번에 걸쳐 나온다.

> ㉮ 『부인론』 …… 베벨의 『부인론』 …… 많이 듣던 이름 같았다.
> 책장을 훌훌 넘기면서 보니 군데군데 붉은 연필로 언더라인 치어 있다. 목차를 훑어보니 꼭 보고 싶은 것들이다. 그리하여 우선 서문을 보기 시작하였다. 그러나 첫머리를 조금 보는데 글자는 알아도 뜻은 모를 말이 많았다.
> 한 페이지 가량 보는데 삼십 분은 걸리는 것 같다. 그러고도 의미를 이해할 수가 없다. 싫증이 나서 내던졌다가도 잘 보아가지고 잘 알았으면 좋겠다는 생각은 간절하였다. 미련이 생겨서 내던졌던 것을 도로 집어 중간을 펴놓고 보았다.

더 알 수가 없다. 다뿍 식욕은 생기는데 먹을 줄을 몰라 먹지 못하는 것같이 안타까왔다. (57면)

㉯ 잠자리를 차리고 누웠던 노라는 문득 짐을 뒤지어 올봄에 병택이가 가져다 준 베벨의 『부인론』을 찾아내었다. 그때 보려다가 어려워서 못 보고 내던져 둔 채 지금껏 손도 대지 아니하고 짐 속에서 굴러다닌 것이다.

노라는 서문을 위선 펴가지고 어려운 대로 애써애써 읽어내려가기 시작하였다. 그러다가 몇 줄째에서 눈이 번쩍 뜨이게 머리로 들어오는 한 구절을 발견하였다. 노라에게 있어서 크나큼 소득이었었다. (295면)

예문 ㉮를 보면 노라는 『부인론』을 이름 정도는 들어보긴 했지만 그 의미를 이해하지는 못한다. 하지만 공적 영역에서 사회적 모순들을 다양하게 접하고, 남식을 통해 계급투쟁의 필요성을 어느 정도 인지한 후인 예문 ㉯에서는 "어려운 대로 애써 읽어내려가"고 "눈이 번쩍 뜨이게 머리로 들어오는 한 구절을 발견"[16]하는 단계에 이른다. 베벨의 『부인론』은 계급문제와 여성문제가 연관되어 있고, 여성문제에 앞서 계급문제가 먼저 해결되어야 한다는 사회주의 여성해방론의 주장을 담은 대표적인 저서이다. 우리 사회에 1920년대 중반 이후 본격적인 마르크스주의 저작들이 읽히기 시작하고, 1928~1929년경 사회주의 서적 수용은 절정에 이르렀다.[17] 베벨의 저서 역시 비슷한 시기에 번역, 출간[18]되었

16) 퇴고본을 저본으로 삼은 창작사본에는 빠져 있지만 신문연재본 149회에는 『부인론』의 대목이 다음과 같이 그대로 인용되어 있다.

즉 부인이 그 재능과 역량을 각 방면으로 전개시켜 모든 것에 평등한 권리를 누리면서 인류사회의 완전한 그리고 유용한 조직성원이 되자면 그들은 현대사회조직에 있어서 어떠한 지위를 점령해야 되겠느냐는 것이 문제가 된다. 우리의 입장에서 말한다면 이 문제는 여러 가지 형태의 빈곤과 궁핍 대신으로 개인과 사회와의 생리적 또는 사회적 진전이 현실되기 위해서는 인류사회는 마침내 어떠한 형태의 조직을 취하지 아니하니, 아니되느냐 하는 다른 문제와 합치된다. 여기서 우리에게는 부인문제는 지금 바야흐로 사고력을 갖춘 모든 사람의 두뇌를 점령하고 모든 정신을 동요시키고 있는 일반적 사회문제의 한 국면에 지나지 못한다. (『조선일보』, 1933년 11월 12일)

김사이, 위의 논문에서 재인용, 54~55면.

고, 콜론타이나 엘렌 케이, 입센만큼 엄청난 영향력을 미치지는 못했지만 1920년대 중반 이후 사회주의 사상의 이입과 함께 여성해방의 또다른 전망을 모색하는 이들에게는 일정 정도 영향을 미쳤을 것으로 짐작된다. 따라서 노라가 베벨의 『부인론』에서 한 구절을 발견했다는 것은 그녀가 자유와 근대적 자아의 실현이라는 개인적 욕망이 지닌 한계를 깨닫고, 이를 뛰어넘어 자신이 처한 문제를 사회적 · 계급적으로 해결할 수 있는 모종의 전망을 이 책에서 발견했음을 뜻한다. 그 전망이 '부인문제'를 '사회문제의 한 국면'으로 파악하고, 그것을 조직적으로 해결하려는 사회주의 및 사회주의 여성해방론과 연관되어 있음은 『조선일보』 연재본에서 확인되는 바이다.

이 책을 노라에게 전해주는 매개자인 병택이 급진적인 사회주의자로 제시된 것 역시 이와 같은 추측을 뒷받침해 준다. 오병택은 "지금으로부터 십여 년 전 중국, 만주, 모스크바 등지로 돌아다니면서 ××××의 이론과 실제를 연구하고 조선에 돌아와 당시 제×차 조선×××당 사건에 연좌되어 경성 서대문형무소에서 사년간 복역"을 하고 결국 조선공산당 재건운동의 핵심분자로 체포되는 인물이다. 이처럼 오병택은 노라가 성적, 계급적으로 자기정체성을 확보해 가는데 조력자 역할을 일정부분 담당하고 있다. 그렇다고 해서 "노라는 곧 실현 여부가 불투명해진 병택의 좌절된 욕망을 투사하고 그것을 허구적인 방식으로나마 대리실현하는 존재"이자 "상실된 남성주체성을 일시적, 허구적으로 통합하기 위해 동원되는 상상적 장치로 기능"[19]한다고 보는 견해는 아무리 텍

---

17) 천정환, 『근대의 책읽기』(푸른역사, 2003년), 213면.

18) 『동아일보』 1925년 11월 9일자에는 배성룡이 번역한 베벨의 『부인해방과 현실생활』(조선지광사)이 출간되었다는 신간 소개 기사가 실려있다. 또한 『여인』 5호(1932년 10월)에 실린 「조선여성에 대한 제씨의 의견」을 보면 조선여성에게 읽히고 싶은 책이 무엇이냐는 질문에 대해 남성응답자 8명 중 3명이 베벨의 『부인론』이라고 답했다. 참고로 『부인론』의 원제는 『여성과 사회주의』이고, 배성룡이 번역한 책 역시 『부인론』을 제목만 달리한 것이다.
홍창수, 「서구 페미니즘 사상의 근대적 수용 연구」, 『한국 근대문학의 형성과 문학장의 재발견』, 소명출판, 2004년, 393면 참고

스트의 심층논리를 따진다 하더라도 서사에서 오병택이 차지하는 비중을 생각한다면 지나친 해석이다. 작가는 노라가 식민지 근대의 모순을 점진적으로 깨닫는 과정과 여성으로서의 성적 정체성을 확립해가는 과정이 끊임없이 맞물려 있음을 놓치지 않고 있다. 게다가 노라가 병택이 고향 마을에서 사라진 후에도 간헐적으로 '무엇인지 모를 막연한 기대'를 하는 이유는 비주체적인 여성이 주체적이고 사상적으로 완결된 남성의 지도를 받음으로써 문제를 해결하려 하기 때문이라기보다는 병택을 이성적 대상으로 여기는 면도 없지 않기 때문이다.

오히려 이 작품의 한계는 여성문제와 계급문제를 연관짓고자 하는 의도가 과한 나머지, 좀더 정확하게는 계급문제의 틀 속에 여성문제를 귀속시키려는 의도가 과한 나머지 서사가 이원화된 데 있다.

노라는 자기 역시 남성과 "다 같은 사람"이라는 "내 자신에 대한 의무"를 이행하기 위해 집을 나서지만 집을 나간 그녀에게 '맨 처음에 오는 것'은 '조선총독부 군수 훈오등 육급'의 군수가 그녀를 '노류장화'로 취급하는 것이다. 다시 말해 그녀는 집 나간 여성을 창녀로 취급하는 남성적 시선, 군수라는 일본의 식민지 권력의 대행자라는 점을 이용해 여성을 희롱하는 비윤리성과 최초로 마주친다. 하지만 그녀 역시 신여성으로 대표되는 중산층 여성의 한계, 이 계층이 추구했던 자유주의 여성해방론의 틀을 벗어나지 못한다. 작가는 신여성에 대한 부정적 인식을 타 계층과의 이질감을 조장하는 노라의 외양이라든가, 야학에서 설익은 여성해방 이념을 설파하는 대목을 통해 드러낸다.[20]

노라의 고향마을은 "트레머리하고 뾰족한 구두를 신은 신여성이라고는 보통학교의 여선생 하나밖에는 없"을 정도로 근대적 문물하고는 거

19) 심진경, 앞의 글, 63면.

20) 그렇지만 작가의 부정적 인식은 신여성을 타락의 온상, 민족의 동질성을 위협하는 위험한 여성으로 취급하던 당대 다른 남성 작가들의 시각과는 달리 현실적인 맥락에 기반하고 있기에 설득력이 있다.

리가 먼 공간이다. "그들에게는 신여성이라는 것은 저 서울이나 적어도 도회지에서 돈 있고 학문있고 지위있는 사람을 남편으로 두고 놀고 팔자 좋게 사는 한 딴 부류의 여자"로 여겨지기에 노라의 출현은 "마치 궁녀가 바구니를 끼고 구멍가게로 움파 한 단을 사러 나온 것처럼"(42면) 이질적인 것으로 비춰진다. 문제는 노라 역시 이 토착민 여성들을 자신의 여성해방 이념을 구현하기 위한 대상으로 여긴다는 데 있다. 노라는 '구 가정부인의 부덕을 비판하는' 이야기를 좀더 급진적으로 밀고 나간다. "지금은 세상이 바뀌었다. 여자도 당당하게 한 사람이다. 그러니까 여자도 한 사람이다. 그러니까 여자도 한 사람으로서 살아가자면 마땅히 그러한 남편과 그러한 가정을 버리고 뛰어나서야 할 것이다"(60면)라고 주장한다. 이와 같은 그녀의 주장은 여자도 사람이라는 자유주의 여성해방론의 틀을 벗어나지 못한 것으로 성적, 민족적, 계급적으로 열등한 위치에 있는 식민지 여성의 복합적 현실을 몰각한 것이다. 그녀가 여성 억압의 근원을 제대로 파악하지 못하는 미자각 단계에 머물러 있음은 다음 대목에서도 알 수 있다.

> 노라는 새로운 삶을 하여 새로운 인생을 발견하려고 가정과 남편과 어린아이들을 버리고 나온 것이다. 무엇이 새로운 삶이요, 어떻게 해야 새로운 인생을 발견한다는 것은 노라 자신도 아직 생각하여보지 아니하였다. 그러나 집을 나온 지금까지 몇 달 동안은 너무도 몽롱하게 지내왔다. (71면)

이 대목은 노라의 가출이 준비된 것이 아님을 보여주는, 그래서 오히려 그녀의 가출이 지닌 정당성이랄지 사회적 의미를 반감시키는 것으로 여겨질 수도 있다. 하지만 다시 한 번 생각해 보면 그녀의 가출이 사회적 의미를 얻기 위해서는 '조선적 현실'에서 노라가 자신을 '실험대에 올려놓고 연구를" 해야 한다.

상경 후 그녀가 노동자이자 자기 욕망과 모성을 지닌 여성으로서 겪는 어려움들은 바로 자신을 '실험대에 올려놓는' 행위에 해당된다. 앞 장에서 살펴 본 바와 같이 노라는 한편으로는 갖가지 직업을 전전하면서 겪는 현실적 어려움과 또다른 한편으로는 옥순, 성희, 정원 등 주변 여성들이 상품경제시대의 노예로 전락하는 광경을 목도하면서 성적, 계급적으로 의식의 성장을 이룬다.

이와 관련하여 서사의 분기점을 이루는 것이 '13장 자유의 대가'이다. 노라가 카페 여급을 그만두라는 혜경과 결별하고, 이주사에게 정조를 유린당하고, 자살을 하는 등 정체성의 위기를 심각하게 겪는 여러 사건들이 발생하는 장이 13장이다. 병택이 노라의 정신적·사상적 원조자였다면, 혜경 역시 노라를 물질적, 정신적으로 돕는 여성적 윤리를 실천하는 인물이다. 이미 12장에서 병택이 체포되었다는 점은 밝혀졌고, 혜경마저 노라를 떠난 상황, 즉 이 둘의 부재 혹은 헤어짐은 역설적으로 그녀가 이제야 비로소 자립적 주체로서 설 수 있는지를 실험할 수 있는 장이 마련되었음을 보여준다. 그런데 그녀가 주체로 서기 위해서는 자신의 '가출'이 지닌 개인적, 사회적 의미를 본격적으로 재검토해야 한다. 노라가 자살을 감행하기 전 쓰는 유서는 그녀가 이전의 '몽롱한' 미자각 상태에서 벗어나 성적인 훼손이라는 심각한 정체성의 위기까지 경험한 후 비로소 자각 상태에 접어들었음을 보여주는 서사적 장치인 것이다.

앞 장에서 필자는 노라가 '자살을 하는 자유'를 택한 것이 서구나 중국과는 다른 '조선적 현실'을 염두에 둔 것이라고 말했다. 그녀의 자살은 이후의 재생을 예비하고 있다는 점에서 서사진행상 필연적이다. 우리 문학사에서 이와 같이 재생을 예비하기 위한 서사적 동기로서의 자살 모티프는 이미 이광수의 『무정』에서 시도된 바 있다. 마치 영채가 구여성에서 신여성으로 거듭나기 위해, 개인에서 민족의 미래를 이끌어갈 민족적 주체로 거듭나기 위해 성적인 훼손 후에 자살을 감행하듯이, 노라가 계급적 주체로 태어나기 위해서는 죽음에 육박하는 체험을 거쳐야 한다. 노라의 자살 시도는 이처럼 계급적 주체라는 공적 자아를 예비하는 의미를 담고 있다. 자살 시도 후 깨어난 그녀는 "돈이 없으니까 자유가 자유가 아니구" 또다른 속박에 불과하다는 것을 깨닫는데, 이는 무산자, 계급적 주체로서의 행보를 예비하는 진술이라 할 수 있다.

그녀는 '인쇄소 제본 직공'이라는 노동자가 되면서, 베벨의 책으로 대표되는 사회주의 사상을 접하면서 계급적 주체로 서게 된다. 문제는 이전에 노라가 성적 주체로서 자신을 자각하고, 그것을 식민지 조선의 현실 속에서 파악하는 과정이 부분적인 돌출성에도 불구하고 비교적 소상하게 그려진 데 반해 후반부에서 본격적으로 계급적 주체로서 정체성을 확립하는 과정은 소략하게 다뤄진 데 있다. 게다가 전자의 경우 노라가 몸으로 체험하면서 얻은 것인 데 반해 후자는 "인쇄소의 제본 직공이 된 노라는 그새까지 보지 못한 세상을 보았고 듣지 못하던 말 몇 마디를 들어 그것이 급격하게 그의 심경에 변화를 일으키었다"(293면)와 같은 몇 마디 작가 주석적 언술로 처리되거나 여성노동자 남수의 입을 통해 일방적으로 진술된다.

이같은 난점은 노라와 남편 현 사이의 부부 갈등을 노동자와 자본가 사이의 계층적 갈등과 무리하게 등치시킨 결론에서 극적으로 드러난다.

> 내가 당신의 가정에서 당신 한 사람의 노예질을 싫다고 벗어져 나왔다가 …… 인제 다시 또 당신한테 매인 몸이 되었소. 그걸 보고 당신은 승리나 헌 듯이 통쾌하게 여기겠지만, 그러나 당신허구 나허구 싸움은 인제부터요. 내가 아직은 잘 알지 못허우만은 이 세상은 (…중략…) 싸움이라구 헙디다. 아마 그게 옳은 말인가 싶소. 그러니 지금부터 정말로 우리 싸워봅시다. (297면)

위 예문에서 노라와 현석준의 대립이 이제 사적인 부부 갈등을 넘어서서 계급간의 갈등이라는 대표성을 띠게 되었음을 파악하는 것은 어렵지 않다. 하지만 앞서도 지적한 바와 같이 이와 같은 노라의 발언이 나오기 위해서는 노라가 계급적 정체성을 확보하게 되는 과정이 충분히 설득력 있게 형상화되어야 한다. 그렇지 않을 경우 여성문제의 탐구가 계급운동의 일환으로 흡수[21]되어 버리는 결과를 낳을 수 있기 때문이다.

그렇다면 이처럼 서사구조가 소설 후반부에 접어들면서 이원화된 까닭은 무엇일까. 첫 번째는 작가가 사회주의 여성해방론의 대의에는 공감하되 이를 소설적으로 형상화하는 데에는 실패한 데서 그 원인을 찾을 수 있다. 여성문제와 계급문제를 동시적으로 해결하되, 계급문제에 선차성을 부여하는 사회주의 여성해방론의 이념적 지향성이 결말 부분에서 생경하게 노출되면서, 그 이전까지 유지했던 두 항목간의 균형 내지 관련성이 깨지고 만 것이다. 두 번째는 '기계실에서 기계 도는 소리'와 '노라의 혈관을 도는 더운 피'를 비유적으로 연결시키는 대목에서 언뜻 엿볼 수 있듯 이 작품의 결말 부분은 사회주의 리얼리즘 계열의 혁명적 낭만성에서 크게 벗어나지 않고 있다. 주지하다시피 1933년은 카프가 제2차 검거사건을 겪으면서 급속도로 와해되기 시작한 시점이지만, 같은 해에 이기영의 『고향』이 발표된 것에서도 알 수 있듯 그 여파가 작품 창작에 실제로 영향을 미치기까지는 좀더 시일이 걸렸다. 이 소설이 스스로 동반자 작가를 자처했던 채만식의 첫 장편이라는 점을 염두에 둔다면 작가가 이 작품을 자신이 지향했던 (사회주의) 리얼리즘의 실험장으로 삼았으리라는 추측도 가능하다.

5. 결론

1930년대 강경애와 박화성의 경우에서 볼 수 있듯 이 시기 여성 문제와 계급 문제간의 유기적 연관성을 포착한 작품들은 대개 하층 계급 여

21) 서경석, 「채만식의 『인형의 집을 나와서』론」, 『문예미학』 5호, 문예미학회, 1999년, 33면.

성의 현실에서부터 서사를 풀어나갔다. 그런데 채만식은 신여성이 하층 계급, 노동자 계급 여성으로 존재를 이전하는 독특한 방식을 택한다. 당시 신여성들이 계층적으로 전락한다 하더라도 대개 제2부인이나 카페 여급이 되는 경우가 많았다는 점을 상기한다면 채만식의 서사적 실험은 단연 이채롭다. 게다가 '집을 나간 노라는 어떻게 되었을까'라는 문제를 식민지 조선의 현실에 착목해 그린 것 역시 당시 서구문학이나 여성해방사상의 이입 현상을 주체적으로 전유했다는 점에서 그 의미가 자못 크다.

본고는 『인형의 집을 나와서』가 성취한 문학사적 의미를 식민지 근대 여성의 정체성 형성과정을 사회적 맥락에서 포착한 것으로 보고, 나아가 사회주의 여성해방론의 소설적 형상화가 지닌 의미와 한계를 짚어보았다. 『인형의 집을 나와서』는 근대적 교육을 받은 신여성의 눈에 비친, 그녀가 몸으로 체험한 식민지 자본주의의 모순을 경제, 교육이나 법률 등 제도적 영역을 두루 포괄하면서 형상화함으로써 성, 계급, 민족간의 관련성을 탐색하였다. 그 과정에서 우리는 개인의 실존 차원을 넘어서 계급적으로 투쟁하는 새로운 '노라'를 만날 수 있게 되었다.

하지만 작가가 여성문제 및 계급문제의 동시적 해결을 위해 설정한 사회주의 여성해방론이 결말 부분에 이르러 오히려 핍진성을 해치는 기제로 작용한 것은 못내 아쉽다. 작가의 말대로 노라가 '소뿌르의 의식을 청산'하는 단계 다음에 계급의식으로 무장한 주체의 단계로 나아가기 위해서는 여성 노동자간의 연대라든가, 계급적 정체성을 심각하게 위협하는 모종의 사건 등이 배치되는 중간 단계가 필요하다. 이 중간 단계가 빠져 있기에 노라의 문제는 더 이상 식민지 근대를 살아가는 하층계급 여성 일반의 문제로까지 확산되지 않고, 다시금 개인의 문제로 환원되는 것이다. 이와 같은 서사적 결함을 작가의 탓으로만 돌릴 것인가에 대해서는 필자 역시 유보적이다. 식민지 시기 폭발적으로 이입되었던 다른 사회사상이라든가 문학 이념과 마찬가지로 이 땅에 들어온 진보적 사회주의 여성해방론 역시 충분히 현실에 뿌리내릴 토양을 마련하지 못한 채 미완으로 끝났기 때문이다.

따라서 이 작품은 사회주의 여성해방론을 서사적으로 실험하고 역사적 공과를 확인하는 장을 마련했다는 것 정도에서 그 의미를 찾을 수 있다. 오히려 이 작품이 거둔 최대의 성과는 이미 연구자들이 지적한 바대로 전근대와 근대의 이중 구속 문제를 젠더의 관점에서 접근했다는 것이고, 이는 작가의 본령이 비판적 사실주의에 있음을 역설적으로 확인해 주는 증거이다.

• **김양선** | 1965년생. 서강대학교 영문과 졸업. 서강대학교 대학원 국문과 석·박사 졸업. 현재 한림대학교 기초교육대학 강의교수이다. 저서로 『1930년대 소설과 근대성의 지형학』, 『허스토리의 문학』 등이 있다.

교환의 정치경제학과 증여의 윤리학

『탁류』론

류보선

1. 『탁류』의 문제성, 혹은 『탁류』 다시 읽기의 문제성

채만식의 『탁류』는 끊임없이 다시 읽어야 할 그런 작품이다. 『탁류』 전반을 가로지르고 있는 만만치 않은 문제성 때문이다. 『탁류』는 채만식 문학의 총화이자 한국 근대문학의 한 정점이다. 채만식은 무엇보다 주변부가 전지구적 자본주의에 의해 준주변부로 편입해가는 과정, 그러니까 한국의 식민지 근대화 과정에 누구보다도 민감한 시선을 보낸 작가이다. 채만식은 그 민감한 시선으로 특히 '과도기의 특산물'[1], 그러니까 전지구적인 시스템과 주변부적 시스템이 충돌하면서 만들어내는 갈등들에 깊은 관심을 보였으며, 그를 통해 식민지 근대화의 풍경을 어느 누구보다도 심지어 어떤 역사서보다도 더 풍부하고 객관적으로 표현한 작가이다. 그런 점에서 채만식은 그 시대 여타의 작가들과 출발점을 달리한다. 일제하 작가들 대부분이 전지구적 자본주의라는 보편적 시스템

1) 채만식, 「과도기」, 『채만식전집』 5, 창작과비평사, 1987, 240면.

이 발생시키는 문제, 예컨대 계급모순이나 문명화에 따른 불안과 불만들에 관심을 집중시켰다면, 채만식은 전지구적 자본주의라는 보편적 시스템과 이전부터 이어져 내려오던 토착적 시스템이 복잡하게 뒤엉키면서 발생한 추락과 상승, 비극과 희극의 파노라마들을 주목한 거의 유일한 작가이다. 그리고 채만식은 그 특유의 냉정한 시선으로 한편으로는 그 추락과 상승의 파노라마들 속에 펼쳐지는 부정적인 삶의 양태들을 냉소하고 풍자하는가 하면 다른 한편으로는 보다 의미 있는 삶의 형식, 혹은 보다 나은 미래를 가능케 할 잠재적 가능성이나 가치들을 집요하게 탐색한 거의 유일한 작가이기도 하다. 물론 어느 시기에는 채만식이 내세운 가능성이 그 시대의 다른 작가들 모양 사회주의적이거나 동양체제론적인 것이어서 그만의 고유한 역사지리지가 희미해지는 경우가 없는 것은 아니다. 하지만 그런 몇몇 예외적인 경우를 제외하고는 작가 채만식은 조선적 특수성에 대한 관심을 잃지 않는바, 이 점은 반드시 기억할 필요가 있다. 이 조선적 현실에 대한 관심 덕분에 채만식은 진정한 의미의 시행착오를 거듭하는 작가일 수 있었기 때문이다. 다시 말해 채만식은 조선적 현실에 대한 관심을 바탕으로 항시 자기 외화와 반성, 그리고 재정립이라는 자기실현의 코스를 유지할 수 있었으며 이것 때문에 궁극적으로 한국의 근대 사회에 대한 구체적 보편성을 포착할 수 있었던 것이다. 한마디로 채만식은 전지구적 자본주의 시스템과 토착적 시스템의 갈등에 의해서 만들어지는, 더욱이 식민지적 상황에 때문에 더욱 더 굴곡진 수많은 우여곡절들을 테마화하고 또 그 시대를 살아가는 수많은 현존형식들을 일관되게 형상화한 작가이며, 이러한 특유의 인식론과 창작방법으로 한국 근대문학사에 누구보다도 뚜렷하고 선명한 흔적을 남긴 작가라 할 만하다. 『탁류』는 이러한 채만식의 인식론과 창작방법론이 모두 한 자리에 모인 소설이며, 또 그런 만큼 채만식의 어느 소설보다도 의미 있는 요소들로 가득 찬 소설이다. 앞질러 말하자면 『탁류』는 근대 이후 우리의 역사지리지를 전통적이면서도 현대화된 서사틀로 묶어낸 작가 채만식의 모든 공력이 집대성된 소설이며 동시에 그런 까닭에 한국 근대문학의 특질과 가능성을 한 몸에 체현하고 있는 바로 그 소설이다.

이런 점에서 『탁류』를 읽는다는 것은 한국 근대문학사의 한 문제적인 작품을 읽어보는 정도의 의미에 그치지 않는다. 그것은 곧 한국 근대문학의 고유한 개성과 가치를 획정하고 동시에 한국 근대문학이 창조해낸 의미 있는 진리내용을 확인하는 일이다. 그러므로 『탁류』는 거듭거듭 읽혀야 하며, 그것도 이제는 보다 넓은 맥락 속에서 파악될 필요가 있다.

그렇다고 이 진술이 『탁류』가 충분히 읽히지 않았다는 것을 의미하는 것은 아니다. 오히려 『탁류』는 그 문제성 때문에 어느 작품보다도 많이 읽힌 작품이다. 하지만 많이 읽혔으되, 『탁류』를 총체적으로 읽은 그 이후에 행해진 해석과 평가는 그리 많지 않은 형편이다. 이미 여러 연구자가 지적했듯 『탁류』에 대한 해석과 평가는 발표 때부터 지금까지 서로 다른 두 개의 극단이 공존해 온 것이 사실이다. 어느 한 부류에게 『탁류』는 일제하 식민지의 현실을 치밀하고 객관적으로 반영한 소설[2]이나, 다른 부류에게 『탁류』는 식민지 현실의 세태를 표면만 그려낸 작품이거나 아니면 초봉의 수난사를 지나치게 감상적으로 부각시킨 통속소설적인 혐의가 짙은 작품[3]일 뿐이다. 『탁류』라는 동일한 대상을 놓고

---

2) 이러한 관점을 보인 연구로 주목할 만한 것으로는 다음과 같은 것들이 있다. 홍이섭, 「채만식의 『탁류』－근대사의 한 과제로서의 식민지 궁핍화」, 『창작과비평』, 1973년 봄호; 김치수, 「역사적 탁류의 인식－채만식의 『탁류』와 『태평천하』」, 김현 외, 『한국 현대문학의 이론』, 민음사, 1973; 신두원, 「채만식 소설의 리얼리즘 (1)－『탁류』를 중심으로」, 『한국의 현대문학』 4, 한양출판사, 1993; 한기, 「식민지시대 몰락계층과 비극적 세계관」, 정호웅 외, 『장편소설로 보는 새로운 민족문학사』, 열음사, 1993; 김경수, 「식민지 수탈경제와 여성의 물화과정－채만식의 『탁류』의 재해석」, 『작가세계』, 2000년 겨울호.

3) 이와 같은 관점을 보인 것으로는 다음과 같은 것들이 있다. 임화, 「세태소설론」, 『문학의 논리』, 학예사, 1940; 임화, 「통속소설론」, 같은 곳; 김남천, 「세태 풍속 묘사, 기타」, 『비판』, 1938.6; 안낙일, 「비극성과 통속성, 그 심미적 거리－『탁류』의 대중문학적 성격」, 『한국문학이론과 비평』 14, 2002.3.

평가한 것이라고 보기엔 너무 극단적인 평가가 있어 왔던 셈인데, 이런 상반된 평가는 『탁류』를 전체적으로 조망하지 않은 상태에서 해석과 평가가 이루어졌기 때문인 것으로 보인다.

『탁류』는 충실하고 매혹적인 디테일들이 매우 불균등하게 흩어져 있는 소설이다. 예컨대 『탁류』 속의 미두장 풍경이나 은행 장면, 온천 풍경, 유곽 풍경, 그리고 백화점 풍경 등은 다른 소설에서 보기 힘들 정도로 그 시대의 전형에 다가가 있으며 정주사나 초봉의 전락 이야기, 고태수, 윤제호, 장형보, 한참봉의 상승과 몰락 이야기, 그리고 남승재와 초봉, 그리고 계봉 사이에 벌어지는 사랑과 우정 사이의 미묘한 관계 등은 그 하나하나가 시대의 본질에 육박한 모티브들이다. 이러한 디테일들은 그 하나하나가 너무 신성하고 매혹적이어서 종종 『탁류』의 중심서사를 벗어나기도 하고 또한 그 중심 서사와 모순되기도 하며, 또 경우에 따라서는 통일적인 서사를 방해하는 요소로 작용하기도 한다. 『탁류』가 종종 서사와 묘사가 조화를 이루지 못한 소설로 지목되는 까닭이 바로 여기에 있다. 『탁류』에는 이처럼 신성한 디테일의 향연장이라 할 정도로 매혹적인 디테일들이 넘쳐나며 그 때문에 세태 묘사 소설로 격하되기도 하지만, 그렇지만 자세히 살펴보면 작품 전체를 관류하는 기본적인 서사가 없는 것은 아니다. 그것은 바로 정주사 집안의 몰락담이다. 보다 구체적으로 이야기하자면 정주사와 정초봉의 몰락 이야기이다. 그런데 문제는 이 두 개의 몰락담이 겉보기에 대단히 이질적이라는 것이다. 우선 정주사의 몰락담은 당시의 '미두장'이라는 제도와 깊은 관계를 맺고 있어 대단히 현실적이며 역사적인 프리즘을 확보한 것처럼 보인다면, 정주사의 몰락담에 이어지는 초봉의 몰락 서사는 초봉의 여성수난사에 초점이 맞춰져 있어 대단히 세태적이며 통속적인 서술에 그친듯한 인상을 주는 것이 사실이다. 『탁류』에 대한 극단적인 해석과 평가가 거듭 반복되는 것은 바로 이와 관련이 깊다. 즉 '미두장'이라는 제도에 의한 정주사의 몰락 과정에 보다 큰 의미를 둘 경우 『탁류』는 식민지 현실을 객관적으로 반영한 소설이 되지만, 『탁류』의 주도적인 서사에 해당하는 초봉의 몰락담에 포커스를 들이댈 경우 『탁류』는 세태적이며 통속적인 소설이 되었던 것이다.

그렇다면 『탁류』에 대한 너무 다른 해석과 극단적인 평가는 『탁류』 자체의 이질적인 것들의 병존 현상에 기인한 것이라 할 수 있다. 그렇다면 『탁류』에 대한 극단적인 해석과 평가는, 다른 측면에서 보자면, 이제까지의 『탁류』에 대한 논의들이 『탁류』를 가로지르는 서사원리 중 하나만을 그것을 절대화하여 『탁류』를 재구성하는데 치중했음을 알려주는 지표이기도 하다. 『탁류』의 초봉의 몰락담은 우연성이 짙은 반복되는 몰락(혹은 타락) 그러니까 과잉의 몰락으로 인하여, 그리고 그 순간마다 초봉이 행하는 지나치게 수동적인 행동들로 인하여 정주사의 몰락에 견주어 볼 때 그 시기의 현장의 감각(현실성이 아니라!)이 덜 느껴지는 것이 사실이다. 아마도 많은 연구자들이 『탁류』에서 정도를 넘는 비균질성과 상호모순성을 읽어냈던 것은 이 때문일 것이다. 하지만, 그럼에도 불구하고, 『탁류』에 대한 이제까지의 해석과 평가들이 지나치게 『탁류』의 한 부분만을 부각시켜 조금은 성급한 평가를 내리고 있다는 비판으로부터 자유로울 수는 없다. 즉 이제까지의 연구 중 한 부류는 미두장을 중심으로 한 식민지적 수탈 구조를 집중적으로 부각시켜 『탁류』를 높은 리얼리즘적 성취를 이룬 작품으로 평가해왔고, 다른 한 부류는 초봉의 수난이라는 신파적 요소를 집중적으로 부각시켜 『탁류』를 시대적 본질과는 무관한 통속적 세태소설로 규정해왔던 바, 이러한 태도는 『탁류』의 중층성과 복합성을 결정적으로 훼손시키는 결과를 낳고 말았던 것이다. 앞질러 말하자면, 『탁류』는 하나의 서사를 중심으로 모든 사건과 사건들이 유기적으로 배치된 소설이 아니라 여러 서사가 동시에 겹쳐져 있는 중층적인 텍스트이다. 해서 『탁류』는 통일성과 소설 내적 총체성에 통해 미적 성취를 획득한 소설이 아니라 이질적인 것들의 놀라운 공존을 통해서 『탁류』만의 특이성과 밀도를 얻어낸 소설인 것이다.

그런데 이제까지 『탁류』에 대한 연구는 이중 어느 하나만을 중심서사로 획정하고 나머지를 부차적인 요소로 괄호 속에 넣어버리기에 급급한 감이 없지 않다. 그 결과 이제까지 『탁류』에 대한 연구는, 『탁류』를 혹평한 경우는 말할 것도 없고 혹여 그것이 『탁류』를 고평한 경우라 하더라도, 『탁류』라는 거대한 성채 속에서 뿜어져 나오는 진리의 빛을 지워내는 일을 행하고 말았다고 할 수 있다.

그렇다면, 그러므로, 중요한 것은 『탁류』의 전체를 보는 것이다. 미두장의 정주사와 초봉의 수난사를 같이 보는 것이다. 사실 이 둘은 같은 자리에 놓고 보면 서로 전혀 성격을 달리하는 무엇이 아니다. 그것 사이에는 직접적이지는 않지만 결코 무시할 수 없는 연계점들과 관계성이 존재한다. 이 관계성에 주목하면 『탁류』는 어느새 식민지적 근대화가 가져온 획시기적인 변화와 그 변화 속에서 식민지 민중들이 경험해야 했던 절망의 형식과 거의 실현이 불가능해 보이지만 웅숭깊은 희망의 원리가 어느 소설보다도 풍부하게 재현된 소설임이 밝혀진다. 뿐만 아니다. 미두장을 통한 정주사의 몰락과 초봉의 수난사 사이의 공통분모를 찾게 되면, 역시 그 순간 초봉을 둘러싼 신파에 가까운 살인과 복수극이나 승재로 표상되는 무한책임에 가까운 자기헌신적 행위는 식민지적 근대화를 내파시킬 수 있는 의미 있는 윤리를 찾기 위한 혼신의 노력임을 확인하게 된다. 또 한 번 앞질러 말하자면, 『탁류』는 계산가능성과 교환의 원리에 의해 운영되는 자본주의적 시스템, 특히나 그 계산가능성과 교환의 정치경제학이 전근대적인 자본외적 질서를 해체하기는커녕 더욱 가중시키는 그래서 교환의 원리가 거의 어떠한 해체적 역능도 행사하지 않아 오로지 '무덤 속' 같은 식민지적 자본주의를 상징적인 자살과 증여 행위를 통해 넘어서려는 치열한 문제의식을 보이고 있다.

『탁류』는 문제적인 소설이다. 특히 『탁류』를 서로 상이한 두 요소가 분열된 소설로만 바라보는 것이 아니라 그 분열된 두 요소가 자의적이고 경이롭게 병존하고 있는 소설로 볼 경우 더욱 그러하다. 그럴 경우

『탁류』에는 상징적인 질서에 의해 가려 보이지 않았던 매혹적이면서도 무시무시한 실재들이, 그리고 어느 소설에서도 보기 힘든 식민지적 현실의 중층성이 살아 꿈틀거리는 것을 볼 수 있다. 우리가 『탁류』를 또 다시 읽어야 하는 이유는 바로 여기에 있으며, 이 글의 출발점도 바로 이곳임은 물론이다.

2. 미두장의 무대화 혹은 이식된 교환경제의 발견

『탁류』의 서사원리(의 문제성)를 규명하기 위해서는, 우선 이 소설의 서사가 정주사의 봉욕 장면에서부터 열린다는 점에 주목할 필요가 있다. 물론 이 장면이 『탁류』의 시작인 것은 아니다. 잘 알려진 것처럼 정주사 봉욕 장면 전에는 그 유명한 금강에 대한 묘사와 서술이 있다. "금강(錦江) …… 이 강은 지도를 펴놓고 앉아 가만히 들여다 보노라면"[4]으로 시작하여 "그러나 항구라서 하룻밤 맺은 정을 떼치고 간다는 마도로스의 정담이나, 정든 사람을 태우고 멀리 떠나는 배 꽁무니에 물결만 남은 바다를 바라보면서 갈매기로 더불어 운다는 여인네의 그런 슬퍼도 달코롬한 이야기는 못 된다"(8면)로 끝나는 금강에 대한 서술은, 이미 여러 사람이 주목했듯, 『탁류』의 서사적 흐름이나 주제를 상징적으로 제시[5]한다. 그러나 이 금강에 대한 서술은 어디까지나 『탁류』의 전경화이다.

『탁류』의 핵심적인 이야기는 금강에 대한 서술이 끝나고 정주사가

---

4) 채만식, 『탁류』, 『채만식전집』 2, 창작과비평사, 1987, 7면. 본고는 이 책을 텍스트로 삼아 씌어졌으며 앞으로 작품을 인용할 때는 이 책의 면수만 표시함.

5) 김만수, 「탁류 속의 인간기념물」, 『민족문학사연구』 12, 1998 참조.

소설의 무대에 나타나는 순간, 좀더 구체적으로 말하자면 정주사가 미두장 앞에서 한 젊은이에게 멱살을 잡힌 채로 등장하는 순간 시작된다. 저 멀리서부터 금강의 물줄기를 따라내려 오다가 한순간에 멱살 잡힌 정주사가 클로즈업되면서 『탁류』의 이야기가 시작된다고나 할까. 하여간 『탁류』의 이야기는 이렇게 정주사의 봉욕 장면으로부터 시작되거니와, 이 정주사의 봉욕 장면은 여러 가지 점에서 주목할 만하다. 특히 두 가지 점이 그러하다. 첫 번째는 미두장 앞에서 정주사의 멱을 틀어쥔 상대가 정주사보다 나이가 배는 어린 젊은이이며 그럼에도 불구하고 주변 사람들 어느 누구도 이 싸움을 말리지 않는다는 것. 정주사는 소설 속에 등장하는 순간 "나이 배젊은 애송이한테 멱살을 당시랗게 따잡혀 가지고는 죽을 봉욕"(9면)을 당하고 있다. 이처럼 나이가 반박에 안되는 젊은이가 늙은이의 멱살을 잡아채고 헤살을 부리고 있건만 어느 누구 하나 이 싸움을 말리려 하지 않는다. 반인륜적이라고까지 부르기는 어려워도 충분히 비도덕적인 것처럼 보이는 이 싸움을 말리기는커녕 오히려 "휘둘리는 정주사의 머리에서, 필경 낡은 맥고모자가 건뜻 떨어져 마침 부는 바람에 길바닥을 데구루루 굴러"가는 상황이 벌어지자 그 순간 "미두장 정문 앞 사람 무더기 속에서 웃음소리가 와아 하고 터져나"(9면)오기도 한다. 또 그런가 하면 '되레 고소하다고 빈정거리기'(10면)도 한다. 『탁류』가 시대적 배경으로 하고 있는 1934, 5년경이라면 아직도 장유유서의 위계가 분명하던 때일 터인데, 이를 감안하면 이 정주사의 봉욕 장면은 그 시기에는 쉽게 목격하기 힘든 풍경이라 할 만하다. 한데도 이런 싸움이 버젓이 벌어지고 있고 게다가 어느 누구도 나서서 싸움을 말리지 않는다. 어떻게 이런 일이 가능한가. 『탁류』가 내린 답은 간단하다. 정주사가 멱살을 잡힌 그곳이 미두장 안도 아니고 미두장 앞이기 때문. 말하자면 미두장 앞에는 미두장 안도 아니고 미두장 바깥도 아닌 미두장 앞에서만 준용되는 질서랄까 혹은 규칙이랄까가 있는 것인데, 정주사가 그것을 어기고 말았다는 것이다. 정주사와 이 나이 배젊은 애송이가 벌인 행동은 소위 '하바'라는 것이다. 오후의 대판 쌀 시세를 놓고 내기를 걸었던 것인데 급기야 정주사가 지고 만다. 그것까지야 아무 상관이 없는데 내기에서 진 정주사가 그만 돈이 없다고 나가떨어져 버린 것이다. 그런데 이 하바꾼들은 서로가 서로를 너무나 잘 안다. 내일을 기약하지 못하는 존재들이라는 것. 소위 하바꾼들이란 이들 모두는 하나같이 미두장 안에서 미두를 가지고 시세 차익을 노리다가 가진 돈을 다 잃고 미두장 주변을 어슬렁거리며 미두장에서 흘러나오는 돈으로 그야말로 연명을 하는 '인간기념물'들인 것이다. 그런 까닭에 혹여 상대방이 다음을 핑계 대며 돈을 내놓지 않으면 우선 상대방의 멱을 잡아채는 수밖에 없다. 그것도 '죽을' 정도로. 그런 만큼 미두장 앞에서 이런 싸움이란 "촌이라면 앞뒷집 수탉끼리 암컷 샘에 후두둑후두둑하는 닭싸움만큼이나 예사일"이어서 "아무리 이런 큰 길바닥에 의관깨나 한 사람들끼리 멱살을 움켜잡고 얼러붙은 싸움이라도 그리 할 일이 없어서 심심한 사람이 아니면 별반 구경하는 사람도 없"(9면)을 정도이다. 그러니 정주사가 죽을 봉욕을 당하는 것은 오히려 당연하며, 또 아무도 싸움을 말리지 않는 것 또한 당연할 수밖에.

정주사의 봉욕 장면이 흥미로운 또 하나의 대목은 이 싸움이 고태수에 의해 간단하게 끝난다는 점이며 고태수가 싸움을 말리며 내세우는 명분이다. 정주사가 죽을 봉욕을 당하고 있을 때 나중에 정주사의 사위가 되는 고태수가 나타난다. 고태수는 얼른 끼어들어 정주사를 이 '죽을 봉욕'으로부터 벗어나게 한다. 이때 고태수가 싸움의 말리며 내세우는 논리(혹은 윤리)는 두 가지이다. 하나는 장유유서라는 도덕관념. 고태수는 우선 젊은이에게 "잘잘못은 누게 있던지, 그래 댁은 부모도 없우? 젊은 친구가 나이 자신 분한테 이런 행패를 하게"(11면) 하고 말한다. 하지만 그 젊은이는 물러서지 않는다. 이곳의 매커니즘에 따르자면 도덕관념이란 아무런 의미도 권위도 없기 때문이다. 그러자 고태수는 두 번째 논리를 제시하여 싸움을 말린다. 이때 고태수가 들이대는 논리는 뜻밖에도 사회적 초자아의 총화인 법질서이다. 고태수는 도덕관념을 불러내어 싸움을 말리지 못하자 다음으로 "여보, 그렇게 경우가 밝구 하거던 애여 경찰서루 가서 받아달래구려!"(12면) 하고 말한다. 그런데 그 순간 정주사의 멱을 잡은 젊은이가 물러선다. 누구 하나 죄라고 생각하지 않고 행하나 이들의 내기 행위는 실제로는 불법행위였던 것이다. 미두를 둘러싼 거래는 '미두취인소'를 통하여서만 이루어질 수 있도록 법으로 정해져 있는 까닭에 미두취인소를 통하여 거래를 하면 합법이지만 미두취인소를 통하지 않고 개인들끼리 주고받으면 그것은 도박이 되는 것이다. 그러니까 이들은 법으로 금지된 도박을 버젓이 행했던 셈이며, 그런 까닭에 '경찰서'라는 단어가 발화되는 순간 이들의 싸움은 중지될 수밖에 없었던 것이다. 이렇듯 수많은 사람들에 의해 버젓이 행해지나 경우에 따라 법을 호명하면 불법이 되는 행위가 일상적으로 일어나고 그래서 도덕관념이 아니라 오로지 법의 권위에 의해서만 싸움을 중지시킬 수 있는 것은 역시 이곳이 바로 미두장 앞이기 때문임은 물론이다.

『탁류』의 첫 장면 그러니까 정주사의 봉욕 장면은 이렇듯 고태수의 개입으로, 좀더 자세히 말하자면 고태수의 법의 호명으로 끝난다. 충격적이라고까지는 할 수 없어도 그렇다고 당시의 상황으로 보자면 전혀 통상적이라고도 할 수도 없는 이 정주사의 봉욕 장면은 자세히 따져볼 필요가 있다. 정주사의 봉욕 장면이야말로 『탁류』가 문제적인 작품이 될 수 있는 서사적 원천에 해당할 뿐만 아니라 그런 만큼 너무 거대하고 미묘해서 그 실체의 파악이 쉽지 않은 『탁류』라는 성에 들어설 수 있는 가장 확실한 입구에 해당하기 때문이다. 우선 정주사의 봉욕 장면은 거의 모든 소설의 서두가 그러하듯 앞으로 전개될 이야기의 방향은 물론 인물들 간의 관계를 그야말로 상징적으로 그리고 총체적으로 암시한다. 실제로 『탁류』의 서사는 이 서두 부분의 반복이자 확장이다. 거칠게 단순화하면 『탁류』는 전체는 비인간적인 교환경제의 시스템 때문에 발생하는 정주사의 황폐한 실존과 그런 정주사의 봉욕을 구원하나 결국은 정주사 집안을 더욱 참담한 상황으로 빠뜨리는 고태수 일당의 '불순한 증여와 악마적인 교환'의 요구가 반복된다. 『탁류』의 서두 장면을 주목해야 하는 또 하나의 이유는 이 장면이 바로 『탁류』의 이야기의 은유적 성격이 발현되는 곳이기 때문이다. 리쾨르의 표현대로 소설의 중핵인 이야기가 은유라는 방법처럼 멀리 떨어져 있는 것을 가깝게 만들고 가까웠던 것을 멀게 만들어 새로운 통일성을 만들어내는 속성을 지닌다면, 그리고 더 나아가 그 새로운 통일적인 이야기가 이전에 어느 누구도 상상하지 못했던 또 다른 세계상을 발명하는 핵심적인 기제가 된다면[6], 『탁류』의 정주사의 봉욕 장면이란 『탁류』만의 세계상을 창조하게 만드는 바로 그 첫 지점에 해당한다. 요컨대 『탁류』는 미두장 앞에서의 정주사의 봉욕 장면 하나로 미두장 혹은 미두장 앞을 그 시대의 전형적으로 공간으로 무대화할 뿐만 아니라 동시에 미두장의 매커니즘을 당대의 핵심적인 사회적 증상으로 제시하기에 이른다. 좀더 구체적으로 말하자면, 『탁류』는 정주사의 봉욕 장면 하나로 아주 자연스럽게 "조금치라도 관계나 관심을 가진 사람은 시장(市場)이라고 부르고, 속한(俗漢)은 미두장이라고 부르고, 그리고 간판은 '군산미곡취인소(群山米穀取引所)'라고 써붙인 ××도박장(××賭博場)"(72면)이라 부르는 미두장을 "군산의 심장"(9면)으로 획정한다. 이 장면으로 인해 드디어 "미두장은 군산의 심장이요, 전주통(全州通)이니 본정통(本町通)이니 해안통(海岸通)이 하는 폭넓은 길들은 대동맥이" 되고 "이 대동맥 군데군데는 심장 가까이, 여러 은행들이 서로 호응하듯 옹위하고 있고, 심장 바로 전후 좌우에는 중매점(仲媒店)들이 전화줄로 거미줄을 쳐놓고 앉아 있"(9면)는 것으로 된다. 말하자면 이 장면 하나로 『탁류』는 아주 자연스럽게 세상의 모든 것을 미두장 중심으로 재편하고 위계질서화하는 것이다. 이처럼 『탁류』는 정주사가 나이가 배가 어린 젊은이에게 모욕을 당하는 장면을 차근차근

---

6) 이에 대한 자세한 논의는 폴 리쾨르, 『시간과 이야기 1』, 문학과지성사, 1999. 참조.

묘사하면서 동시에 당대의 또 다른 사물이나 삶의 형식을 은폐하고 배제해 나간다. 그리고 그 끝에 미두장을 군산의, 더 나아가 그때 그곳의 존재들의 실존형식을 결정짓는 중핵으로 획정하고 당대의 그 다양한 사건과 삶의 형식들을 이 미두장의 매커니즘의 관계 속에서만 읽어들인다. 해서, 이 "'미두장'은 비록 소설 『탁류』의 전반부에만 집중적으로 설정된 공간이지만, 사실상 이 공간은 등장인물 다수의 운명을 규정하고, 그 운명의 사회적 맥락을 드러낸다는 점에서 소설 전체를 통어하는 공간"[7]이 된다.

그렇다면 자세히 따져보지 않을 수 없다. 미두장이란 대체 어떤 곳인가. 도대체 어떤 곳이길래 『탁류』는 이처럼 미두장의 매커니즘을 시대의 본질 혹은 사회적 증상으로 읽어낸 것일까. 다시 말해 도대체가 『탁류』는 미두장의 어떤 속성에 주목했기 때문에 그 시대 전체가 곧 미두장 앞의 실존형식과 같다고 말하게 된 것일까. 소위 '미두장', 정식명칭으로 부르자면 미곡취인소는 흔히 도박장 혹은 식민지 수탈의 첨병처럼 알려져 있지만 그것이 미두장의 본래적 기능은 아니다. 그곳은 쌀 등의 농산물을 효과적이고 원활하게 교환하기 위한 쌀의 집적지이면서 동시에 대단위 시장이다. 뿐만 아니라 미두장은 농산물 시장의 임의성과 불안정성을 억제하기 위한 매개 장치이기도 하다. 미두장은 처음에는 농산물과 현금을 직접 사고 파는 현물시장이었다가 점차 상품의 수요-공급에 있어서 투기성과 불안정성을 줄이기 위해 창안된 자본주의적 경제장치인 선물시장의 형태로 변화한다. 예컨대 쌀 등 곡물은 상품으로서 대단히 불안정하고 품질의 균질성이 보장되지 않으며 또한 자유롭고 합리적인 가격 결정이 힘든 상품이다. 홍수, 가뭄, 태풍 등 천재지변에 따라 어떤 상품보다 가격변동의 위험에 크기 때문이다. 따라서 쌀 등의 가격변동 위험을 관리하는 것은 물론 균질화된 상품가치를 유지하고 자

7) 한수영, 「하비꾼에서 황금광까지-식민지 사회의 투기 열풍과 채만식의 소설」(연세대 국학연구원 편, 『일제의 식민지배와 일상생활』, 혜안, 2004), 238~239면.

유로운 가격 결정을 확보하기 위한 합리적인 경제 제도가 요청되는 것은 당연할 터인데, 이러한 기능을 담당한 것이 바로 선물시장이며 당시 쌀의 선물시장 역할을 담당했던 것이 바로 미두취인소, 그러니까 미두장이다. 미두장이란, 모든 선물시장이 매매 당사자가 미래의 일정 시점에 어느 특정 상품을 현시점에서 약정한 가격으로 인수·인도하는 형태로 운영되듯이, 현시점의 약정 가격으로 미래의 일정 시점의 쌀을 구입하는 것이다. 그렇게 되면 생산자는 쌀값의 폭락을 걱정하지 않아도 되고 또 소비자는 쌀값이 폭등하는 등의 사태를 미연에 방지할 수 있게 되는 셈이다. 요컨대 미두장은 이처럼 산업 발전이나 인간의 생존에 없어서는 안 될 물품인 쌀 등을 안정적으로 확보하고 유통시키고자 하는 경제 제도이며, 그러므로 자본주의적 시장경제의 안정적 지속을 위한 필수불가결한 장치라 할 수 있다.

하지만 이 미두장이 쌀 등 주요 생필품의 안정적인 수요 공급을 위해 고안된 제도라고는 하나 이 장치가 자본주의 특유의 이윤 추구 매커니즘 자체로부터 아예 자유로웠던 것은 아니다. 선물시장 자체도 경우에 따라서는 대단히 불안정할 뿐 아니라 동시에 임의적인 특성을 지니고 있기 때문이다. 당시의 미두장은 미래의 특정 시기에 생산되는 곡물을 미리 사고파는 형식으로 운영되었기 때문에, 게다가 곡물가의 전체를 지불하는 방식이 아니라 그 중 일부분의 가격을 지불하고도 소유권을 얻을 수 있었고 또 그 소유권을 사고팔 수 있었기 때문에, 혹여 매입 시점의 곡물가와 양도 시기의 곡물가 사이에 막대한 가격 차이가 발생하는 경우 말그대로 일확천금이 가능했다. 게다가 당시는 홍수, 전쟁, 지진, 가뭄 등의 천재지변이 잦았고, 그러한 천재지변이 발생하여 곡물가가 급등할 경우 그 시세차액이란 상상을 넘어서는 수준이었다. 그러자 이 미두장에는 쌀값의 안정성이 절실한 생산자와 유통업자들뿐만 아니라 이 시세차액을 노리는 투자자 혹은 투기꾼들이 몰려들기 시작했다. 그러더니 급기야 미두장은 일확천금을 노리는 투기꾼들의 집결지로 변질되기에 이른다.[8] 한 연구자는 당시 미두장에 쏠린 세간의 관심을 두고 "머슴에서부터 중매점 점원, 경찰, 사장, 객주부상, 지주, 지식인, 교육자에 이르기까지, 눈가지고 귀뚫린 조선사람의 대다수는 한번쯤 '미두'파에서의 일확천금의 꿈의 꾸지 않은 이가 없을 정도로 '미두'는 열풍 그 자체였다"[9]고 표현한 바 있거니와, 이는 당시 미두장이 일확천금의 꿈을 창출하는 장소로 얼마나 큰 각광을 받았는지 보여주기에 충분하다. 그러니까 당시의 '미두장'은 한편으로는 시장이었지만 다른 한편으로는 '치외법권이 있는 도박꾼의 공동조계(共同租界)요 인색한 몽테카를로'(72면)이었던 것이다.

그런데 여기서 우리가 주목할 것은 당시의 미두장의 기형성 혹은 기형적인 미두장이 당대 사회의 예외적인 현상이거나 예외적인 장소가 아니라는 것이다. 오히려 이 기형적인 미두장의 복합성은 당대 식민지 경제의 기형성의 가장 전형적인 현상형식이라 할 수 있다. 모두 다 알고 있듯이 한국은 오랜 기간 한국 사회만의 특이한 시스템을 유지하고 있던 비동시성의 공간이었다. 그러다가 아무런 준비도 없이 어느 순간에 이윤 추구라는 단 하나의 원리만을 인정하는 자본주의의 그 거대한 시스템 속에 강제로 편입되어 비동시성의 동시성의 사회, 보다 구체적으로 말하자면 세계의 주변부가 된다. 다시 말해 어느 날 갑자기 한국 사회 전반은 오직 단 하나의 자본주의 세계체제만을 인정하는 '세계경제의 단일성' 혹은 '단일한 세계경제'의 매커니즘에 의해 지배되기 시작한 것[10]이다. '단일한 세계경제' 속에 편입된다는 것은 곧 국제적인 노동분업과 교환경제의 시스템을 공유한다는 것을 의미하며, 따라서 당연히 한국 사회 전체는, 그리고 그곳의 사회구성원들은 무언가를 상품화해야

8) 이상 미두장에 대한 설명은 한수영, 위의 글.과 이형진, 「일제하 투기와 수탈의 현장 —미두 증권시장」, 『역사비평』 20, 1992년 가을호 참조.

9) 한수영, 앞의 글, 240~241면.

10) 근대 세계체계가 '세계 경제체제의 단일성'에 의해 재구성된다는 논의는 이메뉴엘 윌러스틴, 『근대세계체제 1~3』, 까치, 1999 참조.

할 처지가 된다. 자본주의 세계체제란 물건의 증여가 아니라 상품의 교환에 의해서 운영되고 유지되기 때문이다. 이런 상황에서 한국 사회가 상대적으로 빨리 상품화할 수 있었던 것 중의 하나가 바로 쌀, 금 등 원자재이었음은 상상하기 어렵지 않다. 그중에서 특히 쌀은 당시 거의 유일하게 상품으로서의 경쟁력을 가진 그것으로 각광받는다. 쌀의 상품화가 대대적으로 진행되고 그때 그곳에서 거의 유일한 수출품이 되기도 한다. 이렇듯 중요한 상품이었기에 쌀의 안정적인 수요—공급은 필수적이었고 그 결과 쌀의 선물시장인 미두취인소가 설립된다.

'세계경제의 단일성'에 의한 쌀 등 모든 재화의 상품화가 한국 사회를 그 이전과 근본적으로 단절시켰음은 물론이다. 쌀 등 농산물의 상품화는 우선 토지 소유자, 그러니까 지주들의 부를 폭발적으로 제고시키는 한편, 광범위한 프롤레타리아를 발생시킨다. 식민제국의 권력을 등에 업는 일본인은 물론 조선의 봉건계층들은 재화가 그다지 비싸지 않은 시기에 토지의 권리를 축적하여 쌀의 상품화에 따른 가격혁명으로 그야말로 일확천금의 꿈을 현실화시킨다. 반면 토지를 경작하며 자급자족적이고 공동체적인 협력관계를 구축하며 살던 대부분의 농민들은 한순간에 탈토지화된다. 최소한의 투자를 통하여 최대한의 이윤을 창출하기 위한, 그러니까 최고 수준의 잉여가치를 획득하기 위한 노동력에 대한 대대적인 잉여착취가 가해지기 때문이다. 하여 쌀 등의 상품화에 따른 교환경제에 접어들면서 한국 사회는 『앙티 오이디푸스』의 저자들이 주변부 사회의 특성으로 파악한 개념을 빌어 말하자면 탈분절화된다. 그러니까 한국 사회 전반에 전통적 분야들의 파멸, 외향적 경제회로들의 발전, 제 3차 산업의 비대, 생산성과 수입의 분배에 있어서의 극단적인 불평등이 발생하는 것[11)]이다. 특히 당시 민중들에게 가해졌던 잉여착취는 가혹하기 짝이 없었다. 자본주의라는 단일한 세계경제의 원리는

11) 질르 들뢰즈 · 펠렉스 가따리, 최명관 역, 『앙티 오이디푸스』, 민음사, 1994, 346면.

무엇보다 농민들의 탈토지화를 요구한다. 그래야만 이윤을 극대화시킬 값싼 노동력을 창출할 수 있고 또 동시에 상품을 구매할 존재들을 만들어낼 수 있기 때문이다. 그 때문에 전지구적 자본주의에 편입되는 모든 나라는 우선 대대적인 탈토지화가 진행되며, 이렇게 토지로부터 이탈된 농민들은 빈손으로 도시로 빨려 들어와 대규모 매뉴팩처의 노동자, 그러니까 프롤레타리아 계급이 된다. 하지만 한국처럼 강제적으로 그리고 그런 만큼 갑작스럽게 전지구적 자본주의의 편입되는 주변부 사회 혹은 식민지의 경우는 사정이 더 고약하다. 싸르트르의 말처럼 식민지 지배란 "식민지는 식품과 천연자원을 싸게 팔고, 본국으로부터 제조 상품을 비싸게 사들"[12]이는 식으로 이루어진다. 예컨대 식민지에서의 국제분업 혹은 교환이란 싸르트르가 알제리의 경우에서 밝혔듯 다음과 같은 식으로 진행된다. "1927년과 1932년 사이에 포도 재배지는 17만 3천 헥타에 이르렀고 그중 반은 회교도들에게서 뺏은 것이었다. 그런데 회교도들은 포도주를 마시지 않는다. 땅을 빼앗기기 전에 그들은 이 땅에 곡식을 심어 알제리 시장에 내다 팔았다. 그러니까 단순히 땅을 빼앗은 것만이 아니다. 포도를 심음으로써 알제리인들의 주식을 빼앗은 것이다."[13] 그러니까 제국과 식민지 사이의 국제적인 분업은 오로지 제국의 의한, 제국을 위한 분업이 된다. 해서 결국은 '좋은 땅은 도시 근처의 평야에 있다. 그런데 식민지인들에게 남겨진 것은 사막뿐이' 되거나 잉여가치를 창출하기 위한 농업의 기계화는 '마침내 원주민들로부터 노동을 할 수 있는 권리마저 박탈'한다. 때문에 급기야 '자기 땅 안에서 충만한 풍요 속에서 알제리인들은 굶어죽을 수 밖에 없'는 부조리한 상황이 벌어지거니와 이 '이상한 무역'으로 인해 식민지 민중에 대한 착취는 잉여착취 그 자체가 된다[14]. 한국도 같은 상황이 펼쳐졌음은 물론이다. 비록

12) 장 폴 싸르트르, 박정자 역, 『상황 V－식민주의와 신식민주의』, 1983, 55면.

13) 위의 책, 40면.

14) 식민지 사회 전반에 대한 이러한 설명은 싸르트르가 알제리에 대해 설명한 방식에서

주식인 쌀을 상품화했다고 하나 상품화된 그 쌀 역시 대부분 식민본국인 일본으로 팔려나가기는 마찬가지였던 것이다. 해서, 한국 역시 쌀의 대대적인 증산에도 불구하고 땅으로부터 쫓겨나고 그 많은 쌀을 앞에 두고 굶어죽을 수밖에 없는 부조리하고 아이러니한 상황이 전개된다. 그런데 문제는 여기에 그치지 않는다. 이렇게 탈토지화 농민들이 서울로, 또 때로는 만주로 몰려갈 수밖에 없었으나 당시 한국의 산업은 이들을 수용한 여건이 되질 못했던 것이다. 게다가 하루아침에 전혀 다른 사회 질서가 구축된지라 대부분의 농민들은 자신들을 상품화할 수 있는 무언가를 지니지 못한 상태이다. 이 격변 속에서 안정된 생활이 가능한 것은 그야말로 극소수이다. 그 나머지 대부분은 그나마 조금 운이 따라주는 사람은 도시 주변부에서 인력거꾼이나 지게꾼이 되거나 그마저도 안되는 사람들은 그야말로 도시의 어두운 지대를 배회하는 상황에 처한다. "서울은 20만 인구의 도회로서 무직업한 빈민이 18만이라는 말을 신문기사를 보고 알았지만 세계지도 가운데 이러한 데가 또 있거든 있다고 가리켜 내어 보아라. 말만 들어도 곧 아사자(餓死者), 걸식자(乞食者)가 길에 널린 것 같다. 배보다 배꼽이 크다는 셈으로 20만 인구에 걸식자가 18만! …… 남촌이라는 이방인 집단지인 특수지대를 제외해놓고 그 외는 다 퇴락하여 가는 옛 건물, 영쇠하여 가는 거리거리, 바싹 마른 먼지 냄새로 꽉찬 듯한 기분 속에서 날로날로 더 패멸조잔(敗滅凋殘)의 운명의 길로 들어가는 서울이란 이 땅, 아니 전 조선이라는 이 땅, 그 속에 굼질대는 백의인(白衣人)—빈사상태에 빠진 기아군(飢餓群)."[15] 그러니 당시의 탈토지화된 존재들이 조그만 돈으로도 일확천금이 가능한 금광이나 미두장 등을 기웃거린 것은 오히려 당연하다 할 것이다. 그래도 그곳만이 패멸조잔의 질기고 질긴 필연성의 틈을 내거나 혹독한 빈사상태에서 벗어날 가능성이 존재했기 때문이다. 비록 확률은 매우 낮았다

빌어온 것이다. 싸르트의 알제리에 대한 분석과 태도는 싸르트르, 앞의 책. 참조.

15) 조명희, 이명재 책임편집, 『낙동강(외)』, 범우(주), 2004, 45면.

할지라도.

그렇다면 갑작스런 사유재산제도와 농산물의 가격 혁명으로 망외의 엄청난 부를 축적한 소수의 계층들의 경우는 어떤가. 그나마 그들은 지속적으로 부를 축적하여 나중에는 산업자본으로 전화한 것인가. 그렇지 않다. 그들 역시 자신들의 재산을 서서히 소진시켜 가기는 마찬가지다. 아무리 농산물이 상품화되어 부를 축적했다고는 하나 농산물에서 발생하는 이윤이란 그리 높은 것일 수 없다. 농업에서는 발생하는 잉여가치가 상대적으로 낮기 마련인 것이다. 반면 주로 식민제국에서 수입되는 소비재는 필요 이상으로 높은 가격에 팔린다. 높은 가격으로 인해 발생한 막대한 이윤을 노동자들에게 분배해 식민제국에서의 계급문제를 미봉해야 하기 때문이며 동시에 식민지의 효과적인 운용을 위해 지출되는 막대한 비용을 감당하기 위해서이다. 그 결과 식민지 사회에서는 생산성은 산술급수적으로 늘어나나 근대적인 생활을 위한 소비지수는 기하급수적으로 비약하는 상황이 발생한다. 이들이 근대적인 생활을 위해 치러야 하는 비용에 걸맞는 생산성을 유지하기 위해서는 반드시 산업자본으로 전화가 필요하나 식민지 사회에서 그것은 몇몇 소수를 제외하고는 애초부터 불가능한 길이다. 이러한 이유 때문에 식민지 초기의 토지소유자들 역시 서서히, 혹은 급격하게 쇠락의 길을 걷는다.

> 망건 쓰고 귀 안 뺀 촌 샌님들이 도무지 어쩐 영문인 줄 모르게 살림이 요모로 조모로 오그라들라치면 초조한 끝에 허욕이 난다. 허욕 끝에는 요새로 친다면 백백교(白白敎), 들이켜서는 보천교(普天敎) 같은 협잡패에 귀의해서 마지막 남은 전장을 오려 바치든지, 좀 똑똑하다는 축이 일확천금의 큰 뜻을 품고 인천으로 쫓아온다. 와서는 개개 밑천을 홀라당 불어버리고 맨손으로 돌아선다. (73면)

> 세태가 전과 달라서, 농살 짓구 도질받구 하는 것만 가지군 일년 가용이 모자라질 않었어? 석율 사서 써야 하구, 삼전이나 오전짜리 권연을 사면 하루밖

엔 피우질 못하구, 구두 한 켜레면 팔구 원이요, 양복 한 벌이면 삼사십 원이구, 아이들 학빈 다달이 사십 원씩이고 (간(間)) 그렇게 디리 물쓰듯 쓰는 용을 무얼루 충당했는데요? 큰형님이 군에서 받는 월급 고까짓것 삼십 원으루? 어디 어림이나 있나요? 헐수없이 빚을 질밖에요! 다달이 빚이요 해마다 늘어가느니 빚 아니겠어요? 몇해지간 그리구 나서 보니 빚이 겁나게 앞에 와서 챘지요? 이건 이래선 안되겠다구, 담은 큰 으런이겠다, 한목 큰 이문을 볼 령으루 물산객줄 시작했지요? 실팰 하구서 그 다음엔 어장을 했지요? 또 실팰 하구서 금광을 했지요? 것두 실팰하구서 마주막엔 미두! (간(間)) 그동안 줄곧 손만 보잖었어요? 그 사품에 논밭, 산장, 집 모두 저당에 들어갔지요? 들어가선 이자만 연해 늘어갔지요? 그리다간 기한이 지난다치면 떠내려가구, 떠내려가구![16]

이처럼 전근대적인 생산성과 근대적인 소비패턴 사이에서 발생하는 걷잡을 수 없는 손실은 잠시동안만이라도 전지구적 자본주의의 혜택을 보았던 존재들마저 몰락의 길로 이끌어간다. 이제 이들은 두 가지 선택의 기로에 놓인다. 필연적인 몰락을 앉아서 기다리느냐, 그 필연적인 몰락을 거부하고 극단적으로 우연을 추구하느냐. 아마도 '좀 똑똑하다는 축'은 극단적인 우연을 좇아나갔을 것이다. 앉아서 몰락을 기다리는 것은 몰락으로부터 비켜날 확률이 없지만 그래도 도박을 벌이는 것은 몰락하거나 상승하거나 할 확률이 반반인 것으로 다가오기 때문이다. 그러니 이들 역시 금광이나 미두에 목숨을 걸 수밖에 없다. 하지만 그 도박은 확률이 매우 낮은 도박일 뿐이다. 선물시장에서 일확천금을 실현하기 위해서는 그야말로 전세계 곡물 더나아가 전세계의 정세에 대한 정확한 정보가 필요할 뿐만 아니라 동시에 정확한 예단과 결단이 필요할 터, 그러니까 전지구적 자본주의의 시스템에 누구보다도 민감한 적응력을 지녀야만 성공할 수 있는 터, 그런 마당에 전지구적 자본주의에 적응하지 못해 실패한 인생들이 이곳에서, 이 오로지 계산가능성만이

16) 채만식, 「당랑의 전설」, 『인문평론』, 1940.10. 인용은 『채만식전집』 9, 창작과비평사, 1989, 145~146면.

살아 움직이는 자본주의의 심장부에서 살아남기란 힘들 터이다. 그러니 어쩌겠는가. "손바닥이 엎어졌다 젖혀졌다 하고, 방안지의 계선이 올라갔다 내려왔다 하는 동안에 돈 만 원은 어느 귀신이 잡아간 줄도 모르게 다 죽어버"(73면)리는 상황이 벌어질 밖에.

이처럼 '단일한 세계경제' 속으로의 갑작스럽고 강제적인 편입은 극소수를 제외한 거의 모든 당시의 한국인들을 하루같이 더욱 잔혹해지고 날마다 더욱 비인간화되는 막다른 골목으로 몰아간다. 『탁류』의 표현을 말하자면, 전지구적 자본주의화는 주변부 사회의 구성원 거의 대부분을 "벗어부치고 농사면 농사, 노동이면 노동을 해먹고 사는 사람들고 마찬가지로, '오늘'이 아득하기는 일반이로되, 그러나 그런 사람들과도 또 달라 '명일(明日)'이 없는 사람들"(8~9면) 혹은 "입만 가졌지 손발이 없는 사람"(20면)들인 '인간기념물'(20면)들로 전락시켰던 것이다.

이러한 정황을 감안하다면 『탁류』가 미두장을 『탁류』의 무대로 설정한 것이 왜 그토록 문제적인가 하는 점은 분명해진 셈이다. 미두장이란 당대의 총체성이 온전하게 깃들어 있는 장소이며 또한 당대의 사회적 관계의 총화라 할 만한 곳이었던 것이다. 『탁류』는 이러한 미두장을 전면에 내세워 이곳에서의 풍경이 곧 당대의 중핵임을 분명히 하며 이전과는 전혀 이질적인 세계상을 구축하기 시작한다. 토지가 있는 존재이건 토지가 없는 존재이건, 아니면 아직은 재산이 있는 존재이건 아무 재산도 없는 존재이건, 모두가 다 미두장에서의 미두 행위처럼 일확천금을 꿈꾼 도박을 감행할 수밖에 없었다는 것. 또 그렇게 도박을 해가며 한순간에 또는 서서히 '인간기념물'들로 전락할 수밖에 없다는 것. 이것이 『탁류』가 소설의 첫무대로 설정한 이유일 것이며, 이것이 우리가 『탁류』의 미두장의 무대화를 주목해야 하는 이유이기도 하다.

물론 당시의 모든 존재들이 미두장 혹은 미두장 앞에서 미두 행위를 한 것은 아니며 또 모든 존재들이 몰락한 것만은 아니므로 『탁류』의 도식화는 당대의 풍부한 현실을 매우 단순화시켰다고 말할 수도 있을 것이다. 하지만 당대의 현실을 깊숙이 들여다보면 굳이 이 미두장 안으로 들어오지 않은 존재들이라 하더라도 그들의 생존 방식 역시 이 미두장이라는 영역 안에서의 삶과 다르지 않음을 쉽게 확인할 수 있다. 식민지 국가의 근대화는 식민제국에 의해 기획되고 실현된다. 하지만 일반적으로 식민제국은 민중들의 염원이나 고통에는 관심이 없다. 그런 까닭에 식민지 국가의 근대화는 식민지 민중들의 염원이나 고통을 반영하고 지양하는 방향으로 진행되는 것이 아니라 오로지 제국의 필요에 의해 재구성된다. 해서 제국의 필요에 의해 느닷없이 어떤 제도를 공표하기도 하고 그 제도에 적응할라치면 예고도 없이 제도가 폐기처분된다. 당연히 민중들은 그들의 고통을 호소하고 그들의 염원을 목놓아 외치지만 그럼에도 식민제국은 오로지 식민제국의 필요에 따라 특정의 정책을 수립하고 폐기한다. 당연히 식민지 민중들의 고통과 염원은 철저하게 배재되고 왜곡되며 뿐만 아니라 식민지의 사회구성원들은 도대체 무언가를 위해 살아가도 그것이 실현되는 경험을 할 수도 없다. 사회의 모든 과정으로부터, 그리고 그 결과로부터도 소외되는 것이며, 따라서 이들은 나름대로 미래를 예측하고 그에 따른 일정표와 계획을 세우는 것이 불가능하다. 아니, 가능하다 하더라도 그것은 무의미하다. 이제 유일하게 남은 길이 있다면 그것은 모험이 아니라 결과가 뻔한, 그 필연적인 결과를 단지 유예시키는 것만이 가능한 도박이다. 이런 점을 감안한다면 식민지에서의 생존이란, 그 악순환의 고리를 벗어나지 않는 한, 결국 미두장 안에서의 미두 행위와 같은 것이라 할 수 있다. 그러므로 『탁류』가 미두장을 무대화시킨 것을 두고 당대 현실을 단순화시킨 것이라 할 수는 없다. 그것은 바로 당대 현실에 대한 정확한 직시라고 불려지거나 아니면 당대의 사회적 증상에 대한 고차원적인 발견이라고 일컬어져야 한다. 다시 한 번 반복하자. 『탁류』에서 이루어진 미두장의 발견은 어느 문학사적 사건 못지않게 기념비적이다.

3. 두 개의 몰락, 두 번의 몰락—세계경제체제와 매독

미두장의 풍경을 당대의 중핵으로 제시하면서 시작한 『탁류』는 그 다음에는 바로 미두장 안 혹은 미두장 앞의 영토화 논리에 붙들린 존재들이 살아가는 방식을 집중적으로 서사화한다. 즉 미두장 장면 이후 『탁류』는 모든 인간과 사물의 고유성, 가치, 질, 환원불가능한 성격, 사용가치 등을 다시 회복할 수 없는 방식으로 도려내는 교환경제의 악순환의 고리에 휩쓸려버린 그래서 사물은 물론 인간마저도 상품으로 인식하는 존재들, 그리고 동시에 식민제국의 정치경제학으로부터 처절하게 소외되어 공허하고 힘없는 무명씨로 살아가며 그 결과 극단적인 우연(즉 도박)을 반복하는 존재들이 현존하는 방식을 치밀하게 서사화하는데, 이는 주로 수많은 인물들의 몰락 혹은 전락의 드라마로 구체화된다. 『탁류』의 인물들은 하나같이 몰락한다. 정주사나 초봉이, 그리고 고태수 등 핵심인물은 말할 것도 없이 그 주변의 인물들 대부분도 서서히, 혹은 급격하게 더낮은 곳으로 전락해간다. 이런 점에서 보자면 『탁류』는 몰락한 존재들, 곧 '인간기념물'들의 박물지라 해도 과언이 아니다. 물론 『탁류』에 몰락의 드라마만 있는 것이 아니라 상승의 드라마도 있는 것 아니냐고 의문을 제기할 수도 있다. 도박판에서 잃는 사람들만 있는 것이 아닌 만큼 상승의 드라마를 성취해낸 사람들이 없을 리 없을 것이며, 『탁류』에도 실제로 몇몇 부류는 계급적 혹은 계층적 상승을 성취해내기도 한다. 조그마한 싸전집에서 이제 재산가가 된 한참봉이나 제약회사를 차려 막대한 부를 축적하는 제호, 그리고 태수가 내팽개친 '금절표'를 주어 나중에 일확천금의 꿈을 어느 정도 달성하는 형보 등은 당시의 도박판에서 소기의 목적을 달성한 인물들에 속하는 것처럼 보이기도 한다. 하지만 『탁류』는 이러한 성공을 상승이라든가 발전이라고 보지 않는다. 『탁류』는 오히려 그러한 성공을 가장 심각한 타락, 혹은 몰락으로 바라본다. 『탁류』에 따르면 그들은 모든 가치를 교환가치라는 단 하나의 가치로 환원해버리는 타락한 세계의 논리를 그대로 내면화하여 더 이상 인간이 아니라 인간의 얼굴의 한 자본에 불과하며, 그들의 넘치는 욕망 역시 자본의 증식 과정과 마찬가지로 멈추는 법이 없어 결국에는 도덕적 신체적 파탄을 겪을 수밖에 없는 파락호들[17)]인 것이다. 이처럼 『탁류』의 등장인물들은 남승재나 계봉 등 몇몇을 제외한 거의 모든 인물들이 몰락의 길을 걷고 있으며, 아마도 채만식이 허무주의의 작가로 혹은 비극적 세계관의 작가로 일컬어지는 것은 이 때문일 것이다.

이 수많은 몰락의 드라마 중 『탁류』가 단연 초점을 모으고 있는 몰락담은 정주사와 초봉의 그것이다. 『탁류』는 이 두 개의 몰락을 중심으로 마치 예고없이 진주해온 점령군처럼 느닷없이 대타자로 군림한 전지구적 자본주의가 나름대로 고유한 질서를 지니고 있던 한국이라는 변방을 어떻게 황폐화시켰는지를 치밀하게 제시한다. 이 두 개의 몰락의 드라마 중에서도 먼저 주목해야 할 것은 정주사의 몰락 이야기이다. 첫 장면부터 나이가 배가 젊은 젊은이에게 멱살을 잡히는 등장하는 인간기념물이기에 정주사가 대단히 하찮은 인물로 비쳐지고 전유되기 십상이지만, 정주사가 원래부터 그렇게 하찮은 인물은 아니다. 또 그렇다고 개인적인 무능 때문에 '인간기념물'로 전락할 정도로 지식이 없거나 적극성이 없는 인물도 아니다. 그렇다고 넘치는 욕망을 억제하지 못해 잉여의 쾌락에 자신의 생을 탕진한 인물인가 하면 그것은 더더구나 아니다. 정

---

17) 『탁류』에서 '축재'에 성공한 인물들은 거의 대부분 '매독'에 걸리는 것으로 되어 있고 이들에 의해서 매독이 옮겨 다닌다. 매독은 잠복기가 있는 병이어서 서서히 다가와 치명적인 해를 가하는 바, 『탁류』의 매독은 서서히 다가와 어느 순간 인간을 정신적 생활적으로 파탄시키는 세계경제체제와 흡사한 측면이 있다. 매독의 일반적 은유적 성격에 대해서는 수잔 손탁, 이재원 역, 『은유로서의 질병』, 이후, 2002 참조. 그리고 『탁류』를 매독이라는 질병과 연관시켜 읽은 논의로는 이재선, 「『탁류』와 도시 군산의 징후학 ―매독과 전염성 탐욕의 은유화 현상」, 『현대소설의 서사주제학』, 문학과지성사, 2007 참조.

주사는 비록 부유하지는 않으나 그래도 '굶지는 않'는 집안에서 '선비네 집안의 가도대로 하늘천 따지의 천자를 비롯하여 사서니 삼경이니를 다 읽'은 인물이며, 또 '그리고 나서 세태가 바뀌니 '신학문'도 해야 한다고 보통학교도 졸업은 한'(14면) 인물이다. 말하자면 당시로서는 '남부끄럽지 않게' 공부를 한 인물일 뿐 아니라 물려받은 재산이 많지는 않으나 집 한 채에 수중에 얼마간의 돈도 쥐고 있었던 상태였으며, 게다가 "한일합방 바로 그 뒤만 해도 한문 장이나 읽었으며, 사년짜리 보통학교만 마치고도 '군서기(郡雇員)'(15면) 노릇은 넉넉히 해먹을 때"여서 "스물세 살에 그곳 군청에 들어가서 서른다섯까지 옹근 열세 해를 '군서기'를 다"니기도 한 인물이다. 그러니까 정주사는 원래에는 오늘이 없을 뿐만 아니라 내일도 없는 '인간기념물'과는 거리가 멀었던 존재라 할 수 있다. 아니, 오히려 꽤 오랫동안 자신의 능력과 성실성만으로 안정된 생활을 영위하던 존재였다고 해야 한다. 그런 정주사가 인간기념물로 전락한 것은 거의 전적으로 그가 살았던 시대, 좀더 구체적으로 말하자면 시대의 혁명적 전회 탓이다. 어느 날 느닷없이 다가와 한국 사회를 한순간에 지배해버린 전지구적 자본주의, 그리고 식민지 민중의 고통과 염원을 돌보지 않는 식민제국이야말로 정주사가 인간기념물로 전락한 가장 본질적인 요인이다. 정주사는 열심히 살았건만 서서히 도태된다. "아무리 연조가 오래서 사무에 능해도, 이력 없는 한낱 고원이 본관이 되고, 무슨 계(係)의 주임이 되고, 마지막 서무주임을 거쳐 군수가 되고, 이렇게 승차를 하기는 용이찮은 노릇이다. 더구나 정주사쯤의 주변으로는 거의 절대로 가망 없을 일이다. / 정주사는, 청춘을 그렇게 늙힌 덕에 노후(老朽)라는 반갑잖은 이름으로 도태를 당하고 말았다. 그러고 보니 처진 것은, 누구 없이 월급장이에게는 두억시니같이 붙어다니는 빚(負債)뿐이었었다."(13면) 사실 '군서기'가 된 것만은 해도 운이 좋았다고 해야 할지도 모른다. 이식을 통해 근대화가 진행되는 주변부의 경우 그 사회를 움직이는 원리는 자의성이다. 예컨대 제도는 갑작스레 근대화된 데 비해서 그것을 운영할 주체가 거의 전무하기 때문에 그러한 자리들은 대개 '운' 좋은 사람들이 차지가 된다. 정주사 또한 그렇게 운 좋게 안정적인 직업을 가질 수는 있었던 것이다. 하지만 이제 서서히 근대화가 진행되면 근대의 제도들은 합리성에 의해 운영되기 시작하거니와 그에 비례하여 자의성의 영역은 줄어든다[18]. 그것은 다시 말해 정주사 같은 인물이 더 이상 올라설 자리가 없어진다는 것을 의미한다. 게다가 당시는 식민지 상태 아니었던가. 다시 말해 조선인이 어떤 자리의 중심부에 올라서기란 거의 불가능한 시대였던 것이다. 결국 정주사는 자신의 안정된 직장으로부터 퇴출된다. 정주사를 기다리는 것은 빚이다. 이 또한 당연하다. 생산 수준은 전근대적인 데 비해서 소비수준은 근대화의 중심부와 다르지 않아 그야말로 엄청난 지출을 요구했고 또 갑작스레 도입된 근대적인 제도에 적응하기 위해서는 교육비 등 역시 엄청난 비용이 들었기 때문이다. 때마침 정주사의 부인 유씨가 "자녀들에 대한 승벽이 유난스러, 머리를 싸매가면서 공부를 시키는 판이다."(14면) 그러자 정주사는 "명색이 가장이랍시고 벌어들인다는 것이 가용의 십분지 일도 대지를 못"(14면)하는 처지에 놓이고 집의 가세는 급격하게 기울어간다. "아이들은 자라고 학비까지 해서 용은 더 드는데, 직업을 바꿀 때마다 월급은 줄고, 그러는 동안에 오늘이 어제보다 못한 줄은 모르겠어도, 금년이 작년만 못하고 작년이 재작년만 못한 것은 완구히 눈에 띄어, 살림은 차차 꿀려들어가기 시작했다. 하다가 마침내 푸달진 월급자리나마 영영 떨어지고 나니, 손에 기름은 말랐는데 식구는 우그르하고, 칠팔년 월급장사로 다시금 빚밖에 남은 것이 없었다."(16~17면)

여기까지가 정주사의 첫번째 몰락이다. 만약 이쯤에서 정주사가 자기 자신에 대한 전반적인 반성과 성찰을 했다면, 또는 부르디외의 표현대로

18) 식민지 상황에서 근대화가 진행될 경우 자본주의 특유의 합리적인 제도들이 초기에는 자의성에 의해 운영된다는 논의는 부르디외, 최종철 역, 『자본주의의 아비투스—알제리의 경우』, 동문선, 1995 참조.

자기 자신에 대한 창조적 재창안의 길을 걸었다면, 정주사의 또 한 번의 몰락은 없었을지 모를 일이다. 생활에 있어서는 자신의 소득수준과 소비수준의 격차를 줄였더라면, 의식면에서는 이식된 경제체제와 가치체계에 기계적이고 수동적으로 적응할 것이 아니라 그 강제된 적응으로부터 모든 것을 분리시켜 보다 의미 있는 윤리를 창조적으로 다시 만들어냈다면, 정주사의 두 번째 몰락은 없었을지도 모른다. 하지만 정주사는 이 지점에서 멈칫거리는 대신 더욱 조바심을 낸다. 삶의 점진적인 개선 따위는 믿지 않는다. 대신 생활 수준의 혁명적인 도약을 꿈꿀 뿐이다. 정주사의 입장에서 보자면 정주사의 미래에는 오로지 예정된 몰락이 필연적인 숙명처럼 정주사를 기다리고 있다. 그런 만큼 정주사에게는 이 필연성을 깨뜨리고 어떤 혁명적인 도약을 할 수 있는 계기가 필요했고, 마침 정주사는 '중매점의 사무를 보아주'어 '미두의 속을 알'(16면)고 있었던 차였다. 결국 정주사는 미두를 하기 시작하고 급기야 '미두꾼으로, 미두꾼에서 다시 하바꾼으로 ―'(15면) 전락한다. 그런데 문제는 '미두꾼에서 하바꾼으로'의 전락이 문제가 아니다. 이 과정에서 필연적으로 동반되는 도덕적 파탄이 문제다.

앞서도 말했듯 미두란 물건과 물건을 주고 받는 것도 아니고, 상품과 화폐를 교환하는 것도 아니며, 또 그렇다고 상품의 가격 전부를 지불하고 소유권을 유지하는 것도 아니다. 상품의 일부분의 가격을 지불하여 소유권을 획득하고 가격이 오르면 그것을 되팔아 이윤을 챙기는 행위이다. 이 미두 행위에는 물건 그 자체의 사용가치나 그것에 깃들어 있는 영혼이나 노동의 흔적 따위란 개입될 여지가 없으며, 또한 물건과 화폐를 교환하는 자들 사이의 인간적 교감이나 관계성 같은 것이 틈입할 계제도 없다. 이 미두 행위에는 오직 축복처럼 순식간에 다가올 부의 가능성, 그것도 그동안의 몰락을 한순간에 벌충해주고도 남을 거대한 부의 가능성에 대한 기대만이 있다. 그리고 사람과 사람 사이의 영혼과 역사를 지닌 물건을 사이에 두고 이루어지는 거래가 아니기에 누가 어떤 피해를 보건 순식간에 막대한 이윤을 얻으면 된다면 추악한 열망만 있다. 말하자면 미두 행위는 각각의 존재들의 생과 사를 놓고, 일확천금과 패가망신을 놓고 벌이는 싸늘한 도박인 것이다. 정주사에게 미두 행위는 필연적인 몰락의 과정으로부터 그를 해방시켜줄 유일한 그것이다. 그것은 수고 없는 횡재가 가능할 수도 있기에 정주사가 유일하게 기대할 수 있는 유토피아적 약속이다. 그래서 이 미두 행위는 표면적으로는 합리적 계산의 필요성을 부정하는 것처럼 보이고 노동, 시간과 돈의 일치를 순간적으로 부정하기에 자본제적 규정을 부정하는 것 같지만, 그것은 자본제적 규정을 근본적으로 구현하는 것이다. 특히나 정주사의 경우처럼 도박을 오락거리 정도가 아니라 돈을 따서 생존하기 위한 목적으로 미두를 할 경우는 더욱 그러하다. 정주사의 미두 행위는 결코 빈둥거림을 가능하게 하고, 노동의 엄격함과 시장의 가치 저하에 대한 굴종을 거부할 수는 경제적 토대 같은 것[19]일 수 없다. 정주사의 미두 행위는 오로지 미두시장 제도를 통해 돈을 놓고 돈을 먹는 도박사의 행위일 뿐이다. 그렇기에 정주사는 "특별한 정변(政變)이나, 연전의 도쿄대진재 같은 천변지이(天變地異)나, 이러한 때라야 그래도 폭넓은 진동(大幅振動)이 있고, 해서 매매도 활기가 있"기 때문에 "김만평야의 익은 볏목에 우박이 쏟아지기를 바라고, ××이나 ××이 지함(地陷)으로 돌아빠지기를 기다"(74면)리는 존재들과 마찬가지로 비인간으로 전락하고야 만다. 뿐인가. 미두 행위에 깃든 유토피아적 열망은 워낙 강렬하여 미두 행위를 항상 '첫경험'의 그것으로 느끼게 하여 미두 행위자들을 모두 기억상실자로 만들어 버리는바, 정주사 역시 헛된 기대와 뼈를 깎는 후회라는 악순환의 회로를 벗어나지 못한다. 정주사는 집에 쌀이 없어도 돈만 생기면 미두장으로 달려가는 미두 중독자가 되거니와 그 악순환 끝에 "좀이 쑤셔서도 하바를 하기는 하는데, 그놈이 운수가 좋아도 세

19) 도박에 대한 이러한 설명은 벤야민의 것인데 벤야민의 도박에 대한 설명에 대해서는 그램 질로크, 노명우 역, 『발터 벤야민과 메트로 폴리스』, 효형출판, 2005 참조.

번에 한 번 쯤은 빗맞아서 액색한 그 밑천을 홀랑 불어먹"(17면) 고마는 지경에 처하게 된다. 말하자면 정주사는 한순간에 축복처럼 다가올 부의 가능성에 대한 헛된 염원 때문에 생활상의 파탄은 물론 인간 사이의 모든 관계를 이윤추구의 관점에서 바라보는 윤리적인 파탄에 빠져버린다.

이러한 정주사의 물질적, 윤리적 몰락은 곧 또 하나의 몰락을 가져온다. 바로 초봉의 몰락이다. 정주사가 예정된 몰락을 한 순간에 만회하려는 유토피아적 열망에 허우적대는 동안 드디어 정주사의 집안은 생존이 위태로운 상황에 처하고 만다. 이러한 정주사 집안의 가난과 청승을 두고 『탁류』는 '신판 「홍부전」'이라고 빗대거니와, 그만큼 정주사의 집안은 절박한 지경에 놓인다. 이때 가난을 넘어서는데 걸리는 시간을 환상적으로 단축해주는 계기가 생긴다. 초봉을 선망하던 고태수의 청혼을 해왔던 것. 정주사에게 고태수의 청혼은 매우 매혹적인데, 물론 그것은 고태수라는 인물의 인간 됨됨이라든가 하는 것과는 아무런 연관이 없다. 정주사에게 고태수의 청혼의 매혹적인 것은 오로지 그 청혼에 덧붙어 있는 조건이다. "혼수비용을 재갸가 말끔 대서 하겠다는 그 말 끝에 한 말인데 …… 아 그 댁이 지내시기가 그렇게 어렵다니 참 안됐다고 …… 그러면 재갸가 인제 혼인이나 치르구 나서 형편을 보아서 장사나 허시라구 얼마간 밑천을 둘러 디려야 허겠다구 그리겠지요!"(131면) 이것은 마치 수고 없는 횡재라는 도박 특유의 유토피아적 약속과 같은 형태를 띠고 있거니와, 그러니 정주사는 유토피아적 약속을 거부할 수도 없고 거부하지도 않다. 공교롭게도 같은 시기에 또 다른 선택의 가능성이 제기되지만 정주사는 거들떠 보지도 않는다. 그 가능성, 그러니까 제호를 따라 경성으로 직장을 옮기는 것이나 남승재와 초봉과의 관계의 친밀성을 고려해 둘 사이를 맺어준다거나 하는 길은 아예 고려의 대상이 되지 않는다. 그 길이란 생활의 점진적 개선은 가능할지 몰라도 정주사가 바라는 바로 그것, 노동의 과정 없는 즉각적인 부의 실현이 보장되지 않기 때문이다. 오로지 정주사에게는 즉각적인 부의 실현만이 중요할 뿐 그 즉각적인 부의 실현으로 인해 희생을 치러야 존재에 대한 애정이나 관심 따위는 없다.

> 그들은 진실로 이러하다. 그들은 딸자식 하나를 희생을 시켜서 나머지 권솔이 목구멍을 도모하겠다는 계책을 적극적으로 세우고 행하고 할 담보는 없다. 가령 돈 있는 사람을 물색해내서 첩으로 준다든지, 심하면 기생으로 내앉히거나, 청루(青樓)에다가 팔거나 한다든지 그렇게 하지는 못한다.
>
> 비록 낡은 것이나마 교양이라는 것이 있어 타성적으로 그놈한테 압제를 받기 때문이다.
>
> 교양이 압제를 주니 동물적으로 솔직하지 못하고 인간답게 교활하다.
>
> 해서, 정주사네는 시방 태수와 이 혼인을 함으로써 집안이 셈평을 펴게 된 이 끔찍한 행운을 당하여 한걸음 뒤로 물러서서, 이 혼인이 장차에 딸자식을 불행하게 하지나 않을 것인가 하는 의구를 일으켜 가지고 그 의구가 완전히 풀리기까지 두루 천착을 해보기를 짐짓 그들은 피하려 든다. '사실'이 무섭고 무서운 소치는 너무도 '사실'이 뚜렷하고 보면 차마 혼인을 못할 것이므로다. …… 이렇게 사리고 조심하여 눈을 가리고 아웅한 덕에, 내외의 의견은 더볼 것도 없이 맞아떨어졌던 것이다. (136~137면)

이처럼 즉각적인 부를 실현하겠다는 자본제적 인물의 자본제적 행위로 인해 초봉이는 누군지도 잘 모르고 그러니 당연히 그 둘의 관계성이 어떻게 형성될지도 전혀 예측할 수 없는 태수와 결혼을 하게 된다. 이러한 초봉의 생의 이력은 아버지의 법칙에 따라 사랑의 가능성을 포기하는 근대 초기 서구소설에 나타난 여성상과 닮아 있기[20]도 하고, 또한 앞을 못보는 아버지의 행복을 위해 자기의 몸을 희생하는 심청의 형상을 이어받고 있기도 하다.[21] 하여튼 초봉은 아버지 혹은 가족의 권위와

---

20) 아버지의 법칙에 눌려 사랑의 법칙을 포기하는 서구소설의 여성상에 대해서는 나탈리 에니크, 서민원 역, 『여성의 상태-서구소설에 나타난 여성상』, 동문선, 1999 참조.

21) 『탁류』가 『심청전』과 상호텍스트적인 관계에 있다는 논의는 한기, 앞의 논문과 방민

권유, 그리고 읍소에 마음이 움직여 고태수와 결혼한다. 하지만 이러한 가족을 향한 헌신적인 자기희생에도 불구하고 초봉은 도저히 끊어내기 힘든 참혹한 몰락의 과정으로 들어선다. 정주사 등이 '눈 가리고 아웅한 덕에' 초봉은 그야말로 끔찍한 행복이 아니라 끔찍한 불행을 떠안게 되는 것이다.

그 몰락의 출발점에는 고태수가 놓여 있다. 즉각적인 부의 창출이라는 매혹적인 약속에 결혼을 했건만 고태수란 인물은 정주사나 초봉이 상상했던 것처럼 유토피아적 약속을 실현해줄 인물은 아니다. 고태수는 빚쟁이에다 은행의 맡겨진 상당한 금액의 고객돈을 횡령한 존재이고, 오입쟁이고, 매독환자에다가 스스로 죽는 것 이외에 어떠한 방책을 생각해낼 수 없을 정도로 막다른 골목에 내몰려 있는 상태다. 실제로 결혼 하고 얼마 지나지 않아 고태수는 싸전의 김씨와 관계를 맺다가 불의의 일격에 죽고 만다. 이후 초봉의 삶의 조건은 급격하게 나빠진다. 그리고 뒤이어 또 한 번의 급격한 몰락을 경험한다. 첫 번째 몰락이 고태수의 죽음에 따른 안정적 삶의 붕괴 같은 것이라면, 두 번째 몰락은 윤리적 몰락에 해당한다. 초봉은 실제로는 파산상태에 있었던 고태수의 죽음과 그와 더불어 찾아온 불행(예컨대 형보의 강간, 매독 감염 등등)으로 큰 수고 없는 재화의 획득이라는 꿈이 한순간에 깨지면서 첫 번째 몰락을 맞이한다. 하지만 운좋게도, 아니, 운이 나쁘게도, 그것 때문에 곧 극도의 가난의 상태에 빠지지는 않는다. 비록 즉각적인 부의 실현을 약속했던 고태수가 그 약속을 실현해준 것은 아니지만 고태수의 후예인 제호나 형보들이 그런 조건을 충족시켜주기 때문이다. 오히려 초봉의 두 번째 몰락은 경제적인 몰락이 아니라 정주사 마냥 윤리적인 몰락이다. 보다 정확하게 말하자면 초봉은 경제적 몰락을 피하기 위해 윤리적으로 타락의 길을 걷는다. 초봉은 가족을 위해, 그러나 실제로는 자신을 위해

호, 『채만식과 조선적 근대문학의 구상』, 소명출판, 2001 참조.

제호와 형보에게 팔려다니듯 옮겨다니며 안정적인 경제 생활을 유지한다. 이 남자에서 저 남자로 옮겨질 때마다 초봉의 영혼과 인간적 자존은 심각하게 훼손 받을 뿐만 아니라 '물건' 취급을 받기까지 한다. 하지만 초봉은 이 교환의 흐름 바깥으로 나오려 하지 않는다. 오히려 나중에는 자신의 물건으로서의 값, 순수하게 물 그 자체가 됨으로써 얻어지는 값, '몸값'을 스스로 높이기까지 한다. 언제부턴가 그녀는 계산하고 또 계산하기 시작한다. 두 번째 몰락이 시작된 셈이다. 그녀는 "마침 주체스러운 수하물(手荷物) 아니었더냐! 하나 그렇다고 슬그머니 내버리고 가자니 한 조각 의리에 걸려 차마 못하던 노릇이다. 그렇던 걸 글쎄 웬 작자가 툭 튀어들어, 인다구 그건 내거다 하니 이런 다행할 도리가 있나! 아슴찮으니 돈이라도 몇푼 채워서 내주어야겠다. 어허 실없이 잘되었다. 좋다"(320면)는 제호 등의 태도에 "내가 무슨 고태수의 물건이길래 저희끼리 주고받고 한단 말이오?"(325면), "하늘이 맑다구 벼락두 무섭잖더냐? 이 천하에 무도하구 몹쓸 놈들아……"(335면)라는 거부의 염이 없는 것은 아니지만 결국에는 '물건' '수하물'로 취급되는 이 질서 바깥으로 나가지 못한다. 오히려 제호나 형보들보다 더 악착같은 자본가가 되는 것으로 그들에 대한, 그리고 교환의 정치경제학에 대한 분노와 복수심을 표현한다. "그러면 어쩔 테냐? 너 내가 해달라는 대루 해줄 테냐? …… 그러면 첫째, 이애 앞으로두다가 네 이름 하나 허구, 내 이름으루 하나 허구, 생명보험 하나씩 …… 그런 그렇구 …… 그 댐은, 그새 박제호두 그래왔으니깐 …… 그러구 또, 그 댐은, 돈을 한목아치 천원을 나를 주어야 한다? …… 우리 친정두 먹구 살게시리 한끄터리 잡아주어야지! …… 또 있다 …… 우리 친정 동생들 서울루 데려다가 공부시켜 주어야 한다!"(342~343면) 그리고 자신의 몸을 상품화하여 최대의 이윤 또 최대한의 잉여가치를 창출하고자 하며 급기야는 타자와의 어떠한 윤리적, 서사적 긴장도 없이 오로지 계산만으로 맺어진 관계들을 이어간다. 그렇게 초봉은 제호의 첩이 되고, 셋 중 누구의 아이인지 모를 딸을 낳고,

그러다가 정신적으로 동물의 상태인 형보에게 넘겨지고, 형보의 새디즘적 집착에 몸과 마음이 극도로 황폐해지고, 그리고 마지막에는 살인자가 되고…….

이렇듯 초봉의 몰락 과정은 처참하고 처절하다. 어떤 면에서 초봉은 그야말로 낡은 질서와 한 순간에 사회적 초자아로 군림한 전지구적 자본주의라는 두 개의 대타자가 만들어낸 “신식교육을 어설프게 받은 대표적 여성상”[22]이기도 하고 자기학대적 성향이 짙은 히스테리 환자라고 할 수도 있다. 초봉은 정주사처럼 전통윤리와 자본주의적 합리성 사이를 창조적으로 재전유 혹은 재창안하지 못한 채, 가족을 위해 자기를 지우고 그런 자기를 스스로 학대하는 그러면서 자신의 분신인 딸을 위해 살인이라는 범죄를 저지르는 인물이 되거니와, 이러한 초봉의 형상은 갑작스럽고 강제적인 전지구적 자본주의화가 이곳의 민중들을 얼마나 황폐하게 만들었는가를 확인하게 충분하다.

그런데 초봉의 이 처참한 몰락 과정을 단순히 여성 수난을 강조하여 흥미를 끌기 위한 통속적 전개라고 비판하는 사람들이 있다. 아마도 근대 이후 한국문학사에서 여성수난사가 수시로 안이하게 반복되었기 때문일 것이다. 하지만 여성수난사라고 해서 다 통속적인 것은 아니다. 문제는 그 여성수난사가 어떤 관점에서 맥락화되었나 하는 것이다. 그런 점에서 보자면 『탁류』의 초봉의 파란만장한 삶만큼 식민지 여성의 고통을 강렬하고 밀도 있게 표현한 경우도 드물다. 이는 식민지나 주변부에서 근대화를 진행하는 사회의 경우 그 엄청난 질곡이 사실은 여성의 상품화, 혹은 상품화된 여성 속에서 교차한다는 사실을 감안하면 더욱 그러하다. 어느 날 갑자기 강제적으로 자본주의 시스템에 편입될 경우 그 사회구성원들에게 요구되는 가장 큰 일은 이전의 공동체적인 감각이나 인륜성 따위를 벗어던지고 자신을 상품화하는 것이다. 그러나 식민지의

22) 김치수, 「역사적 탁류의 인식」(김병익 외, 『현대 한국문학의 이론』, 민음사, 1973), 333면.

자본주의화는 주로 식민지 모국의 필요에 의해 그 시스템의 결정되기 때문에, 그리고 식민지 모국은 이윤의 극대화를 위해 식민지 국가의 산업 발전을 최대한 억제하기 때문에, 식민지의 자본주의는 우선 걷잡을 수 없을 정도 많은 실업자들의 양산해내기 마련이다. 당연히 식민지 민중이 이 수많은 실업자군 속에서 자신의 노동력을 상품으로 팔기란 쉽지 않다. 게다가 자본주의적 시스템에 필요한 인간이 되기 위해서는 상품으로서 가치 혹은 자질을 갖추어야 하는바 여타의 성이나 계층이 그 상품성을 구비하는 데는 오랜 시간이 걸린다. 이런 상황에서 상대적으로 비교적 오랜 훈련이나 전문성 없이도 자신을 상품화시킬 수 있는 것이 바로 여성이다. 어쩔 수 없이 그녀들은 여공으로, 매춘부로 팔려 나가며 아직도 자본주의적 상품으로서의 가치를 지니지 못한 다른 가족구성원들을 부양하는 위치에 놓인다. 그래서 어떤 점에서 보자면 여성의 고통이나 상처, 그리고 처절한 전락의 과정들이 식민지 민중들의 그나마의 삶이라도 가능케 했다고도 할 수 있다. 그렇다면 『탁류』에서 초봉이 거의 자학에 가까운 몰락을 통해 가족을 부양하는 장면은 단순히 여성의 수난을 통하여 읽을거리를 만들어낸 정도가 아니라 식민지적 근대화의 특성을 매우 정확하게 읽어낸 결과[23]라 할 수 있다.

또한 『탁류』에서 집중적으로 그려지는 초봉의 몰락과정은 모든 인간과 사물을 환금가능성으로만 파악하는 전지구적 자본주의의 매커니즘이 어떤 과정을 거쳐 인간의 순수한 영혼을 잠식해 들어가는지, 그리고 그러면서 자신의 현실원칙을 확대 재생산해내는지를 절묘하게 보여주는 『탁류』의 득의의 영역이기도 하다. 『탁류』의 작가가 그것을 의식하고 썼는지 아닌지는 분명하게 말할 수는 없으나 『탁류』는 가족을 위해 자기 희생을 마다하지 않을 정도로 순수하고 목가적인 영혼이 집요한 이윤추구의 원리에 오염되어 가는 과정을 그야말로 치밀하고 강렬하게

23) 『탁류』의 초봉의 삶을 식민지 근대성과 관련시켜 규명한 논의로는 김경수, 앞의 논문 참조.

그리고 있다. 이런 과정이다. 태수는 초봉에게 끊임없이 베풀면서 초봉을 그녀의 고유한 영토로부터 끌어낸다. 순수증여라고나 할까. 아니, 꽤나 검은 의도를 숨기고 행한 증여이니 사악한 증여라고 해야 할 터이다. 하여간 태수는 끊임없이 증여하고 선물 하면서 초봉의 고유한 모랄, 그러니까 노동을 통해 조금씩 조금씩 축적해가는 삶의 방식을 회의에 빠뜨린다. 그리고 그 집요한 (순수)증여 행위의 반복을 통해 일단 초봉이의 호의적인 시선을 얻어낸다. 그 순간부터 이제 그의 태도가 달라진다. 그러더니 증여한 그것의 댓가로 무언가를 요구하여 결국에는 교환의 세계로 혹은 도박과도 같은 교환가치의 세계 속으로 끌어들인다.

> 그는 모친에게서 결혼을 하고 나면 태수가 장사밑천으로 도을 몇천 원 대주어서 부친이 장사 같은 것을 하게 한다는 그 말을 듣고는 다시는 더 여부없이 태수한테로 뜻이 기울어져 버렸다.
>
> 그거야 태수는 미리서 마음을 동요시킨 것이 없었다고 하더라도, 그만한 조건이고 보면 필연코 응낙을 않진 못할 초봉이다. (153면)

이렇게 초봉은 태수의 순수 증여, 혹은 과잉 증여에 현혹한다. 정주사가 미두로 일확천금의 꿈을 꾸듯이 초봉도 자신의 인격을 버리고 자기 스스로를 상품으로 만들어 직접적인 희열을 욕망한다. 이제 초봉은 노동하고 기다리고 하나하나 쌓아나가며 삶을 개선하는 길로부터 멀어진다. 이렇듯 태수의 베풂 덕분으로 초봉이 교환의 정치경제학에 익숙해지자 이제 제호가 다가오는데 제호는 아주 객관적인 지표를 가지고 초봉의 육체를 돈으로 측량하고 거래를 제안한다. 이 거래는 신사협정에 가깝다. 제호는 자신이 돈으로 산만큼 초봉이 옮긴 매독마저도 같이 치료해줄 정도로 신사적인 면모를 보인다. 초봉 또한 자신의 상품성을 그만치 높게 봐주자 이 거래를 흔쾌하게 받아들인다. 하지만 비록 이 교환이 서로간의 의지가 관철된 것이기는 해도 이 거래가 이루어진 이후부터 초봉은 상품으로 전락한다. 그러자 형보가 나타난다. 형보는 이제 초봉을 노골적으로 상품으로 물질로 취급하기 시작한다. 가학성을 노골적으로 드러내는가 하면 잉여의 성적 착취를 반복한다. 초봉은 물론 형보의 그런 잉여 착취에 강렬한 거부감을 가지고 있건만 형보에게 그런 거부감 따위는 중요하지 않다. 형보는 초봉이 이미 이 타락한 사회에 동화되어 어떠한 고통을 겪는다 하더라도 이 세계 바깥으로 나갈 용기를 낼 수 없을 것으로 확신하고 있기 때문이다. 즉 형보는 초봉이 "하다가 못할값에 형보의 손아귀에서 벗어나도록 부스대볼 생각은 아예 먹지도 않는다. 근거도 없는 단념을, 돌이켜 캐보려고는 않고 운명이거니 하고도 내던져 두던 것이다"(399~400면)라는 마음을 먹고 있다는 것을 잘 알고 있는 것이다. 결국 초봉은 모든 것을 상품화하는, 특히 여성의 몸을 집요하게 상품화하는 전지구적 자본주의의 매커니즘의 노회함과 집요함 앞에 굴복하고야 만다. 그리고 교환의 정치경제학을 자기화하고 마는 바 영혼이 없는 자동인형으로 전락하기에 이른다. 이렇듯 『탁류』는 베풀고 거래하고 착취하는 세 명의 남성이 계기적으로 또는 서로 교차하며 초봉을 타락시켜 결국에는 교환의 정치경제학의 틀 속에 가두어 버리는 과정을 치밀하게 그려낸다. 특히나 세 명의 남성이 초봉을 그 극한의 상황으로 몰아넣는 장면들은 전지구적 자본주의가 전혀 이질적이었을 뿐만 아니라 순결한 영토인 주변부 사회, 또는 식민지 사회를 베풀고 거래하고 착취하며 지배해가는 방식과 기묘하고 절묘한 유비관계를 보여주기도 한다.

그렇다면 『탁류』는 어떤 보편적인 의미도 없고 '여성수난사'를 단순히 반복하는 소설이라 할 수 없다. 오히려 『탁류』는 전지구적 자본주의라는 교환의 정치경제학이 어떻게 인간을 물신숭배자로 전락시키는지를 밀도있게 그려낸 풍부한 임상보고서이다. 한마디로 『탁류』는 시대 전체가 노동 없는 횡재의 매혹에 빠져 허우적거리고 인간마저도 상품화하여 과잉의 잉여를 창출하고자 했던 황금광 시대의 황폐한 현존 형식을 단일한 세계경제체제로의 갑작스런 편입과 그에 따른 심각한 빈곤에서 찾은 거의 유일한 일제시대의 작품이라 할 수 있거니와, 바로 이 점이 『탁류』의 또 하나의 문학사적 의미라 할 것이다.

4. 상징적 자살, 어머니되기, 증여의 윤리–'탁류' 속의 희망

『탁류』는, 『탁류』라는 소설의 제목을 빗대어 말하자면, 아주 '탁'한 소설이다. 소설이 열리면서부터 멱살잡이로 시작하더니 횡령, 도박, 사기, 살인, 강간, 불륜, 남색, 새디스틱–마조히스틱한 육체 관계, 인신매매, 아동학대 등등 온갖 추악한 풍경들이 수시로 출몰한다. 이 당시에 씌어진 소설 중에 『탁류』만큼 살풍경한 소설이 또 있을까 싶은 정도로 더럽고 추악한 장면의 연속이요 종합이다. 『탁류』의 작가가 식민지 민중의 고통과 염원을 배제한 채 갑작스럽고 강제적으로 진행되는 세계경제체제의 단일화 프로젝트가 만들어내는 히스테리들, 구체적으로 말하자면 장기적인 예측이나 판단이 원천적으로 봉쇄되어 있어 인간마저도 이윤추구의 수단으로 전유할 뿐만 아니라 자기 스스로도 인간적 존엄을 포기한 채 도박기계로 살아가는 세태를 그만큼 두려워하고 있었다는 반증이리라.

그런데 『탁류』에서 흥미로운 점은, 그리고 또 하나 문제적인 요소는, 『탁류』가 이 혼탁하고 추악한 세상 속에서도 그 추악함으로부터 벗어날 수 있는 가능성을 부단히 탐색한다는 점이다. "위험이 있는 곳에 구원의 힘도 함께 자란다"라는 횔더린의 말을 좀 뒤집어 말하자면, 『탁류』가 그토록 세상을 위험이 가득한 곳으로 묘사할 수 있었던 것은 아마도 『탁류』가 그 위험 속에 같이 자라는 구원의 힘을 어느 정도 감지했기 때문일 것이다. 그래서인지 『탁류』의 등장인물들에 대한 포폄은 대단히 냉정하다. 예컨대 정주사나 초봉이 같은 인물은 비록 스스로 몰락을 자초한 측면이 있다고는 하나 호의적인 시선을 보낼 만함에도 불구하고 그 시선은 단호하다. 아니, 싸늘하다. 나름대로 전력투구를 다했는지는 모르지만 최선의 길을 밟아나간 것은 아니라는 것이다. 비판하기는 하지만 비난하지는 않는다는 점이 그나마 호의적인 태도라고나 할까. 이렇게 『탁류』가 자신의 인물들에 대해 포폄이 싸늘한 것은 『탁류』 전체가 비교적 선명한 가치평가기준을 지니고 있기 때문일 터이며, 그것은 실제로 작품 곳곳에 불균등하게 흩어져 있기도 하다.

아니, 몇몇 요소는 이미 정주사와 초봉의 몰락 과정에서 역으로 추출해볼 수 있기도 하다. 예컨대 '대가를 바라는 증여를 하지 마라'라든가 '내가 노력한 것 이상의 선물 혹은 증여를 받지 마라'라든가 '아무리 길이 보이지 않더라도 삶의 점진적인 개선에 힘쓰라', '친밀성이나 결혼은 '아버지의 법칙', 즉 이해타산이나 강요된 순응에 따르지 말고 '사랑의 법칙' 그러니까 '주체성과 타자윤리성의 입장에서 선택하라' 같은 정언명령들일 터이다. 특히나 '수고 없는 횡재에 대한 열망 또는 도박 같은 행동을 통한 노동의 과정이나 혹은 시간의 마술적인 단축에 대한 기대는 금물이다'라는 명제는 『탁류』 곳곳에서 반복되는 윤리적 지침이기도 하다.

그런데 『탁류』의 제시하는 윤리적 지침이 남을 몰락으로 이끌고 또 스스로도 몰락하는 인물들을 통해 반면교사적인 형식으로만 제시되는 것은 아니다. 스스로 몰락하고 또 남들도 몰락시키는 몇몇 인물들의 몰락의 파노라마 속에는 간혹 그 파멸로부터 벗어나기 위해 혼신의 힘을 다하는 장면들이 설정되기도 하는데, 그 장면들에는 뜻밖에도 자본주의라는 타락한 사회, 그러니까 '탁류'의 흐름을 바꿀 수 있는 중요한 계기들이 언뜻언뜻 모습을 드러내기도 한다. 예컨대 다음과 같은 것이다.

그는 초봉이와 약혼을 한 그날부터 근심과 불안을 요새 하늘처럼 말갛게 싹 싹 씻어버렸다.

그새까지는 근심이 되고 답답하고 할 적마다, 염불이나 기도를 하는 것과 일반으로, 뭘! 약차하거든 죽어버리면 고만이지, 하고 그 임시 그 임시의 번뇌를 회피하기는 했지만, 그러면서도 한편으로는 어떻게 일을 좀 모면하고 싶은 마음이 간절하여, 늘 불안과 더불어 그것이 가슴에 서리고 있었다.

하던 것이, 영영 그를 모피하지는 못할 형편인데 일변 한 걸음 두 걸음 몸바투 다가는 오고 그러자 마침 초봉이와 뜻대로 약혼까지 되고 나니, 그제는 아주 예라! 이놈의 것 …… 하고, 정말로 죽어버릴 결심을 하고 말았던 것이다.

해서, 그 무겁던 불안과 노심으로부터 완전히 해방을 받은 것이다. (188면)

초봉을 몰락의 길로 이끈 태수는 분열증적인 인물이다. 태수는 천성적으로 유기체가 감당하기 힘든 향유를 즐기는 인물로 되어 있다. 감당하기 힘든 향유 탓에, 구체적으로 말하자면 "방탕의 행락을 거듭거듭 집어먹은"(84면) 탓에 돈에 갈급이 난 인물이지만 정주사, 초봉처럼 수고 없는 횡재에 목말라 하지 않는다. 물론 끊임없이 돈을 구해나서지만 그것은 돈 그 자체 때문이 아니라 돈을 통해 얻을 수 있는 '향유' 그 때문이다. 해서 태수는 특이하게도 돈에 갈급증을 보이지 않으며, 미두를 통해 돈을 잃고도 그리 충격을 받지 않는다. 그런 점에서 태수는 도박을 "빈둥거림을 가능하게 하고 노동의 엄격함과 시장의 가치 저하에 대한 굴종을 거부할 수 있는" 영웅적인 방식으로 전유하는 벤야민이 지칭한 부르주아 도박사의 형상과 닮아 있다. 그래서 태수는 조금의 돈이 생기면 곧 순수증여자가 되며, 타자와 교환가치를 매개로 관계를 맺지 않는다. 물론 그의 증여행위는 "①선물은 '물'을 매개로 해서 사람과 사람 사이를 인격적인 뭔가가 이동하는 있듯 해야 한다 ②답례는 적당한 간격을 두고 이루어져야 한다 ③'물'을 매개로 해서 불확정적이고 결정 불가능한 가치가 움직인다"[24]는 증여의 세 가지 요건 중 거의 실시간에 가까운 답례를 요구하는 경향이 있고 '물' 대신에 '돈'을 선물처럼 건넨다는 점에서 증여인가 교환인가 애매한 구석이 있지만, 하여간 그는 『탁류』의 등장인물들 대부분에게 수시로 선물과 돈을 건넨다.

그가 이처럼 찰라적이나마 증여론자일 수 있고 또 잠시나마 '불안과 노심으로부터 완전히 해방을 받'는 것은 바로 그의 자살충동 때문이다. 그가 달고 다니는 말은 "약차 하거든 죽어버리면 그만이지"(81면)라는 것이다. 그는 라캉이 인간의 행위 중 "유일하게 성공적인 행위다"라고 말한 (상징적) 자살을 매일 같이 반복한다. 즉 간주체적 회로로부터 수시로 물러나와 무의 상태로 돌아가곤 한다는 것인데, 그의 이러한 자살충동은 비록 오랜 효력을 가지지는 못하나 그를 상징적 질서의 경계에 머물게 하고 또 때로는 상징적 질서 바깥으로 나아가게 하는 큰 추동력이 된다. 뿐인가. 이러한 자살충동으로 인해 그는 자본주의의 중핵인 은행의 시스템을 교란시키는 데도 한 치의 망설임도 보이지 않는다. 그는 입급/출금, 대출/회수, 신탁/어음 등으로 이어지는 돈의 연속적 흐름에 불쑥 개입하여 그것을 꺼내다가 전혀 이윤이 나지 않는 방식으로 전치시킨다. 물 흐르듯 자연스러운 자본의 흐름 즉 교환의 시스템을 절단해 그것을 증여의 행위로 전용시켜 버리는 것이다. 물론 이러한 그의 행위는 당연히 법의 입장에서 보자면 '사기, 횡령' 해당하는 불법적인 행동이다. 하지만 자본주의를 지탱하는 한 핵심인 은행의 규칙의 빈 틈을 교묘하게 비집고 들어가 은행의 질서를 교란시킨다는 점에서 나름 전복적인 행위라고 볼 수도 있다.

한마디로 고태수는 질서화되지 않는 에너지, 그래서 결국은 파괴적이거나 혁명적일 수밖에 없는 에너지가 끓어 넘치는 인물이다. 그는 잉여향유자[25)]이다. 때문에 그는 분명 비도덕적이다. 하지만 동시에 그는 교환의 시스템 혹은 상품-화폐를 통한 등가적 교환을 끊임없이 교란시키는 인물이기도 하다. 그는 한편으로는 자신의 향유를 위해 초봉이 모양

24) 나카자와 신이치, 김옥희 역, 『사랑과 경제의 로고스』, 동아시아, 2004, 43면.
25) 태수의 이러한 측면에 대해서는 신두원, 앞의 논문 참조.

아직 상품—화폐의 등가적 교환 시스템 안에 들어와 있지 않은 존재들을 시스템 안으로 끌어들이기도 하고, 다른 한편으로는 초봉과의 짧지만 즐거운 향유를 위해 자신의 직업은 물론 목숨을 걸고 초봉의 집안에 과잉—증여를 행하기도 한다. 이런 고태수를 바라보는 『탁류』의 작가의 입장은 다분히 이중적이다. 그것은 마치 남승재가 고태수를 바라보는 방식과 흡사하다. 남승재는 매독에 걸렸으면서도 초봉과 결혼을 감행하려는 고태수에 대해서는 살인충동을 느끼지만 현미경 안의 질서에 경탄을 표하는 고태수의 천진무구함 앞에서는 '일변 귀염성스럽기도 했다'는 감정을 갖는바, 고태수에 대한 남승재의 이러한 양가감정은 곧 『탁류』의 그것이기도 하다. 분명 고태수에 대한 『탁류』(혹은 『탁류』 작가)의 시선은 양가적이다. 돈을 통한 넘치는 향유로 초봉을 위시한 수많은 존재를 타락시키는 악마적인 인물로 설정했다가 그 넘치는 향유, 그로 인한 일시적인 순수—증여가 행하는 뜻밖의 탈영토화의 역능을 발견하고는 다시 호의적인 시선을 보내는 형국이라고나 할까. 하여간 『탁류』는 '약차하거든 죽어버리면 되지'라는 (상징적) 자살 의지가 인간에게 가져다가는 '불안과 노심으로부터 해방을 받는 상태'와 그로 인해 촉발된 증여의 제스처를 아주 긍정적으로 바라보고 있음을 확인할 수 있으며, 이것이 『탁류』의 가치평가기준의 한 중요한 요소임을 짐작하기란 어렵지 않다.

"위험이 있는 곳에 구원의 힘이 함께 자란다"는 횔더린의 경구를 떠올리게 하는 대목은 초봉의 몰락과 몰락으로부터 자기를 구해내려는 과정 속에서도 찾아볼 수 있다. 다음과 같은 것이다.

> 마치 고깃감으로 사온 닭의 새끼나 다루듯, 형보는 송희의 두 발목을 한 손으로 움켜 거꾸로 도옹동 쳐들고 섰다. 송희는 새파랗게 다 죽어, 손을 허위적거리면서 숨이 넘어가게 운다. …… 초봉이는 차차 온전한 제정신이 들고, 정신이 들면서 맨처음 송희의 우는 소리를 알아들었다. …… 초봉이는 얼른 머리카

락을 뒤로 걷어넘기고 허리춤을 추어올리고 그러고 나서 팔을 벌리고 안겨드는 송희를 그러안으려고 몸을 꾸부리다가 움칫 놀라 제 손을 끌어당긴다. 이 손이 사람을 궂힌 손이거니 하는 생각이 퍼뜩 들면서 사람을 궂힌 손으로 소중스런 자식을 안기가 송구했던 것이다. 송희는 엄마가 꺼려하는 것이야 상관할 바 없고, 제풀로 안겨들어 벌써 젖꼭지를 문다.

할 수 없는 노릇이고, 초봉이는 송희를 젖물려 안은 채 처네를 내려다가 형보의 시신을 덮어버린다. 이것은 송장에 대한 산 사람의 예절과 공포를 같이한 본능일 게다. 그러나 시방 초봉이의 경우는 그렇기보다 어린 송희에게, 아무리 무심한 어린 눈이라고 하더라도 그 눈에 이 끔찍스런 살상의 자취가 보이지 말게 하자는 어머니의 마음일 게다. (452~459면, 부분부분)

앞서 살펴보았듯 『탁류』에서 가장 철저하게, 제일 많이 계산하고 교환되어서는 안될 것까지를 교환하는 인물은 초봉이다. 물론 교환의 시스템 안으로 들어서게 된 동기는 대단히 순수하고 자기희생적인 모럴에 의해 촉발된 것이지만 일단 그 시스템 안으로 들어서고 나서는 사정이 달라져 초봉은 적극적인 교환 시스템의 체현자가 된다. 초봉은 그런 교환관계에 의해서 제호와 맺어지고 또 형보와도 맺어지는데, 이러한 차이 없는 반복은 무엇보다 교환의 시스템 바깥으로 빠져나갈 경우 닥쳐올 불안정성에 대한 두려움 때문일 것이다. 아니면 경제적 가난을 이겨낼 자신감 혹은 극도의 가난 속에서도 의미 있는 삶을 살아갈 수 있는 용기와 결단이 결여되어 있는 때문인지도 모른다. 하여간 초봉은 내내 자신을 상품화하고 교환하는 그 질서를 벗어나지 못한다. 끊임없이 자기희생의 알리바이를 만들어 그 지옥같은 생활들을 견뎌내며 자학에 가까운 생활을 하지만 막상 그 질서 바깥으로 나갈 기회가 오면 다시 주저앉는다. 그런데, 그랬던 것인데, 드디어 초봉이 용기와 결단을 발휘하여 그 틀 바깥으로 나오게 된다. 이러한 초봉의 결단에 결정적인 역할을 한 것은 위에서 볼 수 있듯 '어머니의 마음'이다. 초봉은 한때 자신의 임신을 증오한다. 태수, 제호, 형보 중 도대체가 누구의 아이인지를 알 수 없기 때문이다. 해서 임신한 것을 아는 순간 낙태를 결심하고 실제로 그것을 실천에 옮기기도 한다. 그 와중에도 딸 송희는 태어난다. 자신의 파란만장한 삶과 한 어린 역사의 결과물이자 응축물이기에 처음부터 송희를 기꺼워한 것은 아니나 송희를 자신의 한 많은 역사의 집적물이 아닌 송희 그 자체로 보기 시작하면서 서서히 '어머니의 마음'이 싹트기 시작한다. 그러면서 초봉은 "하나의 다른 자아 속에서 스스로를 망각하고 동시에 이러한 소멸과 망각 속에서 비로소 자기 자신을 획득하"는 헤겔적 사랑의 단계를 넘어서 '그녀 자신도 아니고 동일한 존재도 아니며 '나'가 사랑 또는 성욕을 위해 결합하는 또다른 사람도 아니지만, 주의를 집중하게 되고 부드럽게 되며 자신을 망각하게 되는 그 어려우면서도 기쁨에 찬 완만한 배움의 길'인 크리스테바가 말한 모성의 시간 속으로 진입한다. 즉 송희라는 절대적 타자를 위해 자기를 포기함으로써 결과적으로 자기의 유지는 물론 자기를 승화시키게 되는 모성으로 무장하면서 아무런 답례도 생각하지 않고 자신의 모든 것을 주는 순수-증여의 경지에 이르게 된 것이다. 이 '어머니의 마음'은 초봉으로 하여금 드디어 그 질기고 질긴 교환의 질서 바깥으로 나가도록 이끈다. 물론 교환질서 바깥으로 나가는 행위가 살인이라는 형식을 띠고 있고, 또 그 살인이 아주 잔혹하고도 집요한 면모를 보이고 있어 과연 이 행위를 긍정적으로 볼 수 있는가는 이견이 있을 수 있지만, 초봉이 행한 형보의 살인 행위는 사라졌다가 또 다른 몸으로 돌아오는 그래서 살아나고 또 살아나는 형보 등의 괴물에 대한 두려움과 그것으로부터 영원히 벗어나려는 의지의 표현이라고 할 수 있다. 한마디로 초봉의 살인 행위는 라캉적 의미의 상징적 자살, 그러니까 무의 상태로 가기 위한 결단에 가깝다고 할 수 있으며, 그 과정이 격렬한 것은 형보 등에 일방적으로 예속되며 살았던 자기 자신에 대한 근원적이고 격한 반성과 이제는 어떠한 유혹에도 다시는 이 교환의 세계로 돌아오지 않겠다는 단호한 의지의 표현이라고 할 수 있을 터이다. 물론 초봉의 어머니의 마음이 포괄하는 대상이 너무 한정되어 있어 결국은 딴 어머니의 아들인 형보를 죽이게 된 것 아닌가 하고 비판이 있을 수도 있지만, 그렇다 하더라도, 하여간 초봉은 송희를 통해 '어머니의 마음'을 가지게 되었고 그 어머니의 마음이 초봉으로 하여금 증여의 윤리학을 갖고 실천하도록 유도했다고 볼 수 있다.

이렇듯 『탁류』에는 개념의 위계를 갖춰 제시되는 것은 아니나 교환의 질서 바깥으로 나갈 수 있는 여러 계기들이 작품 곳곳에 흩어져 있거니와 위의 경우와 같이 간헐적으로 묘사되기도 한다. 이를 통해 우리는 막연하게나마 『탁류』가 주고 받는 모든 행위가 교환에 의해, 그 교환도 '영혼이 사라진' 물건, 인간 대 돈의 교환에 의해 이루어지는 질서로부터 벗어나기 위한 길로 무엇을 제시하고 있는가를 짐작할 수 있다. 그것은 다름 아닌 (순수) 증여의 삶이다. 물건의 이동이 없으면 살아갈 수 없으므로 물건을 주고 받되 교환이 아닌 증여의 형식을 취하는 것이 자본주의 특유의 살풍경으로부터 벗어날 수 있는 길이라는 것. 즉 물건을 주고 받되 돈을 통한 돈과 물건, 혹은 돈과 돈 사이의 교환이 아니라 각각의 사물과 인간에 깃든 인간의 영혼 혹은 마음을 같이 주고 받는 증여의 형식을 취해야 한다는 것. 물론 그를 위해서는 상징적인 질서 바깥으로 나가야 하며, 상징적 질서 바깥으로 나가기 위해서는 모성성이나 상징적 자살 등 결단의 계기들이 필요하지만 그래도 그것만이 전지구적 자본주의라는 대타자로부터 벗어날 수 있는 길이라는 것. 이것이 바로 『탁류』가 타락한 교환의 세계를 넘어설 수 있는 길로 제시하고 있는 것이며, 이를 우리는 증여의 윤리라고 부를 수 있을 터이다. 하여간 『탁류』는 어떤 경로를 통해서든 사람이나 물건의 영혼이 배제된 채로 무언가 오고가는 질서 바깥으로 진입하는 것을 무척이나 긍정적인 시선으로 바라보거니와, 이는 『탁류』를 가로지르는 역사지리지가 바로 증여의 윤리학에 있음을 알려주는 중요한 표지이다.

태수와 초봉의 경우가 스스로의 몰락에 저항하는 과정에서 '탁류'에서 벗어날 가능성을 간헐적으로, 그리고 부분적으로 보여주는 예라면, 『탁류』에는 자신 고유의 삶의 철학과 그 철학을 지키려는 진정성을 갖추고 '탁류'에 저항하는 인물들도 있다. 『탁류』는 온통 '탁한' 인물로 가득차 있지만 그중에서도 몇몇 '탁'하지 않은 인물들이 있기는 있다. 그들은 송희 같은 세상의 흔적이 개입되지 않은 순진무구한 영혼이기도 하고, 그런가 하면 명님이 같은 아직 사회적 대타자로부터 상대적으로 아슬아슬하게 거리를 유지하고 있는 존재이기도 하다. 또 그런가 하면 초봉의 여동생 계봉이와 남승재 같은 어른들도 있다. 이를 달리 표현하면, 『탁류』에서 전지구적 자본주의라는 현실원칙에 정면으로 노출되어 있으면서도 아직 그 현실원리로부터 자유로운 존재란 오로지 계봉과 승재 둘뿐이라는 말이 된다. 그렇다. 오직 둘 뿐이다. 그 수많은 군상들 중에 긍정적인 인물이 단 둘 뿐이라는 점은 『탁류』가 세상을 그처럼 어둡게 탁하게 보았다는 것을 의미하기도 하고, 또 그 탁한 세상을 넘어설 수 있는 여러 역사지리지와 삶의 자세들 중 단 두 가지만을 구체적인 가능성을 가진 것으로 파악하고 있다는 말이 되기도 할 터이다.

이중 먼저 눈에 띠는 인물은 계봉이다. 계봉은 그 특유의 활달함과 건강함으로 '탁류'를 씩씩하게 헤쳐 나가는 인물이다. 그녀는 자유주의자이고 그러므로 냉소주의자이다. 계봉은 무엇보다 기존의 질서로부터 벗어나서 스스로의 지성을 갖추는 것, 그리고 스스로가 얻은 자유를 향유하는 것이 필요하다고 생각한다. 그런 까닭에 계봉은 집안을 위해 딸을 희생시키는 자신의 부모를 전혀 탐탁하게 여기지 않으며, 집안을 위해 자기의 모든 것을 버리는 비주체적인 초봉에 대해서는 동정은 할지언정 긍정은 하지 않는다. 그러니 그녀는 수고 없는 횡재에 대한 병적인 거부감을 가지고 있을 뿐만 아니라 반드시 일한 만큼의 댓가를 얻어야 한다는 철칙을 지니고 있기도 하다. "가령, 그새까지는 그다지 다니고 싶어 자발을 하던 기술 방면의 전문학교를, 의학전문이고 약학전문이고 맘대로 다닐 기회를 만났으면서도, 또 그 목적으로다가 서울로 올라왔으면서도 그것을 아낌없이 밀어내던지고서 백화점의 월급 삼십 원짜리 숍걸로 나선 것만 하더라도, 그 지경이 된 형을 뜯어먹고, 그 따위 인간 형보에게 빌붙어서 공부를 하는 게 창피했기 때문이다."(393~394면) 뿐만 아니라 계봉은 자신의 역사철학을 행위로 옮기는 어떤 망설임도 없어 마음만 먹으면 용기를 내고 결단을 행한다. 하지만 이 계봉의 역사철학은 관계의 철학으로까지 나아가지 못한다. 예컨대 그럼 자기만 높은 정신적 단계에 오르면 되는가, 그러면 나를 키워준 '탁'한 부모들과의 관계는 어떻게 유지해야 하는가, 또는 나를 둘러싸고 있는 이 더러운 세상 속에서 어떻게 나를 완성하며 자신의 철학을 어떻게 타자화할 것인가 하는 문제 등에는 고민이 없다. 그냥 세파에 물들지 말고 자기 혼자 씩씩하게 올바르게 살아가자는 식이다. 때문에 계봉의 활력과 에네르기는 탁한 세상과 섞이지 못하고 홀로 맴돌다 사라져 버린다. 또한 세상의 어떤 사건과 조우할 경우 그것 속으로 들어가 같이 해결하는 것이 아니라 서둘러 거리를 유지하며 그런 문제를 만나지 않은 자신을 자랑한다. 그런 점에서 계봉의 계몽의 윤리학은 자기완성의 의지만 있을 뿐 공동체의 문제에 대해서는 무관심하고 그러니 무력하다. 아니, 무력하니 무관심하다. 말하자면 계봉의 윤리학은 이 혼탁한 탁류 속에서 자신을 지킬 수는 있어도 곤경에 처해 있는 다른 존재들을 그곳에서 구원할 힘은 없는 것이며, 아마도 계봉이 곤경에 처해 있는 초봉을 오랫동안 두고 보기만 하는 것도, 마지막 장면에서 형보를 죽인 초봉이 그 간절한 눈빛을 계봉이 아닌 승재에게 보내는 것도 이 때문일 것이다.

『탁류』에서 이 집요하고 처절한 교환의 세계에서 증여의 윤리학을 구현하며 살아가는 인물은 다름아닌 남승재다.

> 그러나 그렇지만 가난 이외의 것을 모르니까, 그는 태평이다. 그는 제가 의사시험에 패스가 되어 의사면허를 얻어 될 것을 유유히 믿는다. 자연과학의 힘을 믿는다. 그리고 가난한 사람들의 병을 낫게 해주어 성한 사람이 되게 하는

것을 재미있어한다. 해서 근심도 초조도 없다. (64면)

그러고 보니 가난과 한가지로 무지도 그 사람들을 불행하게 하는 큰 원인이요, 그래서 그 사람들에게는 양식과 동시에 지식도 적절히 필요하다. …… 네 살에 고아가 되어, 생판 남과도 진배없는 친척에게 거둠을 받아 자라났으니, 역경이라면 크게 역경일 것이다. 그러나 역경은 역경이면서도, 승재의 지나오던 자취에는 일변 단순함이 없지 않았었다. …… 승재는 울기까지 한 적이 있었다. 병이 큰 고통인데, 그것을 치료하지도 못하는 사람들의 불행 …… 인간세상의 한 구석에는 이러한 불행이 있다는 것이 그는 통분했던 것이다. …… 그래서 그는 계제에 결심을 하고, 왕진기구 일습과 약품을 장만해가지고 본격적으로 야간개업(夜間開業)을 시작했던 것이다. 물론 치료비나 약값은 받지를 않고, 가난한 제 낭탁을 기울여가면서 ……

이 노릇을 승재는 스스로 조그마한 사업으로 여겨 거기서 기쁨과 만족을 느끼되, 무심했지 달리 그것을 평가(評價)를 하거나 자성(自省)함이 없었다. (116~117면)

승재는 처음 등장할 때부터 마지막 장면까지 남에게 무언가를 증여하는 인물로 되어 있다. 그는 결코 부유한 존재도 넘치는 존재도 아니다. 그는 '버젓한 기술'을 가진, 그러나 처음에는 정식 의사가 아닌 의사보인 인물이다. 그러 가진 것도 버는 것도 그리 넉넉하지 않다. 그럼에도 그는 자기보다 낮은 곳에 있는 인물이면 자신의 능력이 닿는 한에서는 무조건 돕고 본다. 해서 돈이 없어서 병원에 오지 못하는 사람들을 찾아 무료진료를 하는가 하면, 초봉이네 생활이 곤란할 지경이면 하숙비도 미리 내기도 한다. 승재의 이러한 행동은 무언가 넘치는 자가 모자라는 자에게 베푸는 동정도 아니고 그것을 통해 어떤 사회를 건설하겠다든가 하는 목적의식이 있는 것도 아니다. 그저 베풀고, 그저 돕는다. 누군가에게 선물을 주는 것, 증여를 하는 것에서 유일한 희열 같은 것을 느끼며, 또 무조건 남에게 무언가를 주는 것이 자기 위안을 위한 것일 뿐 당사자를 비주체적인 존재로 만들 수 있다는 것도 안다. 또 자기의 증여 행위가 이 타락한 세상을 개선시킬 것이라 생각하지도 않는다. 그는 자기가 자신의 거의 전 재산을 다 팔아서 색주가로 넘겨진 명님을 구해오려 하나 그가 명님을 구해오더라도 그런 증여가 종국적으로 '인류가 환장을 해서 동물로 역행하는 구렁창이'를 없애기는커녕 달랑 명님 한 명마저도 그곳으로부터 구해내기 힘들다는 것도 잘 안다. 어떤 점에서 승재는 그는 생래적인 증여론자이다. "승재는 암만 동정이나 자선이란 제 자신의 감정을 위안시키기 위한 제 노릇에 지나지 않는다는 것이라는 해석은 가지고 있어도, 시방 명님이를 구해주겠다는 이 형편에서는 그런 생각은 몽땅 어디로 가고 없다. 또 생각이 났다고 하더라도 그 힘이 이 행동을 막진 못할 것이었었다."(374면)

그렇다고 승재의 이 증여가 신의 영역이라고 하는 순수-증여의 형식인가 하면 그렇지 않다. 승재의 증여 행위는 다만 윤리적이라고 할 수 있을 뿐이다. 승재는 무조건 주기만 할 뿐 아무것도 받지 않는 것이 아니다. 받았으므로 주고 주면 무엇인가 받는다. 승재가 이렇게 자기보다 낮은 곳에 있는 사람들을 돕는 것은 자기가 이미 그런 도움을 받은 존재이기 때문이다. 5살에 고아가 된 그를 친척이라고도 할 수 없는 사람이 거두어 길러주었던 것이다. 이 증여의 기억과 경험이 승재를 증여론자로 만든다. 비록 자신에게 준 사람에게 답례를 한 것은 아니지만 그의 증여는 분명 받은 것에 대한 답례이다. 또 승재가 일방적으로 주는 것만은 아니다. 승재는 주면 무언가 받는다. 물론 물질적인 것은 아니다. 승재의 도움을 받은 사람들은 돈으로 환원할 수는 없지만 그들이 줄 수 있는 최대한의 것, 바로 사랑과 존경으로 답례한다. 승재가 명님들과 주고받는 증여 행위는 물건과 물건, 돈과 물건을 교환하는 그것과는 차원이 다르다. 그곳에는 인간 사이의 깊은 유대감과 환대의 감정이 있다.

『탁류』의 남승재의 증여 행위가 문제적인 또 하나의 요인은 이 증여가 결코 이데올로기적이거나 정치적이지 않다는 것이다. 남승재의 증여

행위는 윤리적인 영역의 것이다. 만약 의무에 따라서 행해진 활동이 합법성의 영역이고 배타적으로 의무를 위해서만 행해진 활동이 윤리성의 지표라면, 남승재의 것은 전적으로 윤리적인 영역에 속한다. 남승재의 증여 행위는 주어진 의무에 따라서 행해진 것이 아니라 오로지 남을 도울 수 있을 땐 도와야 한다는 전적으로 배타적인 자기의무를 위해서만 행해진 행위[26)]이기 때문이다. 또 남승재의 증여 행위는 그가 자신의 증여 행위를 타인에게 강요하지도 않을뿐더러 그 행위를 당시의 사회적 병증이나 환부를 치료할 유일한 정치적 이념으로 획정하지도 않는다는 점에서 윤리적이다. 증여론이 정치적 신념이 되면 그것은 이 세상에 존재하는 모든 사람들을 허위의식에 빠진 존재들로, 그리고 깨끗이 다시 정화되어야 할 존재들로 규정하고 그러므로 '인종청소'가 필요하다는 폭력적인 이데올로기로 전회할 가능성이 매우 높은 터, 『탁류』의 남승재는 자신의 증여 행위로 일반인들을 평가하지도 않으며 또한 그들을 증여론자로 전화시킬 위신투쟁도 벌이지 않는다. 그는 단지 인간마저도 상품화하여 그 상품화된 인간을 돈으로 사고 파는 '동물로 역행하는 구렁창이' 속에서 묵묵히 5살 때의 기억을 떠올리며 누군가에게 줄 것이 있으면 줄 뿐이며, 그런 증여 행위가 자기 만족이 될 뿐이라고 자기를 비판하면서도 또 누군가에게 줄 것이 있으면 줄 뿐인 것이다. 만약 사회구성원 모두를 악착같이 구속하는 상징적 질서 너머로 갈 수 있는 길을 제시하는 것이 실재의 윤리라고 한다면, 또 우리가 우리의 현재를 지켜내기 위해서 폐기처분했던 것을 귀환시켜 보다 의미 있는 삶의 좌표를 모색하는 것이 실재의 윤리라면, 남승재의 증여의 윤리학은 '인류를 동물로 역행시키는 구렁창이'에서 보다 나은 인류로 방향을 틀게 할 수 있는 대단히 독창적이고도 구체적인 '실재의 윤리' 할 수 있을 것이며, 이는 식민지 시대 우리 문학사에서 단연 빛나는 성취하라고 할 수

---

26) 칸트의 윤리적 개념과 그를 통해 실재의 윤리를 설명한 논의는 알렌카 주판치치, 이성민 역, 『실재의 윤리』, 도서출판 비, 2004 참조.

도 있다. 만약 우리가 이러한 생생하면서도 구체적인 증여의 윤리학을 『탁류』가 씌어진지 한참만에야 다시 만날 수 있었음을 상기한다면, 『탁류』에서 이루어진 증여의 윤리학이 지니는 중요성은 거듭 강조해도 지나침이 없다. 황석영이 다시 쓴 『심청』의 심청이 마을의 어머니들에게 골고루 받은 선물, 젖에 대한 기억을 끊임없이 되살려 어머니가 없는 아이들이 거두어 키우는 증여의 윤리를 미학적으로 승화시켰다면, 『탁류』의 승재는 아주 오래 전에 그러한 증여의 윤리학을 앞서서 구현하고 있었던 것이다.

5. 증여(의 윤리)의 아포리아와 '증여의 사회'라는 매혹

한데, 승재의 이 증여의 윤리란 지나치게 실재적이다. 다시 말해 최소한의 투자로 최대한의 이윤을 창출하는 것이 곧 이성에 부합하다는 타락한 진리관을 지닌 교환의 경제 속의 인간들에게 증여의 행위란 치명적으로 비합리적인 행위이거나 시대착오적인 사고에 불과한 것이다. 그러므로 교환의 경제 속의 개인들에게 증여의 행위란, 그것도 순수 증여의 행위란, 상징질서 바깥의 행위에 불과할 뿐이다. 만약 그것이 상징질서 안에서 이루어질 경우 그것은 상징질서 자체를 교란시키는 외설적인 행위에 다름아닐 뿐이다. 그런 까닭에 이 치밀하고 집요한 교환 경제 속에서 증여 행위는 저 원시공동체의 낡은 유물로 떠밀려 가 있다. 그러니 아무리 승재가 증여 행위를 자신의 전 생애를 걸고 실천한다고 하더라도 그것이 교환의 경제를 교란시킨다거나 해체한다거나 할 수는 없다. 한 개인의 증여의 행위란 일시적으로 교환 경제 속의 아주 작은 부분을 충격할 수 있겠지만 그 증여의 기억이란 곧 흔적도 없이 사라지고 교환의 경제가 곧 그 빈자리를 대신하겠기 때문이다.

"…… 장차 어떻게 하실는지야 모르겠소마는, 저앨 몸을 빼줘두 별수 없으리다!"
"네? …… 어째서?"
"또 팔아먹습니다요!"
"또오?"
"네, 인제 두구 보시우."
"그럴 리가!"
"아니요! …… 나는 다아 한두 번이 아니구 여러 차례 겪음이 있어서 하는 소리랍니다. …… 아, 글쎄 그 사람네가 그까짓 돈 이백 원을 가지구 한평생 살 줄 아시우? …… 단 일 년 지탕하믄 오래 가는 셈이지요. 그리구 나믄 그땐 첨두 아니었다, 한번 깨묵맛을 딜였는걸 오죽 잘 팔아먹어요? 시방이나 그때나 배고프기는 일반인데 무엇이 대껴서 안 팔아먹겠수? …… 두 번짼 굶어죽더라도 안 팔아먹을 에미 애비라믄, 애여 처음번에 벌써 팔아먹들 않는다우 …… 생각해 보시우? 이치가 그럴 게 아니우?" (381면)

뿐만 아니라 승재의 증여 행위는 지나치게 생래적이다. 승재는 다만 증여를 실행할 뿐이다. 그의 증여 행위는 아직 목적의식적인 행위가 아니다. 그의 증여 행위는 타락한 교환세계를 내파해야 하겠다는 어떤 필요성에 의해 발명된 것이 아니고, 또 증여 행위를 반복하면서 보다 고차의 진리, 그러니까 일종의 역사철학으로 확장되지도 않은 상태이다. 그러므로 승재는 자신의 증여 행위를 어느 누구에게 권하지도, 강요하지도 않는다. 또한 그것을 공동체의 도덕이나 국가의 정치철학으로 끌어올릴 어떤 전략과 전술도 없다. 그는 그저 타인의 증여 행위로 입은 혜택을, 또 증여 행위 속에서 맛보았던 충일한 생명력을 묵묵히 타인들에게 옮겨낸다. 그런 까닭에 그의 증여의 윤리는 몇몇 소수집단에게 무슨 밀교처럼 단속적으로 은밀히 전파될 뿐이다. 그러니 승재의 증여 행위란 아직 교환의 세계를 내파할 현실적인 힘으로는 역부족이다.

그런 까닭에 승재의 증여 행위는 결국 아포리아 상태에 빠져든다. 그동안 승재의 증여 행위가 큰 문제 없이 지속될 수 있었던 것은 승재가 어떠한 역사적 프로젝트 없이 그것을 본능적으로 행했기 때문이다. 그는 그저 자기의 능력이 닿는 한 어떠한 위계도, 선택 기준도 없이 무작위적으로 누군가에게 증여를 행했던 셈이다. 그런데 승재의 증여 행위에 대한 기대가 커지면서 사정이 달라진다.

> 승재가 가난한 사람의 병든 것을 쫓아다니면서, 돈도 받지 않고 치료를 해준다는 소문이 요새 와서는 좁다고 해도 인구가 육만 명이 넘은 이 군산바닥에 구석구석 모르는 데 없이 고루 퍼졌고, 그래서 위급한데도 어찌하지 못하는 병자만 돌아보아 주재도 항용 열씩은 더 된다.…… 그 숱해 많은 불행한 사람을 약삭빨리 한두 사람만이 구제할 수는 없는 일이다.
>
> 그러고, 그래도 눈으로 보고서 차마 못해 돈푼이나 들여서 구제니 치료니 해주는 것은 결국 남을 위한다느니보다도, 우선 내 자신의 감정을 만족시키는 제 노릇에 지나지 못하는 일이다.
>
> 이러한 해석 끝에 그러면 어떻게 해야 옳으냐고 자연 반문을 하는데, 거기서는 아무렇게고 할 수 없다는 대답밖에 나오지 않았다.
>
> 승재는 갑갑했다. (366~367면)

그러던 중 승재는 누가 누구에게 순수하게 증여하기는커녕 자신의 딸마저 사고 파고는 이 타락한 사회가 '공평치 않은 분배'에 그 근본 원인이 있음을 인지하기 시작한다. 즉 생산은 공공적으로 이루어지고 소유는 사적으로 이루어지는 자본주의적 정치경제학이 사물의 고유성과 인간의 영혼이 배제된 치명적인 교환 경제를 발생시켰다는 사실을 발견하기에 이른 것이다.

> "응…… 세상의 인간이 통째루 가난병이 든 것 같아! 그놈 가난병 때문에 모

두 환장들을 해서 사방으로 더러운 농(膿)이 질질 흐르구…… 에이! 모두 추악하구……."

"그렇지만 가난한 사람이 가난한 게 어디 그 사람네 죈가, 머……."

"가난한 거야 제가 가난한 건데 어떡하나?"

"글세 제가 가난허구 싶어서 가난한 사람이 어딨수?"

"그거야 사람마다 제가끔 부자루 살구 싶긴 하겠지……."

"부자루 사는 건 몰라두 시방 가난한 사람네가 그닥지 가난하던 않을 텐데 분배가 공평털 않어서 그렇다우."

"분배? 분배가 공평털 않다구?……."

승재는 그 말의 촉감이 선뜻 그럴싸하니 감칠맛이 있어서 연신 고개를 까웃까웃 입으로 거푸 뇐다. 그러나 지금의 승재로는 책을 표제만 보는 것 같아 그놈이 가진 매력에 구미는 잔뜩 당겨도 읽지 않은 책인지라 그 표제에 알맞은 내용을 오붓이 한입에 삼키기 좋도록 알아내는 수는 없었다. (419~420면)

이처럼 승재는 사회 전체가 '공평한 분배'의 시스템을 갖춰야만 '가난병'도 사라지고, 인간들을 상품처럼 교환하는 곧 딸들을 물건처럼 사고파는 '파렴치'한 행동들도 줄어들 것이라 기대하기에 이른다.

하지만 이러한 발견이 승재를 아포리아 상태로부터 구출하지는 못한다. 오히려 그의 아포리아는 깊어간다. 말하자면 그에게는 어떤 새로운 역사철학이 필요했던 것이다. 모두가 교환의 정치경제학의 철저하게 신봉하는 마당에 증여 사회를 꿈꿀 경우 그때는 누구에게 먼저 증여를 해야 하는지, 또 한 개인이 어디까지 증여해야 하는지, 증여를 받고도 여전히 교환의 정치경제학을 버리지 않을 경우 어떻게 해야 하는지, 그리고 순수 증여의 사회를 만들기 위해서는 증여의 카르텔을 어떻게 구축해가야 하는지 등등 결코 쉽지 않은 문제들을 해결한 어떤 거대한 기획이 반드시 필요한 것이다. 하지만 승재는 그 단계까지 나가지 못한다. 자기 앞에 있는 존재들에게 능력이 닿는 한 베푸는 단계가 아니라 순수 증여의 사회를 만들어야 한다고 깨달은 순간 닥쳐온 문제들에 대해 승재는 어느 하나 시원한 해결책을 내놓지 못한다. 결국 이 참담한 '파렴치'의 세상을 '공평한 분배' 혹은 순수 증여 사회로 전화시킬 수 있는지에 대한 역사철학을 확립하지 못하며 그러므로 당연히 순수 증여 사회를 위한 전략과 전술도 정립하지 못한다.

그러기는커녕 오히려 '공평한 분배'의 시스템에 대한 필요성을 인지하는 순간, '공평한 분배' 혹은 '공평한 증여'가 가져오는 또 다른 난맥상에 직면한다. 승재는 줄 수 있는 모든 것을 타인에게 베푸는 순수 증여야말로 이상적인 행위라고 믿는 것이나 그 증여가 자신의 욕망과 배치될 수 있다는 이율배반적인 상황에 처한다. 승재는 서울로 올라와 계봉을 만나면서 계봉과의 행복한 가정을 꿈꾼다. 하지만 작품 마지막 부분에서 형보를 죽이고 실의에 빠진 초봉의 기대어린 시선을 한 몸에 받는다. 그리고 이러지도 저러지도 못하는 난관에 봉착한다. 증여론자이기 위해서는 저 어두운 심연의 상태에서 자신을 꺼내주는 증여 행위를 해줄 것을 요구하는 초봉의 시선에 응대해야 하지만 그것을 받아들이는 순간 계봉과의 결혼이라는 그의 욕망은 접을 수밖에 없게 된다.

> 초봉이는 무엇인지 간절함이 어리어 있는 눈동자로 무엇인지를 승재의 얼굴에서 찾으려는 듯 한참이나 보고 있다가 이윽고 목멘 소리로
> "그렇게 하까요? 하라구 허시믄 하겠어요! 징역이라두 살구 오겠어여!"
> 하면서도 조르듯 묻는다. 의외요, 그러나 침착한 태도였었다.
> 승재는 그렇듯 어떤 새로운 긴장을 띤 초봉이의 그 눈이 무엇을 말하며, 하는 그 말이 무엇을 의미하는 것인지를 잘 알 수가 있었다.
> 알고 나니 대답이 막히기는 했으나 그는 시방 이 자리에서 초봉이가 애원하는 그 '명일의 언약'을 거절하는 눈치를 보일 용기가 도저히 나질 못했다.
> "뒷일은 아무것두 염려 마시구, 다녀오십시요!"
> 승재의 음성은 다정했다. 초봉이는 저도 모르게 한숨을, 안도의 한숨을 내쉬면서
> "네에."

고즈너기 대답하고, 숙였던 얼굴을 한번 더 들어 승재를 본다. 그 얼굴이 지극히 슬프면서도 그러나 웃을 듯 빛남을 승재는 보지 않지 못했다. (469면)

『탁류』는 바로 이 지점, 그러니까 승재의 아포리아 상태에서 끝난다. 도대체가 어쩔 수가 없는 것이다. 지금 승재의 상태에서 어느 한 쪽을 택할 수는 없다. 그저 생래적인 증여론자인 승재가 겨우 진정한 증여론자가 되려고 결심하는 순간, 승재는 때로는 진정한 증여론자가 되기 위해서는 그것이 자신의 욕망과 꿈을 포기해야 할 수도 있어야 한다는 예기치 못한 상황과 조우한다. 증여론자가 되기 위해서는 초봉의 눈길을 외면해서는 안된다. 그러나 그럴 경우 자신의 그토록 원하던 계봉을 포기해야 한다. 바로 이 선택의 기로에서 『탁류』는 끝난다. 그러니까 결국 승재가 어떤 선택도 하지 않은 채로, 그러니까 증여 행위의 아포리즘에 빠진 상태로 『탁류』는 끝난 것이다.

『탁류』의 자체의 이러한 결말은 아마도 개인의 증여 행위와 '공평한 분배' 사회의 관계성에 대한 작가 채만식의 난맥상을 반영한 것이라고 보아야 할 터이다. 예컨대 채만식은 작중인물인 승재의 증여 행위를 통해 '파렴치'한 교환 세계의 내파 가능성을 타진하다가 작품 말미에 이르러 갑작스레 교환 세계를 전복시킬 내적 원리로 '공평한 분배'를 떠올리게 되었다고 할 수 있다. 여기서 '공평한 분배'란 생산은 공공적으로 이루어지는데 소유는 사적으로 이루어지는, 그래서 결국 잉여이윤이 한 곳으로 집중되는 자본주의적 교환 체계를 염두에 둔 말일 터이다. 다시 말해 자본주의적 교환 경제를 혁파하여 '공평한 분배'의 시스템을 갖추지 않고는 그 지긋지긋한 가난과 '인류가 환장을 해서 동물로 역행하는' '파렴치'를 단절시킬 수 없다는 것이다. 있을 수 있는 주장이다. 한데 문제는 『탁류』에서 말하는 이 '공평한 분배'가 과연 구체적으로 무엇인가 하는 점이다. '공평한 분배'가 이루어지는 사회를 건설해야 한다는 말로 보이는데, 그렇다면 그런 사회는 어떤 철학적 윤리적 계기를 지닌 어느 '주객동일자'에 의해서 어떤 사건을 거쳐 가능하며, 또 그것은 『탁류』 곳곳에서 파렴치한 교환 경제를 내파할 가능성을 제시되었던 상징적 자살, 어머니-되기, '증여의 윤리'와 어떤 관련성이 있는 것인가 하는 것이다. 즉 '공평한 분배'가 이루어지는 사회란 어느 자식에게나 고루 정을 베푸는 모성을 전 인간관계 속에 옮겨가면 되는 것인가, 아니면 '증여의 윤리'를 가진 자들이 일종의 증여의 카르텔을 만들어가면 되는 것인가, 어떤가 하는 것이다. 하지만 『탁류』는 이 난제들이 제기되는 순간 바로 끝난다. 승재만 '공평한 분배'란 말 앞에 '혼란'(420면)을 느낀 것이 아니라 작가 자신도 이 '공평한 분배'란 말 앞에서 길을 잃고 있다. 다시 말해 '공평한 분배'가 이루어지는 사회가 되어야 한다는 열망은 뜨겁지만 그러한 사회를 만들 방법은 찾지 못하고 있는 셈이며, 힘겨운 모색 끝에 이곳 이후의 세계상은 찾아냈으나 그곳으로 들어설 길과 입구를 찾아내지 못한 형국인 셈이다.

그렇다면 『탁류』 이후 채만식에게 필요했던 것은 모든 인류를 파렴치한 존재로 전락시키는 교환 경제로부터 벗어나서 '공평한 분배'가 이루어지는 사회를 만들 구체적 가능성을 찾아나서는 것이었을 터이다. 그것은 매일 자살을 꿈꾸었기에 세속적 질서로부터 초연했던 고태수의 삶의 방식일 수도 있고, 어머니가 되어 어렵사리 계산가능성의 모랄을 초월한 초봉의 결단일 수도 있고, 또 자신이 행한 노동보다도 훨씬 많은 재화를 한순간에 얻기를 바라는 도박적 계산법을 거부하고 자기가 노동한 만큼 소유하고 향유하겠다는 계봉의 건강한 의식일 수도 있고, 또 능력이 닿는 한 자신이 가진 것을 더 낮은 존재들에게 베푸는 승재의 증여의 윤리일 수도 있다. 이러한 윤리들이야말로 파렴치한 교환 세계를 내파하여 결국에는 '공평한 분배'가 가능한 사회를 만들 수 있는 튼실한 세목들이다. 문제는 이 실재의 윤리들을 어떻게 실재의 정치학으로 승화시키느냐 하는 것인지도 모른다. 다시 말해 이 값진 개인적 윤리들을 어떻게 더 확장시켜 공동체의 윤리로 만들 것이며 또 그곳에서 어떻게 더 그 윤리를 위계질서화하여 정치적 이념으로 전화시킬 것인가 하는 것. 결코 쉽지 않은 일이리라. 그러니 더욱 더 노고가 필요한 일이리라. 어떻게 보면 오랜 모색과 시련을 견뎌야만 현실화될 수 있는 전망일 수도 있다. 하지만 중요한 것은 그 단계를 하나하나 밟아나가는 것이다. 이 과정을 서서히 밟아나가지 않은 경우 이 실재의 윤리들은 의미 있는 공동체의 이념이 되기보다는 오히려 각각의 개인들의 욕망을 깡그리 부정하고 억압하는 폭력적인 이데올로기로 작용할 가능성이 높기 때문이다. 자신이 필요성을 느끼지 못한 채 이루어지는 외부에서 강제된 증여란 그 개인에게 즐거움이나 향유를 가져다주는 것이 아니라 욕망의 억압에 따른 공포와 분노를 제공할 뿐이다. 그러므로 증여의 정치경제가 가치가 있다고 해서 무조건 시행하는 것이 중요한 것이 아니라 증여의 윤리를 공유해가며 서서히 증여의 어소시에이션을 자연스럽게 만들어가는 것이 중요하다. 그래야만 즐거운 증여, 행복한 증여가 나누어질 수 있으며, 그렇지 않을 경우 그때의 증여란 사회적 대타자의 시선에 의해 강요한 기계적인 증여에 불과해진다. 그러니까 증여의 정신이 사라진 형식적인 증여가 되는 셈이다.

이런 사정을 감안할 때 채만식에게 필요했던 것은 증여의 어소시에이션을 만들어내고 그것의 범위를 확대해갈 수 있는 삶의 계기들, 그러니까 '파렴치'한 세속 사회 속에서도 여전히 어디의 누구에게서인가 삶의 활력으로 작용하고 있는 구체적인 현존형식들을 찾아내는 일이었을 것이다. 그리고 동시에 채만식에게는 혹여 어떤 정치세력이 갑작스레 '공평한 분배' 시스템이나 순수 증여의 사회를 폭력적으로 시행하고자 할 경우, 그것이 비록 채만식 자신이 꿈꾸는 사회라 하더라도, 그 강제적인 시행이 가져올 폐해를 직시하고 그것과 비판적 거리를 유지하면서 자신만의 어소시에이션을 차근차근 구축해가려는 강인한 인내와 의지가 필요했다고도 할 수 있다.

하지만 채만식은 자신만의 증여의 어소시에이션 프로젝트를 차근차근 밀고가지 못한다. 안타깝게도 1940년대 초반 '공평한 분배'와 '순수 증여'를 거창하게 표방한 정치적 이념이 출현하고 그 이념이 강제되기 시작하는바, 채만식은 자신이 꿈꾸는 증여의 어소시에이션과 대동아공영권에서 내세우는 '공평한 분배' 시스템과의 차이를 심각하게 따져보지도 않고, 또 저 위로부터 강요되는 증여란 오히려 자발적인 교환 행위만큼 진정한 증여의 윤리 정신을 훼손한다는 사실을 감안하지도 않고, 그 정치적 이념에 동조하고 자신만의 프로젝트는 접어버린 채 그것을 널리 선전하기에 이른다.

> 개인의 사익(私益)을 위한 이윤본위의 생산태도는 현대 자유주의적인 산업에 있어서 한 지상선(地上善)의 윤리이었었다. 국법은 그것을 보호하고 장려했었다.
> 세상은 아무도 그 누구거나가 제품을 만들어 팔아서 이를 남기는 것을 불가(不可)해하지 않았다. 따라서 그것은 사회적 선이었었다.
> 사람들은 그리하여 국법이 허하는껏 온갖 수단과 방법을 다해서 생산에 있어서 이익본위의 이윤의 확대를 꾀했었다. …… 개인주의적의 이 자유주의적인 생산태도에 있어서는 국력 내지 국가적인 손실이라는 것을 전혀 고려치 않는다. …… 소화유신은 명치유신의 발전적 해소로 신체제에 있어서는 그러므로 재래의 모든 개인주의나 자유주의적인 행동과 이데올로기가 부정이 된다. …… 과거에 있어서는 국민 개인의 직업행위는 생활료의 획득이 목적이요 근로는 그 수단이었으나 신체제에 있어서는 정반대로 생활료의 획득이 수단이고 근로가 목적이 된다.[27]

'공평한 분배'만 된다면 개인의 자유, 개인의 욕망 따위는 하등 중요한 것이 없다는 태도다. 여기서 우리는 증여의 정신이 사라진 증여 예찬을 보게 되고 동시에 어두운 전체주의의 그림자를 발견하게 된다. 뿐인가. 조선 민중을 죽음과도 같은 질곡으로 몰아넣은 신체제에 대한 이해하기

27) 채만식, 「문학과 전체주의」, 『삼천리』, 1941.1. 인용은 『채만식전집』 10(창작과비평사, 1989), 226~231면.

힘든 예찬도 볼 수밖에 없다. 『탁류』의 작가가 승재의 입을 빌어 그렇게 애정을 표하던 조선 민중들 아니었던가. 신체제론과 더불어 조선 민중이 더 이상 내려갈 곳이 없는 최저의 상태를 저회하게 되었음에도 불구하고 『탁류』의 작가인 채만식은 이 신체제를 예찬하고 있는 것이다. 아마도 '인류가 환장을 해서 동물로 역행을 하는 구렁창이' 같은 교환경제에 대한 환멸이나 원한 때문일 것이다. 교환경제만 아니라면 더 이상 인간이 자신의 자식을 팔아넘기는 파렴치는 없으리라는 열망 때문이리라. 아마도 그것이 자신의 증여의 윤리와 신체제의 계획경제가 같은 목적을 가지고 있다고 오판하게 한 것이리라. 어쩌면 교환경제가 너무도 난공불락의 성과 같아서 '신체제'의 힘을 빌어서라도 교환경제를 무너뜨리겠다는 일종의 도박과도 같은 모험을 행한 것인지도 모른다. 『탁류』의 작가 채만식도 『탁류』에서 그가 그토록 경계했던 윤직원과 초봉과 마찬가지로 '노동의 수고 없이 큰 결과'를 얻고자 했던 셈이다. 한마디로 한단계 한단계 과정을 충실히 밟아서 목표에 도달하려는 인내심의 결여가 저 악다구니 같은 교환 경제를 증여의 윤리로 내파하고자 했던 한 치열한 작가를 '대동아공영권'이라는 광기의 이성에 빠져들게 했다고나 할까. 만약 무한히 먼 것이라고 해도 그것에 가까이 가려고 노력하게 하는 것이 '규제적 이념'(칸트) 혹은 '실정적 이념'(헤겔)이라고 할 수 있다면, 채만식이 '증여의 윤리'를 그러한 이념으로 존속시킬 수는 없었던 것일까. 하지만 채만식은 그것을 조급하게 현실화시키고자 했고 결국 광기의 이성에 동조하는 결과를 피하지 못한다. 아쉽게도.

• **류보선** | 1962년 서울에서 태어나 서울대 국문과와 동대학원을 졸업했다. 1989년 『문학사상』으로 등단했으며, 저서로 『경이로운 차이들』(문학동네) 『한국 근대문학의 정치적 (무)의식』(소명출판)』 『또 다른 목소리들』(소명출판) 등이, 엮은 책으로는 『구보가 아즉 박태원일 때』(깊은샘) 등이 있다. '현대문학상' '소천비평문학상'을 수상한 바 있으며, 현대 군산대 국문과 교수로 재직 중이다.

부르주아 자유주의의 심연

『태평천하』 읽기의 한 방식

차원현

1. 풍자와 아이러니, 『태평천하』의 문제성

채만식의 『태평천하』(『조광』, 1938년 1~9월)는 파행적인 근대화의 물결을 타고 치부한 한 유산가의 배금의식과 기형적인 행태를 1930년대의 한국 현실에 의탁해 묘파한 빼어난 풍자 소설로 평가되고 있다. 풍자의 대상이 되고 있는 시대와 인물이 갖는 문제성은 물론이려니와 풍자 주체의 확고함, 태도의 강렬성, 수법의 다종다기함과 자유자재로움 등의 요인으로 인해 이 작품은 일제 강점기 한국소설사가 만들어낸 풍자 문학의 백미로 인정받고 있다.

『태평천하』는 부정되고 청산되어야 할 파행적인 민족 현실과, 통합을 상실한 분열의 시대를 비교적 적확하게 비판·풍자하고 있다는 점 때문에 문학적 실천의 모범을 현실 진보의 차원에서 구했던 일단의 문학적 관행들에 의해 일제강점기 리얼리즘 소설의 한 정점으로, 더 나아가 근대화 이래 자주적이고 주체적인 민족문학이 산출해낸 가치 있는 창작 정신의 모범적 사례로도 간주되어 왔다. 『태평천하』의 인물들이 보이는 몰인격성의 문제나 그로 인한 풍속 파괴적 양상에 대한 래디컬한 풍자는 시대를 뛰어넘어 전인격적이고 윤리적인 연대 위에 국가사회를 구성할 것을 요구해 왔던 진보적인 문학 정신의 탁월한 사례들로 고평되어 왔던 것이다.

많은 연구와 다양한 해석이 뒤따랐음은 당연한 일이다. 사적 개인의 '피묻은 재산'을 옹호하는 체제라는 이유만으로 일제 강점기를 '태평천하'라고 부르는 데서 나타나는 반민족성의 문제라든지, 가진 자 특유의 사회적 조정 및 통합자로서의 역할을 거부하는 데서 나타나는 반사회성 문제가 집중 조명되었고, 사익을 위해 타인들을 사물화하는 데서 오는 몰인격성의 문제나, 그런 류의 반사회성과 몰인격성이 언설과 행위의 차원에서 드러내는 비속함과 저열함 및 그로 인해 나타나는 풍속 파괴적 특성 등 작품이 풍자의 대상으로 삼고 있는 시대와 인물의 문제점들 각각이 사람살이가 있는 곳이면 어디에서나 일어나는 보편적인 현상으로서 샅샅이 조사되고 깊이 있게 탐구되었다.

채만식의 『태평천하』(『조광』, 1938년 1~9월)를 이야기할 때 항용 거론되는 것은 풍자 정신과 판소리 문체의 전통성 문제이다. "저항과 반역의 투지가 상실된 시대를 살아가야 할 리얼리스트의 운명이란 사기가 아니면 풍자와 역설이다"라는 한 작가의 말도 있거니와,[1] 『태평천하』가 창작된 시대적 배경에는 통상 "객관적 조건이 극도로 불리한" 상황에서는 "정공법 이외의 측공법도 필요"[2]한 법이라는 당대의 문학사적 인식이 가로놓여 있었음을 많은 연구자들이 증언하고 있다. 더 나아가 『태평천하』의 풍자가 도달한 지점을 특정한 시대를 경과하기 위해 요구되는 노회한 우회의 기술이 아니라 방법과 양식의 문제로 보며, 또 그런 한에서 진보적 문학이 의당 취할만한 현실응전의 한 방식으로 보편화하여 고평하는 관점도 있는 만큼[3] 『태평천하』는 이래저래 일제강점하 한국

1) 방현석, 「밀레니엄 시대의 태평천하를 기뻐한다」, 『실천문학』, 실천문학사, 1999년, 115면.
2) 유진오, 「문단에 대한 희망 2·3」, 『조선일보』, 1933년 1월 3일.

현대소설사가 개척한 풍자 양식의 한 핵심에 존재하는 작품으로 그 문제성을 인정받고 있는 셈이다.

판소리 문체 혹은 『태평천하』 특유의 청자 지향적 이야기 문체에 관한 연구사 역시 양적, 질적으로 많이 집적되어 있다. 물론 이견이 없는 것은 아니지만,[4] 대개의 연구자들이 『태평천하』의 문체가 갖는 판소리적인 특성에 주목하고 그 성격과 의의를 규명하기 위해 노력해 온 것이 사실이다. 몇 가지 사실들이 지적되었다. 판소리 문체가 갖는 대화적이고 다성적인 기능과 그것의 민중 담론으로서의 의의라든지, 『태평천하』 특유의 장면 편집 방식과 판소리 문체의 절묘한 결합 및 그 효과,[5] 전통 양식의 창조적 재전유가 갖는 소설양식사적 의의[6] 등은 물론이고, 전통 재전유에 대한 작가 특유의 관심이 단순히 양식이나 방법의 도구적 차원이 아니라, 창작과 세계관 전반의 핵심에까지 육박해 들어오고 있다는 판단까지 나오고 있는 만큼,[7] 이 역시 『태평천하』가 한국현대소설사에서 차지하고 있는 비중을 잘 말해주는 것에 다름 아니라 할 수 있다.

물론 문제가 없는 것은 아니다. 풍자성에 대한 연구의 경우 풍자의 대상과 풍자하는 주체의 태도, 풍자 수법의 양상 등에 대한 이해가 세분화되어 축적되고 있지 못하다. 『태평천하』의 특성 중 하나는 풍자 대상의 속성과 주체의 태도가 착종되면서 나타나는 서술상의 과장과 그로테스크함이라 할 수 있을 터인데, 이런 류의 번다함을 뚫고 들어가 풍자 대상의 진면목과 그 논리를 정확하게 이해하려는 노력은 잘 보이지 않고, 풍자 태도의 강렬함이나 윤리성, 풍자 수법의 다종다기함에 대한

---

3) 김윤식, 「풍자의 방법과 리얼리즘」, 『현대문학』, 1968년 10월 참조.
4) 이화진, 「채만식 풍자소설의 성격 재론」, 『국제어문』 30집, 2004년, 266면.
5) 우한용, 「채만식 소설의 담론 특성에 관한 연구」, 서울대 박사논문, 1991년, 176면.
6) 송현호·유려아, 「한국 근대소설의 전통예술 수용양상—『태평천하』의 서사구조와 서술방식을 중심으로」, 『국어국문학』 제108권, 국어국문학회, 1992년, 117면.
7) 방민호, 『채만식과 조선적 근대문학의 구상』, 소명출판, 2001년, 333~4면.

이해만이 일반론의 차원에서 일면적으로 강조되고 있을 뿐이다. 물론 이 경우에도 수법이나 태도의 주관성에 대한 이해가 풍자 양식 자체에 대한 일반론적 이해에 머묾으로써, 실상 분석의 결과물들은 일반론과 그에 걸맞는 작품의 편린들을 기계적으로 일대일 대응시키는 단편적인 연구에 머물러 있다.

이는 풍자 자체가 그 정신이나 양식, 더 나아가 시대의 과제와 만나는 방식 등 연구되어야 할 부분이 아직 많이 남아 있는 영역이기도 하지만, 무엇보다 풍자의 윤리성과 그로 말미암아 강화되는 현실비판의 강렬성 등 풍자하는 주체의 태도가 갖는 정당성 혹은 진정성 논리에 기존의 연구자들이 과도한 문학사적 의의를 부여한 때문이라 할 것이다. 풍자하는 주체의 태도와 작품의 실제가 갖는 낙차라든지, 그러한 낙차를 만들어낸 작가적 역량이나 세계관의 문제, 더 나아가서 그런 류의 역량과 세계관이 현실과 만나면서 만들어내는 역동적인 양상 등에 대한 연구 역시 아직 구체적으로 진행되고 있지 않다. 풍자성에 관한 한 채만식 문학은 아직 미개척의 영역들이 많이 남아 있는 것이다.

항용 채만식 문학은 풍자와 허무, 냉소의 혼효를 보인다고 지적되어 왔는데, 그중에서도 특히 풍자나 허무, 냉소 등을 각각 따로 떼어내어 추존하거나 격하해 왔던 관행이라든지, "풍자와 허무, 냉소의 혼효"를 말하면서도, "풍자가 시효를 다하자, 허무와 냉소가 나타난다"[8]라는 식의 기계적 인식을 보이는 경우들 역시 모두 채만식 문학의 '풍자'를 완결된 실체로서, 그 속을 파보지 않아도 능히 짐작할 만한 물건으로서 간주해온 그간의 관행화된 사고의 결과물이라 할 수 있다.

판소리 문체에 관한 연구 역시 문체상의 유사성과 그 양상에 대한 관심이 지나친 나머지 고전과 현대를 가르는 소설미학의 규범적 차이를 몰각한 채, 전통의 재전유라는 선설정된 결론에 맞춰 작품의 성과를 재

8) 신두원, 「풍자와 니힐리즘적 부정 정신의 안과 밖–채만식론」, 황패강 외, 『한국문학 작가론』 4, 집문당, 2002년, 280면.

단하는 성향을 보인다. 항용 연구자들은 『태평천하』의 서술 구조를 분석하여 그 결과물인 화자—청자 관계의 다이내미즘, 긴장과 이완의 반복 구조, 파멸 서사 등의 개념을 통해 판소리의 서술구조와 같은 유사성 및 그 효과를 지적하고 있으나, 이는 원래 『태평천하』가 갖는 풍자 의도에서 연유한 것인만큼, 서술구조의 유사성을 해명한다고 해서, 풍자정신의 의의와 한계에 대한 서술에 이르는 것은 아니라는 점을 지적해야 하겠다. 물론 더 심각한 것은 원래 '유사성 사유' 자체가 현대의 미학적 규범과는 거리가 먼 고전 미학의 규범이라는 사실에 있다. 주지하다시피 고전 소설의 서술 구조가 반복적이고 파멸 서사를 통한 주제 부각 양상을 보이는 이유는 고전의 세계 인식 자체가 '축소지향적'인 까닭이고, 그러한 세계관을 설득력 있게 부각하기 위해 서술상의 집중을 추구하기 때문이다.

예컨대 '놀부'가 풍자의 대상이 되고 파멸적으로 그려지고 있는 것은 '놀부'로 대표되는 세계의 확산을 막고 전통 사회가 이미 확보한 윤리적 규범의 세계 속으로 현실을 환수함으로써 완결된 세계를 방어하려는 미학적 노력의 일환이지, '놀부'로 대변되는 윤리적 무질서를 비판하고 '흥부'로 대변되는 윤리적 질서의 '구축'이나 '확장'을 꾀한 것이 아니라는 사실을 상기할 필요가 있다. 그런고로 만일 문체나 서술 구조가 전통 판소리의 그것과 '유사'하다는 사실을 들어 『태평천하』의 양식사적 의의를 평가하려는 것은 '유사성'이 아니라, '일치'를 요구하는 근대 인문학의 규범과도 걸맞지 않을 뿐 아니라, 정작 『태평천하』가 문제삼고 있는 대상 현실의 특수성을 외면한 채, 그것을 양식의 특수성으로 대체하여 평가하는 심각한 오류를 범할 수 있다는 사실을 이해해야 한다.

물론 『태평천하』 자체가 전술한 바대로 고전 판소리적인 요소들을 담고 있어 연구자들의 혼란을 자처하고 있는 것도 사실이다. '부분의 극화와 집중'이 서사 골격의 단순성을 대체하고 있다든지, 서사에 비해 담론의 이념성이나 목적성이 우위에 서 있다는 사실 등[9] 『태평천하』 자체가 그 외관상 이미 완결된 신념의 체계를 전제한 후, 서사와 담론을 실용적으로 동원하고 있다는 혐의를 벗기 힘든 것 또한 사실이다.

물론 그렇다고 해서 『태평천하』의 전체적인 의의가 전통의 재소환 혹은 전통의 재전유라는 차원에서 판정될 수 있는 것은 아니다. 결국 문제는 『태평천하』가, 그리고 더 나아가서 채만식의 풍자 문학이 담아내고 있는 내용과 형식 상의 다양성과 다이내미즘을 어떻게 전체적으로 이해하느냐의 문제[10)]인 것처럼 보인다. 『태평천하』에만 중점을 두고 말한다면, 관건은 결국 풍자의 구체성을 확인하는 일, 다시 말해 풍자되는 대상의 속성과 풍자하는 주체의 태도가 만나 엮어내는 다이내믹한 길항관계를 따라 작품을 좀더 정확히 읽으면서, 『태평천하』가 성취해 낸 현실 묘사의 진면목에 도달하는 일이 되지 않을까 싶다.

이 글에서는 상술한 사실들에 중점을 두어 『태평천하』의 풍자가 겨냥하고 있는 대상의 구체적인 논리와 그 속성, 작가의 태도를 밀착 검토함으로써 『태평천하』의 진면목에 좀더 가깝게 다가가보려 한다. 이를 통해 항용 언어적 아이러니의 차원으로만 거론되어 왔던 『태평천하』의 풍자가 기실 상황의 아이러니 면으로 깊숙히 들어와 있는 좀더 문제적인 것임을 토론할 것이다.[11)] 또한 『태평천하』의 풍자가 완결된 윤리적 신념 하에 풍자적 방법들을 실용적으로 동원하여 대상을 주관적으로 직조해낸, 이른바 설득 담론의 경향을 보인다는 기왕의 평가들에 대해서도 사정이 반드시 그렇지만은 않다는 것을 보여주고자 한다.

흔히 『태평천하』의 서술 구조의 기본적 특징을 '부분의 극화와 집중'이라 규정하고, '부분'이란 단어에 전체를 꿰는 서사성의 결핍이나, 역사 의식의 부재 등의 의미들을 부여하고 있는데, 이는 기본적으로 작품

---

9) 강헌국, 「목적론적 서사담론」, 『한국 근대문학연구』 제6호, 한국근대문학회, 2002년 10월, 37면. 『탁류』를 분석한 글이나, 목적론적 담론의 간섭 차원에서는 『태평천하』 역시 마찬가지인 것으로 판단되어 원용한다.

10) 정홍섭, 『채만식 문학과 풍자의 정신』, 역락, 2004년, 43면.

11) 이상섭, 『세계 문학비평용어 사전』, 을유문화사, 1985년, 317~25면 참조.

이 대상으로 삼고 있는 한 유산가의 탐욕 혹은 탐욕의 속성인 무한 증식의 논리에 내장된 자기 파괴의 드라마를 보아내지 못한 데서 온 단견이라 판단된다. '윤직원'은 그가 비윤리적이거나, 그의 자식들이 지나친 소비를 보이고 있기 때문에 몰락하는 것이 아니다. 그것은 사태를 우연에 의해 판단하는 것으로 올바른 과학적 태도가 아니다.

결론을 미리 말하자면, 윤직원의 몰락은 그의 속성인 탐욕의 자연스러운 귀결로 보이며, 『태평천하』의 풍자는 이러한 드라마를, 전체를 중시하는 총체적 서사의 차원에서가 아니라, 대상 자체의 자기 분열의 드라마와 그에서 발원하는 그로테스크 이미지로 묘파해내기에 더할 나위 없이 적합한 양식으로 판단된다. 한마디로 말해, 현란한 수법으로 대상을 직조하고 있는 작가 특유의 입심과 수사법을 뚫고 들어가 대상 그 자체에 깊숙이 탐침을 들이대는 작업이 필요하다고 말하고 싶다. 그럴 경우 『태평천하』는 작가-독자 라인의 계몽적 주관성에 의해 대상을 재단하거나 그것에 특정한 색깔을 덧칠하려는 윤리적 의도의 산물이 아니라, 수사학적 가공을 통해 대상 자체에 고유한 논리를 묘파(描破)함으로서 대상의 진실이 자연스럽게 드러날 수 있도록 유도하고 있는 풍자 계열의 리얼리즘 작품으로 평가될 수 있을 것이다.

2. 윤직원 혹은 부르주아 자유주의의 자가당착과 그로테스크 이미지

『태평천하』는 다양한 에피소드로 구성되어 있다. 그 중 풍자 대상의 성격을 잘 드러내는 핵심적인 대목은 항용 인용되듯이 윤직원의 치부과정을 그린 대목이다. 작품 초반부에는 윤직원의 아버지인 윤용규가 화적을 만나 죽임을 당하는 대목이 나온다.

"노적(露積)허구 곡간에다가 불질러랏!"

두목은 뒤집힌 눈으로 피투성이가 되어 쓰러진 윤용규를 노려보다가 수하들을 사납게 호통하던 것입니다.

이윽고 노적과 곡간에서 하늘을 찌를 듯 불길이 솟아오르고, 동네 사람들이 그제서야 여남은 모여들어 부질없이 물을 끼얹고 하는 판에, 발가벗은 윤두꺼비가 비로소 돌아왔습니다. 화적은 물론 벌써 물러갔고요.

윤두꺼비는 피에 물들어 참혹히 죽어넘어진 부친의 시체를 안고 땅을 치면서,

"이놈의 세상이 어느 날에 망하려느냐!"

고 통곡을 했습니다.

그리고 울음을 진정하고도, 불끈 일어서 이를 부드득 갈면서,

"오냐, 우리만 빼놓고 어서 망해라!"

고 부르짖었습니다. 이 또한 웅장한 절규이었습니다. 아울러 위대한 선언이었고요.

윤직원 영감이 젊은 윤두꺼비 적에 겪던 경난의 한 토막이 대개 그러했습니다.

그러니, 그러한 고난과 풍파 속에서 모아 마침내는 피까지 적신 재물이니, 그런 일을 생각해서라도 오늘날 윤직원 영감이 단 한푼을 쓰재도 벌벌 떠는 것은 일변 무리가 아닐 것입니다.[12]

조선 말 국가 상실기의 혼란과 그로 인한 윤직원 가의 횡액을 그린 대목이다. 윤직원이 돈을 모운 과정이 '고난과 풍파', '피까지 적신'이라는 문구 속에 압축되어 묘사되고 있다.

항용 『태평천하』의 문제이자, 채만식 문학의 문제로 지적되고 있는 것 중 하나는 당대의 현실을 서사화하지 않는다는 사실에 있다.[13] 사건과 인물, 시대의 상호교섭을 연대기적으로 그려냄으로써 당대 현실의 총체성을 드러내는 단계에까지 서사적 고양을 이루어내지 못한다는 뜻이다.

---

12) 채만식, 『태평천하』, 『채만식전집』 3, 창작과비평사, 1987년, 41면. 차후 인용은 이 책에서 한다.

13) 임화, 「세태소설론」, 『문학의 논리』, 학예사, 1940년, 345~8면.

이 대목 역시 마찬가지이다. '고난과 풍파'의 내용이 구체화되어 서술되고 있지 않다. 물론 화적의 약탈과 탐관오리의 수탈이 극적 집중에 의해 묘파되고 있기는 하지만, 그러한 약탈과 수탈이 시대의 모순에 의해 추동되는 구한말의 전체상과 맞물려 서사화되고 있지는 못하다. 윤직원의 아버지인 윤용규의 재산 형성 과정도 자세히 드러나 있지 않고, 무엇보다 이들 윤부자의 계층적 전형화가 전혀 이루어지고 있지 않다.

더 큰 문제는 '고난과 풍파' 혹은 '피까지 적신'이라는 표현이 갖는 중의적 의미가 전혀 서사화되고 있지 못하다는 사실이다. 윤씨 부자의 '고난과 풍파', '피흘림'만 묘사되고 있을 뿐, 그들에 의해 동일한 수난을 되돌려 받아왔거나 받게 될 소작인들과 고리를 빌려쓴 가난한 채무자들의 고난과 반역에 대한 서사가 없다는 뜻이다. 풍자의 집중을 위해 인물의 수를 제한한 까닭이겠지만. 무엇보다 반역의 서사가 아니라 비판과 징계의 대상으로 사태를 규정하려는 지적·윤리적 포즈의 한계 때문이라 해야 할 것이다.

물론 서사의 구체성을 결여하고 있다는 이유만으로 『태평천하』의 현실 이해가 갖는 의의를 폄하할 수는 없다. 서사적 집중을 요구하는 본격소설이 아니라, 대상 자체에 아로새겨진 모순을 드러내고, 그 모순과 분열이 만들어내는 그로테스크함을 묘파함으로써 현실을 유동화하려는 풍자 특유의 기획이라는 차원에서 보면 사정이 달라지기 때문이다.

항용 에피소드들이 극적 집중이라는 명분 하에 분산되어 있다는 사실 때문에, 『태평천하』의 풍자를 흔히 언어적 아이러니의 차원에서만 파악하는 것이 지금까지 연구사의 일반 경향인 것으로 파악되는데,[14] 이는 각 장면을 독립된 단위로만 읽어온 독서 관습 때문인 것으로 판단된다. 예컨대 위에서 예시한 대목의 '울장한 절규' 혹은 '위대한 선언' 부분을 이 작품의 모두에 있는 「윤직원 영감 귀택지도」나 11장의 「인간

14) 이화진, 앞의 책, 265면.

체화와 동시에 품부족 문제, 기타」, 14장의 「해 저무는 만리장성」 등에 나타난 윤직원의 우스꽝스럽고 그로테스크한 속물성과 병치시켜 놓고 읽어보면 『태평천하』의 아이러니가 단순히 언어적 차원에서만 이루어지는 것이 아니라는 것을 쉽게 알 수 있다.

이러한 사실은 '피까지 적신'이라는 문구에서도 여실히 드러난다. '피묻은' 돈이 성적 향락을 위해 소비되고 있는 것을 기왕의 논자들은 문제삼고 있는데, 정확한 방향이 아니라고 판단된다. 돈에 대한 집착과 성에 대한 집착은 동전의 양면 같은 것이어서 하나가 다른 하나를 언제든지 대체할 수 있는 성질의 것일 따름이다. 양자는 비윤리적인 것, 다시 말해 윤리에 대한 냉소를 품고 있다는 사실에서 동일하다. 유예된 향락과 제한되지 않은 즉물적 향락의 차이가 존재하기는 하지만 양자는 언제든지 상호교환 가능한 것일 뿐만 아니라, 채만식 자신 스스로 "부르주아 보다는 차라리 아편쟁이가 되는 것이 차선"[15]이라고 한 만큼 『태평천하』의 주 풍자대상이 성적 비윤리 속에서 활동하는 파렴치한들이 아님에 유의해야 할 것이다.

오히려 작가가 문제삼고 있는 것은 '피묻은 돈'의 숭고함이 돈 그 자체에 대한 변태적 집착으로 인해 "金庫 복판이 빠지도록 돈이 실닌 貯金通帳을 노코 한 푼엇치 못 먹으면서 좃타고 싱글벙글 웃는 송장의 變態的 美意識은 간질간질한 喜劇의 一場面"[16]과 같은 그로테스크한 희극으로 변전한다는 사실에 있다.

작품 상으로 보면, '피묻은 돈'의 표면적 의미는 반봉건의 피묻은 투쟁과 그로부터 쟁취한 사적 소유권의 양도할 수 없는 존엄성과 숭고함이라 할 수 있다. 윤직원의 아버지 윤용규가 화적들 앞에서 그토록 당당할 수 있었던 것도 사적 재산권의 숭고함이라는 토대 위에 그가 서

15) 채만식, 「독설록에서」, 『중외일보』, 1929년 9월 16일, 24면. 정홍섭, 앞의 책, 339~41면의 「신발굴 자료」 참조. 여기에서는 아편쟁이와 부르주아를 등치하고 있다.

16) 채만식, 「독설록에서」, 정홍섭, 위의 책, 341면에서 재인용.

있었기 때문이며, 피묻은 돈을 들고 외친 윤직원의 "오냐, 우리 빼놓고 어서 망해라!"는 부르짖음이 '웅장한 절규'이자, '위대한 선언'일 수 있는 것 또한 그 때문이었다.

이런 관점에서 보자면 『태평천하』의 윤직원이 몰락하는 계기는 자식들의 분에 넘치는 소비와 향락 때문이 아니라, 돈에 대한 '변태적 미의식'이라 보는 것이 좀더 타당해 보인다. 자식들의 몰지각한 소비 행태는 "자수성가한 수전노의 자식은 대개 보면 난봉이 만타"[17]고 한 작가의 말마따나 '돈에 대한 변태적 미의식'의 파생물이지, 전자가 후자를 추동한 것은 아니기 때문이다.

물론 채만식은 '돈에 대한 변태적 미의식'이라 말하고 있지만, 이 규정은 엄연히 작가의 몫일 따름이고, 풍자의 베일을 벗겨내어 사실만을 직시한다면 그것은 부르주아 특유의 엄격한 자기 경영의 윤리 혹은 조직화된 삶의 윤리같은 것이 될 것이다. 삶의 보존과 진정성을 지탱하고 있는 윤리인 만큼 윤직원에게 있어 그것은 숭고한 가치 그 자체라 할 것이다. 문제는 그 숭고함이 이면에 깊이를 알 수 없는 전락의 심연을 품고 있다는 사실이며, 그것을 윤직원은 알지 못한다는 사실에 있다. 작가가 윤직원의, 더 나아가서 '부르주아 자유주의'[18] 일반의 자기 경영 혹은 조직화된 삶 지향성을 일언지하에 '돈에 대한 변태적 미의식'이라 규정하고, 이를 '아편쟁이의 자기 파괴적 탐닉'과 동일시할 수 있었던 것은 부르주아 자유주의 자체에 내장된 저 음습한 자기 파괴적 속성을 발견했기 때문이다. 아편에 취한 '개인주의'와 돈에 빠진 부르주아 개인주의의 '변태적 미의식'이 동일한 자기 파괴적 속성을 가지고 있다는 것, 그 중에서도 특히 후자는 자기 파괴의 과정에서 타인의 삶을 보다 폭넓게 훼손하고 파괴한다는 사실 때문에 한층 더 유독한 욕망에 지나지 않는다는 사실을 간취한 것은 풍자작가로서 채만식의 날카로움이 돋

17) 위의 책, 같은 면.
18) 채만식, 「독설록에서」, 정홍섭, 위의 책, 340면에서 재인용.

보이는 대목이라 하지 않을 수 없다.

> 아편쟁이는 이 世上에서 아편 하나만이 唯一한 慾望의 對象이다. 그들은 아편을 엇기 爲하여서는 도적질이나 비럭질은 예사요 계집이나 딸자식을 팔기에도 주저를 하지 아니한다. 그 動機는 고통을 피하여 쾌락을 어드려는 데 잇다. 徹底한 個人主義이다.
>
> 뿌르조아 企業家들은 돈과 돈의 蓄積만이 唯一한 慾望의 對象이다. 그들이 돈을 모으기 爲하여서는 아편쟁이가 아편을 엇기 爲하여 取하는 手段보담도 멧 곱이나 더 深刻하고 惡辣한 것은 말할 것도 업시 明確한 事實이다. 그 動機는 勞動과 苦痛을 避하고 게을음과 快樂을 어드려는 데 잇다.
>
> 여기서 나는 뿔으조아와 企業家들에게 아주 親切하게 權할 말이 있다. 모도 다 아편쟁이가 되라……고.
>
> 그 理由는 이렇타. 아편쟁이와 뿌르조아 企業家는 同一한 目的인 個人的 快樂의 追求下에서 하나는 도적질 비럭질과 계집이나 딸자식을 팔어먹는 것으로 그 手段을 삼고 하나는 생사람의 피를 짜내는 것으로 그 手段을 삼는데 實상 그 手段이 아편쟁이의 手段보담 非能率的이요 惡辣하면서 結果인 快樂은 아편쟁이의 快樂보담 멧 分之一도 되지 못한다.[19]

아편쟁이의 자기 파괴적 쾌락과 부르주아 혹은 기업가의 생의지에 충만한 쾌락을 구분 못한다는 문제는 있지만, 양자에 공통으로 존재하는 것은 동기의 차이에도 불구하고 자기 파괴의 결과로 나타날 수밖에 없는 저 유독한 탐욕의 정체 혹은 그 논리이다. 상식의 수준에서 보자면 아편에 대한 탐닉과 돈의 축적에 대한 욕망 사이에는 삶과 죽음 만큼의 먼 거리가 존재하지만, 채만식의 위대한 풍자적 눈은 양자의 심부에 존재하는 공통된 파멸과 전락에의 욕망을 정확하게 짚어내고 있다.

그런 까닭에 작가의 풍자가 가장 날카롭게 가닿는 대목은, 또한 그 때문에 대상 자체의 그로테스크함이 골계미를 통해 가장 집중적으로 조

---

19) 채만식, 「독설록에서」, 위의 책, 339면에서 재인용.

명되는 대목은 바로 부르주아 자유주의의 숭고함과 그것이 자신의 이면에 늘어뜨리고 있는 파멸 혹은 전락의 그림자를 묘사하는 부분이다. 이에 비하면 속물성의 과장된 표현이라든지, 윤리적 비인격성과 풍속적 착란에 대한 묘사는 부수적이라 할 수 있다. 작중에는 냉정과 평형, 긴장과 자기 경영에 골몰하는 윤직원의 행태가 갖는 대상 속성 자체의 그로테스크 이미지와 골계미에 입각해 이를 풍자하는 대목들이 수없이 등장한다. 예컨대 『태평천하』의 모두에 해당하는 「尹直員 영감 歸宅之圖」 부분은 전형적이다.

> "인력거 쌕이(삯이) 멫푼이당가?"
>
> 이 이야기를 스고 있는 당자 역시 전라도 태생이기는 하지만, 그 전라도 말이라는 게 좀 경망스럽습니다.
>
> "그저 처분해 줍사요!"
>
> (…중략…)
>
> "으응! 그리여잉? 그럼, 그냥 가소!"
>
> (…중략…)
>
> "그럼, 내일 오랍쇼니까?"
>
> "내일? 내일 무엇허러 올랑가?"
>
> (…중략…)
>
> "……그리서 나넌 그렇기 처분대루, 응? …… 맘대루 말이네. 맘대루 허라구 허길래, 아 인력거삯 안 주어도 갱기찮언 종 알구서, 그냥 가라구 히였지!"
>
> (…중략…)
>
> "…… 거참! …… 나는 벨 신통헌 인력거꾼도 다아 있다구, 퍽 얌전허게 부았지! 늙은 사람이 욕본다구, 공으루 인력거 태다 주구 허넝 게 쟁히 기특허다구, 이 사람아, 사내 대장부가 그렇기 그짓말을 식은 죽 먹듯헌담 말잉가? 일구이언은 이부지자(一口二言二父之子)라네. 암만 히여두 자네 어매(어머니)가 행실이 좀 궂었덩개비네!"[20]

---

20) 채만식, 『태평천하』, 『채만식전집』 3, 창작과비평사, 1987년, 11~2면.

"내가 이 사람아, 나락으루 해마다 만 석을 추수를 받구, 돈으루두 몇만 원 씩을 차구 앉었넌 사람인디, 아 그런 부자루 앉어서 글씨, 가끔 이렇기 끄니를 굶네 그려! 으응?"

(…중략…)

"…… 여보게 이 사람아! …… 아 자네바텀두 날더러 팔자 좋다구 그러지? 그렇지만 이 사람아, 팔자가 존 게 다아 무엇잉가! 속 모르구서 괜시리 허넌 소리지 ……. 그저 날 같언 사람은 말이네, 그저 도둑놈들이 노적(露積)가리 짊어져 가까벼서, 밤새두룩 짖구 댕기는 개, 개 신세여! 허릴 없이 개 신세여! ……"

(…중략…)

거상에 짜증난 얼굴이 아니면, 불콰하니 마음 편안한 얼굴, 호리를 다투는 똑똑한 얼굴이 아니면, 남을 꼬집어 뜯는 전접스런 얼굴, 그러한 낯꽃만 하고 지내는 이 영감한테 이렇듯 추레하니 침통한 기색이 드러날 적이 있다는 것은 자못 심외라 않을 수 없습니다.[21]

다소 긴 인용이긴 하지만, 사용가능한 모든 방법이 동원되어 풍자가 이루어지고 있음을 알 수 있다. 풍자의 효과 역시 대상의 그로테스크 이미지와 골계미를 한껏 부각시키고 있다. 물론 이 대목 외에도 작중에는 윤직원의 자기 경영을 풍자하는 대목들이 많이 존재한다. 예컨대 어린아이의 오줌을 받아 눈을 비비거나 장복하는 일을 묘사한 대목이라든지, 육중한 몸으로 아침 체조하는 일 등은 물론이거니와, 동기(童妓) 하나를 얻어 두고 비교적 저렴한 댓가로 자신의 성욕을 채우기 위해 분주한 셈속에 빠진 윤직원의 몰골을 풍자하는 대목의 이름은 「인간체화(人間滯貨)와 품부족(品不足) 문제, 기타」로 되어 있다. 유일하게 풍자의 대상이 되고 있지 않은 것은 고리대금업을 차질없이 수행하기 위해 장안 사업가들의 자금 운용 상황을 면밀히 살펴두는 일 정도이다. 그러나 이 경우에도 풍자가 가닿지 않는 이유는 그 일이 윤직원이 움직이는 동선 안에 직접적으로 존재하는 일이 아니기 때문이다. 냉정과 긴장, 자기 경

21) 채만식, 위의 책, 80면.

영이 문제되는 대목에서는 어김없이 풍자와 그로 말미암은 그로테스크 이미지가 나타나는 것은 윤직원을 도와 고리대금업을 관장하는 '올챙이'나 '대복'의 사례에서도 여실하게 나타난다. 제목은 「절약(節約)의 도락정신(道樂精神)」이다.

숭고함의 배면에는 우스꽝스러움이 존재하고, 정상성의 배면에는 자기 파괴에 이르는 그로테스크함이 존재한다는 사실의 발견은 작가가 왜 하필이면 현실 부르주아가 아니라, 수전노의 단계에 이르기까지 '퇴폐화한 유산가'를 풍자의 대상으로 삼았는가를, 그 필연성의 근거를 잘 설명해준다. 작중에는 '농지령'이나 '소작 조정령' 혹은 '폭리 취체에 관한 법' 등 최소한의 사회적 통합을 유지하기 위해 일제가 설정해 둔 장치들의 사회적 의미를 애써 외면하는 장면들이 나오거니와, 이는 결국 저 래디컬한 욕망의 자기 구성 과정이 가솔들의 몰인격과 풍속 파괴적인 성적 탐닉의 토대이자 배양기였음을 가리키는 것에 다름 아니다. 그런 까닭에 윤직원의 몰락은 자식들의 과소비에 의해서가 아니라, 그 자신의 래디컬한 욕망이 갖는 자기 파괴적 속성에서 찾아져야 할 것으로 판단된다. 속물성 그 자체에 대한 비판이 아니라, 속물성의 내부에 은닉된 채 존재하면서 자기 파괴에 이르기까지 스스로를 밀어제치는 끝모를 욕망의 논리와 그 유독성을 풍자하고 있다는 사실이야말로 『태평천하』 득의의 영역이라 할 수 있다.

그러므로 『태평천하』의 풍자를 평가함에 있어 내용으로서의 속물에 대한 풍자와 수법으로서의 다양한 테크닉을 구분하고 후자를 중점화하여 연구해 온 기존의 관행은 재고될 필요가 있다. 루카치가 말했듯이, 풍자는 아이러니가 갖는 '주관적 추상성'과 그것이 만들어내는 폭넓은 형식적 가능성을 봉쇄하고, 비판되고 공격되는 대상의 단순성과 쇄말적 구체성 속으로 현실을 좁혀버린다는 한계를 갖지만,[22] 동시에 단순화되

22) G. 루카치, 반성완 역, 『소설의 이론』, 심설당, 1985년, 96면.

고 좁혀진 대상의 내부에 존재하는 자기 모순에 깊숙이 탐침을 밀어넣어, 그곳으로부터 현실의 전모를 압축적으로 묘파해낼 수 있는 시대의 핵심을 겨냥한다는 점에서 강력한 현실 환기 기능을 갖는다. 더 나아가 풍자는 그것이 없다면, "병적으로 자기 파괴적인 것으로 될 나르시소스의 자기 강박증을 문화적 마취 상태라는 윤리적 상징물로 변형시키는……"[23] 문화적 · 윤리적 기능을 담당하고 있다. 풍자의 심부에는 근본적으로 근대 특유의 파괴하면서 구성하는 자기 구성적인 문명의 논리가 갖는 유독함과 괴기성에 대한 통찰과 그것에 대해 반성을 촉구하는 윤리적 실천의 기능이 작동하고 있는 것이다.

『태평천하』는 기본적으로 부르주아 자유주의의 사물화된 욕망이 '퇴폐적 미의식'에 이르기까지 고양되는 순간 스스로의 내부에 존재하는 분열 때문에 몰락과 파멸의 길을 걸을 수밖에 없다는 사실을 대상 속성의 논리와 그것이 처한 상황의 아이러니 및 그로테스크 이미지 묘사를 통해 보여주고 있는 작품이다. 자기 보존의 양도할 수 없는 욕망 혹은 수단으로서의 돈에 대한 탐욕과, 구원받기 위한 자기 파괴의 방법으로서의 아편 피우기를 등치하고 있다는 점이야말로 풍자소설의 대가로서 채만식이 갖고 있는 득의의 날카로움을 드러내는 것에 지나지 않는다. 돈에 대한 탐욕이 자기 증식을 통해 고유한 역사를 구축하려 하나 결국 자기 파멸의 서사로 나갈 수밖에 없고, 그런 한에서 자기 파괴적인 아편에의 탐닉과 무엇하나 다를 것이 없다는 사유 속에서 작가는 자본주의의 폐쇄적인 자기 증식 논리가 갖는 퇴폐성을 묘파하고 있다.

물론 표면적 숭고함의 내부에서 그것을 붕괴시키고 전도시키는 그로테스크함이 동시에 작동하고 있다는 사실만으로 『태평천하』의 풍자를 온전히 설명할 수는 없다. 스핑크스의 비밀을 풀고 테베에 입성한 오이디푸스가 스스로의 눈을 찌르는 비극 속으로 떨어진 것처럼, 숭고와 그

23) F. Boyle., *Swift as Nemesis-Modernity and Its Satirist*, Stanford Univ Press, 2000., p.17.

로테스크의 이중주는 항용 인간 삶의 비극적 상황을 설명하는 일반론적 차원의 것에 지나지 않는다. 풍자를 완성하기 위해서는 당연히 '피묻은 돈'의 이면에 존재하는 민중의 '피묻은 역사'에 대한 서사가 외삽되어야 할 터인데, 실상 작품에는 이런 대목에 대한 진지한 관심이 존재하지 않는다. 기껏해야 늦둥이로 낳은 막내가 불구라든가, 가부장으로서 그가 거느리고 있는 인물들의 비정상성 정도가 거론되고 있을 뿐인데, 이는 무엇보다 '민중의 피'에 대한 서사 부분을 작중의 화자로 기능하고 있는 객관적 지식과 윤리적 담론의 몫으로 돌리고 있기 때문이라 할 것이다. 현실의 총체성과 다이내믹함을 대상의 쇄말적 구체성과 그 속에서 상연되고 있는 내적 드라마의 다이내미즘으로 추상화해 올렸기 때문이라 할 터인데, 이는 『태평천하』의 리얼리즘 작품으로서의 근본적 한계라 해야 할 것이다.

3. 끝맺는 말–풍자의 역사 의식

풍자는 항용 우행의 폭로와 비열함의 고발, 자신의 정서와 사상에 반대되는 대상을 격하시키기 위한 유용한 수단, 대상에 대한 비판 혹은 비난을 독자에 대한 호소와 결부시키는 것, 웃음, 조롱, 멸시, 분노, 증오에 이르는 단계로 독자들을 감화시키는 것 등으로 정의된다.[24] 풍자의 한 핵심에는 정상적인 것과 뒤집힌 것의 경계를 설정하는 현실의 합법적인 준거들을 괄호 속에 넣어버림으로써 정상적인 것의 내부에서 준동하는 문제성을 고발하고 탄핵하는 준엄한 비판 정신이 작동하고 있는

---

24) A. Pollard., 송낙헌 역, 『풍자』, 서울대 출판부, 1978년, 6면.

것이다. 그로테스크 이미지의 발생은 바로 이 현실 경계 자체가 자기 기만과 근원적인 분열 위에 서 있음을 반증하는 것에 지나지 않는다. 풍자는 현실의 이런 자기 분열이 반성적 합법성과 윤리적 적합성의 이름으로 소환될 때 나타나는 것이라 할 수 있다.

항용 풍자는 '윤리적 기능'의 차원에서 거론되는데, 이때의 윤리를 단순히 선취된 윤리적 도그마 혹은 그에 입각한 비판적 포즈의 차원에서만 이해하는 것은 『태평천하』를 잘못 읽고 있는 것이라 판단된다. 채만식 자신 끊임없이 그에 관해 말하고 있거니와, 윤리적 포즈의 핵심에는 비극적 자기 증명의 몸짓이 존재한다.[25] 작가 개인의 체험 차원에서 본다면, 『태평천하』의 풍자에서 나타나는 윤리성은 선취된 것이라기 보다 경험의 산물일 가능성이 많고, 상술한 비극적 자기 해체의 몸짓을 안정된 문학적 풍자 양식 속에서 형식화해내는 과정의 중간 매개물인 것으로 판단된다. 만일 '풍자'라는 물건이 없었다면 그의 '윤리성'은 비극적인 것, 혹은 『탁류』의 초봉이 그러하듯 격정극적인 자기 파괴의 몸짓[26]으로 귀결되었을 가능성이 많다.

『태평천하』에서 나타나는 묘사를 서사 일반과 대립적인 것으로 설정하고, 서사 쪽에서만 문학과 역사의 결합을 사유하는 것 역시 일면적이다. 대상의 현상적 다양성을 그것의 합법성이라는 차원에서 질서지워 판단하지 못한채, 즉자적으로 재현할 뿐이라는 사실에서 오는 묘사의 무능함은 정상·비정상을 가르는 현실의 합법적인 질서를 상정했을 때

25) 채만식이 비극적인 자기 해소를 호소하는 대목은 의외로 굉장히 많다. 예컨대 다음과 같은 경우, "7월(1934년 7월－인용자) 열흘 이후 창작은 고사하고 수필 한토막 변변히 쓰지 못하였다. (…중략…) 탐구와 천착(穿鑿)으로부터 교활하게 고의로 눈을 돌린 것이다. 무엇보다도 움켜쥘 대상을 알 수가 없다. (…중략…) 나는 나의 저회(低徊)와 미암(迷暗)의 발원을 알고는 있다. 그저 그뿐 그이상 더 찾을 재주도 없고, 더구나 그것에 일조(一條)의 광명 같은 것을 비춰줄 힘은 더구나 없다. 그러니까 나는 눈발 머금은 세모의 하늘과 같이 무겁고 우울하다. 지구덩이를 집어들고 불이 이글이글하는 태양에 '호딴나게(砲彈投)'해 버렸으면……", 채만식, 앞의 책, 같은 면.

26) 황국명, 「『탁류』의 이데올로기적 한계」, 『외국문학』, 1990년 가을호, 120면.

만 가능한 이야기이다. 채만식의 말마따나, "무엇보다도 움켜쥘 대상을 알 수가 없"는 "저회(低廻)와 미암(迷暗)"[27]의 시대에 있어서는 사정이 다를 수밖에 없다. 이 경우 묘사는 전체를 움켜쥐는 서사적 중핵과 그것을 가능케하는 역사적 시야를 상실한 래디컬한 체념의 산물이 아니라 그 자체 일종의 시대 진단(診斷)이자, 묘파(描破)로서, 시대의 혼미(昏迷)에 적극적으로 대응해 가려는 고투의 산물로 이해될 필요가 있다.

물론 『태평천하』의 경우 풍자 주체의 확고함이 전망의 확보에 의한 현실정합적인 이념에서 나온 것 같지는 않다. 전술한 바대로 풍자 대상의 추상화라는 점에서도 이를 살필 수 있거니와, 기실 채만식 문학에 있어 풍자가 솟아오르는 지점 자체가 윤리적 자기 정립의 차원에 주된 근거를 두고 있다는 점을 감안하면 상황은 한결 뚜렷해지는 것 같다. 『태평천하』의 풍자가 갖는 의의와 한계가 거기에 동시에 존재하는 셈이다. 『탁류』의 비극적 자기 해소가 자기 연민의 통속적 페이소스 정도로만 치부되는 몰가치의 시대에 직면해 『태평천하』는 특유의 지성으로 시대의 퇴폐를 찍어올림으로써 만연한 허무주의에 맞설 수 있었으나, 그 이상은 아니었던 것으로 판단된다. 기본적으로 거기에는 긍정적이고 적극적인 가치의 응집을 통해 미래를 향해 현재를 밀어붙이는 현실의 자기 운동을 포착될 수 있는 서사적 공간이 존재하지 않기 때문이다.

이상에서 간략하게 『태평천하』의 풍자를 대상 속성 혹은 대상 논리의 차원에서 살펴 보았다. 풍자의 대상이 되고 있는 '윤직원' 혹은 '부르주아 자유주의'는 그 내부에 자기 파괴로 향하는 내적 분열을 갖고 있으며, 이 내적 분열의 그로테스크 이미지가 『태평천하』의 주요 서술 대상인 동시에, 풍자가 발생하는 지점이라는 사실을 밝혔다. 래디컬한 '부르주아 자유주의'에 고유한 분열적 논리와 그 이면에 감추어진 그로테스크 이미지의 극화와 묘파가 결국 『태평천하』에서 나타난 풍자의 핵

27) 채만식, 「低廻迷暗의 發源」, 『채만식전집』 10, 창작과비평사, 1989년, 302~3면.

심이라 할 터인데 막상 이렇게 말해놓고 보니, '윤직원'으로 대표되는 유산가 계급의 속물성과 그에 대한 자유자재한 풍자라는 기존 연구자들의 결론에서 썩 멀리 나간 것 같지는 않다. 다만 기존의 연구사에서 보이는 일반론적이고 추상적인 논의를 지양하여, 설령 동일한 결론이라 하더라도 작품의 내부에서 풍자되고 있는 대상의 구체적인 속성 혹은 대상 논리의 분석을 통해 그 과정을 좀더 핍진하게 묘사할 수 있었다는 것만으로도 이 글의 작은 의의를 찾을 수 있지 않을까 한다.

마지막으로 서사의 결핍과 묘사의 과잉이라 표현되어 온 기존의 묘사·서사 이원론으로는 『태평천하』의 리얼리즘적 성과를 충분히 의미있게 견인해내기 힘들다는 사실을 지적해 두어야 하겠다. 대상 속성 혹은 대상 논리의 층위에서 현실을 추궁해가는 풍자의 경우 그 양식적 본질에 의해 묘사가 대상의 본질을 장악해내는 데 있어 한길 더 유리할 수 있다는 사실은 다시 한번 강조될 필요가 있다. 물론 이 때의 묘사는 대상의 인상을 통일적으로 장악하는 사전적 의미에서의 묘사와는 달리, 대상의 이중성과 그것이 만들어내는 그로테스크 이미지를 포착하는 묘파(描破)의 의미를 담고 있는 것이라 할 수 있다. 풍자의 경우, 서사·묘사 이원론과는 층위가 다른 또 다른 이론적 논의가 부가될 필요가 있는 것이다. 이래저래 『태평천하』의 풍자는 여전히 소설사적 차원뿐만 아니라 이론적 차원에서도 현재적 의미를 놓치지 않고 있는 것으로 판단된다.

• **차원현** | 「1930년대 모더니즘 소설에 나타난 미적 주체의 양상 연구」로 서울대에서 박사학위를 받았고, 「1930년대 중·후반기 전통론에 나타난 민족 이념에 관한 연구」, 「유명론적 세계 이해와 개체성의 윤리학—염상섭과 20년대」, 「해체와 구성의 변증법—이인성의 80년대 소설을 중심으로」, 「문학과 이데올로기, 주체 그리고 윤리학」 외 다수 논문이 있다. 서울시립대학교 인문과학 연구소 연구원, 한신대학교 학술원 연구원 등을 거쳐 현재 경주대학교 문예창작과 교수로 재직중이다.

'황금광 시대'에 대한 절반의 리얼리즘

『금의 정열』

공종구

1. 들어가는 말

채만식은 『태평천하』와 『탁류』의 작가로 잘 알려져 있다. 두 작품을 채만식의 중심에 배치하는 그러한 해석이나 평가는 대체로 무난해 보인다. 우선 그 두 작품은 서사의 밀도나 문학적 완성도에서 다른 작품들을 압도하고 있기 때문이다. 그 두 작품은 또한 식민지 근대가 진행되는 과정에서 인간성의 왜곡과 가치의 전도 현상이 터를 잡아가던 타락한 식민지 조선의 현실에 대해 예민한 대결의지를 보여준 바 있었던, 비판적 리얼리스트로서의 채만식의 작가적 정체성을 가장 정확하게 대변하고 있기 때문이다. 하지만 두 작품의 특권적 지위를 승인하는 기존의 그러한 해석이나 평가들은 채만식 문학의 다양한 특성들을 하나의 단일한 정체성으로 귀속시킬 수 있다는 점에서 문제의 여지를 지닌다. 또한, 특정한 작품들에만 비평적 관심을 집중하여 이끌어낸 논의가 온당한 작가론의 지위를 확보하는 데는 당연히 어려움이 따를 것이다. 이 글의 첫 번째 문제의식은 바로 이 지점에서 발기한다.

『금의 정열』은 이제까지 비평적 관심의 변방이나 행랑채에서 서자 취급을 받으며 고단한 드난살이의 신세를 면치 못해 온 것이 사실이다. 그러한 점은 하나의 완전한 체계로서의 작품론 수준에서 이 작품을 본격적으로 다룬 기존의 논의를 찾아보기 힘들다는 사실에서 잘 증명이 된다. 다만, 이 작품은 황금광 시대의 발생 동인과 풍속의 방증 텍스트로 호명되거나, 주제론이나 작가론의 성격을 지닌 글들에서 다른 작품들과 함께 상호텍스트적 맥락에서 동원되고 있을 뿐이다. 황금광 시대의 발생 동인과 풍속의 방증 텍스트로 이 작품을 거론한 주목할 만한 논의로는 전봉관[1]과 한수영[2]의 글을 들 수 있으며, 리얼리즘의 성취 수준을 척도로 한 주제론이나 작가론에서 이 작품을 비중 있게 대접한 논의로는 양문규와 한수영의 글을 들 수 있다. 리얼리즘의 성취 수준이라는 해석 코드를 평가의 척도로 공유하고 있으면서도 평가의 내용에서 한수영과 양문규의 글은 사뭇 대조적이다. "채만식은 주상문 같은 자들이 갖고 있는 부르좌적 속물성에 대한 환멸만을 그릴 뿐, 그것의 역사적 성격에 대한 문제제기는 하지 못하고 있기에, 『금의 정열』은 더 이상의 리얼리즘 문학으로 나아가지 못한다"[3]라는 평가에서 알 수 있는 바와 같이, 양문규는 이 작품의 리얼리즘 성취 수준에 대해 상당히 소극적이거나 부정적이다. 반면, "이 작품 역시 디테일의 진실성에 기초하여 일정한 리얼리즘적 성과를 이루고 있는 측면이 있어서 『탁류』와 더불어 면밀한 고찰이 필요한 작품이라고 생각한다"[4]라는 해석에서 알 수 있는 바와 같이, 한수영은 이 작품의 성과를 상당히 적극적으로 평

1) 전봉관, 「황금광시대 지식인의 초상—채만식의 금광행을 중심으로」, 『한국 근대문학연구』 6, 2002년 하반기.
2) 한수영, 「하바꾼에서 황금광까지」, 연세대 국학연구원 편, 『일제의 식민지배와 일상생활』, 혜안, 2004년.
3) 양문규, 「1930년대 후반 채만식 소설의 리얼리즘 문제」, 문학과사상연구회 편, 『채만식 문학의 재인식』, 소명출판, 1999년, 110면.
4) 한수영, 「비판적 리얼리즘적 성과와 1930년대 후반 채만식의 소설미학」, 문학과사상연구회 편, 앞의 책, 136면.

가하고 있다.

두 연구자의 글은 이제까지 변변한 주목 한 번 제대로 받아보지 못한 이 작품을 비중있게 다루고 있다는 사실 하나만으로도 이 작품의 연구에 선도적 의미를 충분히 지닌다. 하지만 두 글은, 상품으로서 거래되는 교화가치의 추상성이 사용가치의 구체성을 은폐하고 왜곡시키는 물신숭배 현상이 전일적으로 관철되는 자본주의 근대의 메카니즘이 자리를 잡아가던 1930년대 식민지 조선의 현실에서 자본의 논리를 매개로 한 욕망의 풍속(현상)과 발생동인으로서의 사회·경제적 심급(본질) 가운데 어느 한 쪽에만 초점을 맞추어서 결론을 이끌어내고 있다는 점에서 문제 또한 분명해 보인다. 리얼리즘의 성취 수준을 척도로 한수영이 이 작품을 적극적으로 평가하는 중요한 이유는, 이 작품이 황금에 대한 광기에 가까운 열정을 매개로 자본에 대한 집착과 탐욕으로 인해 인간성이 왜곡되거나 심성이 타락해가는 다양한 인간 군상들의 욕망의 풍속을 정치하게 형상화하는 데 성공하고 있다는 점이다. 한마디로 이 작품이 황금을 매개로 자본에 탐닉하는 다양한 인간 군상들의 욕망의 현상학을 밀도 있게 서사화하고 있다는 점이다. 한편 양문규가 이 작품을 소극적으로 평가하는 중요한 이유는, 이 작품이 당시 타락한 식민지 현실을 적극적으로 타개하거나 대안적 질서를 모색하는 등의 적극적 의지를 보여주는 긍정적 인물을 보여주지 못하고 있으며, 그러한 긍정적 인물의 부재는 바로 작가의식의 후퇴와 밀접한 관련이 있다는 점이다. 한수영이 '욕망의 현상학'이라는 해석 코드를 통해 이 작품을 적극적으로 평가하고 있다면, 양문규는 '욕망의 사회 · 경제학'이라는 해석 코드를 통해 이 작품을 소극적으로 평가하고 있는 것이다. 따라서 이 작품의 의미를 오롯이 드러내기 위해서는 황금을 둘러싼 당시 인간 군상들의 욕망의 현상학과 사회 경제학을 상호 유기적인 관련 속에서 파악해야만 될 것이다. 말의 온전한 의미에서의 리얼리즘이란 현상과 본질, 대상과 주체, 개별과 법칙, 구체와 추상, 직접성과 개념의 변증법적 통일을 통한 당대 시대상의 총체적 형상화를 미학적 규율로 하기 때문이다. 이 글의 두 번째 문제의식이 발기하는 장소는 바로 이 지점에서이다.

'서정시인마저도 황금광으로 나서게 했던 1930년대 식민지 조선의 부박한 시대상에 대한 절반의 리얼리즘.' 이 글의 해석 코드로 설정한 명제이다. '이윤추구를 위해서라면 지옥 끝까지라도 간다'라는 자본 일반의 운동 역학에 맹목적으로 휘둘리는 다양한 인간 군상들의 욕망의 풍속을 밀도있게 서사화하는 데는 이 작품이 일정한 성취를 보여주고 있지만, 그러한 욕망한 배태하는 발생 동인으로서의 사회・경제적 심급에 대한 구조적 천착은 외면하고 있기 때문이다. 『금의 정열』에 나타난 다양한 인간 군상들의 맹목적인 금의 정열이 지닌 사회사적 의미에 대한 성실한 탐색을 목적으로 이 글은 출발한다.

2. 창작동인으로서의 황금광시대

대한민국은 투기 공화국이라고 불리워도 큰 무리가 아니다. 그 동안 대한민국에서는 집단적인 광기를 방불케 하는 몰입과 도취의 수준에서 그 대상을 달리 하는 투기의 신드롬이 주기적으로 반복되어 왔기 때문이다. 사회 통합을 우려할 정도로 그 폐해가 심각하여 망국병으로까지 지탄을 받으면서 공분의 대상이 되었던 부동산 투기에 이어 개미군단이라는 용어가 암시하는 바와 같이 전국민의 주주화를 자극한 바 있었던 주식 투자 열풍 등은 지금도 기억에 생생하다. 그리고 일반 대중들의 고단한 일상을 '인생역전'이라는 대박에 대한 간절한 기다림으로 위무하면서 새로운 천 년의 총아로 부상한 최근의 로또 열풍은 그 기세가 쉽게 사그라들 것 같지 않아 보인다. 이 글이 본격적인 탐구의 대상으로 삼고자 하는 1930년대 또한 투기의 열풍에서 결코 예외는 아니었던 듯 싶다. 서정시인마저도 황금광으로 나서게 만들 정도로 금 투기 열풍이 질풍노도의 기세로 식민지 조선을 지배했던 시기가 바로 1930년대였기 때문이다. 한마디로 거의 "광신적인 비종교적 종교"[5]의 수준에서 식민지 조선의 욕망을 금에 대한 편집증적 정열로 영토화한 시기가 1930년대였다고 할 수 있다.

"조선 사회가 본격적으로 '금 투기 열풍'에 휩싸인 것은 대략 1932년부터라고 할 수 있으며, 직접적인 계기가 된 것은 1931년 12월에 단행한 '금수출재금지' 조치였다. 당시 만성적인 불황을 타개하기 위해 엔화의 평가절하를 감수하고라도 '금본위제'의 이탈에서 오는 반사이익을 통해 국내경제의 회복 및 수출증진을 꾀하기 위해 금수출재금지 조치를 시행한 1931년 이후 일제는 사활적인 이해가 걸린 금보유고를 높이기 위해 금수출금지와 밀매매단속, 산금장려, 그리고 정부의 금사들이기 정책 등을 다투어 시행하기 시작"[6]한다.

한편, 중일전쟁이 발발하자 대륙에 대한 전진병참기지로 설정한 조선의 역할과 지위가 더욱 중요해지면서 조선경제의 구조 또한 효율적인 전쟁동원을 위한 체제로 재편되는 과정을 겪게 된다. 그 과정에서 전쟁수행에 필요한 군수물자의 지불수단으로 금의 수요가 급증하자 일제는 금의 생산을 촉진하기 위해 조선산금령(1937년 9월)을 발표하게 된다. 또한 조선의 광업을 군수공업에 종속시키고 국방상 특히 중요성을 가지는 금·은·철·텅스텐·흑연 등 25종의 광물을 증산하기 위해 광업자에게 사업설비의 신설·확장·개량 등을 명령하거나 광업권의 양도를 명령할 수 있는 조선중요광물증산령(1938년 5월)를 공포하는 한편 조선광업주식회사를 설립하여 산금업자에 대한 자금융통을 통제했다.[7] 이와 같

5) 강상중, 임성모 역, 『내셔널리즘』, 이산, 2004년, 102면.
6) 보다 구체적인 내용에 대해서는 한수영, 「하바꾼에서 황금광까지」, 앞의 책, 258~275면 참조.

이 1930년대의 식민지 조선에서의 금 투기나 금광 개발 열풍은 세계 경제 공황의 여파로 일본에 불어닥친 만성적인 불황 타개와 만주 사변 이후 태평양 전쟁으로 전선이 확장되는 대륙 침략전쟁을 수행하는 과정에서 필요한 군비 조달을 위해 일제가 단행한 산금 증산 정책과 그에 따른 금값 폭등이 기폭제가 되어 발생한 사회 풍속이었다. 그러한 맥락에서 1930년대 식민지 조선의 금광 열풍을 "한국사회가 일본을 매개로 세계 자본주의 경제 체제에 편입되는 과정에서 생긴 내적 모순이 표면화된 것으로 이해"해야 하며 금광 또한 "일국의 통화 정책과 분리할 수 없는 국가의 기간산업"[8]으로 규정하는 시각은 문제의 정곡을 꿰는 정확한 지적이라 할 수 있다. 이러한 과정을 거쳐 식민지 조선사회는 금 투기 열풍이라는 블랙홀에 빠져들게 된다.

> 모든 광시대를 지내서 이제는 황금광 시대가 왓다. 금광 금광! 금본의 본위화부족으로 위체가 폭락된 바람인지 그런 까닭에 금광허가를 선듯선듯 내어주는지 너도 나도 금광 금광하며 리욕에 귀밝은 량인들이 대소동이다. 강화도는 사십간만 남겨 노코는 모두가 소유자 잇는 금땅이라 하고 조선에는 어느 곳이나 금이 안나는 곳이 업다 하니.[9]

> 금광 금광 금광! 조선 三천리 강토에 금 아니나는 곳이 업다고 아비도 아들도 아우도 삼촌도 두더쥐가티 땅을 파헤친다. 서울에 여관마다 황금광들의 금광허가증타령이요, 길에서도 오랜만에 맛나는 사람은 의례히 주머니 속에서 부시럭 부시럭 꺼내 보히는 것이 금ㅅ돌이다.[10]

---

7) 강만길, 『고쳐쓴 한국현대사』, 창작과비평사, 2003년, 163~164면.

8) 전봉관, 앞의 글, 83~84면.

9) 「황금광시대」, 『조선일보』, 1932년 11월 29일, 신명직, 『모던뽀이경성을거닐다』, 현실문화연구, 2003년, 306면에서 재인용.

10) 「그대 先墓의 金脈이 덧낫데」, 『조선중앙일보』, 1933년 9월 17일, 신명직 앞의책, 307면에서 재인용.

경성에 한번 들여놓으면 여관의 유숙인 가운데 열에 아홉까지가 금광업자들이다.

10만원이니 100만원이니 하는 홍정소리에 귀를 기울이면 죄다가 금광의 매매다.

의사는 메스를 집어던지고, 변호사는 법복을 벗어던지고 금광에로 금광에로 달려간다.

기생이 영문도 모르고서 105원을 들여 광을 출원(出願)하는가 하면 현직의 교원이 광석을 들고 분석소엘 찾아간다.

브로커며 건달이며 난봉이 광산도면을 한 짐씩 안고 구석구석에서 수군거리는 것쯤은 유로 셀 수가 없다.[11]

만성적인 불황 해소와 군비 조달이라는 사회・경제적인 요인을 배경으로 발생한 식민지 조선에서의 금 투기 열풍은 크게 조선총독부의 지원과 장려금을 독점하다시피 한 일본의 대표적인 재벌들이 중심이 된 산업 차원에서의 금광 개발과 시세 차익을 겨냥한 일반 서민들의 금 밀매매 두 방향으로 진행되었는데, 인용문면에서 보는 바와 같이 당시 식민지 조선에서의 금광 개발 열풍의 강도는 거의 비이성적인 광기의 수준에 육박했던 것으로 보인다. 사회・경제적 지위나 이념적 지향, 직업이나 계층, 체면이나 신분 등 존재 증명과 정체성의 표지로 기능했던 다양한 자기 검열의 기제들은 금광 개발로 일확천금을 횡재할 수 있으리라는 허황된 환상 앞에서 작동 제로의 상태로 빠질 정도로 무기력해졌음을 알 수 있다. "지금 한 괴물이 조선 천지를 횡행한다. '금'이라는 놈이다"[12]라는 채만식의 진술이나 "예전에는 금전꾼이라 하면 미친놈으로 알았으나 지금은 금광 아니하는 사람을 미친놈으로 부르리 만치

11) 채만식, 「금과 문학」, 『인문평론』, 1940년 2월, 『채만식전집』 9, 창작과비평사, 1989년, 531면에서 인용.
12) 채만식, 「문학인의 촉감」, 『조선일보』 1936년 6월 5~7일, 9~13일. 『채만식전집』 10, 310면에서 인용.

되었다"[13]라는 세간의 풍문들은 당시 금광 개발 열풍의 강도가 어느 정도였나를 압축적으로 증명하고 있다.

따라서 채만식의 금의 정열이 황금광 시대의 풍속을 객관적으로 규정하는 모든 본질적인 연관관계들을 올바른 비례적 관계와 구체적인 역동적인 운동과정 속에서 반영해야 하는 리얼리즘의 미학적 규율에 합당한 성취를 확보하기 위해서는 이러한 측면들에 대한 총체적인 형상화가 전제되어야 한다. 이러한 전제를 이 작품에 대한 최종심급의 기준으로 설정하여 이 작품의 의의와 한계에 대해서 논의해보도록 한다.

3. 절반의 리얼리즘

1939년 6월 19일부터 동년 11월 19일까지 『매일신보』에 130여 회에 걸쳐 11장 구성으로 연재된 『금의 정열』[14]은 급격하게 기운 가세를 회복할 마지막 돌파구로 여기고서 당시 여러 금광들의 덕대나 현장 감독으로 전전하며 식솔들을 이끌던 가형들(셋째형인 준식과 넷째형인 춘식)과 함께 뛰어든 금광 채굴 사업 현장에서 보고 들은 간접경험[15]을 바탕으

13) 「金鑛界 財界 內報」, 『삼천리』, 1934년 8월, 전봉관 앞의 글, 78면에서 재인용.

14) 이 연재본은 대폭적인 수정을 거쳐 1941년 6월 10일 영창서관에서 단행본(4×6판 종서498면)으로 출간된다. 이 글이 텍스트로 삼고 있는 채만식전집본은 영창서관본에 채만식의 영식 계열씨가 오·탈자를 바로잡아 놓은 것을 대본으로 하여 출간한 것이다. 본문에서의 작품 인용은 인용문면 다음에 전집본의 면수만 밝히는 방식으로 통일한다.

15) 채만식이 가형들의 금광 채굴 사업에 관계하게 된 것은 청주의 남택광 광주의 배려로 가형들이 확보하게 된 이삼천 평 가량의 분광권을 개발하는 데 필요한 자본금 2천원을 지기인 小梧 薛義植으로부터 변통하는 일을 주선하게 되는 과정이 계기가 되었을 것으로 추정된다. 당시 채만식 가족의 생계에 사활적인 이해가 걸릴 정도로 중요했던 이 사업은 오히려 5천 원 이상의 큰 손실만 보고서 실패하게 되고 이후 채만식을 포함한 전체 가족은 더욱 더 절박한 처지로 내몰리게 된다. 이 사실은 작품에서 전서방의

로 쓰여진 작품이다. 그러한 추정은 "『금의 정열』에서 울궈먹은 보링이니 채금선이니 기타 사금광에 관한 것은 십중팔구까지 그 소득이었고, 뿐만 아니라 '철 있는 풍경'이니 '백골동원(白骨動員)'이니 하는 에피소드는 말하자면 직접 우리 자신의 사건이라고도 할 수가 있는 것이었었다"[16]라는 채만식의 진술로도 확인이 되는 바이다. 실제로 7장 「鐵 있는 風景」과 8장 「白骨 動員」은 금광 개발 현장에 관한 아주 구체적인 정보와 세목들이 서사의 절대적인 비중을 차지하고 있는데, 서사의 형상화 수준으로 미루어 볼 때 금광 개발 현장과 관련된 채만식의 전문 지식과 정보 수준은 무시할 수 없는 정도였을 것으로 짐작된다.

'물질적인 욕망에 전일적으로 포섭된 다양한 인간 군상들의 집단적인 몰락과 파멸의 서사'로 규정할 수 있는 이 작품의 이야기는 크게 세 개의 서사 축—금광개발열풍, 금투기열풍, 은봉아를 둘러싼 주상문과 서순범 사이의 로맨스—으로 구획할 수 있다. 이 세 개의 서사들은 유기적으로 긴밀한 연쇄를 구축하지 못한 채 병렬적으로 분산되어 있다. 그리고 서사의 초점 또한 느슨하다. 이 작품이 그러한 서사 문법을 지니게 된 데는 황금에 대한 욕망으로 표상되는 식민지 근대와 일제의 파시즘 체제에 대한 작가의 역사적 전망과 세계관의 불투명함이 구조적 규정력으로 작용하고 있다. 역사적 전망과 세계관의 불투명함은 또한 중일 전쟁을 계기로 야만의 광기를 노골적으로 드러내던 일제의 파시즘

모티프에 그대로 부합하는 것으로 미루어 보아 전서방의 모델은 채만식의 가형들로 추정해도 큰 무리가 아닐 듯 싶다. 그리고 설의식(1901~1954년)은 함남 출신의 언론인이자 평론가로 동아일보사에서 약 20여 년간 활동하면서 해방 이후 『동아일보』가 복간될 때는 부사장에 취임하기도 했던 인물이다. 채만식과의 지교는 채만식이 동아일보사에 근무했던 시기의 반연이 계기가 되었을 것으로 짐작된다. 전봉관의 글에 의하면 소오 설의식은 1936년 '일장기 말소사건'의 책임을 지고 『동아일보』 편집국장에서 퇴진한 바 있으며, 1927년에는 『동아일보』에 忙中閑人이라는 필명으로 「황금의 유혹—삼성금광 탐방기」라는 글을 남기기도 했으며, 『삼천리』 1938년 11월호에는 모광산 주식회사 상무취체역을 맡고 있는 것으로 나와 있다. 전봉관, 앞의 글, 90~91면 참조.

16) 채만식, 「금과 문학」, 앞의 책, 529면에서 인용.

체제가 식민지 조선의 모든 부문을 총력전에 대비한 전시동원체제로 재편해나가는 과정에서 채만식이 직면한 심각한 실존의 문제와 관련된 주체의 위기와 밀접한 관련이 있다. 이 작품을 쓰던 당시 채만식이 직면했던 심각한 주체의 위기로 인한 작가의식의 후퇴나 위축, 그리고 그러한 후퇴와 위축이 촉발한 작가의 분열증적 자의식이 텍스트의 무의식에 구조적으로 삼투한 결과가 바로 이 작품의 서사라 할 수 있다. 과연 그럴까? 구체적인 작품 분석을 통해서 알아보도록 하자.

1) 타락한 식민지 질서의 표상—거래로서의 인관관계

'극단적인 것은 모두 병적인 것이다'라는 잠언처럼, 병적일 정도로 과도한 사행심이나 집단적인 투기 심리가 창궐하는 사회는 결코 건강한 사회라고 할 수 없다. 그리고 사회 구성원들의 물질적 욕망을 신성성의 아우라로 감싸거나 맹목적인 집착 수준에 육박하게 하는 사회 또한 정상성이 지배하는 사회라고는 할 수 없다. 정당한 노동의 댓가보다는 우연에 편승하여 일확천금의 횡재를 꿈꾸는 타락한 투기 사회가 문제인 것은 두 가지 점에서 그러하다. 하나는, 정상적인 절차나 단계를 밟지 않고서는 자신들의 욕망을 도저히 실현할 수 없다는 노동과 욕망의 비대칭성이다. 개인적 성취나 사회적 인정을 얻기 위한 정상적인 노력이나 분발이 좌절당하는 경험을 반복적으로 경험하는 사람들이 투기와 같은 비정상적인 방법에 의존하여 자신들의 실패나 좌절을 만회해보고자 하는 보상심리에 빠져들게 되는 것은 충분히 예측 가능한 현상이다. 정상적인 방법과 절차로는 도저히 자신들의 욕망을 실현하기 어렵다는 좌절감이나 절망감을 가진 사람들에게 투기는 비록 정당한 방법이 아니긴 하지만, 유일한 욕망 실현의 방법일 수 있기 때문이다. 다른 하나는, 물질적인 욕망에 대한 터무니 없을 정도로 과도한 욕망을 욕망하는 욕망의 맹목성이다. 모든 정상적인 질서나 가치체계가 전도되고 왜곡된 타락한 사회에서 집단적인 허무주의나 절망감에 시달리는 사회 구성원들에게 '눈에 보이는 신'이라는 불리우는 물질이야말로 유일한 존재 증명의 도구일 수도 있기 때문이다. 그러한 맥락에서 물질적 욕망을 포함한 뭇 대상에 대한 무조건적인 열광이나 집착에는 자기 학대나 자기 도피의 심리가 개입해 있다는 정신분석학적인 통찰에는 충분한 설득력이 있어 보인다. 노동과 욕망의 비대칭 현상이나 과도한 욕망의 맹목성 현상에는 모두 정상적인 노력이나 절차가 정당한 노력의 결실을 맺지 못하는 좌절의 반복과 그러한 좌절감에서 기인하는 허무주의적인 절망감이라는 사회 구성원들의 집단 무의식이나 사회 심리에서 기인하고 있기 때문이다. 그러한 맥락에서 "투기에는 분명히 합리적으로 설명할 수 없는 비이성적이고 맹목적인 사회·심리학적 동인인 대중들의 비정상적인 환상과 집단적인 광기가 작동"17)하고 있다는 지적은 투기 현상의 정곡을 꿰는 정확한 진단으로 보인다.

비정상적인 광기의 수준에 육박하면서 진행되었던 1930년대 식민지 조선에서의 금 투기 열풍은 이러한 투기의 일반적인 메카니즘으로부터 결코 예외일 수 없었으며 이를 바라보는 채만식의 시선은 지극히 비판적이며 부정적이다. 우선 먼저 지적할 수 있는 것이 사업의 출발 단계인 투자 자본의 성격이다. 광산왕으로 자타가 공인하는 주상문은 말할 것도 없고 중간접주인 박윤식을 비롯하여 금광 현장의 보링기사인 전서방과 현장 판매책인 강화 아씨에 이르기까지 금광 개발이나 금 밀매에 관계하는 인물들의 투자 자본은 한결같이 정상적인 투자의 성격을 지닌 것이 아니라 왜곡된 투기의 성격을 지니고 있다. 강화 아씨의 5푼변의 고리 빚, 박윤식의 부친 저금통장, 전서방의 선산 매각비용에서 알 수 있는 바와 같이 그들이 변통하거나 주선하는 투자 자본은 건곤일척의

17) 한수영, 「하바꾼에서 황금광까지」, 앞의 책, 236면.

승부수로 던진 도박판에서의 베팅을 방불케 한다. 이들의 집단적인 몰락이나 파멸은 따라서 이미 예정된 사필귀정의 수순이라고 할 수 있다.

다음으로 지적할 수 있는 것은 금 투기 열풍에 관계하는 인물들에 대한 서술 태도이다. 금광 개발과 관련된 당시의 풍속을 반영한 결과이겠지만 "세상이 온통…… 거저 어중이떠중이 모두 금광 타령이구, 발부리에 툭툭 걷어채는 게 금광쟁이루구나! 응?"이라는 순범의 냉소적인 진술에서 알 수 있는 바와 같이, 주상문과 같은 직업적인 금광광업자는 물론이고 민변호사나 신의사와 같은 전문직이나 보험회사 외교원 최, 서순범과 같은 도쿄 유학생, 봉아와 같은 신여성, 심지어는 금주와 같은 기생들까지도 금광 개발 사업에 참여하고 있거나 참여할 예정으로 형상화되어 있다. 또한 금광 개발이나 금 밀매에 상관없이 이들 사업에 관계하는 인물들은 한결같이 물질적인 탐욕에 맹목적으로 집착하는 왜곡된 심성과 전도된 가치관의 소유자들로 형상화되어 있다. 자본의 잉여를 창출하기 위해서라면 수단과 방법을 가리지 않을 정도로 이들의 가치관이나 의식은 물신화되어 있다. 이들의 인간관계에서 관계의 진정성이라고는 그 흔적의 형태로조차도 찾아보기 힘들다. 오직 존재하는 것은 거래로서의 관계일 뿐이다. 금 밀매조직에 의한 해외 밀반출을 차단하기 위한 예비적인 조치로 일제의 식민 당국이 예고한 강제매입 가능성을 강제무상공출이라는 왜곡된 정보를 통하여 금밀매를 선동하여 시세차익을 노리는 강화 아씨의 간계, 김봉식의 황룡금광을 헐가에 매입하게 되는 과정에서 주상문이 보이는 술수와 기만, 주상문의 창주 남택금광의 분광권을 전서방에게 알선하는 과정에서 드러내는 성주사의 거짓과 언구럭 등, 자본의 논리에 포박된 사물화된 의식의 소유자들인 이들의 관계를 지배하는 최고의 가치는 술수와 간계 및 사기와 기만을 통해 자신의 이익만을 충족시키는 일이다. 또한 이들은 물질적인 탐욕에 대한 맹목적인 집착으로 인해 최소한의 분별력을 상실한 채 강화 아씨나 전서방과 같이 허황된 공상에 몰입하거나, 아니면 원접주인 현씨의 장모에게서 보는 바와 같이 감옥행을 불사한다. 심지어는 고씨와 백씨의 경우에서 보는 바와 같이 유일무이의 개체성을 지닌 소중한 생명까지도 담보로 저당잡히는 일을 조금도 서슴지 않는다.

마지막으로 지적할 수 있는 것은 금투기에 관련된 대부분 인물들의 운명을 비극적인 결말로 마무리짓고 있다는 점이다. 먼저 육체적인 불구에다 엽색행각을 일삼는 정신적인 불구로 다른 금밀매 조직 일당과 함께 검거되는 중간 접주 박윤식. 금을 도굴하다 갱내 붕괴로 인해 현장에서 사망하는 백씨와 고씨. 선산 매각 비용으로 전 가족의 사활적인 이해를 걸고서 투자한 분광권 개발 사업에서 파멸하게 되는 전서방.[18] 그리고 전서방의 파멸에서 그 징후를 예고하는 광산왕 주상문의 몰락 등 금투기에 관련된 거의 대부분의 인물들은 파멸과 몰락의 운명을 면치 못한다.

이와 같이 자본의 욕망에 맹목적으로 집착하다 몰락과 파멸의 운명을 면치 못하는 다양한 인간군상들에 대한 비판과 부정이라는 서사 설정을 통해서 징후적으로 드러나는 텍스트의 무의식은 과연 무엇일까?

18) 탐욕과 사물화된 사고로 인한 왜곡된 심성의 형상화를 통해 금 밀매와 관련된 부정적인 인간군상들에 대한 비판적인 문제의식의 대변자로 설정하고자 한 의도를 지닌 인물이 박윤식이라면 전서방의 몰락은 금광 개발과 관련된 부정적인 인간군상들에 대한 비판적인 문제의식의 대변자로 설정한 인물과 모티프로 해석할 수 있다. 전서방은 광주인 주상문으로부터 성실성과 보링 기술력을 인정받아 그 보상으로 청주 남택광의 천 여평 정도의 분광권을 확보하게 되나, 금광 개발에 필요한 자본금 2천여 원을 변통하는 과정에서 부친 전선달을 설득하여 유일한 재산인 선산을 저당잡혀 착수하나 하루아침에 거덜이 난다. 이러한 전서방의 모티프는 물론 적지 않은 허구적 변형의 과정을 통해서이긴 하겠지만, 실제로 오랫동안 금광 개발 현장에서 덕대로 종사했던 채만식 가형들의 전기적 사실에 상당 부분 부합한다. 따라서 전서방의 모델은 채만식의 가형들로 추정해도 큰 무리가 아닐 듯 싶다. 채만식이 가형들의 금광 채굴 사업에 관계하게 된 것은 청주의 남택광 광주의 배려로 가형들이 확보하게 된 이삼천 평 가량의 분광권을 개발하는 데 필요한 자본금 2천 원을 지기인 小梧 薛義植으로부터 변통하는 일을 주선하게 되는 과정이 계기가 되었을 것으로 추정된다. 당시 채만식 가족의 생계에 사활적인 이해가 걸릴 정도로 중요했던 이 사업은 오히려 5천 원 이상의 큰 손실만 보고서 실패하게 되고 이후 채만식을 포함한 전체 가족은 더욱 더 절박한 처지로 내몰리게 된다.

자본의 논리에 맹목이 된 부정적인 인간군상들의 다양한 전시장을 방불케 하는 서사의 설정을 통해서 드러나는 텍스트 무의식의 핵심은 인간의 영혼과 생명마저도 담보의 대상으로 영토화할 정도로 파괴력을 지닌 자본 논리의 전일적인 지배가 폭력적으로 관철되는 식민지 근대에 대한 작가의 비판적인 문제의식이다. 이러한 해석의 맥락에서 "채만식이 30년대 들어 보여준 일련의 변화 양상은 식민지 체제란 특수한 상황에서 글쓰기를 통해서나마 식민지 근대 규율화에 맞서 싸우려는 작가의 처절한 저항으로 바라봐야 한다. 1930년대 채만식 문학의 의의는 바로 식민지적 현실을 사실로 인정하고, 그 사실에 대해 작가 나름의 치열한 비판 정신을 수행한 점이라 하겠다"[19]라는 지적은 충분한 설득력이 있어 보인다. 동일한 해석의 맥락에서 『금의 정열』을 비롯한 1930대 후반 채만식의 지식인 소설들 또한 "사적으로 보이고 철저한 리비도적인 역동성을 부여받은 것들조차 민족적 알레고리의 형식 속에 필연적으로 정치적 차원을 투사하는 제3세계 텍스트"[20]의 범주에 넣을 수 있다. 한편 식민지 근대와 그것을 강제한 일제의 파시즘 체제에 대한 작가의 비판적인 문제의식을 대변하는 기능을 담당하는 인물들이 바로 서순범과 은봉아이다.

2) 식민지 근대에 대한 문제의식과 그 한계

반영대상으로서의 현실세계의 복잡다기한 사회현상들 가운데 어떤 것을 작품의 소재로 취택하는가 하는 문제는 한 작품의 분석이나 해석에서 대단히 중요한 의미를 지니게 된다. 그 문제는 단순히 소재 차원

19) 강진구, 「'사실의 세기'를 향한 웃음의 미학」, 문학과비평연구회 편, 『1930년대 문학과 근대체험』, 이회, 1999년, 258면.
20) 최익현, 「1930년대 염상섭의 글쓰기와 만주행의 의미」, 앞의 책, 64면.

의 문제에만 국한되는 것이 아니라 당대의 시대상이나 사회현실에 대한 작가의 문제의식이나 세계관을 엿볼 수 있는 창의 역할을 하기 때문이다. 그러한 맥락에서 황금에 대한 맹목적인 광기를 방불케 할 정도의 편집증적 욕망에 휘둘리는 다양한 인간 군상들의 초상을 지배적인 서사의 대상으로 초점화하고 있는 『금의 정열』의 서사 설정은 당시 식민지 근대와 그를 강제한 일제의 파시즘 체제에 대한 채만식의 문제의식을 엿보게 한다는 점에서 문제성을 지닌다.

주지하다시피, 한국의 식민지 근대는 그 출발부터 온전한 발전을 기대하기 어려웠었다. 무엇보다 먼저 한국의 식민지 근대는 서구의 충격과 강제에 의해 추동된 일제의 근대에 의해 문명화의 과정이라는 명분과 수사로 포장된 폭력적인 수탈과 탄압의 연속이었기 때문이다. 서구의 근대에 대한 콤플렉스를 지닌 근대의 후발 주자이면서도 그 당시까지도 여전히 전근대적인 전통적 질서에 갇혀 있던 동양에 대한 엘리트 의식으로 무장한 일제는 다양한 헤게모니 장치와 폭력적인 강제를 동원하여 식민지 조선의 모든 부문을 식민 모국의 이해를 반영하는 구조로의 재편을 강제로 관철해간다. 서구 근대의 타자이면서도 동양 전통의 주체라는 전도된 오리엔탈리즘으로 왜곡된 일제에 의해 진행된 식민지 조선에서의 근대화 과정은 따라서 자본주의 근대 일반과 식민지 근대라는 중층의 질곡으로부터 결코 자유로울 수가 없었다. 공동체적 의식에 기초한 협동과 상생보다는 단자적 의식에 기초한 긴장과 갈등으로 인한 소외의 경험, 거짓과 위선이 지배하는 수단과 거래로서의 인간관계, 매개적 규정력으로서의 교환가치의 개입으로 인한 의식의 사물화와 물신숭배의 팽배 등 탐욕스럽고 몰인정한 자본의 논리가 지배하는 자본주의 근대 일반의 문제들이 식민지 조선에서 더욱 복잡하면서도 왜곡된 양상을 드러내게 된 것도 식민지 근대화 과정의 독특한 메카니즘 때문이다. 거시적인 맥락에서 접근하면 『금의 정열』이 지배적인 서사 대상으로 초점화하고 있는 금투기 열풍 또한 식민지 근대의 자장 안에서 형성된 풍속이다. 대공황 이후 구조적 위기에 직면한 일제의 파시즘 체제가 위기 타개책으로 군부의 주도 아래 감행한 대륙침략전쟁 이후 식민지와 점령지를 포괄하는 엔블록 전시경제체제를 통해 전쟁 수행을 위한 자원수탈 물자동원체제[21]와 관련된 일종의 국책사업으로 시도한 산금정책과 동전의 양면을 형성하면서 등장하게 된 풍속이 바로 금 투기 열풍이기 때문이다. 따라서 1930년대 후반 식민지 조선이 겪고 있던 식민지 근대의 중층 모순을 압축적으로 표상하는 금 투기 풍속에 대한 형상화 수준이야말로 식민지 근대와 그를 강제한 일제의 파시즘 체제에 대한 작가의 문제의식을 검증하는 유효한 창이라고 할 수 있다.

서구의 근대에 대한 콤플렉스와 동양의 전통에 대한 엘리트 의식이라는 전도된 오리엔탈리즘으로 왜곡된 일제에 의해 강제된 식민지 근대에 대한 채만식의 문제의식과 관련하여 서순범과 은봉아는 중요한 의미를 지니는 인물로 기능한다. 두 인물 모두 식민지 근대와 그를 강제한 일제의 파시즘 체제에 대한 채만식의 문제의식이나 세계관을 대변하는 기능을 하고 있기 때문이다. 먼저 순범은 그리 크지 않은 체격에 야유나 독설을 일삼는 기질이나 성격 등 인물 형상화의 서사 정보에서 작가 채만식을 연상케 하는 대목이 적지 않다. 상문의 죽마고우이자 도쿄 유학생인 서순범은 귀국 이후 이상과 현실 사이의 괴리로 인한 존재론적 갈등과 번민을 반추하며 무위도식 상태로 상문에게 기생하는 잉여인간의 생활을 영위한다. 이러한 서순범을 매개로 해서 드러나는 식민지 근대에 대한 채만식의 문제의식은 상문과 금광 개발에 대한 태도의 변화를 통해서 드러난다.

비록 '매약 광고의 효능서' 이상의 평가를 해주지 않는 식민지 조선의 현실로 인해 상문의 식객 노릇을 하는 처지이긴 하나, 당시 세상의 중심이라고 믿었던 도쿄에서 5년 동안의 유학생활을 통해 습득한 근대

---

21) 방기중, 「1930년대 조선 농공병진정책과 경제통제」, 방기중 편, 『일제 파시즘 지배정책과 민중생활』, 혜안, 2004년, 69면 참조.

적인 학문과 전문지식에 대한 순범의 자부심과 자긍심은 자신을 인정해 주지 않는 현실세계에 대한 환멸 및 그로 인한 보상심리로 인해 그 어느 것으로도 제어할 길이 없을 정도로 도저하다. "금광을 한다는 광자(鑛字)가 조선말룬 미칠광자(狂字)하구 발음이 같으니 …… 그래서 금광장이라면 미칠광자 광장이루 통용이 되구"라는 진술에서 알 수 있는 바와 같이, 당시 금으로 표상되는 교환가치의 전일적인 지배에 의해 존재의 고유한 질적 가치를 박탈하거나 개인의 통일된 인격 또한 해체해버리는 식민지 근대에 대해서 순범이 매우 비판적인 태도를 견지할 수 있었던 것도, 그리고 광산왕으로 자타가 공인하는 상문에게도 존재론적 우월감을 유지할 수 있었던 것도 모두 그와 같은 자부심과 자긍심 때문이었다. 그러던 그가 결국 변호사나 의사는 물론 기생들까지 금광개발에 나서는 주변 현실을 인정하며 청주 금광의 대리광주로 금광 개발에 투신하는 과정에서 식민지 근대에 대한 양가적인 감정을 경험하게 되는 심각한 실존의 문제에 직면하게 되는 것은 지극히 당연할 일이 아닐 수 없다.

> 순범은 일찍이 그들 민변이나 신의를 또는 상문을, 향토적인 우정으로 혹은 인간성의 선량함을 사랑은 하고 있었으나,
>
> 그러면서도 그는 그들의 시정적(市井的)임을 단순한 의식주의 노예(奴隷)질이라서 경멸하고 존경치 않았었다.
>
> 하던 것을 지금에 이르러서는 일변하여 경의(敬意)와 경이(驚異)의 눈으로 눈을 씻고 다시금 그들을 바라다보지 않을 수가 없었다.
>
> 그들은 (낡은 '전설'의 고향을 가진 순범 저와는 달라) 맹목적이요 무비판한 것이 오히려 유리하여, 세기의 '사실'을 솔직하게 호흡하는 생리(生理)의 소유자들이었었다.
>
> 그들은 그와 같이 아무런 주저도 회의도 불안도 없이 안심하고 그 세기의 '사실'을 호흡함으로써 그 속에 머금어 있는 새로운 생명의 원소(元素)를 섭취해가는 동안, 생리는 장차 오려는 세대(世代)에로 지양(止揚)이 될 것이었었다. (『전집』 3, 339면)[22]

이 인용문 면에서 사실이라는 용어는 식민지 근대에 대한 순범의 태도 변화와 관련하여 결정적일 정도로 중요한 의미를 지닌다. 식민지 근대에 대한 채만식의 문제의식과 관련하여 결정적인 개인약호의 기능을 하는 것이 바로 '사실'이라는 용어이기 때문이다. 1939년에 발표된 「패배자의 무덤」 이후 채만식의 소설에서 자주 발견되는 사실이라는 용어는 중일 전쟁의 충격으로 인한 식민지 지식인들의 정신적 공황을 배경으로 등장한 사실 논쟁과 밀접한 관련이 있다. 중일 전쟁이 불러일으킨 정신적 충격과 선택과 결단을 강요하는 파시즘 체제의 폭력으로 인해 기존의 진리체계와 이념에 대한 믿음의 동요와 상실에서 촉발된 사실 논쟁은 일제의 군국주의 파시즘의 거센 위협과 식민지 현실에 대한 식민지 문인들의 입장 차이를 선명하게 보여준다.[23] 상문을 정점으로 한 친구들의 금광업을 사실로 인정하며 그들에 대해 경멸에서 경의와 경이의 태도로 전환하는 순범의 고백 또한 이 작품을 발표할 당시 역사적 전망의 상실로 인한 허무주의와 패배주의에 감염되어 애초엔 극복의 대상으로 아주 비판적이었던 식민지 근대와 파시즘 체제에 대한 입장과 관련하여 심각한 주체의 위기를 경험하고 있던 채만식의 내면풍경을 정직하게 보여주고 있다. 사실이라는 용어는 당시의 시국이나 정세를 이미 주어진 선험적인 소여의 세계로, 따라서 개인의 의지나 능력을 초월하는 불가항력적인 세계로 승인하는 상황논리에 투항하는 순응주의의 태도를 의미하기 때문이다. 따라서 "여기서 '사실'은 자본주의를 가리키는 말일 수도 있고 군국주의 파시즘 또는 단순히 시대의 대세를 뜻하는 말일 수도 있다. 중요한 것은 그 구체적 내포가 무엇이든간에 '사실'의 수용을 '새로운 생명의 원소를 섭취'하는 행위로 해석하고 있는 점이다.

---

22) 앞으로 본문에서의 작품 인용은 이와 같은 방식으로 통일하고자 함, 인용 텍스트는 『채만식전집』 3, 창작사, 1987년.

23) 하정일, 「'사실' 논쟁과 1930년대 후반 문학의 성격」, 『작가연구』 6, 1998년 10월, 209~211면 참조.

이는 시대의 대세에 굴복해 가치 판단을 포기한 당시 지식인들의 일반적 정서를 확연히 보여주는 것"[24]이라는 지적은 정확해 보인다.

이 작품을 연재하던 1939년 무렵의 채만식은 거의 해체 직전의 임계 상황까지 내몰리는 주체의 위기를 경험했던 것으로 보인다. 채만식은 당시 갈수록 야만의 강도를 더해가는 일제의 식민지 질서에 대한 대안이나 전망 부재의 절망감으로 인한 패배주의와 현존하는 세계의 그 어떤 영역에서도 의미나 가치를 찾지 못하는 허무주의에 서서히 감염되어 가고 있었던 것으로 추정되기 때문이다. 실제로 "이 니힐리즘의 유혹은 작년 겨울 이래 나에게 커다란 번민이다"[25]라는 고백을 토로할 정도로 당시 주체의 위기와 관련하여 채만식을 압박했던 허무주의의 강도는 심각했던 것 같다. 이러한 허무주의를 대변하는 인물이 은봉이이다.

> 의식주란 한갓 생리의 방편이지, 지혜를 가진 자의 생활은 마땅히 진리와 방향을 같이 해야 하리라는 것이 그의 신념이랄까 한데, 그러나 세상은 역사가 중단이 되었다던 중세기와도 같이 어둡고 무지했다.
>
> 그러므로 어둡고 무지한 그 속엘 뛰어들어가자매는 하릴없이 하인청에 참례를 하여 함께 쌍소리를 지껄이고 속된 탁발승으로 더불어 술과 고기를 탐하고 '진리의 사기한'들과 어울려 문화를 '브로커' 하고 해야 할 판이었다.
>
> 그러나 그것은 깨끗한 내 몸의 긍지를 위하여 차마 못할 노릇…….
>
> 그리하여, 줄곧 두고 삭막히 생각을 하다가는 버리고 모색을 하다가는 단념을 하고 해오는 동안에, 절망은 어느덧 제 자신의 그와 같은 의욕, 그것조차가 두루 공연한 노릇이라는 것, 그래서 필경은 접하고 감각하고 인식하고 하는 온갖 존재와 행위가 모조리 다 추잡하기 아니면 무의미하게만 생각기도록, 그의 니힐리즘의 굴절각(屈折角)은 차차로 각도(角度)가 더 벌어져 왔었다. (『전집』 3, 496~497면)

24) 앞의 글, 212면.
25) 채만식, 「사이비 농민소설」, 앞의 책.

'속된 탁발승'이나 '진리의 사기한'과 같은 서사 정보들이 극명하게 보여주는 바와 같이, 은봉아는 자신이 처한 현실을 당시 식민지 질서에 영합하여 개인의 사적 이익이나 영달 추구에 골몰한 타락한 속물들이 지배하는 속악한 세계로 파악하고 있다. '마땅히 진리와 방향을 같이 해야 한다'는 신념을 가진 은봉아와 그러한 속악한 현실세계 사이에 서로 화해불가능한 단층이 형성되는 것은 당연한 일이고, 은봉아의 비극적인 세계인식이 문면에서 보는 바와 같이, 삶의 근본적인 모든 가치들을 부정하려는 시도들을 끝까지 밀고 나가는 니힐리즘으로 발전하는 것도 당연한 일이라 할 수 있다. 속악한 현실세계와의 화해불가능한 단층으로 인해 니힐리즘에 감염되어 문학을 '천하무능한 독충'으로 비유할 정도로까지 생의 의지를 상실해가는 은봉아의 내면풍경은 당시 현실과 이상의 단절과 심연이 강제하는 주체의 위기로 인해 서서히 허무주의의 독한 기운에 잠식당해 들어가면서 작가의 내부에 있어서 말할려는 것과 그릴랴는 것과의 분열이라는 명제로 임화가 정확하게 진단한 바 있는 자신의 당시 작품들에 대해서 "자살용의 양잿물"[26]로 비하하며 무기력한 모습을 보이던 채만식의 안타까운 모습에 그대로 겹쳐진다.

서사의 내적 논리로 볼 때, 채만식의 애초 의도는 은봉아를 작가의 세계관을 대변하는 대리인이자 전체 서사의 질서를 통어하는 초점인물로 설정하려 했던 것 같다. 채만식은 그러한 서사 설정을 통하여 미시적으로는 황금에 대한 욕망을 둘러싼 사회 역사적 본질적인 연관관계에, 거시적으로는 자본의 논리가 지배하는 가운데 주체의 훼손을 야기하는 식민지 근대와 그를 강제하는 파시즘 체제에 대한 비판적인 문제의식을 제기하려 했던 것으로 보인다. 하지만 이 작품을 발표하던 1939년 당시 허무주의에 감염되어 식민지 근대와 파시즘 체제에 대한 역사적 전망을 상실하면서 서서히 체제에 순응해가던 채만식으로선 그러한

26) 채만식, 「문학을 나처럼 해서는」, 『문장』, 1940년 2월.

서사 설정을 끝까지 관철시키기 어려웠을 것이다. 은봉아의 이러한 설정은 당시 식민지 조선 문단의 지배적인 조류를 세태와 내성으로 파악하면서 그 원인을 사상성의 감퇴로 인한 말할려는 것과 그릴랴는 것과의 분열과 환경과 성격의 부조화에서 찾는 임화의 진단에 대한 정확한 전형을 제공하고 있다. 물론 이 작품이 애초의 의도와는 달리 작가의식의 후퇴로 인하여 식민지 근대와 파시즘 체제에 대한 역사적인 전망을 보여주지 못한 한계는 분명해 보인다. 하지만, 유일하게 긍정적인 인물로 형상화되던 인물인 은봉아마저도 결말 부분에서 급작스런 장티푸스 발병으로 인해 사망하게 하는 설정을 통하여 일제의 억압과 폭력이 지배하는 당대의 식민지 조선의 현실이 은봉아와 같은 건강한 가치관을 소유한 사람에게는 정상적인 욕망 실현의 출구를 차단하는 타락한 세계임을, 따라서 도저히 감당하기 버거운 속악한 세계라는 사실을 암시하고자 한 작가의 문제의식에 대해서는 인색할 필요가 없을 듯 싶다. 이러한 맥락에서 "봉아는 속물주의로 가득찬 시대와 대비되는 순수성 혹은 낭만성의 상징이다. 따라서 봉아의 죽음은 사사로운 죽음이 아닌 온전한 생명성이 거세된 시대에 대한 절망으로 읽을 수 있다"[27]라는 지적은 충분한 설득력이 있어 보인다.

한편 "모든 피식민지는 모국의 이익을 위해서만 존재한다"[28]라는 루퍼트 에머슨(Rupert Emerson)의 통찰이 시사하는 바와 같이, 당시의 금광 개발이나 금 투기 열풍은 대륙 침략을 수행하는 과정에서 필요한 막대한 군비의 조달 및 당시 세계적 공황으로 야기된 일본 국내의 문제를 해결하기 위한 식민 지배 정책과의 밀접한 관련 속에서 발생한 사회 풍속이었다. 그런데 이 작품은 자본의 논리에 맹목적으로 집착하다 파멸과 몰락의 운명을 면치 못하는 다양한 인간군상들의 인생유전을 통하여 금 투기 열풍과 관련된 당대 풍속의 평면적인 재현에 그치고 있을 뿐, 그

27) 양문규, 앞의 글, 110면.
28) 한상일, 『제국의 시선』, 새물결, 2004년, 24면.

러한 풍속을 낳게 한 발생동인으로서의 사회 역사적 맥락이나 그에 대한 작가의 적극적인 의미부여와 평가는 제시하지 못하고 있다. 이는 식민지 근대와 파시즘 체제를 극복하는 수준으로까지 밀고 나가지 못한 작가의식의 후퇴나 역사적인 전망과 밀접한 관련이 있다. 동일한 맥락에서 "소설의 리얼리즘은 소설이 제시하는 삶의 종류 내에 존재하는 것이 아니라 삶을 제시하는 방법 내에 존재하고 있는 것이다"[29]라는 리얼리즘의 미학적 규율에 비추어 볼 때 이 작품에 대해 "그러나 채만식은 주상문 같은 자들이 갖고 있는 부르좌적 속물성에 대한 환멸만을 그릴 뿐, 그것의 역사적 성격에 대한 문제제기는 하지 못하고 있기에. 『금의 정열』 등은 더 이상의 리얼리즘 문학으로 나아가지 못한다"[30]라는 지적은 적절해 보인다. 그리고 이 작품의 그러한 한계에 대해서는 "『금의 정열』은 애초의 의도가 실로 이 상식의 배후에 있는 그 무엇을 찾아보잤던 것이나 그에 뚜렷이 드러나지 않았으니 결국 실패를 했다고 해야 할 것이다"[31]라는 고백적 진술에서 알 수 있는 바와 같이 그 누구보다도 작가 스스로가 너무나도 잘 알고 있었던 것 같다.

4. 나오는 글

『금의 정열』은 현실과 이상의 괴리로 인한 심각한 주체의 위기를 경험하던 1930년대 후반의 채만식 소설에서 차지하고 있는 중요성에도 불구하고 이제까지 별다른 주목 한번 제대로 받아보지 못해 왔다. 이 글

29) 이언 와트, 전철민 역, 『소설의 발생』, 열린책들, 1988년, 20면.
30) 양문규, 앞의 글, 110면.
31) 채만식, 「금과 문학」, 앞의 책, 532면에서 인용.

이 출발하게 된 가장 중요한 문제의식이었다. 그러한 문제의식에서 출발한 이 글은 자본의 논리에 맹목적으로 집착하다 파멸과 몰락의 길을 걷게 되는 다양한 인간군상들의 욕망을 통해서 당시 식민지 조선의 현실에서 금의 정열이 지닌 사회사적 의미를 밝혀보고자 했다. 그러한 문제의식과 목적을 가지고서 수행해 온 논의를 요약·정리하는 것으로 결론을 삼고자 한다.

이 글은 먼저 '서정시인마저도 황금광으로 나서게 했던 1930년대 식민지 조선의 부박한 시대상에 대한 절반의 리얼리즘'이라는 명제를 이 작품의 지배적인 해석 코드로 설정했다. '이윤추구를 위해서라면 지옥 끝까지라도 간다'라는 자본 일반의 운동 역학에 맹목적으로 휘둘리는 다양한 인간 군상들의 욕망의 풍속을 밀도있게 서사화하는 데는 이 작품이 일정한 성취를 보여주고 있지만, 그러한 욕망한 배태하는 발생 동인으로서의 사회·경제적 심급에 대한 구조적 천착은 외면하고 있다라는 판단 때문이었다. 그 명제와 관련된 분석의 편의를 위하여 '물질적인 욕망에 전일적으로 포섭된 다양한 인간 군상들의 집단적인 몰락과 파멸의 서사'로 규정할 수 있는 이 작품의 이야기를 크게 세 개의 서사 축－금광개발열풍, 금투기열풍, 은봉아를 둘러싼 주상문과 서순범 사이의 로맨스－으로 구획하였다.

비정상적인 광기의 수준에 육박하면서 진행되었던 1930년대 식민지 조선에서의 금투기 열풍으로 표상되는 식민지 근대와 그를 강제한 파시즘 체제에 대해 채만식은 지극히 비판적이며 부정적임을 알 수 있었다. 자본의 욕망에 맹목적으로 집착하다 몰락과 파멸의 운명을 면치 못하는 다양한 인간군상들에 대한 비판과 부정이라는 서사 설정을 통해서 채만식은 식민지 근대를 자본의 논리가 전일적으로 지배하는 폭력적인 세계로 인식하고 있음을 알 수 있었다. 하지만 채만식은 이 작품을 발표하던 당시 겪고 있던 심각한 주체의 위기로 인한 작가의식의 후퇴로 인해 식민지 근대와 파시즘 체제를 극복할 만한 대안적인 전망을 보여주지는 못하고 있음을 알 수 있었다. 식민지 근대와 그것을 강제한 일제의 파시즘 체제에 대한 작가의 비판적인 문제의식과 한계를 대변하는 기능을 담당하는 인물들이 바로 서순범과 은봉아임을 알 수 있었다. 이 두 인물의 갈등과 허무주의는 당시 식민지 근대와 파시즘 체제에 대한 입장과 관련하여 심각한 주체의 위기를 경험하고 있던 채만식의 존재론적 갈등과 상동구조임을 밝히고자 하였다. 결론적으로 이 작품은 애초의 작가 의도와는 달리 작가의식의 후퇴로 인하여 식민지 근대와 파시즘 체제에 대한 역사적인 전망을 보여주지 못한 한계는 분명해 보임을 밝히고자 했다. 하지만, 일제의 억압과 폭력이 지배하는 당대의 식민지 조선의 현실에 대한 작가의 문제의식에 대해서는 인색할 필요가 없을 듯 싶다.

• **공종구** | 현 군산대학교 국어국문학과 교수이다. 저서로는 『한국 현대소설론』 『한국현대문학론』 『한국근 · 현대 작가 작품론』이 있다.

주체의 '분열'과 '욕망'

「냉동어」와 '친일'[1]의 정신구조

한수영

1. 「냉동어」[2]의 문제성

1) 이 글에서의 '친일'이라는 용어는 1940년 이후에 등장한 '신체제'의 적극적인 수용과 그에 연관되는 일련의 행위와 사유에 한정해서 사용한다. 통용되는 '친일'이라는 기표는 지나치게 그 의미의 범위가 넓고 또한 의미의 경계도 모호해서 이 용어를 통해 '식민주의'와 연관된 다양한 공모와 저항의 계기 및 그 차이들을 밝히는 것은 사실상 어렵다. 최근 과거사 청산 논의에서야기되는 소모적인 논란도 이와 일정한 관련이 있다. '친일'이라는 기표에는 그 내부에서 '일본'을 제거하더라도, 혹은 '반일'이라는 기표를 대응시켜 의미를 상쇄시키더라도 사라지지 않는 많은 잉여의 의미들이 있다. 예컨대 '신체제'의 논리구조에는 '반자본주의'와 '반근대주의/탈근대주의'와 '반서구주의'라는 계기가 포함되어 있으며—'신체제'가 진정한 의미에서 '탈근대의 기획'이었는가를 따지는 것은 다른 문제이다. 논자에 따라서는 '신체제'를 포함한 파시즘이 '탈근대'가 아니라 '근대의 완성'이나 '극단적인 근대의 자기확장'의 기획으로 파악하는 관점도 있다. 중요한 것은 당시의 많은 조선 지식인들이 이것을 '반근대주의' 내지는 '탈근대의 기획'으로 받아들였다는 점이다—, 이것은 식민지배 주체인 '일본'을 제거한다고 해서 그것과 동시에 소멸되는 담론들이 아니다. 중요한 것은, 이 담론들이 담론의 생산주체인 '일본'과 접속함으로써 어떻게 변용되고 왜곡되는가를 밝히는 것이다. '민족주의'가 고안한 '친일'이라는 기표가 지닌 단순성과 모호성은 여기에서 말미암는다. 그것은 '일본'을 지움으로써 '일본'에 의해 오염되고 훼손된 모든 것이 동시에 지워지거나 혹은 원래의 모습으로 '복원된다'고 생각한다. 그럼에도, 통용되는 '친일'을 대체할 만한 적절한 개념을 아직 만들지 못했기 때문에, 제한적인 의미로 쓴다는 전제를 밝히고 그대로 쓰기로 한다.

2) 「냉동어」의 원발표지는 『인문평론』 1940년 4월호와 5월호이다. 이 글에서는 『채만식 전집』 5(창작사, 1987년)에 실린 것을 텍스트로 삼았다. 이하 「냉동어」를 인용할 경우에

이 글은 중편 「냉동어」를 중심으로 하여, 작가 채만식이 '신체제'의 적극적인 수용을 통해 '친일'로 나아가게 되는 과정의 일단을 살피기 위해 쓴다. 주지하다시피, 채만식은 한국 근대소설사, 특히 1930년대 소설사에서 누구도 부정할 수 없는 창작방법상의 개성과 리얼리즘의 성취를 이룬 작가이다. 한국 근대소설사에서 채만식 만큼 '풍자'와 리얼리즘의 균형잡힌 미학적 성취를 이룬 작가가 달리 없었다 점, 그리고 그러한 미학적 성취는 냉철한 과학적 이성과 날카로운 역사의식 없이는 어렵다는 점, 나아가 누구보다도 식민지 자본주의 체제에 대해 비판과 부정의 태도로 일관해 온 작가가 그였다는 사실을 상기할 때, 1940년 후반부터 보여주는 급격한 '신체제'로의 경사(傾斜)는 얼른 납득이 가지 않는 동시에 몹시 곤혹스러운 일이 아닐 수 없다. 그러나, 최근에 이루어지고 있는 일련의 '친일문학' 연구성과에 의해, 그동안 '단절'이자 '수동적 우연'으로만 인식되어 왔던 '친일문학'에 자발성과 내적 논리의 일관성이 내재해 있음이 밝혀지고 있으며, 채만식의 경우도 이런 작업의 연장선에서 그의 '친일'을 둘러싼 일련의 논리적·실증적 계기들이 재구성되기도 했다.[3]

이 글의 논리적 전제도 그의 '친일문학'이 '수동적 우연'이거나 '급격한 단절'이 아니라, 그의 사유구조에 내장된 일련의 논리적 연속성에 말미암는다는 점에서 출발한다. 따라서 그의 '친일'에는 분명한 내적 인과율이 작용하고 있다는 것이 이 글의 전제다. 그러나, 이 글이 좀더 각별히 주목하고자 하는 부분은, 채만식의 '친일'이 본격화되는 1940년 전후에 일어난 일련의 역사적 사실의 의미와 그것을 해석하는 채만식의 세계인식 사이에 일어나는 실증적 인과관계라기보다는, 채만식의 문학에 내재한 일종의 '정신구조'의 연속성이다.

는 '전집'의 면수를 밝히기로 한다.

3) 대표적인 작업으로 김재용의 『협력과 저항』(소명출판, 2004년)의 성과를 들 수 있다. 채만식과 관련해서는 특히 이 책의 「채만식―'멸사봉공'을 통한 근대의 초극」을 참조.

채만식의 '친일'의 역사철학적 배경을 설명하는 최근의 연구에 의하면, 채만식의 친일이 본격화되는 계기는 1940년 3월에 수립된 왕정위의 '신남경정부'였다고 한다. 1938년 일본에 의해 무한·삼진이 함락되었을 때에도 의연히 중일전쟁에 대해 비판적 태도를 유지하던 채만식이, '신남경정부'의 수립을 대하면서는 더 이상 눈앞에 전개되는 '사실'을 버텨내지 못하고 허물어졌다는 것이다.[4)]

'친일'의 실증적이고 구체적인 계기들을 재구성하여, 그 사유와 행위의 인과관계를 100% 명확히 밝힌다는 것은 어렵다. 구체적인 계기들과 사건들이 인과율의 지배를 받는 것은 어떤 '맥락(context)' 안에서이다. 그 점에서, 왕정위의 '남경정부' 수립이 다른 사건과 달리 채만식의 변화에 결정적 계기로 작용한다는 설명은 선뜻 동의하기는 어렵지만, 비슷한 시기를 전후하여 연속되는 일련의 사건들이 누적적 계기로 작동했던 것만큼은 분명한 사실이라는 선에서 충분히 수용 가능한 설명방식이다.

그러나, 이 글이 '사건에 근거한 인과적 계기'보다 '구조'에 좀더 주목하고자 하는 이유는, '사건적 계기'만으로는 '신체제'에 내재한 비합리성이 채만식에게 계속 용인되는 현상을 설명하기가 어렵기 때문이다. 채만식이 적극적으로 받아들인 '신체제'의 논리구조 안에는, 채만식이 평소 견지하고 있던 '반자본주의적 기획'(자유주의와 개인주의의 부정을 포함한)이 분명히 배치되어 있었다. 그러나 신체제의 논리구조는 그 '반자본주의적 기획'이 독자적으로 설정되는 것이 아니라, '황도주의'와 화학적으로 결합되어야만 하는 것이었다. 이태준의 경우는 '신체제' 등장 직후인 1940년 전후의 시기에는 급격히 '신체제'로 경사되는 모습을 보이지만, 시간이 흐를수록 이 '신체제'에 내재한 고유한 모순율을 발견하고 그로 인해 고민하고 갈등하는 모습을 함께 보여준다.[5)] 그러나, 채만식

---

4) 김재용, 앞의 글, 99~103면. 이 글의 설명에 의하면 '신남경정부수립'이 직접원인이고, '신체제'의 등장은 배경적 원인이 되어 있지만, 채만식 논리구조 안에서의 직접적인 전환의 계기는 오히려 '신체제'쪽에 더 무게중심을 두어야 옳다는 것이 나의 생각이다.

의 경우는 일단 '신체제'를 수용한 1940년 후반부터 『여인전기』(1945년)에 이르는 도정에서, 모순율로 가득 찬 이 식민지배담론과 그것이 관철되는 현실에 대해 어떤 주저와 동요도 없이 일관된 협력과 동의의 태도를 유지한다. 무엇이 이러한 차이를 가져오게 만들었을까. 이 글의 문제의식은 여기에서 출발한다. 그리고, 그 원인(遠因)은 어쩌면, 식민지 자본주의 체제에 대한 채만식의 '부정(否定)의식'과 '비판의식' 내부에 잠재되어 있었던 것은 아닌가를 확인하기 위한 것이다. 미리 확인한 잠정적인 결론은, 채만식의 '친일'은 사유의 '내용'의 연속성이 아니라 사유의 '구조'의 동일성에 의한 것이라는 점이다. 좀더 구체적으로 내가 이후의 논의에서 밝히고자 하는 것은, 어떻게 '마르크스주의'가 '신체제'로 대체될 수 있었던가, 그 과정에서의 '주체'와 '구조'의 관계는 어떤 것이었나 하는 점이다.

'구조'라는 개념에는 숨길 수 없이 '역사의 탈색(脫色)'이라는 혐의가 부가된다. '구조'가 전경화되는 순간, 모든 역사적 구체성과 주체의 능동성은 배경으로 물러나 앉거나 표백된다. 그러나, 여기서 언급하는 '구조'는 구조주의자들이 절대화하는 '구조'는 아니다. 채만식의 정신 '구조'를 분석하려는 궁극적인 이유는, 그의 놀라운 문학적 성과와 통찰에도 불구하고, 그의 사유구조에 뿌리내리고 있는 모종의 '비역사성'과 '추상성'의 계기를 밝히기 위해서이다. 그리고, 그러한 특징이 '친일'과 어떤 연관이 있는가를 밝히기 위해서이다.

중편 「냉동어」는 흔히 채만식 친일문학의 '서곡'으로 이해되고 있다. 이 소설이 발표되고 난 두어 달 뒤에 「나의 '꽃과 병정'」(『인문평론』, 1940년 7월)과 「대륙경륜의 장도, 그 세계사적 의의」(『매일신보』, 1940년 11월 22~23일) 등이 잇달아 발표되고, 이듬해인 1941년 초에 다시 「문학과 전체주의—우선 신체제 공부를」(『삼천리』, 1941년 1월)과 「시대를 배경하는

---

5) 이에 대해서는 한수영, 「이태준과 신체제—식민지배담론의 수용과 저항」, 문학과사상연구회 편, 『이태준문학의 재인식』, 소명출판, 2004년을 참조.

문학」(『매일신보』, 1941년 1월 5~15일) 등이 발표됨으로써 채만식 문학은 신체제의 전면적 수용을 향해 빠른 행보를 내닫기 때문이다. 또한 이 과정은 1940년 7월 제2차 고노에(近衛) 내각의 성립을 전후하여 일어났던 '신체제 운동에 관한 성명'(6·24), '기본 국책요강 발표'(8·2), '대정익찬회 결성'(10월) 등과 고스란히 맞물리는 것이기도 하다.

「냉동어」는 채만식 소설의 전개과정에서 하나의 '단초(端初)'에 해당한다. 이 때의 '단초'란 말 그대로 '하나의 끝인 동시에 새로운 시작'을 뜻한다. 익히 알려진 바와 같이, 「냉동어」는 1938년 이후 계속된 채만식의 '자기풍자'와 '허무주의'가 최종적으로 완성되는 작품이기도 하면서, 동시에 '신체제'로의 적극적인 경사(傾斜)를 예감케 하는 풍부한 징후와 조짐들로 가득 찬 소설이기도 하다. 그러므로, 「냉동어」가 채만식의 본격적인 '친일'을 알리는 '신호탄'이라는 통상적인 지적이 전혀 그른 것이 아니다.

그러나 「냉동어」가 지닌 '단초'로서의 의미는 그것에만 그치지는 것은 아니다. 「냉동어」는 작가가 직접 자신의 정신구조를 대상으로 하여 분석해 들어간 일종의 '자가분석'의 보고서 같은 작품이다. 작가는 분열된 주체를 숨김없이 드러내 놓고, 그 균열의 지점들을 독자들에게 확인시킨다. 「냉동어」 이전까지는 '주체의 분열'에 대해 작가 스스로 인정하지 않는 분위기가 역력하다. 그러므로 소설의 '주인공'이 괴로움을 겪는 것은 '주체의 분열'로 인해서가 아니라, 오히려 확고한 '자기동일성'에 근거한 '주체'가 '타자'인 '세상'과의 불화 때문에 고통스러울 뿐이었다. 그 점에서, 「냉동어」는 「소망(少妄)」이나 「패배자의 무덤」과 같은 계보에 속하는 작품이면서도 분명히 구별된다. 작가는 자작평에서 스스로 "이 니힐리즘의 유혹은 작년(1938년을 가리킴-인용자) 겨울부터 나에게 커다란 번민이다"[6]라고 고백하고, "그 요기(妖氣)에 지지 않으려고 발버둥

6) 채만식, 「사이비 농민소설」, 『조광』, 1939년 7월, 『전집』 9, 525면.

을 치면서도 (마치 魔物에 홀린 듯, 정신은 말짱해 가지고도 부지불식간) 그리로 끌려만 들어가는 내 자신을 바라다보면서 몸을 떨고 있다"[7])고 자탄한다. 니힐리즘이 '유혹'이자 '번민'인 까닭은, 작가가 '주체의 분열'을 인정하지 않고, '주체의 자기동일성'의 신화에 아직도 몸담고 있기 때문이다. 「냉동어」가 앞서의 작품과 다른 것은, 그 주체의 자기동일성을 근본적으로 회의하기 시작했다는 점이다. 앞으로 살펴 보겠지만, 「냉동어」에 이르기까지, 이 번민과 유혹에 맞선 채만식의 고투의 과정은 실로 처절하기까지 하다.

채만식 문학에서의 이러한 '니힐리즘'의 문제를 '주체'와 연결짓고, 그 원인을 '주체의 부재'로 해석한 것[8])은 그 점에서 부분적인 타당성을 지니고 있다. 그러나, 채만식 문학의 위기를 심화시킨 것은 정작 '주체의 부재'가 아니라 '주체의 분열'이다. 「냉동어」에서는 비로소 채만식을 괴롭히던 그 '주체(들)'이 처음으로 제 모습을 드러낸다. 그 점에서 「냉동어」는 이전 작품보다 한결 솔직하다. 이것은 마치 정신분석의 임상에서 분석주체(피분석자)가 분석자에게 자신을 은폐하지 않고 솔직하게 자유연상을 통해 진술하는 것과 비슷하다.

'주체'와 관련해서 「냉동어」가 제시하는 또 하나의 흥미로운 단서는, 채만식이 견지했던 '사상'과 관련된다. 「냉동어」에는 단지 '주체의 분열'만 보이는 것이 아니라, 그보다 더 강렬한 '통합된 주체'로의 '복귀욕망'이 노정되고 있다. 그리고 이 '주체'의 욕망은 '주체'를 '주체'이도록 만들어주는 '사상' 혹은 '진리'와 밀접한 연관을 지니고 있다. 채만식에게 있어서 가장 중요한 '사상'은 마르크스주의였다. 그러나 이 때의 '마르크스주의'는 그 사상자체의 내용과 체계 때문에 의미있는 것이라

---

7) 채만식, 「자작안내」, 『청색지』, 1939년 5월, 『전집』 9, 519면.

8) 김재용, 「세계질서의 위력과 주체 부재의 저항」, 문학과사상연구회 편, 『채만식문학의 재인식』, 소명출판, 1999년. 김재용의 이 글은 해방 직후의 채만식 소설을 집중적으로 분석하고 있지만, 해방 직후의 허무주의의 기원을 일제 말까지 소급하면서 그 원인을 '주체의 부재'로 규정하고 있다.

기보다도, '자본주의'의 타락과 부정성, 그리고 그 '악마성'을 확인케 해주기 때문에 의미있는 것이 된다. 채만식에게 있어 '자본주의'는 역사적 구성체로 인식되지 않고 하나의 '절대악'으로 상정되어 있다. 따라서 이 '절대악'을 절멸시킬 수 있는 '마르크스주의'는 곧 '절대선'이 된다. '절대선'이자 '절대진리'인 '마르크스주의'는 그에게 있어 일종의 형이상학의 위치에 놓여 있다.

'사회주의'에 대한 채만식의 태도여하가 그의 작품의 방향 선회와 밀접한 관련을 짓는다는 점을 포착한 해석[9]은 '주체'와 '사상'의 관련 양상에 주목했다는 점에서 매우 의미있는 것이지만, 채만식에게 있어 '사상'이 문제가 되는 것은 그가 '마르크스주의'를 포기한 것이 아니라, 오히려 형이상학의 차원으로 격상된 이 '절대진리'를 결코 포기하지 않았다는 점 때문이란 것을 염두에 둘 때, 온당한 해석이라고 보기 어렵다. 물론, 이 때의 '마르크스주의'란 마르크스주의자들의 '마르크스주의'가 아니다. 그의 '마르크스주의'가 지닌 가장 큰 특징은 현실 마르크스주의자들과 '마르크스주의'를 철저히 분리시킨다는 점이다. 그는 소설 속에서 단 한번도 현실 마르크스주의자를 호의적으로 그리거나, 마르크스주의자들이 능동적으로 '행동하는 것'을 그린 적이 없다. 그에게 마르크스주의자는 '마르크스주의'를 실현시키는 '주체'로 설정되어 있지 않았기 때문이다. 그의 소설에 등장하는 마르크스주의자들은 오히려 신성한 '마르크스주의'를 훼손시키는 존재들이다. 그의 소설 속에서 마르크스주의자로서 가장 긍정적으로 그려진 『태평천하』의 윤종학조차도, 소설 속에서 단지 그가 '마르크스주의자'(소설에서는 '사회주의자'로 표기되어 있다)라는 신원만 공개될 뿐, 어떠한 행위와 성격도 제시되어 있지 않다. '마

---

9) 하정일, 「채만식 문학과 사회주의」, 문학과사상연구회 편, 앞의 책. 이 글에서 하정일은 채만식이 '사회주의'를 '사상'으로 견지할 동안은 현실에 대한 비판적 성찰을 보여주지만 '사회주의'를 포기하면서 서사구조가 무너지고 '친일'로 급격히 기울어진다고 보았다.

르크스주의'에 대한 그의 절대적 신뢰에 비하면 이는 놀랄 만한 사실이 아닐 수 없다. 마르크스주의자를 통한 마르크스주의의 역사적 실현을 그릴 수 없었다는 것은, 그의 소설에서 '주체'와 '사상'이 맺는 관계방식을 해명하는 데 매우 중요한 열쇠 구실을 한다. 엄밀히 말해, 채만식에게 중요한 것은 '마르크스주의'이지 '사회주의'가 아니다. '사회주의'는 마르크스주의가 구체적 현실과 역사 발전 단계에서 실현된 하나의 '과정'이지 동격은 아니기 때문이다. 그런 까닭에 채만식이 소설 가운데서 '사회주의'나 '사회주의자'라고 부르는 경우도 '마르크스주의'나 '마르크스주의자'로 번역해서 읽어야 옳다. 본론에서 다시 살펴 보겠지만, 그에게 있어서 '마르크스주의'의 역사적 실현은 어떠한 구체적 가능성으로도 재현되지 않는다. 끊임없이 유예될 뿐이다.

주체의 분열과 통합의 욕망, 그리고 주체와 사상의 관계양상, 이들을 적절히 분석해야만 일제 말 채만식의 사유구조를 이해할 수 있으며, 나아가 '신체제의 적극적 수용'이라는 그의 '친일'의 정신구조도 온전히 해명할 수가 있게 된다. 그리고, 이 해명에 관한 풍부한 자료와 단서를 제공해 주는 것이 바로 「냉동어」이다.

2. 주체분열의 기원과 사회역사적 상상력의 구조

「냉동어」의 줄거리는 의외로 간단하고 단조롭다. 당년 서른셋의, 소설가이자 잡지 『춘추』의 편집자인 '문대영'이, 어느날 문득 그의 사무실을 방문한 스물 셋의 일본 여인 '스미꼬(澄子)'와 일시적인 연애에 빠진다는 얘기다. 스미꼬가 사랑의 도피행으로 도쿄로 떠나기를 제안하고 문대영이 거기에 동의하지만, 끝내 무산되고 마는 것이 이 소설의 결구

(結構)다. 그러므로 이 소설에 전경화되어 있는 것은 '이야기'보다도 등장인물들의 '성격'이라고 할 수 있다.

'문대영'은 스스로를 '묵은 책력', '세대의 룸펜', '거지', '비뚤어진 빈집에서 홀로 거주하는 몰락한 귀족'이라고 부르며 자학하는 인물이다. 그에게는 모든 것이 무의미하다. 한때는 문학에 뜻을 두고 열심히 소설을 쓰기도 했지만, 삶의 닻이던 그 문학마저 이제는 '유령같은 것'이 되고 말았다. 대영의 이런 고백은 작가 채만식의 의식과 어느 정도 겹치는 것이기도 하다.

> 일언이폐지하면 생활을 잃어바렸다구 하겠지!…… 하루 아침 그렇게 생활을 잃어버린 다음부터는, 문학이란 것이 꼭 유령 같아요! 현실성이 없구, 도무지 무의미하기라니…… 그렇게 무의미하구 쓰잘디없는 노릇이, 문학이 말씀이죠, 가뜩이나 그게 짐스럽기까지 하군요!……[10)]

'대영'의 이런 자학과 자기냉소, 무기력증은 '신념(즉 사상)'과 '사실'의 괴리 때문에 생겨났다. '생활'을 잃어버렸다는 것은 '신념'과 '사실'이 일치하는 공간이 현실 속에서 사라졌다는 것을 의미한다. 그러나 좀더 정확히 해석하자면, '신념'과 '사실'이 일치하는 '생활'이란, 그가 '마르크스주의'에 근거해 신랄하게 비판하고 부정할 '자본주의적 현실'이 존재하는 시·공간을 뜻한다. 그런데 그 '절대악'인 '자본주의적 현실'은 시간이 흐를수록 점점 더 그 외연을 확장해 나간다. 이 무한히 확장되어 나가는 자본주의적 현실, 그것이 그의 소설에 수없이 출몰하는 '사실'의 속뜻이다.

> …… 당금 이, 지긋뎅이가 사뭇 터지기라두 할 만침, 사실이 핍절하게 긴장이 돼가지구, 융케르 시속 육백킬로자리 전투기같이 웅웅 디리 전진을 하구 있

10) 채만식, 「냉동어」, 『전집』 5, 399면.

는 이 판국에, 뭣이냐 쇠달구지만도 못한 문학 체껏이, 어딜 괜히!…… 어마어마한 그 현실을 제법 갖다가 한귀탱이나마 감각을 하며, 정통을 캐치할 근력이 있어야 말이지!……[11)]

「냉동어」의 대영이 내뱉는 이 자조어린 고백은 1938~40년 사이 그의 소설과 잡문 속에서 형태를 조금씩 달리 하면서 거듭 반복된다. 「냉동어」보다 1년 전에 발표한 「패배자의 무덤」의 '종택' 역시 이 '사실' 앞에서 좌초한다.

그러나마 시방 역사는 백 년의 경륜을 하고 있지를 않느냐. 그는 바야흐로 세계로 하여금 어떤 사실에 뿌리를 박고서 독자한 시대적 성격을 창조시키고 있는 중이니, 그의 연령을 세기(世紀)로써 따져야 할 것이 아니냐.

그 사실이 불합리하고, 그 성격이 나의 생리(生理)에 맞지 않는 것은 딴 이야기다. 이번에는 갈릴레오가 도리어 그레고리 십삼세의 초사를 받다가

"……그래도 지구는 돌지 않는다!"

는 폭담을 들어야 한 차례인 데야……[12)]

'종택'은 '지구가 돌지 않는다'는 '사실'을 강요하는 교황(「패배자의 무덤」에서는 '마호멧'으로 비유되고 있으며 그가 종택에게 시국에 협조하기를, 또는 사상을 포기하기를 은근히 강요하는 것처럼 묘사되어 있다)[13)]을 거부하며, 아현터널을 지나는 철도에 뛰어들어 자결을 한다.

---

11) 채만식, 「냉동어」, 앞의 책, 같은 곳.

12) 채만식, 「패배자의 무덤」, 『문장』, 1939년 4월. 『전집』 7, 390~391면.

13) 소설 속에서 이 대목은 상징적으로 처리되어 있어 정확히 해석하기는 어렵다. "종택이 마호멧의 초청을 받아 아라비아 땅에를 갔던 것이다. (…중략…) 마호멧은 매우 친절하게, 코란과 또 한 가지 다른 명물을 내보이면서 어느 것이 마음에 드느냐고 종택더러 물었다.", 「패배자의 무덤」, 『전집』 7, 391면. 채만식의 또다른 글에 나오는 '마호멧'의 비유를 통해 어느 정도 유추가 가능하다. "진실을 두려워하는 자는 차라리 사라센의 마호멧교인이요 용감한 십자군한테는 진실이야말로 가장 힘 미더운 무기가 아니드뇨?"(채만식, 「위장의 과학평론」, 『조선일보』, 1937년 12월 1~16일, 『전집』 10, 127면.

1938년 이후 채만식 소설에서의 '주체 분열'의 원인은, 이처럼 '신념(사상)'과 '사실'의 괴리에서 비롯되고 있다. 이 '주체 분열'의 메카니즘을 도해하면 다음과 같이 정리할 수 있다. 채만식 문학에 있어서의 '주체'는 '자본주의적 현실의 부정'을 통해 확인된다. 그리고, 이 때의 '주체'는 바로 그 배후(근원)인 '마르크스주의'에 의해 그 '존재'가 입증되는 '주체'다. 그러나, 소멸되거나 제거되어야 할 그 '자본주의적 현실'은 '주체'가 부정하면 할수록 점점 더 현실에서의 외연을 확장해 나갈 뿐이다. 그리고 무한대로 확장되어 나가는 현실을 부정하면 할수록 '주체'의 존재성은 점점 더 왜소해지고 불확실해진다. '주체'의 존재성을 입증할 '마르크스주의'조차도 마침내 그 신성불가침의 절대성이 점차 희미해진다. 이제 '주체' 앞에 남은 선택의 가능성은 두 가지밖에 없다. '자본주의적 현실의 부정'을 통해 확인받아 온 그 '주체'를 포기하고 '사실'을 수용하든가, 그렇지 않으면 '사실'을 부정하고 계속 '부정의 주체'로 남을 것인가. 그러나 문제는 '부정의 주체'로 남아 있기로 하는 한, 그 '주체'는 현실 공간 안에서 존재할 수가 없다. 그러기 위해서 가능한 것은 '종택'처럼 '자결'하거나 「소망」의 남편처럼 '미치광이'가 되는 것뿐이다. 그러나, 그렇게 잔존하는 '주체'는 애초에 내가 원하는 '주체'의 존재방식이 아니다. '주체'이기를 소망하는 순간 더 이상 '주체'일 수 없다는 것. 이 지독한 딜레마가 30년대 후반 채만식을 괴롭힌 딜레마의 주된 내용이다. 그리고 이 지독한 자기분열의 딜레마는 애초에 스스로 설정한 사회역사적 상상력에서 비롯되고 있다.

일찍이 마르크스주의는 채만식 소설에서 현실 비판을 가능케 하는 가장 강력하고 중요한 이념이었다.[14] 그러나 그에게 마르크스주의는 '세계의 긍정적 변화'보다는 '현실의 부정적 해석'에만 작동하는 것이었

---

14) 이것이 채만식이 활동하는 실천적 마르크스주의자였음을 의미하는 것은 아니다. 그에게 마르크스주의는 내재화되어 있으며, 역설적으로 현실 공간에서 활동하는 실천적 마르크스주의자들에 대해서는 냉소적이고 비판적이었다.

다. 그는 결코 마르크스주의로부터 '세계의 긍정적 변화'라는 미래를 구하려고 하지 않았다. 오히려 마르크스주의자를 표방하는 동시대의 작가들이 소설 가운데서 그것을 구현하려고 애쓰는 것을 비판했다. 이것은 리얼리즘의 성숙 정도나 기교의 문제와는 다른 차원의 것이다. 즉, 채만식에게 있어 사상으로서의 '마르크스주의'는 오직 '부정의 주체'하고만 접속한다. 다시 말하면, 그 '주체'는 자본주의를 부정하는 동안만 '주체'로서 성립한다.[15] 자본주의 이후의 대안적 세계를 얘기하는 순간, 그 '부정의 주체'는 사라지고 만다. 왜냐하면 그 대안적 세계와 가능성을 현실 가운데에서 구하는 순간, 소설(문학)은 작가 스스로 그토록 비판하고 혐오해 마지않는 '관념'으로 발을 내뻗기 때문이다. 그러므로 그의 문학이 리얼리즘이 될 수 있는 경계는 현실의 '부정면'을 포착하고 그것을 묘사할 때뿐이다.

자신의 소설이 지나치게 현실의 부정성만을 다룬다는 '비판'에 대해 그는 민감하게 반응했다. 그리고 자신의 그러한 창작방법을 스스로 "위험하다"[16]고 인정했다. 그는 "그 길을 평생 두고 가려고는 않는다"[17]다

15) 한국 근대문학에서 채만식의 리얼리즘의 성과와 한계도 모두 이 '부정의 주체'가 지니는 순기능과 역기능에 연관된다. 식민지 자본주의 체제인 조선의 부정적 현실을 그려내는 데 있어서 채만식을 뛰어넘을 작가가 많지 않은 것은 그가 자본주의의 부정성에 긴박되어 있었던 덕분이다. 그리고, 이러한 그의 특징은 프로작가들이 작품 안에서 서둘러 자본주의를 뛰어넘는 대안 세계의 가능성을 구현하고자 애씀으로써 미학적 파국을 초래케 하는 것과 견줄 때 그의 가치를 돋보이게 만드는 이유가 된다. 특히, 그는 자본주의 사회의 부정성을 극대화하는 과정에서 어떤 작가보다도 그 사회와 체제의 구체적인 '디테일'을 확보할 수가 있었다. 이러한 장점과 성과는 아무리 강조해도 지나치지 않다. 그러나 '부정성'에 제한되어 있던 그의 세계관은 동시에 그로 하여금 자본주의를 역사적 구성체로 파악하지 못하게 만들고, 나아가 마르크스주의를 역사발전 과정에서 현실과 상호작용하는 역동적인 이념으로 이해하지 못하게 만든 중요한 이유가 되기도 한다. 따라서 그가 마르크스주의를 견지하면서도, 그 대안적 세계(혹은 사회주의)의 구체적 가능성(추상적 가능성이 아니라)을 역사적 현실 안에서 구하려는 시도를 조금도 하지 않았다는 것, 그리고 이념과 현실의 복잡한 상관관계를 역사적으로 성찰하려고 노력하지 않았다는 것은, 리얼리즘에 대한 미학적 이해의 성숙 여부보다는 마르크스주의에 대한 그의 관념적 집착과 더 깊은 연관이 있다.

16) 채만식, 「자작안내」, 『청색지』, 1939년 5월. 『전집』 9, 520면.

고 한 발 물러서지만, "그러나 부정면을 통하여 기실 긍정면을 주장하기 위해서의 부정면은 결단코 유독하지는 않은 것이다. 더구나 그렇게 밖에는 붓을 댈 수 없는 사정이나 부정면을 통해서야만 긍정면이 도리어 박력있이 보여질 수법상의 경우가 또한 없는 게 아니다"[18]라고 자신의 창작방법을 변호한다. 그러나, 문제는 현실의 부정에 집착하는 것이 그의 말대로 단지 '수법'이나 '기교' 차원의 문제가 아니라는 데 있다. 식민지 자본주의하의 조선 사회의 부정적 현실을 '미신'이 횡행하는 '밤'에 비유하고 있는 그의 '잡문'은, 그의 인식 안에 구조화되어 있던 '사실'과 '사상'의 관계를 유추하는 하나의 실마리가 된다.

> 밤은 그러나 아무튼지 어둔 시절 옛날부터 백토야행(白免夜行)이라고 이르던 시절이요, 사물(邪物)과 잡술(雜術)을 친하기 좋은 시절이다.
>
> 밤의 인간은 그리하여 과학적임과 아름다움과 이성을 죄다 암흑에게 근저당을 하고서 즐겨 불합리한 것에 어리석은 것에 무례 무책임한 것에 탐닉을 한다.
>
> 밤의 종로를 보면 잘 알 수가 있다.
>
> 모든 추한 것이 어둠과 인공광선 즉 밤이라는 조건으로 하여 숨겨지고 악하게 미화되고 한다.
>
> 그 속에서 인간은 밤을 절대의 존재이거니 무원칙·무질서한 시절이거니 미신하고서 방일(放逸)을 맘대로 저지른다. 계집의 아양청에 센티를 하고 포켓을 있는 대로 털어 마시고 싸우고 떠들고 기만하고 부로커하고, 하되 그것이 정상이요 내일과 광명이 없이 절대이거니 하고서 (…중략…) **내일의 광명한 심판 앞에 어둡던 지난 밤의 잔해와 그의 추악한 환멸을 본 적은 없는가?**
>
> 이렇듯 추한 환멸에서 나는 그렇듯 추할 한 타입의 내일의 인간을 감히 상상하고 홀로 얼굴을 찡그리며 한숨짓지 않을 수가 없는 자이다.
>
> **그러면서도 요행 나는 정통 갈릴레오가 새벽에 오히려 망원경에 들붙어 앉아서 별을 보기를 자신 잃지 않는 광경을 한편으로 상상하지 못한다면 자결을 하고 말았을 것이다.**[19](강조-인용자)

---

17) 채만식, 위의 글, 같은 면.
18) 채만식, 위의 글, 521면.

갈릴레와 지동설의 주장은 '과학'과 '이성'의 표상인 동시에, 역사발전의 어떤 합법칙적 과정에 대한 비유이기도 하다. 그는 이 '갈릴레오'를 대망(待望)하면서, 혹은 스스로 갈릴레오이기를 자청하면서, '밤'의 이 추악하고 부정적인 '현실'을 견뎌내고자 힘겨운 씨름을 하고 있는 것이다. 그러나 '밤'은 역사적 시간이 아니라 '환멸과 악, 그리고 추(醜)로 점철된 절대적이고 추상적인 시간'이다. 그것은 역사의 변화 발전 과정에서 지양되는 것이 아니라, 광명이 오면 '심판'을 받을 대상이다. 그러므로, 갈릴레오를 대망하는 '나', 그런 기대마저 없으면 자결해버리고 말 '주체'는 역사적 시간 속의 '주체'가 아니라, 선험적으로 규정된 '선과 악'의 대결 가운데에서 마침내 '악'을 응징하고 '선'이 승리할 날을 예언하는 '선지자'의 모습이다. 만약 구조주의자가 본다면, 채만식의 '마르크스주의'는 기독교의 '하나님의 진리'와 동일한 위치에 배치되어 있는 것으로 이해할 것이다.

문제는 이 '주체'가 발딛고 서 있는 현실의 공간에서 '밤의 세계'이자 '절대악의 세계'가 점점 더 커다란 '긍정의 세계'로 확대되고 있다는 사실이다. 그가 '마르크스주의'에 긴박되고 끊임없이 현실부정을 위해 그 '절대진리'에 회귀하는 한 점점 더 그의 '주체'는 '관념'이 된다. '관념으로서의 주체'는 더 이상 그에게 '주체'일 수 없다.

신념(즉 마르크스주의)을 포기하는 순간 '주체'는 사라지고, '신념'을 계속 유지하는 동안 '주체'는 하나의 관념(소설 속의 표현을 빌리면 '유령'[20])이 되고 마는 이 딜레마가, 채만식 소설의 '주체 분열'의 내용이며, 그것은 그가 설정한 사상과 주체의 사회역사적 상상력에서부터 비롯되고 있었던 것이다.

---

19) 채만식, 「소설가는 이렇게 생각한다」, 『조선일보』, 1940년 6월 14~15일. 『전집』 10, 194~95면.

20) "박처럼 긍정하는 현실과 세계를 가지지 못한 것은 물론, 모조리 죄다 비정은 하는 것이나 그렇다고 해서 김처럼 현실적인 이 지구를 위한 비정인 것이 아니라 화성을 욕망하는 비정이니, 인간 세상에선 용납지 못할 유령(否定)인 것이다." 「냉동어」, 389면.

3. 스미꼬, 혹은 또다른 '주체'의 욕망

이러한 대영 앞에 갑자기 나타난 여인이 일본여성 '스미꼬'다. '스미꼬'는 누구인가? 한때 열렬한 마르크스주의자였던 그녀는 대영과 마찬가지로 더 이상 현실에서 의미를 찾기 어려워졌음에도 불구하고 여전히 그 '사상'에 '사로잡혀'있는 '자신'을 변화시키기 위해, 그녀의 표현대로라면 "아편을 버리기 위해"(소설 속에서 마르크스주의는 계속 '아편'으로 표현된다) 무작정 조선행을 감행한 여자다. 처음에 데면데면했던 대영은 그녀가 자신과 마찬가지로 한 때 마르크스주의에 탐닉했던 '아편쟁이'였음을 확인하고, 나아가 여전히 그 '중독상태'로부터 회복되지 못해 고통을 겪고 있다는 것을 알고 난 후부터는 "둘이는 완전히 십 년의 지기인 듯 하나도 사이에 막힘이 없되, 또한 조금치도 부자연스러움을 느끼지 않는,"[21] 사이로 발전한다.

마르크스주의로 인해 겪은 생활과 내면의 환난고초를 공유하는 동안만큼은 '스미꼬'는 '대영'에게 있어 '거울' 속의 '나'처럼 동형(同型)의 주체가 된다. 자신에게 마르크스주의를 주입시켜 준 남편이 감옥에서 나와 전향을 하고 난 뒤에도 여전히 마르크스주의를 버리지 못하는 '스미꼬'의 내력을 알게 된 순간, '스미꼬'를 향한 '대영'의 동병상련과 동질감은 더욱 절실해진다. 작가는 '스미꼬'의 내력을 빌려, 출옥 후 전향한 그 남편이 얼마나 인간적으로 타락해 가는지, 신념을 포기한 '주의자'의 몰락상을 신랄하게 묘사한다.

> 이것이 아편의 독을 말끔 다아 씻어버리구서 이미 완인이 돼가지구 돌아온 그 사람을 처음 만났을 순간의 제 기모찌더랍니다. 남…… 아무것두 아닌 남, 이거죠. 일껀 날 가져다 아편에 중독을 시켜주구서, 오래두룩 기대리게 하구서,

21) 채만식, 「냉동어」, 403면.

재갸는 실끔 손을 씻구 돌아서구. (…중략…) 그러나마 인간만이라두 족히 취할 한 구석이 있었다믄, 변했거나 말았거나 예대루 그를 맞아 들였으련만, 아편의 탈을 벗구 나선 정첸 세상 고약한 파락호! …… 오까다라구 하는 짝패와 부동이 돼가지군, 날 지지리 볶아두 대구, 필경 꼬여내다가 감금을 시키구서 협박을, 협박을 안 듣는다구 린치를 하구. 우리 부모두 끕끕수 많이 받았지. 모두가 방탕하느라구 돈을 뺏어내가는 수단이죠. (…중략…) 어디가서 사람을 궂히군 진짬 수양살일 갔죠! 한 십 년 ……[22]

남편의 전향과 인간적 몰락을 겪고서도 그녀가 마르크스주의를 끝내 못버리는 이유는, 소설 속의 표현대로라면 "다만 서재적이어서, 말하자믄 아편을 안 먹는 아편쟁이"[23]였기 때문인데, 이 점 또한 작가가 마르크스주의를 내면화하는 것과 같은 맥락이다. '아편을 안 먹는 아편쟁이'란 혁명운동의 일선에서 움직이는 실천적 마르크스주의가 아니란 의미다. 그러나, 아니 바로 그 까닭에, 아편의 강한 중독성에서 벗어나기가 더 어려우며, 마침내 "병은 골수에 사무치는 것"[24]이다. '스미꼬'는 여러 면에서 '대영'의 '거울'이자 '분신'이라고 할 수 있다.

그러나 '스미꼬'는 끝내 '대영'과는 다른 '주체'이다. 무엇보다도 그녀는 자신에게 치명적인 그 '아편'을 버리기 위해 조선행을 결심했다.

---

22) 채만식, 「냉동어」, 416~419면. '마르크스주의'에 대한 채만식의 동경(憧憬)과 선호(選好)와는 달리 '마르크스주의자'에 대한 그의 태도는 결코 호의적이지 않았음이 여기에서도 다시한번 확인된다. 또한 이것은 그의 소설에서 마르크스주의자를 한번도 그 '내부'에서 그린 적이 없다는 사실을 환기시킨다. 마르크스주의자를 '내부'에서 그린다는 것은, 마르크스주의자가 포지한 이념의 실천 과정에서 제기되는 '이상'과 그가 인간으로서 노정할 수밖에 없는 사유와 실천상의 '한계'를 동시에 '지양'한다는 것을 뜻한다. 전자(前者)가 과장될 경우, 소설은 이상화되고 추상화되며, 후자(後者)가 강화되면, 소설은 자연주의적 편향을 보이거나, 마르크스주의자가 더 이상 소설 가운데에서 역사를 추동하는 '성격'으로 그려질 수가 없다. 채만식은 '마르크스주의'에 동조하면서도, 창작과정에서는 시종일관 후자에 가까운 형태를 유지했다. 여기서 그나마 벗어나 있는 것이 『태평천하』의 윤종학이다. 그러나, 앞서도 말했지만, 그는 소설 가운데에서 전혀 기능하지 않는 인물이란 점에서, '내부'적으로 그린 인물이 아니다.

23) 채만식, 「냉동어」, 415면.

24) 채만식, 「냉동어」, 같은 곳.

아 그러니 다만 한가지 병증, 아편 그것만 선뜻 버리구 나믄…… 가뜩이나 시대와 세상허구 양립할 수두 없는, 그래서 진작 현실을 떠난 전설이요 아무짝에두 소용이 닿지 않는 한갓 우상…… 전 그걸 우상이라구 생각해요! 우상이지 별거예요…… 그러니깐 제발 그 우상만 그 아편만 내다가 버리는 날인다치믄 말씀예요…… 전 이내 그 좋은 환경 가운데서 기를 펴구 맘대루 질겁게 자알 이 청춘을, 인생을 갖다가 누려갈 수가 있을 게 아니겠다구요? (…중략…)

대영은, 아까 석양때 거리에서 일껏 제 입으로도 그러한 말을 했던 터요, 시방 이 자리에서는 더구나 그것이 당자 자신의 아주 절절한 부르짖음이라는 것을, 동시에 지당한 의욕이라는 것을 동감을 하기는 하면서도, 그러나 한편으론 그렇듯 파닥이는 이 여자에게 뉘엿이 서운한 거리감을 느끼지 않질 못하여, 그래 선뜻 무어라고 대답을 해줄 시름조차 없이 우두커니 등신처럼 앞만 바라다보며 앉았을 뿐이었었다.[25)]

대영은 그 스스로 '아편인 이념' 때문에 고통스러워 하면서도, 정작 그것을 떨쳐버리고자 하는 '스미꼬'를 '서운한 거리감'으로 바라본다. '대영'과 '스미꼬'의 이 '거리감'이 기실은 '주체'의 분열이 형성해 놓은 '간극'에 해당한다. 또한 동형의 분신인 듯 하면서도, '대영'과 '스미꼬'가 서로 달라지는 지점이기도 하다. 대영은 "왜 글쎄 사람은 생각허구 행하는 것허구가 제가끔 두 갈래 세 갈래루 갈라져 가는가"라고 묻고, 그걸 꼭 해득해 달라는 요구를 받으면서, 이렇게 중얼거린다.

기미와 스꾸와레루! 낭에까와시또데나이! 이마니 스꾸와레루, 기미와…… (너는 구조되겠군! 걱정하지마! 이제 곧 구조될거야 너는……)[26)]

---

25) 채만식, 「냉동어」, 425면.

26) 채만식, 「냉동어」, 426면. 그러나 원발표지인 『인문평론』, 1940년 5월호에는 일문(日文)을 그대로 노출시켜 "君は救はれる! 歎とでない! 今に救はれる, 君は……"로 적혀 있고 한글 번역은 달지 않았다. 『전집』의 편집자는 '歎とでない'를 '낭에까와시또데나이'로 읽고 『전집』에 한글음을 먼저 노출시켜 놓았지만, 그렇게 읽는 것은 어법상 어색하다. 『인문평론』의 문장이 오식(誤植)이 아니라면, '歎'은 형용사인 'なげかわしい'가 아니라 동사인 'なげく'나 'たんずる'로 읽어야 하지 않을까 생각한다. 그러나 여기서

'대영'과 '스미꼬'가 다른 것은, '대영'이 자학과 무기력증에서 벗어나기 위해 아무것도 할 수 없는 것과 달리, '스미꼬'는 그 상태에서 벗어나기 위해 계속 무언가를 모색한다는 점이다. '대영'이 작가의 분열된 주체의 한 조각이라면, '스미꼬' 역시 그 일부분이다. '대영'이 '스미꼬'의 모색이 서운하면서도, 한편으로는 그 '모색'을 부러워하듯이, 작가의 분열된 주체 안에는 소설 속에서 '스미꼬'가 '욕망'하는 것을 '욕망하고자' 하는 '주체'가 숨어 있다. '스미꼬'가 욕망하는 것은 무엇인가?

> 좋거나 궂거나 제 자신의 생활 …… 어떤 도저한 신념을 가지구 몸과 정신을 고스란히 다아 거기다가 쏟구서 달리 여념이 없두룩 진지한 생활 (…중략…) 그렇게 모두 심각하구, 그래서 어디 한구석 빈틈이 있거나 할 만한 무엇이 없이, 생활과 주체가 꽉 달라붙어설랑은.[27]

'스미꼬'는 마르크스주의로부터 벗어나기 위해, 혹은 주체의 분열을 극복하기 위해 하필이면 조선행을 선택한 것일까? 그것은 마치 우연이거나 즉흥적인 것처럼 보이면서도 사실은 치밀한 '욕망'의 계산에 의한 것이었다. '조선행'의 의미를 우리는 '스미꼬'의 입을 통해서가 아니라, 그녀의 계획을 들은 어머니와 언니의 반응을 통해 어느 정도 유추해 볼 수 있다.

> 아 어머니허구 언니허구서 그 말을 듣군, 고만 질색들을 하는군요! 어머닌 한단 말씀이, 얘야 글쎄 조선엔 시방두 호랭이가 시글시글하다는데, 무슨 수루 게를 가며, 조선이라믄 말만 들어두 머리가 내둘리질 않느냐구, 가뜩이나 울기 잘하시는 이가, 디리 눈물을 짜믄스 어쩔 줄을 몰라하구 …… 언닌 또, 조선은 하두우 추워서 겨울엔 귀가 마구 얼어 빠진다는데 어쩌자구 그런 델 가려 드느냐구 말려쌓구.[28]

는 인용의 일관성을 위해 일단 『전집』의 해당 면을 그대로 옮긴다. 다만, 인용 번역의 경우에 있어서도 기계적인 의미의 "구조"라기보다는 의미 맥락상 '구원받을 거야'라거나 '이겨낼 수 있다'는 의미가 담긴 표현이 적확한 옮김이다.

27) 채만식, 「냉동어」, 404~405면.

28) 채만식, 「냉동어」, 423면.

인용문의 의미를 유추해 보면 '스미꼬'가 조선에 와서 보고싶었던 것이 무엇인지 대강 윤곽이 파악된다. 그녀의 '조선행'은 결코 '대영'과 같은 자신의 동형분신을 만나기 위한 것은 아니었을 것이다. '스미꼬'는 어머니와 언니의 뇌리에 각인되어 있는, 여전히 '야만의 땅'인 이 '식민지 조선'이 자신이 그토록 반대했던 천황제 파시즘 국가인 제국주의 '일본'에 의해 어떻게 변화되었는가를 확인하고 싶었던 것이다. 그리고 그 변화된 '사실'을 눈앞에서 목도한다면, 그는 기꺼이 자신의 '아편'을 버릴 각오가 되어 있던 것이다. 그러므로, 기실 '조선행'은 '아편'을 버릴 '이유'라기보다는 차라리 하나의 '계기'에 불과했던 셈이다. 울고 싶은데 뺨치는 격으로, 식민지 조선에서 일본 제국주의의 위용을 발견할 수 있다면, 버리고 싶었던 그 '아편'을 기꺼이 버릴 수 있으리란 것. 그러나, 정작 그가 조선에서 만난 것은 동형분신인 '대영'이었다. 조선에 사는 '스미꼬'의 분신인 '대영'은 '보신각'으로 상징되는 '봉건'의 우울한 '유령'과 시대를 호흡하지 못하는 '이념'의 유령에 둘러쌓인 채, '스미꼬' 자신보다도 몇 겹이나 복잡한 주체의 '분열'을 겪고 있는 것이 아닌가. '조선'에 와서 오히려 떨쳐내고자 한 '주체'의 편린을 발견한 '스미꼬'는 잠시 '거울' 속에 비친 자신을 향해 '나르시시즘'에 빠지지만, 끝내 그것을 거부하고('대영'과의 도쿄로의 사랑의 도피 약속을 어기고) 대륙으로 향하는 기차에 몸을 싣는다. 조선에서 발견하지 못한 '아편을 버려야 할 이유'를, 그녀는 '대륙'에서 다시 확인하고자 했던 것이다.

> 용서해 주세요! 분상. 분상을 떼어놓고 스미꼬 혼자서 고만 대륙을 향해 떠나고 있답니다! (…중략…) 슬퍼도 미련겨워도, 자랑과 행복 속에 사랑을 보전하겠으니 좋고, 아울러 그곳에다가 아편을 버릴 수가 있을는지도 모르니 막상 이겠어요.
>
> 요전날 밤, 분상도 이야기를 하신 대로, 일청(日淸) · 일노(日露) 전역 때부터, 더는 풍신수길, 또 더 그 이전부터 전해 내려오던 일본민족의 유구한 민족적

사명이요, 그래서 한 거대한 역사적 행동인 중원 대륙의 경륜…… 이는 누가 무어라고 하거나 현 세대를 전제로 한 인간정열의 커다란 폭발인 것 같아요.

스미꼬, 이 길로 거기엘 가서 보고 대하고 접하고 하겠어요.

새로운 건설을 앞둔 무서운 파괴가 중원의 천지에 요란히 전개되고 있는 그 어마어마한 무대와 행동을…….

스미꼬와 혈통을 더불어 했고 동시에 한 사람 한 사람의 인간인 그네 씩씩한 장정들이, 그렇듯 세기적인 사실의 행동자로써 늠름히 등장을 했다가 끊임없이 시뻘건 피를 흘리고 넘어지는 그 핍절하고도 엄숙한 사실을…….[29]

사랑의 도피행을 약속하고도, 열차 출발시각이 지나도록 그 약속의 이행을 두고 계속 주저하고 망설이던 '대영'보다 한발 앞서 '스미꼬'는 대륙행을 선택함으로써 '대영'이라는 분열된 주체의 한 편린과 작별한다. '스미꼬'의 편지를 받아든 '대영'은 "애정을 놓친 그 가슴의 다만 허전함과도 일변 다른"[30] 상실감으로 괴로워한다. 동시에 "여자의 환영을 밟아 줄기차게 대륙에로 쏠리는 마음, 그를 연해 몽스러 가며 자제를 하자매, 아픈 노력이 쓰이지 않지 못했"[31]던 것이다.

4. 신체제, 혹은 새로운 '절대진리'로의 전이(轉移)

'대영'과 '스미꼬'는 채만식의 분열된 주체들을 표상하고 있다. 「냉동어」 이전의 작품들 예컨대 「소망」이나 「패배자의 무덤」에서는 결코 '스미꼬'로 표상되는 또다른 '주체'가 모습을 드러내지 않으며, 「냉동어」

29) 채만식, 「냉동어」, 461~463면.
30) 채만식, 「냉동어」, 465면.
31) 채만식, 「냉동어」, 465면.

이후에도 그것은 나타나지 않는다. 그 점에 「냉동어」의 의미가 놓여 있다. 작가는 「냉동어」에서 '주체' 안의 또다른 '타자'(스미꼬)를 처음으로 인정했던 것이다. 작가인 내게 익숙한 '주체'는 '신념'에 충실함으로써 끊임없이 '현실(사실)'로부터 소외당하는 '주체'이다. 그 '소외'에 저항하기 위해 '나'는 미친 척 하거나(「소망」에서처럼), 자살한다(「패배자의 무덤」에서처럼). '주체'는 '신념'과 '현실'이 한 치의 빈틈도 없이 밀착된 '생활'의 역동성을 꿈꾸지만, '신념'을 견지하는 한, 그것은 불가능하다. 나의 '신념'과 '현실'은 서로 양립할 수 없는 모순명제이기 때문이다. 거듭 확인하는 바이지만, '신념'을 포기하면 그 순간 '주체'는 소멸되고 만다는 두려움, 그러나 여전히 포기할 수 없는 '현실'과 밀착된 '주체'의 존재에 대한 욕망, 이 두 개의 분열된 주체 사이에서 혼란을 겪고 있는 것이 작가 채만식의 솔직한 내면풍경이다.

「냉동어」에서 '대영'은 '스미꼬'를 따라 대륙행을 선택하지 않음으로써 표면적으로는 또다른 '주체'의 욕망을 거부하는 것처럼 보인다. 그러나, 스미꼬와 연애하는 동안 태어난 아내가 낳은 그의 딸의 이름을 '스미꼬(澄子)'의 '징(澄)'을 따 '징상(澄祥)'으로 지음으로써, 그 '욕망'이 사라진 것이 아니라 여전히 현실 속에서 또아리를 틀고 꿈틀거리고 있음을 보여주고 있다. '딸의 이름'은 「냉동어」의 부제이기도 하면서, 동시에 '스미꼬'로 표상되는 또다른 '주체'를 욕망을 의미한다.[32)]

「냉동어」의 '주체'는 끊임없이 주저하고 머뭇거리는 '주체(대영)'와 존재를 확인하고자 하는 '주체(스미꼬)'로 분열되어 있고, '욕망'은 그 사이를 진자운동하듯 왕복한다. 그리고 이 '분열된 주체'가 마침내 안착하는 지점이 이른바 '신체제'의 공간이다. 이 '신체제'는 '주체'가 그토록 고

---

32) 부제인 '딸의 이름'은 『인문평론』 1940년 4월호에는 없다가 5월호에 부기되어 있다. 이것은 4월호 인쇄 과정의 실수인지, 아니면 5월호 발간 이전에 제출된 작가의 요청에 의한 것인지는 알 수 없으나, 어느 경우이더라도 '딸의 이름'의 상징성이 강조된 효과만은 분명하게 드러난다.

수(固守)하고자 했던 '신념'의 대체물이며, '스미꼬'가 그토록 버리고자 했던 '신념'의 새로운 화신(化身)이다. 다른 어떤 이유보다도, '신체제'가 기존의 '절대진리'였던 '마르크스주의'를 대체할 수 있었던 까닭은, 이것이 자본주의적 모든 '악'(특히 채만식이 혐오해 마지 않았던 자유주의와 개인주의, 이기주의)을 일소하고 새로운 세계의 지평을 열 수 있다는 전망 때문이었다. 마르크스주의와 신체제는 '반자본주의의 논리'라는 조건항에 의해 서로 등가적(等價的) 관계를 형성한다. 아니, 좀더 정확히 말하면 마르크스주의적 신세계의 구현은 현실 가운데에서 요원하며, 따라서 그것은 점차 '유령적 신념'이 되어가는 반면에, '신체제'가 약속한 지복(至福)의 세계는 바야흐로 눈앞에서 확연히 실현되고 있는 것이어서 온전한 등가를 이루는 것도 아니다. 자본주의 세계를 소멸시킬 수만 있다면, 마르크스주의쯤은 얼마든지 부정할 수도 있는 것이다. 채만식에게, 그것은 마르크스주의의 부정이 아니라, 더 큰 절대진리로의 기꺼운 '전이'였다.

> 개인주의의 이 자유주의적인 생산태도에 있어서는 국력 내지 국가적인 손실이라는 것을 전혀 고려치 않는다. (…중략…) 그리고서도 이름하여 그것을 자유니 '나'니 하고 부르던 것인데 그러한 자유며 '나'란 것이 인류와 공서(共棲)하여 영세불망할 이치가 없는 것이다. 과연 인류는 바야흐로 새로운 역사를 창조하려 위대한 아침을 맞이했다. 그리고 방금 몰락하고 있는 구라파적인 자본주의와 더불어 탄생하여 더불어 성장하고 더불어 번영을 누려 오던 자유주의나 개인주의도 그와 더불어 몰락 또한 같이할 운명을 짊어진 자이어서 지금에 그 종언을 고하게 된 것이다. (…중략…) 소화유신은 명치유신의 발전적 해소로 신체제에 있어서는 그러므로 재래의 모든 개인주의나 자유주의적인 행동과 이데올로기가 부정이 된다. (…중략…) 신체제를 그런데 개인주의와 자유주의의 부정이요 국민총력의 국가관리요 한 대서 언뜻 공산주의를 연상하는 사람이 혹간 없잖아 있다고 한다. 그러나 근위 수상(近衛首相)도 그것을 해명한 바가 있었지만 우리의 신체제는 결코 소비에트 러시아처럼 국민의 일부분인 프

롤레타리아만으로 된 집단체나 그의 기능과는 전연 달라 1억의 전국민이 무슨 주의나 이해 그런 거승로가 아니라 황도적(皇道的)으로 한데 맺어진 일심(一心)국가다.[33)]

제2차 고노에 내각이 들어선 1940년 10월에 일본의 모든 정당과 정치단체가 해산되고, 그것이 '대정익찬회'로 흡수통합되면서, 이른바 '신체제'는 논리와 제도의 양측면에서 본격적으로 전개되기 시작한다. 식민지였던 조선에서도 '신체제'는 하나의 커다란 폭풍이었다. 일본과 관련된 것이면 무엇이든 부정하고 거부하는 '맹목'이 아닌 한, 최소한도의 논리와 명분을 갖춘 경우라면 이 '신체제'와 어떤 형태로든 맞닥뜨려야만 했다. 그리고 '신체제'의 논리와 싸워 이기든가 그것에 흡수되든가, 선택지(選擇枝)는 둘 중의 하나였다. 그 과정에서 '신체제론'을 자신의 논리와 주관적으로 접속시키는 무수한 '신체제'의 전유(專有)가 나타났다.[34)] 채만식 또한 그 수많은 지식인 중의 하나였다. 분열된 주체는 다시 하나로 굳건히 '통합'된 것처럼 보였고, 더 이상 '신념'과 '사실'의 괴리로 인해 고통받을 이유가 없어 보였다. 마르크스주의를 '절대진리'

---

33) 채만식, 「문학과 전체주의—우선 신체제 공부를」, 『삼천리』, 1941년 1월. 『전집』 10, 230~232면.

34) '신체제' 논리의 전유과정의 일단에 대해서는 한수영, 「이태준과 신체제—식민지배담론의 수용과 저항」, 문학과사상연구회 편, 『이태준문학의 재인식』, 소명출판, 2004년, 197~207면을 참조. 채만식이 '신체제'에 투항하는 과정을 「냉동어」와 연관지어 논의한 주목할 만한 글로는 최현식의 「문학가의 이상과 생활인의 비애—채만식의 산문과 평론」(문학과사상연구회 편, 『채만식문학의 재인식』, 소명출판, 1999년에 수록)가 있다. 그러나, 최현식은 「냉동어」를 채만식의 신체제의 전면적 수용 여부를 중심에 두고 읽어, 본 논문의 독법과 다소 차이가 난다. 본 논문이 주목한 것은, 신체제 수용 여부 자체가 아니라, '주체'의 분열과 욕망의 구조가 어떻게 '신체제'의 수용에 연결되는가 하는 점이다. 두 독법의 가장 큰 차이점은, 해방 직후의 채만식을 이해하는 데서 발견된다. 최현식은 해방 직후의 채만식이 '신체제'에 함몰되었던 과거의 자신을 반성하고 "뒤틀린 의식과 행동이 대체로 극복되었다"(같은 책, 223면)고 평가하지만, 해방 전에 구조화된 그의 '사상'과 '주체'의 관계는 여전히 해방 이후에도 반복된다는 것이 나의 생각이다. 그리고, 이 구조화된 그의 의식이 해방 이후의 주저(躊躇)와 회의(懷疑), 때로는 '무매개적인 기투(企投)'로 드러난다고 본다. 이는 다른 자리에서 논할 기회가 있을 것이다.

로 근원에 두었던 '부정의 주체'는 이제 '신체제'라는 '대체진리'를 배후로 하여 '긍정의 주체'로 거듭났다. 더 이상 '스미꼬'라는 주체 안의 또 다른 주체의 욕망을 좇아 '대륙행'을 감행할 것인가 말까를 고민할 필요도 없으며, '스미꼬'의 욕망을 좇는 대신 '딸의 이름'을 '징상(澄祥)'이라고 짓는 대리충족을 꾀할 이유도 없다. 이 지점에서, '대체진리'로서의 '신체제'의 진리값이, 과연 마르크스주의를 대신할 만한 것인가 아닌가를 묻는 것은 무망한 일이다. 그 이전에 이미 우리는 그의 마르크스주의가 역사적 현실과 교호하는 이념이 아니라 이미 형이상학이 되어 있었음을 확인했기 때문이다. 채만식에게 있어 그 형이상학은, 자본주의에 동의하지 않고, 그 체제 안에서 이루어지는 '모든 것'을 부정하는 동안은 '진리'로서의 순기능을 지니지만, 그 '부정적 현실'이 거부할 수 없는 '긍정의 세계'로 확대되는 '사실의 세기' 앞에서는 더할 나위 없이 무력한 것이었다. 그러므로, 마르크스주의와 신체제의 등가교환의 구조는, 이미 그의 정신구조 안에서 배태되어 있었던 것이라 할 수 있다. 하나의 '절대진리'이자 '형이상학'으로 배치되어 있던 '마르크스주의'에 맹목이었듯이(즉, 이념에 대한 역사적 성찰이 불가능했듯이), '구조' 안에서 자리바꿈을 한 '신체제'에 대해 채만식은 맹목에 가까운 태도로 포섭된다. '신체제'의 논리에 포섭된 다른 작가들이, 그 논리 내부에서 모순과 비합리를 발견하고 발을 빼려는 시도를 하는 동안에도, '신체제' 안에서의 그의 행진은 계속된다. 이 중단없는 행진이 도착한 지점에서 "나는 사람은 조선 사람이라도 마음의 나라는 일본이요, 그러므로 일본을 위하여 충의를 다하되 목숨을 아끼지 아니하노라"라는 진술이 가능해진다.[35] 이것은 그가 애초 '신체제'를 전유하게 되었던 '반자본주의'와 '탈근대'의 세계와도 한참 동떨어진 자리였다. '마르크스주의'와 '신체제'의 자리바꿈, 그 과정에서의 '주체'의 분열, '이념'과 '사실'의 딜레마,

35) 채만식, 『여인전기』, 『매일신보』, 1944~45년. 『전집』 4, 393면.

「냉동어」는 이 틈새를 가로지르는 채만식의 정신구조에 관한 '자가분석'의 기록이다.

• **한수영** | 1962년생. 연세대학교 중문과 및 동대학원 국문과 마침. 문학박사. 현재 동아대학교 한국어문학부 조교수이다. 전공은 한국 근대소설 및 근대비평. 저서로 『문학과 현실의 변증법』(1997), 『한국 현대비평의 이념과 성격』(2000), 『소설과 일상성』(2000) 등이 있다.

복종과 복수의 서사

「아름다운 새벽」에 대한 몇 가지 고찰

이경훈

1. 전집 텍스트의 문제

『아름다운 새벽』은 1942년 2월 10일부터 7월 10일까지 『매일신보』에 연재된 채만식의 장편소설이다. 이 작품은 『여자의 일생』, 『여인전기(女人戰紀)』와 함께 『채만식전집』(창작사, 1987) 제4권에 수록되어 있는데, 거기에는 다음과 같은 「해제」가 붙어 있다.

> 이 장편소설은 1942년 2월 10일부터 7월 10일까지 매일신보(每日新報)에 연재된 작품으로 11장으로 구성되어 있다. 1947년에 박문출판사(博文出版社)에서 단행본으로 간행된 바 있는데, 4×6판 종서로 253페이지이며, 200자 원고지로 750매쯤 된다.
>
> 이 단행본의 차례 및 끝 페이지에는 '전편(前篇)'이라는 표시가 되어 있는데, 이로 보아 '후편'을 쓸 계획이었던 것 같다. 그러나 결국 후편은 발표되지 않았다. 또 박문출판사 본에는 39페이지부터 46페이지까지 8페이지가 빠져 있는데, 38페이지 끝줄에 '39~46페이지는 缺'이라는 주(註)를 달아놓았다. 이는 아마 인쇄 과정상의 잘못으로 인한 것인 듯하며, 내용이 삭제되거나 빠진 것은

아닌 듯싶다.[1]

위와 같은 설명과 함께 『채만식전집』 4는, '별명은 생철동이라도', '까치가 우짖더니', '버젓한 안해가 있는 몸이', '사실인 것과 진실인 것과', '우리 집 창의 불빛', '부질없는 우연', '이미 정해진 분수건만', '이 날이 흐리기 전에', '경주', '동화의 상처', '이십일 년 된 신부' 등 총 11장으로 구성된 『아름다운 새벽』을 제시한다. 『아름다운 새벽』은 미완성된 작품이며, 전집에 실린 것은 '전편'이라는 것이다. 그 마지막 장면은 다음과 같다.

> "사람을……"
> 그러다가 가볍게 목을 가다듬어 가지고
> "사람을 얻으시지요! ……"
> 표정이나 태(態)와 마찬가지로 음성도 그렇게 고요하고 담담했다. (…중략…)
> "민적을 갈르기로서니 지금 어디루 머리 두르구 갈 곳이나 있어요? 이대루 어머님이나 뫼시구 있게 해주시면 큰 덕으루 알구 한평생……"
> 퍼뜩 말이 끊긴다. 그러고는 잠깐 그대로 잠잠히 있더니 인하여 손끝을 짚으면서 조용히 몸을 일으킨다.[2]

주인공 임준은 '여장부' 어머니 강부인에 의해 열세 살에 조혼하게 된다. 그러나 그는 첫날밤 벽장 속에서 튀어나온 신부의 애인에게 어린 신랑이 살해된 일이 있다는 째보의 말에 무서움을 느낀 나머지 신방을 뛰쳐나가고 만다. 그 후 이십일 년이 지난 현재, 도쿄 유학을 거친 작가로서 서울에서 아파트 생활을 하고 있는 준은, '손목 한번 잡은 일 없이' 아내를 처녀로 늙게 한 일에 대해 '다시 없을 큰 죄'라고 생각한다. 하

1) 채만식, 『채만식전집』 4, 창작사, 1987년, 8면. 『아름다운 새벽』을 인용하는 경우, 이하 『전집』으로 표시함.
2) 『전집』, 141~142면.

지만 그는 이혼을 하여 아내를 '해방'시켜주라는 친구 태평의 말에 차마 동의하지는 못한다. 준이 생각하기에 아내에게는 이십 년간 소박을 맞을지언정 이혼을 당하지 않고 "소위 그 집 귀신 노릇"을 하는 것이 "차라리 행복이요 절망스런 자랑"이기 때문이다.

이러한 남편 앞에서 소복을 입은 아내는 "물처럼 맑은 피"를 지닌 듯, "숨도 쉬지 않는 듯 그림같이 곱게" 앉아 있는 것이다. 준의 아내 서씨는 가정과 가문을 벗어나 자신의 운명을 개척하는 『직녀성』(심훈)의 인숙과는 전혀 다른 인물이다. 서정주의 「질마재 신화」와도 비슷한 '옛이야기'를 생각하는 남편에게, 이 아내는 "지상적(地上的)임과 인간임을 초탈한" 봉건적인 여성성(婦德)의 화신으로 슬프게 미화되고 있다.

따라서 위의 장면은 깊은 여운을 남긴다. "손끝을 짚으면서 조용히 몸을 일으"키는 아내의 모습으로 볼 때, 이 작품은 동양적 미의 제시를 기도한 듯도 하다. '후편'은 그 "특이한 아름다움"의 구체적인 전개와 발현을 보여주게 계획되었을지도 모른다.

그런데 이러한 생각은 완전히 잘못된 것이다. 위의 장면은 미완성된 「아름다운 새벽」의 마지막이 아니기 때문이다. 요컨대 『매일신보』에 발표된 「아름다운 새벽」은 전집에 수록된 11장 이외에 9장이 추가되어 전부 20장으로 되어 있다. 작품이 1942년 2월 10일부터 7월 10일까지 모두 11장으로 연재되었다는 「해제」의 말과는 달리, 11장에 해당하는 '이십일 년 된 신부'는 1942년 4월 21일에 끝나고 4월 22일부터는 12장에 해당하는 '욕지도'가 시작되고 있는 것이다. 연재된 작품의 장별 구성을 보이면 다음과 같다.

12장 : 「욕지도」, 4월 22~29일.
13장 : 「비바람 치는 날」, 4월 30일~5월 6일.
14장 : 「호올로 오지 안는 것」, 5월 7~12일.
15장 : 「불나븨」, 5월 13~26일.

16장 : 「부지럽시 사람이 바쁘더라」, 5월 27일~6월 4일.

17장 : 「살」, 6월 5일~18일.

18장 : 「약속된 우연」, 6월 19~23일.

19장 : 「박꽃」, 6월 24일~7월 2일.

20장 : 「바꾸어 신은 신발」, 7월 3~10일.

따라서 "200자 원고지로 750매쯤 된다"는 말, 또는 "후편을 쓸 계획"이었으나 "결국 후편은 발표되지 않았다"는 설명은 사실을 왜곡하고 있다.[3] 애초에 후편은 없었으며, 1942년 2월 10일부터 7월 10일에 걸쳐 작품은 완결되었던 것이다. '후편' 운운은 신문 연재로써 완성된 「아름다운 새벽」이 박문출판사를 통해 전 후편으로 나뉘어져 출판되었거나, 출판이 계획되었던 데에서 초래된 것이다. 이는 『매일신보』에 실린 초출 작품을 보지 않은 채 전집이 편집되었음을 증명한다. 또는 박문서관의 '후편'이 출판되었으나 이를 확인하지 못한 채 '해제'를 쓴 것일 수도 있다.

결론적으로 말해 인용된 '해제'는 독자와 연구자들로 하여금 혼동과 오류를 재생산하게 한다. 자세하고 충실한 조사가 수행된 듯이 보이는 '해제'로 인해, 오히려 12장부터 20장은 더욱 눈에 띄지 않게 될 터이다. 하루바삐 『채만식전집』 4는 누락된 아홉 장의 내용을 첨가해 『아름다운 새벽』의 전모를 보여야 할 것이다.

---

3) 『매일신보』 연재본을 확인해 보았을 때, 박문출판사 본의 39페이지부터 46페이지까지 빠진 것에 대해 "내용이 삭제되거나 빠진 것은 아닌 듯"하다는 말은 올바른 설명으로 보인다.

2. 명령과 복종, 운명의 구조

그렇다면 『아름다운 새벽』의 진짜 마지막은 어떤 모습을 보이고 있는가. 『매일신보』 7월 10일자에서 인용하면 다음과 같다.

> "이 손이, 두 아내를 죽여서 장사 지낸 손이 아니요? 그런 이 손으루 내가 행복을 다시 만진대서야, 진정 하늘이 내려다보실 노릇 아니겠소? …… 부처님 앞에 이 손을 합장허구 나무아미타불을 외우면서 여생을 마치든지 …… 전질(戰地) 가서, 이 손으루 조그마한 꿈이라두 세워 속죄를 하든지 …… 아직 확정은 못 했소마는……"
>
> "……"
>
> "나미두 남의 피눈물 자국에다 사랑을 가꾸고 싶든 않겠지!" (…중략…)
>
> 오월의 새벽은 맑고도 아름다웠다. 준은 집을 등지고 바깥문을 호올로 걸어 나가면서
>
> "내 영혼도 몸도 영원히 이 새벽처럼 맑고 아름다워지이다!"
>
> 하고 눈을 감았다.[4)]

이렇게 작품은 준이 가정의 행복을 버리고 '부처님'이나 '전지'를 향해 떠나는 것으로 귀결된다. 그리고 이러한 행위는 '두 아내를 죽여서 장사 지낸' 준의 운명을 배경으로 한다. 그 과정은 다음과 같다.

주인공은 이십일 년을 처녀로 늙은 서씨가 죽은 후, 박덕대의 딸인 용순을 아내로 삼는다. 보통학교를 마치고 종로의 상점에서 '레지스터'로 일하던 그녀는 상점 주인의 소개로 아버지뻘인 홍 주사의 첩이 된다. 그녀는 결국 백매화라는 기생으로 전락하게 되지만, 준은 그러한 용순을 받아들인 것이다. 물론 '바꾸어 신은 신발'이라는 장의 제목이 시사

4) 채만식, 『아름다운 새벽』, 『매일신보』, 1942년 7월 10일. 맞춤법은 인용자가 수정함. 이하 『매일신보』로 표시함.

하듯이, 준과 용순의 결혼은 애초에 잘못된 일이었다. 준이 사랑한 것은 태평의 사촌누이로서 전문학교를 나온 이상적인 양장미인 오나미였기 때문이다. 더욱이 준은 나미와 장두식이 결혼했다고 오해한 나머지, 나미가 준을 떠난 사이에 자포자기적으로 용순을 민적에 올린 것이다. 하지만 밥 지을 줄 알고 바느질도 할 줄 알기 때문에 "우리 마누라 자격 만점"으로 평가받은 이 두 번째 아내 역시 나미가 준의 아이와 함께 찾아온 날 죽고 만다. 이러한 일들로 인해 주인공은 자신의 운명이 "남을 불행케 하도록만 마련된 마치 무슨 살(煞)"과 같은 것이라고 말하는 것이다.

그런데 여기서 주목되는 것은 이 이야기들이 주인공의 최종적 결단을 뒷받침하기 위해 대단히 작위적으로 엮여진 듯하다는 점이다. 그 대표적인 것은 서씨와 용순의 죽음이다. 이는 소설의 마지막 부분에 갑작스럽게, 또 거기에 이르는 인간적 고뇌나 갈등도 거의 제시되지 않은 채 단지 보고된다. 이를테면 용순은 "원 주인이 왔으니까 물러나야지" 하면서 손쉽게 자살을 한다. 서씨는 인용된 11장 이후 거의 등장하지 않다가 병으로 죽어버리고 만다. 그 죽음 역시 이혼하지 못해 전전긍긍했던 주인공의 고민 및 그 뒤에 드리운 봉건성의 무거운 그림자와 비교해 너무나 간단하게 처리된다. 화자는 그 병명조차 독자에게 알리지 않는다. 이는 다음과 같이 요약적으로 서술된다.

> 이 동안 준은 제 마음으로나 남의 앞에 나가서나 과히 부끄럽지 않을 만큼 착실한 농부 노릇을 하였고 그러면서 한편으로 대소(大小) 몇 가지의 일신상(一身上)에 관계된 일을 겪었었다.
>
> 첫째 아낙 서씨가 세상을 떠난 것이었다.
>
> 정월 초생인데 병이 침중하다는 전보를 받고 황망히 달려 내려갔을 때는 이미 발상(發喪)을 한 후였었다.[5]

---

5) 『매일신보』, 1942년 7월 5일.

이에 대해 준은 그저 "큰 슬픔과 나의 지중한 죄를 영원히 맡아 가지고 갔구나!"라고 하면서 한숨지을 뿐이다. 이는 서씨나 용순, 더 나아가 나미와 준 역시 살아 있는 진짜 인물이 아님을 의미한다. 서씨와 용순은 계획된 방향으로 사건을 전개시키기 위해 배치된 순전히 형식적인 계기들인 것처럼 보인다. 이들은 조혼 제도나 가정의 가난 등으로 인해 삶을 농락당한다. 그러나 그 이상으로 이들의 인생은 두 아내를 죽이게끔 마련된 준의 운명을 위해 동원된다. 그들의 죽음조차 나미로 하여금 준을 떠나보낼 수밖에 없게 하는 강력한 수단이 되는 것이다. 나미의 행동은, "나미두 남의 피눈물 자죽에다 사랑을 가꾸고 싶든 않겠지"라는 한 마디 말로 인해 완전히 결정되고 만다. 그녀는 준의 뜻에 복종할 뿐이다. 안빈(이광수, 『사랑』)의 의지에 순옥을 비롯한 여러 인물들의 일생이 좌우되듯이, 이 세 여성의 삶은 준의 운명에 전유됨으로써 그 소설적 한계와 결론을 보인다.

이는 결국 준의 운명 역시 고도로 동원되었음을 의미한다. 두 아내의 죽음은 그가 부처님이나 '전지(戰地)'를 향해 나아가는 일을 필연적인 것으로 만들기 때문이다. 그는 '속죄'하는 마음으로 부처님께 합장함으로써 두 아내를 죽인 '살손'의 업보를 씻어야 할 터이다. 그 이외에 선택할 수 있는 것은 오직 '전지'로 가 '조그마한 꿈'을 세우는 일이다. 전쟁에 참여하는 것 역시 부처님에 필적하는 국가, 즉 대아(大我)에 귀의하는 일이다. 작가인 준은 '전지'에서 "보다 감격적이요 다이나믹한 테마"를 많이 발견할 수도 있을 것이다. 이는 전선에 가서 "나의 '백일홍과 병정'을 테마로 소설을 쓰고 싶다"[6]고 한 채만식의 말을 상기시킨다. 실로 주인공 앞에 펼쳐진 역사적 상황은 다음과 같다.

> 이 해 십이월 팔일, 저 역사적인 대동아전쟁(大東亞戰爭)이 일고 황군의 빛나는 전과 가운데 새해를 맞이하였다. (…중략…) 미영의 낡은 세력을 송두리

6) 채만식, 「나의 꽃과 병정」, 『채만식전집』 10, 창작과비평사, 1989년, 429면.

째 뒤집어엎으면서 봄도 건 듯 저무는 사월 그믐까지엔 그 넓은 서남 태평양이 황군의 제압 아래 고스란히 놓이게 되었다. 써 대동아공영권 확립의 큰 경륜은 우선 그 지도(地圖)가 굵은 선(線)으로 뚜렷이 그려졌고 연달아 정치 경제 문화 등의 힘찬 건설이 재빠르게 진행이 되었다. 일면 전쟁 일면 건설 바로 그것이었다.[7]

이렇게 보았을 때, 사랑하는 나미와 아이를 아무렇지도 않게 버림은 물론, 파란만장한 삶의 회오나 애욕의 고통조차 훌쩍 뛰어넘어 길을 나서는 준의 행위는 이 소설이 지닌 친일문학으로서의 위치를 핵심적으로 보여준다. 주인공들의 삶을 인형처럼 조종하는 소설의 구성 자체가 국가 동원 체제와 상동성을 띤다. "가정이란 것이야 나한테는 일평생 거주제한 구역"이라는 말로도 표현되는 준의 운명은 전쟁동원령의 내면화되고 개별화된 소설적 대응물이었던 셈이다. 소설은 목숨을 요구하는 국가의 명령을, 가정과 행복을 버릴 수밖에 없는 개인의 운명으로 필연화한다. 따라서 이는 "일신상의 모든 것을 헌신짝 같이 내던져버리고" '대장부'의 "장한 길을 떠나는"[8] 오태평의 경우와 대비된다. 오태평은 주관적 운명보다는 다음과 같이 '대동아'의 이념을 객관적 역사성으로서 파악하며 '대륙과 결혼'할 것을 선택했기 때문이다.

"이번도 결국 그거라!…… 그런데 일찍이 있었던 어떤 역사의 바뀜보다두 큰 거라…… 범위도 크고 의미도 크고…… 이 사람아 동양 전체가 한 덩치가 되는 노릇 아닌가?" (…중략…)

"우선 임시로 군대(軍隊) 뒤따라 다니문서 심부름꾼도 좋고 …… 선무(宣撫) 같은 것도 좋고 (…하략…)"[9]

---

7) 『매일신보』, 1942.7.5.

8) 『매일신보』, 1942.6.17.

9) 『매일신보』, 1942년 6월 16일.

이때 준과 태평은 모두 완미한 '국민'은 아닌 듯하다. 준이 운명이라는 주관성에서 빠져나오지 못하는 면이 있다면, "오빤 그 정치쟁이 실업쟁이 아니우?"[10]라고 하는 나미의 비평이 암시하듯이, 태평은 시국에 휩쓸리는 경향을 보인다. 따라서 각각 준과 태평의 행위 근거를 이루는 주관성과 객관성은 다음과 같이 논의되는 교육과 성장에 의해 매개, 종합되어야 할 터이다.

> "나폴레옹 같으군?"
> "그러잖아두 즈이 외할아버지께서두 그러시면서 나폴레옹두 참 콜시카 섬 태생이었더니라구 …… 너두 어디 그 포병사관(砲兵士官) 되잖으려냐구 그러시구 ……"
> "포병사관! …… 그두 좋지! (…하략…)"[11]

준과 나미는 용모뿐 아니라 섬에서 태어났다는 점에서도 나폴레옹과 닮은 그들의 아이가 '포병사관'이 될 것을 이야기한다. 이때 준의 운명과 아이의 성장은 짝을 이루며 국가를 향해 달려가게 된다. 물론 이들이 주고받는 말은 단지 가정 내부의 대화가 아니다. 이들의 말은 조선인에게 병역을 부과할 수밖에 없게 된 일본 국가의 계획에 근거한 것이기 때문이다. 이는 정체성과 관련된 일종의 사이비 희망을 이룬다. 병역은 조선인이 '국민'이 되었음을 선포한다. 민족은 식민지인의 주관성을 넘어 국민으로서의 객관성을 띠게 되었다. 실로 나미는 임신을 알리는 일본인 산부인과 의사로부터 다음과 같은 말을 듣는다.

> "반도에두 지원병 제도가 생겼구 담에는 불원간 징병제도가 실시되리라구두 하더군요? 그러니 더욱이 건실한 애기를 낳아서 억센 병정을 길러서 나라에 바쳐야 안켔다구요? 그러는 책임이 뉘게 있느냐 하면 여자요 어머니어든요!"

---

10) 『전집』, 66면.
11) 『매일신보』, 1942년 7월 9일.

"네!" (…중략…)

"부디 아까 말씀대루 잘 주의하시구…… 나는 지끔 바야흐로 군국의 어머니가 되어 가구 있느니라 이런 각오루다 응?"

"네!"[12]

완고한 시어머니인 강부인이 나미를 며느리로 받아들이지 않는 것에 반해, 국가는 나미에게 '군국의 어머니'라는 막중한 역할을 수여한다. 그리고 이에 대해 나미는 오직 "네!"라고 대답하며 복종한다. 그러므로 이는 처녀로 늙은 서씨의 체념적 삶과 크게 다르지 않다. 당연히 그녀는 '전지'로 떠나는 준을 붙잡을 수 없을 것이다. "출정하는 아들을 붙들고 꺼이꺼이 우는 어미가 있다면 그것은 침 뱉을 어미"[13]인 것처럼, '군국의 어머니'는 "눈물을 집어삼키고 남편을 전장으로 보내는" '군국의 아내'이기도 해야 할 터이다.

한편 위의 장면에서 우리는 최정희의 「야국초(野菊抄)」(1942년 11월)나 이광수의 「군인이 될 수 있다(兵になれる)」(1943년 11월)를 상기하게 된다. 전자가 "엄마, 내가 전쟁에 나가 싸우다 죽어도 이 꽃을 보고 울지 않지?"[14]라고 질문하는 아들과 어머니를 그리고 있다면, 후자는 "아버지, 조선인은 군인이 될 수 없어?"[15]라는 비통한 질문을 남긴 채 어린 나이에 죽는 아들과 아버지의 이야기이기 때문이다. 그리고 두 소설 모두에서 국가는 부모와 자식 사이에 깊이 개입하고 있다. '국(國)의 일신민(一臣民)'이며 '종족의 일원인 자'를 부모가 '사유'하려 하지 말라고 한 이광수의 주장(「신생활론」)은 쓸데없는 옛이야기이다. 이미 부모와 자식은 국가를 매개로 의사소통한다, 가족은 군인을 생산하는 일종의 공장이자

12) 『매일신보』, 1942년 6월 22일.
13) 이광수, 「징병과 여성」, 『신시대』, 1942년 6월. (이경훈 편, 『춘원 이광수 친일문학전집』 2, 평민사, 1995년, 351면)
14) 김규동 · 김병걸 편, 『친일문학작품선집』 2, 실천문학사, 1988년(재판), 186면.
15) 이경훈 편, 『진정 마음이 만나서야말로』, 평민사, 1996년, 376면.

훈련소이다.

따라서 위의 장면은 신여성과 중을 제일 싫어하는 대신 어린애와 병정을 제일 좋아하는[16] 강부인을 떠오르게 하기도 한다. '신여성'에서 벗어나 자신의 아들을 '포병사관'으로 키우는 '국민'이 됨으로써, 나미는 시어머니가 제일 좋아하는 두 가지 인간형을 종합해 나아갈 것이다. 이는 지극히 근대적인 나미와 대단히 봉건적인 강부인 모두가 그 불균등한 개인성의 어긋남과 편차를 넘어 일본 제국의 국민으로 봉합됨을 의미한다. 이들은 공히 '포병사관'을 기르는 '군국의 어머니'와 '군국의 할머니'가 될 것이다. 고부간의 가정적 불화를 초월하는 이 '군국의 고부관계'야말로 준의 운명과 더불어 『아름다운 새벽』이 구성된 원리를 암시한다. 그것은 '대일본제국'의 명령, 그리고 그에 대한 복종이었다.

3. '생활'의 탐구

『아름다운 새벽』에서 또 한 가지 논의해야 할 것은 이른바 '생활'의 문제다. 일단 이는 돈놀이도 하지 않고 장리도 놓지 않았으면서도 오륙백 석의 추수를 받을 만큼 가세를 키운 강부인의 성격과 삶 자체로서 강력히 제시된다. 사실 강부인이 '여장부'로 불리게 된 이유, 나아가 그녀가 신여성과 중을 싫어하는 이유는 이 '생활'의 태도 때문이다. 다음은 강부인에 대한 서술이다.

> 젊은 과부댁의 손으로 그만큼이나 성세를 이루어놓게 된 데에는 당초부터 얼마간의 재산적 기초가 있었던 덕분이 아님은 물론 아니다. 그러나 그보다 더

16) 『전집』, 22면.

중요하기는 일에 대한(생활에 대한) 사람 자신의 철저한 정성과 힘찬 실행력…… 이것이었다.

일에 대하여 빈틈없이 정성 있고 힘차게 실행하고, 이것이 곧 강부인의 생애요 생활 전부요 했다. (…중략…)

내 앞에 당한 바 생활에 정성 있고 적극적이요 한, 즉 생활에 대하여 용감스러운 강부인, 그는 '집안'을 위해서나 이윽고는 천하를 위해서나 퍽도 미쁜 여인이라 아니 할 수 없을 것이다.[17]

하지만 '생활'은 단지 강부인만을 특징짓는 것은 아니다. 작품 속에서 '생활'은 아주 여러 번 언급된다. 예컨대 나미는 장두식과 결혼하라는 친오빠 윤평에게, "생활정신이 그렇게 순수하들 못하니깐 오빤 맨날 은행원이죠!"라고 공박한다. 그리고 이에 대해 윤평은, "느인 아직 철이 들질 않구 세태가 무엇인지 생활이 무엇인지 모르니깐 바루 그렇게 순수한 걸 찾"[18]는다고 대답한다. '생활'에 대한 집착은 준에게도 예외가 아니다. 그는 아파트에 찾아와 "대놓고 빨래를 해다 주는" 용순(용복) 어머니에 대해 다음과 같이 생각한다.

준은 이 여인의 차라리 그처럼 화폐의 열 단위(十單位) 미만의 단위를 가지고 그 범위 안에서 그 척도로써 빠득빠득 생활을 자질하는 생활이야말로 오붓하니 군것의 침노할 빈틈과 딴 걸 돌아볼 여념이 전혀 없다는 점에서 그 긴박(緊迫)하고 핍절스런 품이 '가장 내용이 알찐 생활' '가장 생활적인 생활'이 아닐는지 싶었다.[19]

이러한 생각을 기반으로, 준은 포도나 '특수식량'을 재배하기 위해 안양에 농장을 사거니와, 이 귀농의 계획과 실천은 소설 전편에 걸쳐 일관되게 추진되는 준의 핵심적인 행위이다. 실상 준은 농사짓기를 바랐

17) 『전집』, 16면.
18) 『전집』, 41면.
19) 『전집』, 51면.

던 강부인의 뜻에 의해 농업학교를 졸업했으며, 학교를 졸업한 후 도쿄로 도망치기 전까지 삼 년 동안 고향에서 농사를 짓기도 했다. 그리고 이제 삼십대의 그는 청춘의 꿈을 찾기 위해 버렸던 농토와 화해하여 '가장 생활적인 생활'을 실현하고자 한다. 그렇다면 '생활'을 추구한다는 점에서 준과 강부인은 모자관계를 회복한 셈이다.

그런데 '생활'의 문제는 『아름다운 새벽』에서만 강조되는 것이 아니다. 예컨대 백릉은 『금의 정열』이나 「냉동어」 등에서도 지속적으로 다음과 같은 생활론을 펼치고 있다.

> 의식주란 한갓 생리의 방편이지, 지혜를 가진 자의 생활은 마땅히 진리와 방향을 같이 해야 하리라는 것이 그의 신념이랄까 한데, 그러나 세상은 역사가 중단이 되었다던 중세기와도 같이 어둡고 무지했다. (…중략…)
>
> 부질없은 것은 그런데 불타오르는 생활에의 의욕이었다.
>
> 그는 생활이 없는 곳에서 생명의 의의를 찾을 수가 없는 것으로 믿고 있어, 그러므로 어떻게 해서든지 생활을 발견하고 싶은 의욕은 일변 직렬함이 있었다.[20]

> 그리고 그와 같은 현실과 일치되는, 신념과 생활의 병행……, 이것이야말로 가난하나마 젊음의 패기요, 산 정렬인 것이었었다.
>
> 거기에 비하여 大永은 저 스스로를 돌아볼진대, 만약 그들이 근검하고 착실한 소상인이라고 치더래도, 大永 저 자신은 '삐뚜러진 빈 집에서 호올로 거주하는' 몰락된 귀족의 신세에 지나지 못했었다. 세대의 룸펜, 즉 거지……. (…중략…)
>
> 그러나 아무리 산을 뽑잘 신념인들, 대지의 현실을 딛고 서지 못한 이상, 즉 생활이 따르지 못한 이상, 그는 결국 남의 집 식객이요 걸인에 지나지 못하는 것…….[21]

---

20) 채만식, 『금의 정열』, 『채만식전집』 3, 창작사, 1987년, 496면.
21) 채만식, 「냉동어」, 『인문평론』, 1940년 4월, 125면.

인용에서 보이듯이 '생활'의 문제는 일제 말기 채만식의 본격적인 테마였다. 그러므로 준의 농사는 등장인물들을 '몰락된 귀족'이자 '걸인'으로 전락시킨 '중세기와도 같이 어둡고 무지'한 세상을 극복하며 '불타오르는 생활에의 의욕'을 펼치게 할 중대한 실천이다. 그것은 '대지의 현실을 딛고' 서게 할 '젊음의 패기요 산 정렬'이다.

따라서 이는 작품의 또 다른 줄기를 이루는 애정문제와 크게 대비된다. 이혼이나 연애가 주인공에게 해결되지 않는 고민과 고통을 느끼게 하는 반면, 농장을 만드는 계획은 착착 준비되고 실현되기에 이르러, 결국 용순의 아버지를 관리인으로 고용하게까지 되는 것이다. 농장 경영은 막힘없이 계속 진행되어야 할 작품의 생명이다. 한편 그것은 윤평과 장두식의 금광 사업과 대립한다. 준의 농사짓기는 일확천금은커녕 "영리를 바라는 노릇"[22]조차 아니기 때문이다. '착실한 농부'가 되려는 준에게 개인주의적인 연애나 자본주의적인 투기는 공히 진정한 '생활'과 거리가 멀다. 물론 봉아는 금광열에 대해 "새로운 세대의 생동하는 면 가운데 뚜렷하고도 무게 있는 개성"[23]이라고 인정한 바 있다. 그러나 이러한 생각 하에 이제까지 '극히 경멸을 해 왔던' 금광에 투신할 것을 생각해 보았던 봉아는 이미 죽었다. '금의 정렬'은 사라졌다.

이는 채만식의 다음 논의를 상기시킨다.

> 소화유신(昭和維新)은 명치유신의 발전적 해소로 신체제(新體制)에 있어서는 그러므로 재래의 모든 개인주의나 자유주의적인 행동과 이데올로기가 부정이 된다. (…중략…) 과거에 있어서는 국민 개인의 직업 행위는 생활료(生活料)의 획득이 목적이요 근로는 그 수단이었으나 신체제에 있어서는 정반대로 생활료의 획득이 수단이고 근로가 목적이 된다. 국민은 근로에 의하여 국가로 통한 유일한 길을 향해서 제각기 제 직능껏 총력을 총 발양시킨다.[24]

22) 『전집』, 35면.

23) 채만식, 『금의 정열』, 『채만식전집』 3, 창작사, 1987년. 347면.

24) 채만식, 「문학과 전체주의」, 『삼천리』, 1941년 1월.

요컨대 농업을 통해 계획되고 실천되는 준의 '생활'은 신체제적인 활동에 가깝다. 즉 '생활'이란 단지 '삶'을 지칭하는 일반적인 단어가 아니다. "원고도 팔고 노동도 해 보고 어떻든지 내 힘으로 생활을 붙들어 나가볼 작정일세"(이기영, 『인간수업』), "꿈이 지나고 생활의 때가 왔다"(이효석, 「낙엽기」), "이제 나는 생활을 가지리라"(박태원, 「소설가 구보 씨의 일일」), "생활을 위하여서는, 생활의 혁명을 위하여서는, 절대한 모험이 필요합니다"(김영수, 「단층」), "그것은 지금까지 잃었던 건강을 회복하는 것인 동시에 생에 대한 새로운 의미를 발견하는 생활, 보충과 창조가 동시에 왔다"(백철, 「전망」) 등의 구절에서 보이듯이, 이 말은 1930년대 후반 이후 무수한 작품과 평론에서 공기처럼 떠다녔던 일종의 유행어였다. 더 나아가 그것은 당대의 역사적, 사회적 맥락에서 특정한 내포를 지니며 광범위한 영향력을 행사했던 고도로 이데올로기적인 용어이기도 했다. 예를 들어 임화는 1937년에 "일평생 생활이란 것을 해 보지 못한 두뇌만 가진 인간의 천박"(「작가의 눈과 문학의 세계」)이라는 표현을 구사한 일이 있거니와, 이때 임화가 말하는 '생활'의 강력한 기원은 시마키 겐사쿠(島木健作)의 「제 일의(第一義)의 길」(1936년)이나 『생활의 탐구』(1937년)였을 터이다.

시마키는 일본뿐 아니라 조선에서도 인기가 있었던 작가로, 당시 『동양지광』(1939년 5월)은 그를 "시대정신을 대표하는 매우 사상적인 작가"로 규정한 바 있다. 그리고 임화는 시마키가 '대륙개척문예간담회'를 위해 경성에 들렀을 때 열린 시마키 겐사쿠 초대회에 김용제, 모윤숙, 최정희, 인정식, 김자평, 학무국의 후지다 사카에(藤田榮) 등과 함께 참여했다. 또 임화는 시마키를 "소위 도회의 농촌화 경향을 표현하는 작가"로 규정하면서, 『생활의 탐구』가 "농촌을 청년의 시련의 장소로 택"[25]했다고 논한 바도 있다.

25) 임화, 「일본 농민문학의 동향」, 『인문평론』, 1940년 1월, 15면.

한편 김남천 역시 『생활의 탐구』를 거론하며 작품에 실현된 자기 고발의 정신을 고평(「자기 분열의 초극」)하기도 했는데, 이러한 당대의 상황은 이무영의 「제 일 과 제 일 장」, 「흙의 노예」 등으로 대표되는 식민지 '귀농' 소설의 창작과 그에 대한 평가에 직접적인 영향을 주었다. 이를테면 윤규섭은 「제 일 과 제 일 장」에 대해 다음과 같이 논했다.

> 「제 일 과 제 일 장」에 나타난 작가의 기백은 『생활의 탐구』를 연상시킬 만큼 진지한 것이 있어서 좋았다. 사실 기백뿐만 아니라 취재에 있어서도 공통된 점이 없지 않았다. (…중략…) 도시에 있어서 창백한 인테리 생활을 하직하고 농촌으로 돌아가서 첫 살림을 베푸는 '수택'의 의기는 『생활의 탐구』에 나오는 '杉野'에 조금도 양두(讓頭)할 것이 없다고 본다.[26]

그런데 식민지 문학에 위와 같은 영향을 끼친 시마키의 문학은 종종 "파시즘적 의도가 잠재"[27]되어 있는 것으로 평가된다. 이를테면 이소다 고이치(磯田光一)는, 시마키가 생산의 이념을 고집하는 것은 마르크스주의를 농본주의적으로 이해하고 있음을 보여주는 동시에, 후에 그가 만주 개척의 지지자가 되어 생산력 증강을 외치는 이데올로그가 되어 가는 요인이라고 논한다.[28] 더 나아가 혼다 슈고(本多秋五)는 시마키가 "고바야시 다키지(小林多喜二)의 선으로부터 낙오 일탈했다는 의미에서는 처음부터 전향작가"[29]였다고 규정한다. '대륙개척문예간담회'에 참가한 것으로도 알 수 있듯이, 시마키는 제국의 정책에 협조한 '전향작가'의 면모를 지니고 있었던 것이다. 사실 다음과 같은 스기노 슌스케(杉野駿介)의 말은 '생활'에 근거한 전향론이라고 생각될 수 있다.

---

26) 윤규섭, 「현실과 작가적 세계」, 『인문평론』, 1939년 11월, 128면.
27) Donald Keene, 德岡孝夫 역, 『日本文學の歷史』 13, 中央公論社, 1996년, 314면 참조.
28) 磯田光一, 『比較轉向論序說』, 勁草書房, 50면.
29) 本多秋五, 『轉向文學論』, 未來社, 1985년, 201면.

어느 하나의 사상적 입장에 서서 행동하다가 좌절할 수밖에 없었던 사람이 다시 일어나 다른 삶의 길을 찾아간다는 것은 그리 쉽지만은 않을 겁니다. 그리고 주변에서 여러 가지 말들을 하고 있는 것처럼 그리 간단한 일이 아닐 겁니다. 우리가 시무라에게 전할 수 있는 말이 있다면, 지금이 바로 자세를 올바르게 가져야 할 때라는 말뿐일 겁니다. 정신세계에서 다람쥐 쳇바퀴 돌 듯 하고 있는 것으로는 시일이 경과해도 끝이 없습니다. (…중략…) 비판하는 눈이 잘못 되었다는 것을 먼저 말할 수 있겠지만, 그것보다 더 깊은 곳에 뿌리내리고 있는 것을 저는 느끼고 있습니다. 생활에 대한 애착을 갖지 못한 그런 인간이 되어버린 것이 아닌가 하는 두려움입니다. (…중략…) 그런 애착이 있어야만 비로소 적극적인 생활인이 될 수 있습니다. 생활 속에서 그런 애착을 점점 깊게 할 때, 그것은 그의 생활을 넉넉하고 훌륭한 것으로 만들어 갑니다. 좌절을 하더라도 다시 일어나 앞으로 나아갈 수 있는 힘도 거기서 솟아날 수 있는 겁니다. 그것은 이론이나 사상과 관계가 없는 것은 아닙니다. 결부되지 않으면 안 되는 것이지만, 일단은 별도로 생각해 볼 수도 있습니다.[30]

여기서 '생활'이란 자본주의적 직업이나 계급적 노동의 문제를 함축하는 것이 아니다. 오히려 이는 자본주의나 공산주의로부터의 '전향'을 합리화하고 일상화하는 동시에, 일본 국가라는 일종의 유기적 전체 속에서 새로운 전망을 발견하고자 하는 시도를 내포한다. '생활'과 '전향' 사이의 이러한 관계는 「제 일 과 제 일 장」의 수택이가 "「소설 못 쓰는 소설가」라는 단편"[31]을 일 년 만에 시작했다는 설정으로도 암시된다. '생활'을 위해 귀농한 수택이가 시작한 이 소설은 나카노 시게하루(中野重治)의 전향소설 「소설 못 쓰는 소설가(小説の書けぬ小説家)」를 상기시키기 때문이다. 사실 「제 일 과 제 일 장」이라는 제목 역시 나카노의 소설 「제 일 장(第一章)」을 떠오르게 한다. 물론 전향과 관련해 「시골집(村の家)」 등에서 보여준 나카노의 입장과 시마키의 태도를 동일시할 수는 없

30) 島木健作, 이원복 역, 『삶의 탐구』 1부, 꼬마나라, 2002년, 121~122면.
31) 이무영, 「제 일 과 제 일 장」, 『인문평론』, 1939년 10월, 146면.

지만, 어쨌든 우리는 이무영의 소설에 이 두 작가가 여러 가지로 영향을 끼치고 있음을 알 수 있다.

그런데 우리는 『생활의 탐구』, 「제 일 과 제 일 장」, 「아름다운 새벽」 등에 공통되는 귀농의 테마와 관련해 당대의 일본 농민문학을 논한 임화의 입장을 참고할 필요가 있다. 무엇보다도 임화는 "국가가 전 운명을 도(賭)하여 외적(外敵)과 싸우기 시작하고, 국민이 모든 힘을 합하여 이 싸움에 당하고 있는 사실"과 농민문학을 관련시킨다. 그는 다음과 같이 분석한다.

> 1. 사실에 의하여 사람들이 성실해지고, 화미(華美) 대신 견실(堅實)에 기우는 경향이 있었다.
> 2. 사실의 영향으로 소비 절약이 요구되고, 생활의 간이화(簡易化)가 개시되면서, 도시적 허식 대신에 농촌적 소박과 강건한 원시성을 찾고, 일종 도시의 농촌화 현상이 일어났다.
> 3. 따라서 사변을 체험하면서 사람들은 도시적 요소를 삭멸(削滅)하고 농촌적 요소를 생활 기조로 하였다.
> 4. 국가의 총동원체제는 모든 사람으로 하여금 전체적 시야에서 사물을 생각하는 습관을 일단 강화시켰다.[32]

임화가 보기에 농민문학은 "국민이 가지고 있는 총후(銃後)의 성실을 반영한 것"이다. 이는 '생활'의 궁극적인 귀결점이 '신체제'적인 '근로'와 국가 동원임을 웅변한다. 그렇다면 우리는 농장 경영을 넘어 부처님 앞이나 '전지'로 나아가려는 준의 행위가, '생활'을 통해 일본 국가로 귀향하는 일반적 코스를 그대로 밟고 있음을 알게 된다. 그리고 바로 이때 '귀농' 또는 '귀향'은 당대의 또 다른 유행어였던 '개척'[33]과 대륙

---

32) 임화, 「일본 농민문학의 동향」, 『인문평론』, 1940년 1월, 13면.

33) 이와 관련해서는 졸고, 「만주와 친일 로맨티시즘」(『오빠의 탄생』, 2003년, 271~297면)을 참고할 것.

'진출'로 전화한다. 「냉동어」에서 채만식은 스미꼬의 입을 빌려 다음과 같이 서술한다.

> 분상이나 스미꼬나 생활을 가질 기운을 잃어버린, 다 같이 아편쟁이……, 아편쟁이요 혈액만 통하는 육괴인 것을, 그 두 개의 육괴가 어떻게? ……(…중략…)
>
> 요전날 밤, 분상도 이야기를 하신 대루, 일청(日淸) 일로(日露) 전역 때부터, 더는 풍신수길, 또 더 그 이전부터 전해 내려오던 일본 민족 유구한 민족적 사명이요, 그래서 한 거대한 역사적 행동인 중원 대륙의 경륜……, 이는 누가 무어라고 하거나, 현 세대를 전제로 한 인간 정렬의 커다란 폭발인 것 같아요.
>
> 스미꼬 이 길로 거기엘 가서, 보고 대하고 접하고 하겠어요.[34)]

이렇게 '생활' 또는 이를 내세운 귀농은 계급투쟁이나 민족해방, 더 나아가 도시적 우울과 퇴폐를 넘어 일본 국가로 귀향하는 결정적인 행위이다. 일본 국가는 "조국(肇國)의 시기로부터 자연 그대로의 맑음으로 가득 찬 생활의 건설"을 수행해 왔을 뿐만 아니라, 앞으로도 "진실을 중핵으로 전면적이고도 진지한 생활을 건설"할 것이다. 그리고 이로써 데모크라시나 공산주의 등의 서구적 패러다임을 넘어 "인류사를 꿰뚫는 성스런 생활협동체"[35)]를 이룰 터이다. 그런 의미에서 귀농은 도시에서 농촌으로 이사하는 단순한 공간 이동이 아니다. 제국의 논리를 빌려 말하면, 그것은 서양에서 동양으로, 근대에서 탈근대로 나아가는 역사적 실천이며 이를 통한 '정렬'의 회복이다. 그것은 '대동아'를 구획하고 활성화하는 진정한 '세계사'의 출발이다.

그렇다면 이 모든 점에서 성실한 농부가 되려는 것은 임준의 계획이

---

34) 채만식, 「냉동어」, 『인문평론』, 1940년 5월, 175~176면.

35) 津田剛, 「日本の現狀と綠の生活運動の意義」, 『綠旗』, 1940년 4월. 이와 관련된 논의는 졸고, 「친일문학의 몇몇 계기들에 대한 고찰」(『20세기 한국문학의 반성과 쟁점』, 소명출판, 1999년, 203~226면)을 참고할 것.

아니었다. 그것은 함부로 '대동아공영'과 '근대의 초극'을 논했던 일본 국가의 기획이었다. 어머니의 뜻에 따라 농업학교에 입학했듯이, 임준은 일본 국가에 휘말려 농장으로 '전지'로 돌아다녔던 것이다.

4. 무서운 어머니와 내지의 어머니, 결론을 대신하여

한편 『아름다운 새벽』에서 또 한 가지 눈에 띄는 것은 준과 어머니의 관계 및 어머니에 대한 준의 감정이다. 이는 다음과 같이 서술된다.

> '무서운 어머니!'
>
> 준의 어렸을 적 모친 강부인에 대한 감정은 단지 이것뿐이었다. 좋은 어머니, 임의롭고 정다운 어머니, 자애스런 어머니, 이러한 어머니에의 즐겁고 행복된 기억은 별반 없었다.
>
> 장성한 후에야 준은 비로소 모친이 그와 같이 무서운 어머니로만 시종한 연유를 이해는 할 수가 있었다.
>
> 버릇이 없다든지 불량하다든지 학업을 게을리 한다든지 그 밖에 좌우간 남의 눈에 거슬리고 벗는 행동을 하여
>
> '애비 없는 후레자식이라 할 수 없다!'
>
> '홀에미 자식은 어디가 달라도 달라!'
>
> 이런 평을 혹시라도 듣게 될까 저어해서, 그래 엄하고 준열히만 가르치며 단속을 했던 것이었다.[36]

이러한 어머니로 인해 준은 "아낙에 대한 공포증"을 느끼는 동시에, "어머니란 무섭지 않은 어머니, 부드럽고 상냥하기만 한 어머니"이기를

36) 『전집』, 54면.

바란다. 실로 준은 용복 어머니에 대해 "무섭지 않은 어머니렸다!", "저런 어머니한테서 자라는 아이들은 어떤지 몰라?" 하며 부러움과 호기심을 느낀다. 이는 그가 용순과 결혼하게 된 한 가지 이유일지도 모른다.

이때 흥미로운 것은, 그럼에도 불구하고 준 역시 그의 아들에게 '무서운 어머니'[37]를 대물림하고 있다는 점이다. 인용에서 알 수 있듯이, 강부인이 준에게 엄격하게만 대한 것은 준이 '애비 없는 후레자식' 소리를 듣지 않게 하기 위해서였다. 그렇다면 나미도 무서운 어머니가 되어야 할 터이다. 왜냐하면 준은 나미와 아들 곁을 기약 없이 떠나버리기 때문이다.

그러므로 이 모든 상황은 최정희의 「야국초」를 상기시킨다. 혼자서 아들을 키우는 이 소설의 여주인공 역시 전쟁에 나가 죽을 것을 예상하는 승일이를 '강인한 꽃'으로 만들겠다고 결심하는 '무서운 어머니'인 것이다. 이때 각각 '전지'로 가거나 '포병사관'이 되거나 전쟁에서 죽음으로써, 편모슬하의 준, 준의 아들, 승일은 실제 아버지 대신 국가라는 상징적인 아버지를 만나게 될 터이다. 그리고 이 부자관계의 회복과 더불어, '무서운 어머니'들은 다음과 같은 '내지의 어머니'와 다르지 않았음이 밝혀질 것이다.

> 내지의 어머니들은 이천육백여 년을 두고 한결같이 나라를 위하여 아들네를 전지에 내보내되, 동치 아니하도록 도저한 도야(陶冶)와 훈련과 그리고 자각(自覺) 가운데서 살아 내려왔다. 그런 결과 일본 여성은 사랑하는 아들을 나라에 바쳤으되 조금도 미련겨워하며 슬퍼하는 등 연약한 거동을 함이 없이 가장 늠름하기를 잊지 아니하는 천품이─정신에 잡히기에 이르렀다.[38]

이는 승일 어머니가 말하는 '복수'의 진정한 의미일지도 모른다. 어떠

---

37) '무서운 어머니'는 『여인전기』의 박씨 부인으로도 구현된다.
38) 채만식, 『여인전기』, 『채만식전집』 3, 창작사, 1987년, 310면.

한 이유에서건 아내와 아들을 버린 조선의 남편들에게, 아내와 아들을 가난한 식민지의 토인으로 전락시킨 그들에게, '군국의 어머니'와 군인이 된 승일 모자는 자신들이 더 이상 "너절한 백성"[39]이 아닌 일본의 아내이자 일본의 아들이 되었음을 자랑할 것이기 때문이다. 비유컨대 그들은 '본정 셈비끼야(千疋屋)'[40]의 과일 향기에 취하며, 종로 한복판의 보신각을 다음과 같이 업신여길 터이다.

> 몬지조차 수부욱, 저어 멀리 사멸된 시대를, 만국박람회의 아프리카 土人館처럼, 썩 요령 있이 클로즈업해 가지고 근처 일대로 가장 첨예하게 번영 생동하는 당 세기와 더불어, 어엿이 동거를 하는 게 이 종각 普信閣이었었다.
>
> 그 대조의 야속하게 절창인 품이, 그리하여 가령 유심한 타방 사람은 말고서, 응당 여가에 그것이 저 모양을 하고 있는 줄을 번연히 알면서도, 그리고 하루 한두 번씩은 이 앞을 오고가고 하는 터이면서도, 그러면서도 깜빡 속아서는 (진실로 속아서는), 부지중 그리루 눈이 가지군 하는 게, 이 알량한 물건짝이었었다.[41]

그리고 이 모든 일은 『여인전기』의 진주가 일본인 새어머니를 그리워하는 것과 짝을 이룬다. 신식이건 구식이건 "죄선 여자는 거저 주어도" 싫으며 "내지 여자가 참 좋지"[42]라고 했던 「치숙」, 더 나아가 스미꼬와의 애정 도피를 끝내 행하지 못한 「냉동어」의 대영을 넘어, 『여인전기』의 임(林) 중위는 비록 부모로부터 허락을 받지는 못했을망정, 일본 여인과 사랑을 이루었던 것이다.

그러나 오랜 세월이 흐른 후 진주가 만난 것은 새어머니가 아닌 이복오라비였다. 전사한 임 중위의 유복자를 낳은 지 사흘 만에 일본인 새

39) 채만식, 「상경반절기」, 『채만식전집』 7, 창작과비평사, 1989년, 508면.
40) 『전집』, 46면.
41) 채만식, 「냉동어」, 『인문평론』, 1940년 4월, 139면.
42) 채만식, 「치숙」, 『채만식전집』 7, 창작과비평사, 1989년, 267면.

어머니는 죽고 만 것이다. 다음은 이 오누이가 처음으로 만나는 장면이다.

> 생후 처음 서로 대면이라는 것, 내지 사람과 조선 여인이라는 것, 당연히 이런 데서 오는 어색스럼이나 생소함이나 조심스러워함이나 그런 것이 전혀 없고서, 둘이는 마치 같이 자라던 남매가 한동안 만에 만난 것처럼, 말씨 하며, 음성, 표정, 모든 하는 양들이 지극히 자연스럽고 친밀하였다.
>
> '핏줄은 할 수 없는 것이야!'
>
> 보고 있던 창수는 속으로 그런 생각을 하면서 절절히 고개를 끄덕인다.[43]

위와 같이 이들의 만남은 자연스럽고 친밀하다. 그야말로 "핏줄은 할 수 없는 것"이다. 그렇다면 이제 이들에게는 '무서운 어머니'도 '내지의 어머니'도 필요하지 않을 터이다. 그들은 더 이상 '후레자식'도 식민지인도 아니라 오직 '국민', 즉 '무서운 내지인'이기 때문이다.

따라서 이런 의미에서도 임준은 서씨, 용순, 나미 등 온갖 종류의 조선인 여성들과 헤어지지 않을 수 없었을 것이다. 그는 2세들의 위와 같은 만남을 예비해야 했다. 조선인의 남편이자 조선인의 아버지임을 부정함으로써, 그는 조선인 남편이자 조선인 아버지인 자기 자신에게 복수해야 했던 것이다.

• **이경훈** | 연세대학교 국문과 부교수. 저서로 『이광수의 친일문학 연구』 『어떤 백년, 즐거운 신생』 『이상, 실천의 수사학』 『오빠의 탄생』이 있고, 『유머로서의 유물론』을 번역한 바 있다.

43) 채만식, 『여인전기』, 『채만식전집』 3, 창작사, 1987년, 469~470면.

통속과 친일, 이종동형(異種同形)의 서사논리

『여인전기』론

심진경

1. 『여인전기』의 상호텍스트성

채만식의 『여인전기女人戰紀』는 『매일신보』에 1944년 10월 5일부터 다음해 5월 17일까지 연재된 장편소설이다. 이 소설은 『조광』(1943.3~10)에 7회까지 연재하다가 중단된 『어머니』의 속편에 해당하는 내용을 담고 있다. 『어머니』가 어린 신랑 준호와 새색시 '숙히', 그리고 시어머니 박씨 부인 간의 갈등에 초점을 맞추고 있다면, 『여인전기』는 그러한 갈등으로 인해 시집에서 쫓겨난 며느리의 이후 행적 및 현재 상황을 부각시키고 있다. 그런데 이 『어머니』는 나중에 『여자의 일생』이라는 장편소설로 개작되어 1947년 3월 서울타임스사에서 『조선대표작가전집』제8권 채만식 편에 실려 단행본으로 간행된다. 그 과정에서 『어머니』의 전체 내용은 다소 축약된 형태로 『여인전기』와 『여자의 일생』에서 똑같이 반복된다. 이처럼 『여인전기』(1944~1945년)는 그 앞뒤에 각각 발표된 『어머니』(1943년) 및 『여자의 일생』(1947년)과 긴밀한 상호텍스트적 관계에 놓여 있다. 따라서 우선 이 세 소설들 간의 상호텍스트적 관계를 살펴보는 것이 필요하다.[1)]

『어머니』는 여주인공 '숙히'가 시가에서 쫓겨나는 이야기에서 종결되는 데 반해, 『여자의 일생』은 별다른 사건의 진전 없이 '숙히' 할머니의 회고담—갑신정변과 러일전쟁을 배경으로 전개되는 할아버지 남 진사와 아버지 병수의 개혁에 대한 열망 및 그 열망의 좌절—이 덧붙여진다. 개작본에는 여주인공 이름도 '숙히'에서 '진주'로 바뀐다. 그러나 사실 『여자의 일생』의 전반부는 『어머니』를 거의 그대로 반복하고 있기 때문에, 『어머니』에서 『여자의 일생』으로의 개작은 그 자체만으로는 그렇게 의미 있는 것으로 해석되기 어렵다. 이러한 개작이 관심을 끄는 이유는 바로 친일소설인 『여인전기』가 그 과정에서 중요한 계기로 작용하기 때문이다. 이는 우선 세 작품의 발표 시기를 통해 확인될 수 있다. 『여자의 일생』은 1943년에 발표된 『어머니』의 개작본이기는 하나 단행본으로 출판된 시기가 1947년이기 때문에 이 소설의 속편 격에 해당하는 『여인전기』보다 나중에 개작된 것으로 볼 수 있다. 즉 『어머니』에서 『여자의 일생』으로의 개작 과정에서 『여인전기』가 중요한 영향을 끼쳤다는 것이다. 이는 『여자의 일생』이 단순히 『어머니』를 모본으로 한 개작이 아니라, 『여인전기』까지도 염두에 두고 창작되었다는 것을 의미한다. 이러한 개작의 순서와 그 순서의 의미에 대해서는 황국명이 밝히고 있다.[2] 특히 황국명은 『여자의 일생』이 진주의 할아버지와 아버지를 개

---

1) 혹자는 『어머니』가 발표가 중단된 미완성작인 데다가 작가의 말처럼 개작과정을 거쳐 『여자의 일생』으로 출판되었기 때문에 별개의 독립적인 텍스트로 간주하기 어렵다고 볼 수도 있다. 게다가 『어머니』의 내용이 거의 가감 없이 『여자의 일생』에서 반복되기 때문에 이런 주장은 더욱 설득력을 얻을 수 있다. 그러나 『여자의 일생』이 표면적으로는 『어머니』의 완성작인 것처럼 보이지만, 실은 친일소설인 『여인전기』를 염두에 두고 쓴 것이기 때문에 실제로 『여자의 일생』은 『어머니』보다는 『여인전기』의 개작이라고 할 수 있다.

2) 황국명, 『채만식 소설연구』, 태학사, 1998년, 165면 참조. 이 글에서 황국명은 네 가지 근거를 제시하면서 『여인전기』를 『여자의 일생』과의 관계 속에서 고찰하고 있다. 나아가 이러한 고찰을 근거로, 그는 반일적인 『여자의 일생』과 친일적인 『여인전기』가 근본적으로는 다르지 않다는 점을 강조한다. 황국명의 이러한 지적은 『여인전기』를 다른 두 텍스트와의 관계 속에서 고찰할 수 있게 한다는 점에서 의미 있다. 특히 황국명은 『여인전기』에서 『여자의 일생』으로 나아가는 개작의 과정과 이유 및 그 의미를 작가의

혁 운동에 헌신한 반일적(反日的) 인물로 묘사하고 있다거나 "정치적인 것은 정복자의 '게다'짝에 짓밟혀버렸고"[3]와 같이 일본에 대한 비판적 내용을 담고 있는데, 이는 친일소설인 『여인전기』를 염두에 두고 이러한 자신의 친일적 행위를 교정하려는 의도를 드러내는 것이라고 본다. 즉 『여인전기』의 친일적인 내용이 『어머니』를 『여자의 일생』으로 개작하게 하는 중요한 동기로 작용했다는 것이다. 그런 점에서 『여자의 일생』의 모본은 『어머니』라기보다는 『여인전기』라고 할 수 있다.

『어머니』, 『여인전기』, 『여자의 일생』을 각각 별개의 독립적인 텍스트로만 다루기 어려운 것은 이 때문이다. 이는 앞서 지적한 것처럼, 단지 같은 내용이 반복되기 때문이 아니다. 『어머니』는 다소 축소된 형태이긴 하지만 『여인전기』에 내용이 그대로 반복됨으로써 『여인전기』의 모본 역할을 하고 있으며, 『여인전기』 또한 그 친일적 내용으로 인해 해방 이후 그에 대한 변명으로 『여자의 일생』을 출판하는 계기가 되었다는 점에서 『여자의 일생』과 밀접하게 관련된다. 따라서 『여인전기』는 『어머니』에서 그려진 구여성의 수난담이 친일적인 논리와 결합하고 또한 그러한 친일적인 논리가 『여자의 일생』의 반일적인 내용의 역설적 동기로 제공된다는 점에서, 문제적인 텍스트라고 볼 수 있다.

이는 이 텍스트들 중에서 『여인전기』가 상대적으로 완결된 서사적 구성을 갖추고 있다는 사실에서도 알 수 있다. 물론 일차적으로 『여인전기』는 미완성작인 『어머니』나 제1부로 끝난 『여자의 일생』과는 달리, 그 자체로 완결된 텍스트이기 때문에 구조적으로 안정된 서사가 될 수 있는 기본적인 조건을 지녔다고 할 수 있다.[4] 그러나 세 작품을 관류하

심리적 정황에 근거하여 자기 방어의 일종으로 분석하고 있다.

3) 『여자의 일생』, 『채만식전집』 4, 창작사, 1987년, 267면.

4) 방민호는 『여인전기』가 작가의 '사소설'적 경향과 세대 논리를 작품 속으로 끌어들이면서도 『아름다운 새벽』과는 달리 상대적으로 안정된 구조를 통해 체제협력의 메시지를 분명하게 전달하는 소설로 평가하고 있다. 그는 이러한 구조적 안정성이 작가 스스로 오랫동안 구상해 왔던 가족사소설의 결과물이기 때문이라고 본다. 이에 대해서는

는 중심 서사인 '구여성의 수난'이라는 통속적인 이야기가 각각의 텍스트 내에서 전개되는 방식을 살펴보면, 『여인전기』의 전체 서사 속에서 가장 잘 관철되는 것을 알 수 있다. 『어머니』에서 '숙히'가 겪는 고부간의 갈등과 구식결혼(혹은 조혼)의 폐해라는 테마는 기실 고전소설에서부터 반복적으로 등장한 것으로 이 소설에서도 매우 상투적으로 나타난다. 『여자의 일생』에서도 그러한 정형화된 서사틀은 다소 지루하게 반복될 뿐만 아니라, 여주인공의 할아버지와 아버지의 무용담이 덧붙여지는 식이어서 오히려 통속적 재미조차 반감되는 역효과가 난다. 반면에 『여인전기』는 그러한 여성 수난사에 일제의 내선일체론에 입각한 친일담론, 특히 군국주의적 모성론을 결합시킴으로써 구여성의 고난을 의미있는 사회역사적 성찰에 값하는 것으로 만들어내고 있다. 즉 『여인전기』에서 통속의 논리는, 비록 상대적이기는 하지만, 친일의 논리와 결합함으로써만 비로소 빛을 발할 수 있었던 것이다.

이 글에서 『여인전기』를 통해 밝히고자 하는 것은 이러한 통속의 논리와 친일의 논리가 결합하는 방식이다. 그동안 채만식의 『여인전기』는 주로 상투적인 이야기 구조의 반복을 지적하면서 구성의 파탄과 소설미학의 파괴를 드러내는 한 예로, 혹은 소설 표층에 드러나는 친일적 언술을 중심으로 친일소설적 성격을 강조하기도 하였다.5) 그러나 사실 이

방민호, 『채만식과 조선적 근대문학의 구성』, 소명출판, 2001년, 307~314면 참고.

5) 채만식의 『여인전기』에 대한 연구는 많지 않다. 대개는 작가론의 형식으로 채만식 작품 전반의 경향을 다루는 과정에서 잠깐 언급되는 정도다. 살펴보면 다음과 같다. 황국명, 『채만식 소설연구』(태학사, 1998년); 김홍기, 『채만식 연구』(국학자료원, 2001년). 김홍기는 특이하게도 『여인전기』를 "작가 체험의 진솔한 기록이자 수난의 민족사"로 평가한다. 최근에는 친일문학과 관련하여 채만식의 『여인전기』를 분석한 논의들이 있다. 여기에는 한지현, 「식민지적 근대성의 한 양상-채만식의 『여인전기』」(『한민족 문화연구』 제9집, 2001년 12월), 심진경, 「채만식과 여성-『인형의 집을 나와서』와 『여인전기』를 중심으로」, 『배달말』, 2003년 6월이 있다. 특히 한지현의 논문은 『여인전기』에 대한 거의 유일한 개별 작품론으로서 친일담론에서 전통을 부정하는 방식에 주목하고 있다. 그 밖에 『여인전기』를 본격적으로 다루고 있지는 않지만 채만식 문학의 친일의 논리를 밝힌 글로는 류보선, 「채만식 문학에 있어서의 친일과 반성의 문제」(『동서문학』, 2002년 겨울호)를 참고할 만

두 가지 논의는 그리 멀지 않다. 왜냐하면 이 소설을 관통하는 친일의 논리는 구여성의 수난과 극복이라는 통속적인 서사 구조를 통해서 더욱 강화되기 때문에, 각각 친일의 논리 혹은 통속의 논리만을 일면적으로 설명하는 것만으로는 이 소설을 작동시키는 내적 동력을 오롯이 밝힐 수 없다. 게다가 일제 말기 친일소설이 대개 통속적인 소설의 문법을 차용하거나 통속적 구조틀 속에서 전개되는 경우가 대부분이라는 것을 상기한다면, 『여인전기』에서 드러나는 통속과 친일의 친족성은 그리 낯선 것만은 아니다. 즉 이 두 개의 논리는 다른 방식으로 작동되는 것이 아니라는 것, 아니 오히려 흡사한 논리적 구조로 인해 각각의 논리를 강화하고 상생시키는 상보적 관계를 형성한다는 것이다. 이 글에서는 채만식이 『여인전기』에서 통속소설의 문법 속에 친일담론을 겹쳐놓는 방식에 주목하고자 한다. 그것은 곧 친일의 이데올로기가 통속소설의 문법을 통해서 가장 잘 드러날 뿐만 아니라, 대중들에게 쉽게 전달될 수 있었다는 사실을 확인하는 것이기도 하다. 그런데 『여인전기』에서 이러한 친일과 통속의 논리의 결절점 역할을 하는 것은 바로 여성이다. 따라서 이 글에서는 통속과 친일, 그리고 여성이 결합되는 방식과 그것의 이데올로기를 살펴보고자 한다.

2. 여성수난 이야기와 '못된' 시어미의 통속문법

본래 통속소설이란 일반적으로 작가의 창조적 문학성의 전개나 주제의식의 개진보다는 상업적 목적에 종속되어 대중의 취미에 영합하는 흥

하다. 이 글은 이들 기존 논의의 성과를 충분히 반영하면서 전개되었음을 밝힌다.

미 위주의 소설이다.[6] 따라서 통속 서사의 원리는 상업적 목적에 종속될 수밖에 없다. 소설에서 그러한 상업적 목적에 부응하기 위해 요구되는 것은 작품 내적으로 대중에게 수용 가능하고 익숙한 관습적인 형식과 내용의 차용이다. 즉 독자의 관습적인 기대지평을 결코 저버리지 않는 것이 중요한데, 여기서 관습이란 작가나 독자에게 이미 알려진 요소로서 인기 있는 플롯, 정형화된 주인공, 기존의 사고, 공유된 메타포 등을 말한다.[7] 『여인전기』는 근본적으로 상업적 목적에 종속되어 있는 소설은 아니지만 통속소설 고유의 예술적 특성—예컨대 인과관계의 결여, 작위적 구성, 상투적인 비유, 도식적인 인물유형 등—에 의존하고 있다는 점에서 전형적인 통속적 문법을 따르는 소설이라고 할 수 있다. 그렇다면 우선 『여인전기』에 나타난 통속의 구조를 플롯과 인물의 층위에서 확인해볼 수 있을 것이다.

『여인전기』는 고전소설은 물론 신소설과 1910년대 이후의 통속소설에서 자주 발견할 수 있는 여성수난이라는 익숙한 이야기를 반복하고 있다. 이는 앞에서도 지적했듯이 『어머니』, 『여자의 일생』, 『여인전기』를 관통하는 공통된 서사구조이자, 채만식의 다른 장편소설들, 예컨대 『인형의 집을 나와서』, 『탁류』, 『아름다운 새벽』 등의 소설에서도 반복되는 이야기 틀이다. 이들 소설은 공통적으로 구여성(혹은 『인형의 집을 나와서』의 노라와 같이 일정한 사회적 자각에 이르지 못한 미성숙한 여성)을 주인공으로 삼아 이들이 사회적·가정적 수난을 겪으면서 몰락하거나 이를 극복하여 새로운 삶의 지평을 열어가는 이야기를 다룬다. 그렇게 채만식 소설에서 여성의 수난담은 통속적인 이야기구조로 자주 채택되지만, 특히 『탁류』나 『인형의 집을 나와서』 등의 소설에서 여성의 그런 수난

6) 김영찬, 『1930년대 후반 통속소설 연구』, 성균관대 석사논문, 1994년, 1면. 본고에서 통속소설에 관한 이론적 논의는 김영찬의 이 글에 기대고 있음을 밝혀둔다.

7) Earl F. Bargainnier, "Melodrama as Formula", *Journal of Popular Culture*, 1975, 앞의 글, 9면에서 재인용.

과 타락의 과정은 사회적 타락과 몰락을 반영하는 지표로 활용되기도 한다. 그리하여 예컨대 채만식이 『탁류』에서 주인공 초봉의 몰락을 한 여성의 도덕적 타락에만 한정되는 것이 아닌 타락한 자본과 그로 인해 몰락하게 되는 조선 사회의 현실을 상징하는 것으로 그려내듯이, 이들 소설에서 여성수난담은 작가가 자신의 사회역사적 비판의식을 드러내기 위한 하나의 소설적 장치 역할을 하고 있다. 그런 측면에서 채만식 소설에서 여성은 타락한 현실에 대한 비유이자 그러한 타락한 현실을 몸소 겪는 일반 대중독자들의 연민을 자아내는 존재로 나타난다. 그러나 『여인전기』의 경우, 구여성의 '시집難'과 남편과의 사별, 생활고, 정조의 위협 등과 같은 고난은 철저하게 가정 내적이고 개인적인 차원의 문제로만 다루어질 뿐, 사회적 현실을 비추는 거울로 작용하지는 않는다. 따라서 『여인전기』는 여성의 수난을 다룬 채만식의 다른 장편소설들과는 달리 사회적 현실이 배제된 가정소설적인 면모를 좀더 뚜렷하게 드러낸다. 『여인전기』의 플롯이 신파소설의 이야기구조로 계승된 고전 가정소설의 이야기 틀을 그대로 반복하면서 구성되어 있는 것은 그와 관련된다.

이처럼 『여인전기』의 통속성은 우선 남성인물을 배제한 채 여성인물을 중심으로 전개되는 이야기 자체에서 나타나는데, 이는 여성 수난담이 중심 서사가 되고 있는 다른 소설들과의 비교를 통해 더욱 분명해진다. 예컨대 『탁류』나 『인형의 집을 나와서』, 『아름다운 새벽』은 비록 여성의 수난이 중심 서사를 이루기는 하지만 남성인물 또한 그러한 여성 수난의 원인 제공자 혹은 타락한 여성의 구원자로서 극의 중심에서 결정적인 역할을 한다. 언뜻 남성인물의 역할이 크지 않은 것처럼 보이는 『인형의 집을 나와서』의 경우에도, 서사 초반에 반편이로 등장하는 '수택'이 소설의 후반부에서 노라의 각성을 가능하게 하는 결정적인 역할을 한다. 반면 『여인전기』에서 진주의 남편인 준호는 진주에게 "정의 시초"이자 진주를 "완전히 여섯 해 전의 상냥코 다정스럽던 준호의 새댁이요, 얌전한 며느리요, 애련한 시골소부"(424면)로 돌아가게 할 수 있는 중요한 존재다. 그럼에도 불구하고 소설에서 준호는 어머니와 아내의 갈등을 해결하거나 고난에 찬 진주의 삶을 구원하지 못한다. 오히려 준호는 왜소하고 나약하다 못해 결국에는 소멸하고야 마는 존재로 그려진다. 이러한 남성인물의 역할 축소로 인해 『여인전기』는 여성 수난을 다룬 채만식의 다른 어떤 소설들보다도 더 여성의 수난담이 부각되는 소설이 되고 있다. 『여인전기』를 구여성 진주의 수난과 그의 극복을 중심 이야기로 삼는 여성일대기형 통속소설이라고 할 수 있는 것은 그 때문이다.

『여인전기』에서 이러한 서사의 통속화는 정형화된 인물의 등장으로 인해 더욱 강화된다. 이 소설은 고전소설의 독자층에게 익숙한 이야기인 고부간의 갈등에서 출발한다. 그리고 이러한 갈등의 결정적인 원인 제공자는 시어머니 박씨부인이다. 박씨부인은 "글은 한문이 원글이요, 한문이라야 참글"이며, "눈 딱 감고 앉아서도 사서삼경 어느 대문 서슴지 않고 좍좍 외울 줄" 아는 "양반이요 선비"(345면)가 최고라고 생각하는 전형적인 구여성이다. 그러면서도 자신의 주장이 강할 뿐만 아니라 아들과 며느리에 대한 전적인 지배권을 주장하는 무서운 어머니이기도 하다.

> 남이 박씨부인을 일러 여장부라고 한다. 혹은 여걸이라고도 한다. 언변 좋고 감대 괄괄하고 진서공부가 웬만한 선비 빰쳐먹을 만큼 도저하고, 체집 크고 기운 세고…… 진시 여장부였다. 삼백여 호나 되는 향교골 온 마을을 쥐락펴락하였다. 마을은커녕 한번인가는 세미(稅米)로 등갈이 나가지고 동헌엘 쫓아들어가서 원님을 다 혼을 내준 여인이었다. 서른한 살 때 갓 제돌 잡힌 외아들 준호 하나를 데리고 과부가 되어가지고 이래 십년 남짓한 동안에 적수로 이백여 석거리의 성세를 장만하였으니 그 또한 장한 일이었다.
>
> 그러나 여장부는 여장부요, 병든 홀시어머니는 따로이 또 병든 홀시어머니였다. 생리학자의 말을 들으면 흔히 중년 과부란 그 생활조건과 심리작용으로

인하여 성질이 다소간 편협·괴벽하기가 쉽고, 그러다 이윽고 단산기를 당하여 소위 히스테리 증세가 생기게 되고 보면, 그 경향이 일단 농후하여진다고 한다. (333면)

비록 일찍이 과부가 되었으나 집안을 일으켜 세우고 마을의 유력인사로 행사할 수 있을 정도의 영향력을 지닌 존재라는 점에서 박씨부인은 '여장부'이지만, "단산기를 당하여 소위 히스테리 증세가 생"긴 중년 과부라는 점에서는 '병든 홀시어머니'가 된다. 이 '여장부'와 '병든 홀시어머니' 사이의 모순과 괴리는 박씨부인을 예외적인 개인이자 '못된' 시어머니의 전형으로 분열시킨다. 여장부로서의 박씨부인은 이미 채만식의 『아름다운 새벽』에서 긍정적으로 묘사된 바 있다. 『여자의 일생』 한 해 전에 발표된 『아름다운 새벽』은 여장부 같은 어머니와 조혼한 구여성 아내가 등장한다는 점에서 『여인전기』의 인물 설정과 흡사하다. 특히 엄모(嚴母)에 대한 거부감이 나타난다는 점에서 그 둘은 같은 계열의 소설로 볼 수 있다. 그러나 『아름다운 새벽』은 어린 신랑과 결혼한 구여성의 인생역정에 초점을 맞춘 『여인전기』와는 달리, 조혼한 남성 지식인의 갈등이 전경화됨으로써 지식인소설의 특성을 드러낸다. 『아름다운 새벽』에서도 시어머니 강씨부인은 "호랑아씨라는 별명"에서 짐작할 수 있는 것처럼 목소리가 크고 성격이 괄괄하며 일에 대해서도 "철저한 정신과 힘찬 실행력"을 갖춘 여장부로 그려진다. 그러나 그녀는 첫날밤에 어린 신랑에게 소박맞은 조혼한 며느리에게 애정과 연민을 느끼는 따뜻한 마음의 소유자이기도 하다. 강씨부인의 강인함은 아들에 대한 태도에서도 매우 다르게 나타난다. 그리하여 서술자는 "지나치게 엄히 굴었다는 것이 한가지 있는 외에, 불가항력으로 '실패한 어머니'"가 되었다는 말을 함부로 하지 말 것을 당부할 뿐만 아니라, 오히려 "강부인 같은 여인은(좀 시끄럽더라도) 많이 있을수록에 좋고 고마운 노릇"[8]이라고

8) 채만식, 『아름다운 새벽』, 『채만식전집』 4, 1987년, 17면.

주장한다.

그러나 『아름다운 새벽』에서 긍정적으로 서술된 어머니의 강한 성격은 『여인전기』에서는 매우 부정적으로 평가절하된다. 이 소설에서 어머니 박씨부인은 자수성가한 노력형 인물이면서도 정신적으로는 "병이 그렇듯 골수에 깊은 병인"(334면)으로 그려진다. 그리고 그러한 병증[9]은 아들 준호에게는 봉건적 잔재인 '글읽기와 상투'를 강요하는 '형틀'로, 며느리 진주에게는 '사정없는 책망과 질책' 혹은 질투로 표현된다. 이러한 엄격한 모성으로 인해 아들 준호는 "발육이 정지된"(352면) 미숙하고 나약한 존재로 성장하고, 결국에는 진주와의 재결합을 이유로 생활비와 학비 송금을 중단한 박씨부인으로 인해 폐병에 걸려 죽는다. 아들에 대한 어머니 박씨 부인의 병적인 집착과 공포심을 불러일으킬 정도의 엄격한 훈육 태도는 결국 아들을 파괴시키고 며느리를 쫓아내고야 만다.[10]

이처럼 『여인전기』에서 아들의 죽음과 며느리의 고난을 초래한 결정적인 원인은 바로 박씨부인의 성격적 결함으로 나타난다. 『아름다운 새벽』에서 긍정적으로 그려진 시어머니의 화통한 성격과 성실성은 이제 공포심을 불러일으킬 정도의 악마성으로 변질된 것이다. 그런데 이러한 박씨부인의 형상은 비록 기존의 희생적이고 상냥한 관습적 모성과는 정반대의 것이지만, 고전가정소설의 대표적인 반동인물의 하나인 '못된' 시어머니의 전형이다. 이는 박씨부인의 '못됨'이 바로 외아들의 홀시어머니라는 지위와 "중년 과부에 오십 바라보는 히스테리 여인의 썩은 분비물"(341면)이라는 생리적 조건에서 비롯된다는 사실에서도 확인할 수 있다. 박씨부인의 부정성은 숙명적으로 결정된 조건들에서 초래된 것이기 때문에 예외적인 것이라기보다는 정형화된 어떤 것으로 볼 수 있는

9) 최원식은 이러한 병증을 대체된 부권의 수행자로서 갖게 되는 왜곡된 가부장의 모습으로 해석하기도 한다. 최원식, 「채만식의 역사소설에 대하여」, 『민족문학의 논리』, 창작과비평사, 1982년, 182면 참조.

10) 박씨부인의 남근적 모성에 대해서는 심진경, 앞의 글 참조.

것이다. 이는 박씨부인이 전통적인 여성의 아름다움과 자애롭고 부드러운 성품 및 부덕을 소유한, 전통적인 이상적 모성의 소유자인 진주와 정반대되는 인물이라는 사실에서도 확인할 수 있다.[11] 그런 점에서 이 두 어머니는 여성인물을 통속화하는 전형적인 방식의 하나인 악녀-성녀의 이분법을 체현하는 인물들이라고 할 수 있다. 그리하여 박씨부인은 고전가정소설의 전형적인 '못된' 시어머니의 모습을 상투적으로 반복하게 된다. 나아가 이러한 인물의 정형성과 도식성은 여성 수난담이라는 익숙한 이야기틀과 결합하여 소설의 통속성을 강화한다.

3. 심신일체로서의 내선일체

앞에서 살펴본 것처럼, 『여인전기』는 여성에 대한 고정관념에 기반한 익숙한 고전적 이야기구조와 전형적인 인물형을 통해 관습적인 통속의 서사를 반복하고 있다. 그러나 이러한 관습적인 여성수난의 서사는 대

11) 한지현은 채만식의 『여인전기』를 "구식의 어머니와 신식의 어머니의 아이 기르기와 그 성패의 대비"로 보고 있다. 즉 소설에서 서술자는 시어머니인 구여성의 양육방식을 조선적인 것=전통적인 것=열등하고 부정적인 것으로, 며느리 진주의 양육방식을 이와 대척점에 있는 긍정적인 것으로 평가한다는 것이다. 특히 진주는 "내지의 어머니와 이를 모방한 새로운 어머니상"으로서 아들 철을 훌륭한 황군으로 키워내는데, 이러한 양육 태도의 차이에 의해 『여인전기』는 신체제 동화적인 소설이 된다고 주장한다.(한지현, 앞의 글, 226~233면) 여성의 양육 태도에서 친일의 논리를 발견하는 저자의 주장에는 동의하지만, 이를 습속의 도덕이라는 측면에서 우생학 담론과 결합시키는 방식은 다소 논리적 비약이다. 게다가 진주 또한 조선적 모성상의 전형으로 볼 수 있는데, 이를 전통적인 것과 완전히 다른 어떤 것으로 보기에는 다소 무리가 있다. 비록 진주가 신학문을 배웠다고는 하나 소설에서 드러나는 성격과 외모, 정조에 대한 관념 등에서 알 수 있는 것처럼 전형적인 구여성이라고 할 수 있다. 문제는 그러한 전통적인 여성이 친일의 논리를 어떻게 감당하는가다. 이에 대해서는 본고 4장에서 좀더 상세하게 논의할 것이다.

동아전쟁에 참가한 진주의 아들 철과 진주의 이복동생인 일본군 무일을 소설의 처음과 결말에 위치지음으로써 전형적인 친일소설의 성격과 결합한다. 친일소설적 성격을 중심에 놓고 보면, 『여인전기』의 내용 또한 완전히 다르게 요약될 수 있다. 즉 진주가 아닌 그녀의 아버지 임중위를 중심으로 서사를 재구성할 수도 있는 것이다. 따라서 이 작품은 러일전쟁에서 전사한 임중위, 그리고 전장으로 나가는 외손자 철과 일본인 아들 무일로 구성된 3대가 모두 일본제국을 위해 장렬하게 싸우는 군담적 성격의 친일소설이 된다. 그리고 이런 맥락 하에서, 『여자의 일생』에서 갑신정변의 핵심 인물이면서도 일본으로의 망명을 거부한 남진사는 『여인전기』에서는 "일본 조야의 두터운 비호를 받으면서 한 삼년 동안 망명생활을"(390면) 한 '망명객 임씨'로 변모한다. 그리하여 『여인전기』의 중심에는 진주의 아버지 임경식을 중심으로 할아버지 임씨, 아들 무일, 외손자 철로 이어지는 친일적 계보가 놓여진다. 소설에서 진주가 시집에서 쫓겨난 사건 직후에 불쑥 끼어드는 임경식 중위의 '이영삼고지(二O三高地)'에서의 전투와 전사 과정을 단순히 서사적 파탄으로만 볼 수 없는 것도 이 때문이다. 러일전쟁 당시 중요한 전지의 하나였던 이영삼고지를 함락하기 위한 치열한 전투, 거의 육탄전에 가까운 전투 장면을 다소 길게 서술하는 『여인전기』 6장은 1, 2장에 소개된 아들 철의 대동아전쟁 참전기와 지나 방면의 제일선으로 전출이 되어 가게 된 중좌 무일의 등장을 매개하는 역할을 한다는 점에서 중요하다.

이 이영삼고지 전투 장면은 언뜻 아버지 임경식 중위의 용맹과 일본에 대한 충성을 강조하기 위해 삽입된 에피소드처럼 보인다. 그러나 장황하게 묘사된 전투 장면을 한두 마디로 요약하면 그것은 "대화혼과 화기와의 싸움"(381)이라고 할 수 있다. 이는 곧 대화혼(大和魂), 즉 일본정신에 대한 강조와 숭상으로 이어진다. 이 전투 장면에서 강조되는 것은 바로 "함성을 지르면서 조수같이 역습하여 오는 적군을 맞아 얼마 아니되는 상병을 가지고"(380면) 싸우는, 대화혼으로 상징되는 일본 정신의 우세함이며, 이는 정신의 강조라는 형태로 구현되는 친일의 논리다. 원래 황민화의 근본은 정신이며, 정신은 스스로 외부에 드러나는 경신숭조(敬神崇祖)의 관념이다. 이런 맥락에서 황민화 정책이란 일본에 의한 '정신의 정복'이자 나아가 '정신의 총동원체제'였다고 볼 수 있다.[12] 따라서 이영삼고지 전투에서 강조되는 대화혼으로서의 일본정신이란 이런 맥락에 있는 정신의 승리법에 다름 아니다. 더욱이 소설에서 이러한 대화혼의 정신은 길전 소장과 임중위와의 대화에서 내선일체의 논리적 근거로 활용된다. 마지막 전투 전날 밤 결사대의 지휘를 자처한 임중위에게 길전 소장은 일본인이 아니니 굳이 그렇게 목숨을 내놓을 필요까지는 없다고 말한다. 그러나 이러한 길전 소장의 당부에 대해 임중위는 "마음의 나라는 일본"(388면)이라는 논리를 펼친다. 비록 몸은 조선이지만 마음은 일본이라는 이러한 논리는, 이 소설이 일본과 조선의 동화라는 내선일체의 논리와 어떤 방식으로 결합하고 있는가를 보여준다. 그것은 열등한 조선의 몸과 우월한 일본 정신과의 결합을 의미하는 동시에, 마음의 친일이야말로 진정한 애국의 형식일 수 있음을 주장하는 것이기도 하다.

이러한 마음의 우월함에 대한 강조는 철의 편지에서 "백배의, 천배의 적과 접전을 하는 마당에서도 조금치도 두려워 아니하는"(316면) 일본군다운 용맹으로 칭송되기도 하는데, 이는 군국의 모성성을 강조하는 서술자의 다음과 같은 장황한 진술에서도 확인할 수 있다.

> 내지의 어머니들은 이천육백여 년을 두고 한결같이 나라를 위하여 아들네를 전지에 내보내되, 동치 아니하도록 도저한 도야와 훈련과 그리고 자각 가운데서 살아 내려왔다. 그런 결과 일본 여성은 사랑하는 아들을 나라에 바쳤으되 조금도 미련겨워하며 슬퍼하는 등 연약한 거동을 함이 없이 가장 늠름하기를

12) 홍일표, 「일본의 식민지 '동화정책'에 관한 연구—'창씨개명' 정책을 중심으로」, 서울대 석사논문, 1998년, 57면.

잊지 아니하는 천품이—정신이 잡히기에 이르렀다. 어머니 된 정에 노상 어찌 슬픔이 없을 리가 있을꼬마는, 한때 속으로 슬퍼하였지, 혼자서 암루(暗淚)나 흘리면 흘렸지 일상에 상심하는 얼굴을 지난다거나, 항차 남 앞에서 눈물을 보인다거나 하는 법은 전연히 없다.

여러 백 년을 나라와 나라 위할 줄을 모르고 오직 자아본위, 가정본위, 오직 일가족속본위로만 살아온 조선 백성은 따라서 어머니들의 군국에 대한 정신적 준비랄 것이 막상 충분치가 못하였다. 빈약한 편이 많았다.

"나라는 개인보다 중하니라."

"민족의 번영은 언제나 그 민족의 젊은이가 흘린 바 피와 정비례하느니라."

조선 사람의 귀에 이런 외침이 울리기는 바로 최근 몇 해에 비롯된 것이었다. 학식 있고 각성한 사람들은 그 경종을 이성으로써나마 잘 받아들임으로써 자각화(自覺化)·감정화(感情化)하기에 노력을 게을리 아니하였다. (310면)

맥락 없이 끼어든 위의 진술에서 서술자가 주장하는 것은 자아, 가족, 일가 중심으로만 살아온 조선 민족이 이제는 "군국에 대한 정신적 준비"를 통해 나라와 민족의 번영을 위해 살아가야 한다는 것이다. 그리고 이를 실현하기 위해 일차적으로 요구되는 것은 아들을 전지에 보내도 슬퍼하거나 눈물 흘리지 않는 강인한 모성성이다. 그리고 그것은 정신의 무장을 통해서만 가능한 것이다. 옥동댁(진주)이 아들을 생각하며 눈물을 흘리려고 하는 순간 마음을 진정시키기 위해 "이성을 채찍질하여 낡은 허물 속의 감정을 억제하려"(312면)고 노력하는 방식 또한 이와 다르지 않다. 수많은 적군을 물리칠 수 있는 힘이나 수백 년 이어져 내려온 가족 중심의 자기 보신적(保身的) 태도를 극복할 수 있는 힘은, 바로 정신을 통해서만 획득할 수 있는 것이다. 소설에서 그런 정신의 강조는 일차적으로는 일본정신으로서의 대화혼을 우월한 가치로 정립하는 방식이, 좀더 심층적인 차원에서 그것은 일본과 조선 간의 차이(나아가 실제적 불평등)를 무화하는 방식으로 활용되기도 한다. 즉 정신은 조선인인 임중위와 철이 일본을 위해 전사할 수 있게 하는 동력이자 옥동댁

(진주)이 아들 철을 전지에 보내고도 의연할 수 있게 하는 '이성'이다. 그리하여 소설에 따르면 이들은 이러한 정신에 의해, 아니 정신을 통해서라야만 비로소 황민과 군국의 어머니가 될 수 있는 것이다.

1930년대 후반 일본은 말 그대로 '총력전', '총동원체제'를 국민의 일상생활 전반에 걸쳐 강제했다. '대동아공영권'이니 '동아신질서'니 하는 새로운 논리는 이러한 총력전체제 하에서 구상된 것이다. 군사적 필요라는 현실적인 상황과 '새로운 아시아질서'의 논리적 모순을 동시에 해결할 수 있는 유일한 방안은 바로 '식민지 아닌 식민지', '일본 아닌 일본'의 건설이었다.[13] 내선 일체는 이러한 목적을 실현하기 위한 동화정책의 일환이었으며, 그것의 핵심은 조선을 식민지가 아닌 내지로 만드는 것이었다. 그것은 바로 일본인으로의 철저한 동화를 의미했다. 『여인전기』에서 그러한 동화는 경제적 · 정치적 차원보다는 '정신'이라는 추상적인 차원에서 이루어지고 있다. 그에 따르면, 전선의 남성은 물론 후방의 여성(특히 어머니)도 모두 정신무장을 통해서만 진정한 일본인으로 거듭날 수 있다는 것이다. 소설은 이러한 정신승리법과 이를 통한 일본인 되기라는 주제를 진주의 이야기와는 다소 무관하게 서술자의 진술이나 편지라는 탈(脫)허구적인 서사장치를 통해 전달한다. 그러나 미나미 총독이 1940년 국민정신총동원운동조선연맹 운동회 회의석상에서 "형(形)도 심(心)도 혈(血)도 육(肉)도 모두가 일체가 되지 않으면 안 된다…… 내선은 융합이 아니며 악수도 아니며 심신(心身) 모두 정말로 일체가 되지 않으면 안 된다"[14]고 주장한 것처럼, 이러한 정신만의 동화는 '심신일체'를 실현한 것이라고 보기는 어렵다. 소설의 결말 부분에서 불쑥 나타난 조선인 남성 임경식과 일본인 여성과의 혼혈인 무일이 중요해지는 것은 바로 이 지점에서다. 무일은 정신의 동화가 비로소 구체적인 육체의 형상을 얻었음을 상징적으로 보여주는 인물이며, 그럼으로써 '심신

13) 홍일표, 앞의 글, 20면.
14) 홍일표, 앞의 글, 96면에서 재인용.

일체'라는 내선일체의 논리를 소설적으로 완성하는 데 결정적으로 작용하는 인물이다.

> "저두 반갑습니다, 누님 …… 실상 양자하신 유족이 있다구 들었구, 저 형님만 찾아왔었죠. 그랬드니 글쎄, 누님이 이렇게 기시군요! 같은 우리 아버지의 혈육을 함께 노눈……."
>
> "어쩌믄 이렇게두 아버지만 고대루 탁했어! …… 나인 올에 몇이지?"
>
> "서른아홉이올시다. 아버지 돌아가시든 그해니깐요."
>
> 생후 처음 서로 대면이라는 것, 내지 사람과 조선 여인이라는 것, 당연히 이런 데서 오는 어색스럼이나 생소함이나 조심스러워함이나 그런 것이 전혀 없고서, 둘이는 마치 같이 자라던 남매가 한동안 만에 만난 것처럼, 말씨 하며, 음성, 표정, 모든 하는 양들이 지극히 자연스럽고 친밀하였다.
>
> '핏줄은 할 수 없는 것이야!'
>
> 보고 있던 창수는 속으로 그런 생각을 하면서 절절히 고개를 끄덕인다. (469~470면)

진주의 친정아버지인 임중위를 '고대루 탁했'다는 점, 조선인의 피가 흐른다는 점 등에 의해 소설에서 무일은 미나미 총독이 주장한 '형, 심, 혈, 육' 모두가 일체된 존재로 현현한다. 무일은 바로 조선인 아버지의 형상을 한 일본인인 것이다. 이렇게 무일을 통해 조선의 육체는 비로소 일본의 정신과 결합한다. 그러고 나서야 비로소 조선과 일본은 "같은 우리 아버지의 혈육을 함께 노눈" 같은 민족이 된다. 소설에서 그것은 '남매'의 친근함으로 표상되면서 어쩔 수 없는 핏줄의 논리로 이어진다. 특히 '武一'이라는 이름에서도 암시되듯, 그런 방식으로 그는 전시체제하에서의 군국주의적 논리를 그 자체로 구현한다. 그리고 소설에서 그렇게 강조된 조선과 일본 간의 혈연관계는 할아버지–아버지–아들–외손자로 이어지는 진주의 친일가계를 완성하는 결절점이 된다. 일본에 망명한 할아버지에서부터 러일전쟁에서 일본군을 위해 목숨을 바친 아버지와 대동아전쟁에 참여한 아들에 이르기까지, 친일본적 조선인 남성은 이제 무일을 매개로 하여 '원래는 조선사람'이라는 흔적을 지우고 "완전한 일본인"[15]으로 거듭날 수 있게 된다. 정신만의 내선일체는 핏줄의 논리를 동원하고서야 비로소 심신이 합체된 내선일체로 완성될 수 있게 된 것이다.

물론 이때의 '동화'는 조선적인 것의 삭제를 통한 일본과의 동일시를 의미하기 때문에 조선과 일본 사이의 위계질서는 계속 존재할 수밖에 없다. 소설에서 그에 대한 의식은 조선인 아버지 임경식과 그의 일본인 아들 무일이 비록 동일한 형상을 하고 있지만 중위와 중좌라는 직위의 차이로 서열화되고 있다는 사실에서도 간접적으로 드러난다. 따라서 "핏줄은 할 수 없는 것이야!"라는 창수의 말은 한편으로는 두 민족 간의 혈연적 공동운명을 강조하는 것이지만, 다른 한편으로 거기에 함축되어 있는 것은 일종의 체념이다. 그것은 같은 핏줄이기 때문에 '어쩔 수 없이' 전쟁에 참여해야 한다는 논리이자, 핏줄의 논리로 은폐된 조선과 일본 간의 위계적 질서에 대한 '어쩔 수 없는' 순응의 논리이기도 한 것이다. 따라서 소설에서 비록 무일의 등장으로 인해 정신과 육체가 결합된 내선일체의 논리가 완성되기는 하나, 그것은 사실 "가공의 동기(同期)가 땅에서 솟은 것처럼"(468면) 비현실적이고 허위적인 것일 수밖에 없다.

15) '완전한 일본인'이란 혈통적 단일성에 갇힌 '순수한 일본인'과는 달리, 피의 순수성을 넘어서는 좀더 확장된 동일성 개념에 근거해 이루어진 황민이라는 개념의 다른 말이다. 이는 1930년대 후반 총력전체제 하에서 식민지로부터 더 많은 인력과 물자를 필요로 했던 일본의 군사적·경제적 요구 때문에 이루어진 동화정책의 일환이기도 하다. 즉 완전한 일본인이란 황국신민으로, "가장 일본적이기에 가장 보편적"이라는 일본의 아시아주의 담론을 표상하는 존재이기도 하다. 이에 대한 좀더 자세한 논의는 홍일표, 앞의 글, 54~61면 참조.

4. 통속적 친일 혹은 친일이라는 통속

지금까지 살펴본 것처럼 『여인전기』는 진주라는 여주인공을 중심으로 한 여성수난의 이야기와 임중위－무일－철로 이어지는 친일적 남성의 이야기가 결합되어 있는 소설이다. 그것은 달리 얘기하면 "군국의 어머니 되기와 아들의 군인 되기 플롯"[16]의 교차 편집이 이루어지는 방식이기도 하다. 이는 언뜻 전선의 남성과 후방의 여성이라는 상투화된 위계적 지형도의 재구성인 것처럼 보인다. 물론 『여인전기』에서도 이러한 구도가 드러나기는 한다. 그러나 그것이 소설의 중심적인 의미를 획득할 만큼 분명하지는 않다. 왜냐하면 후방의 여성을 대표하는 진주라는 인물의 친일적 성격이 분명하지 않기 때문이다. 그녀는 군국의 어머니상을 대표하기에는 다소 역부족인 데다가, 오히려 그녀의 개인적 수난사가 소설 전반에 걸쳐 지나치게 강조되고 있다. 즉 진주는 "삼형제 사형제 잃고도 씩씩한"(312면) 어머니들과는 달리 아들 철을 전장에 보내놓고 전전긍긍하는 인물인 것이다. 오히려 그녀는 시어머니의 모진 구박과 남편의 죽음, 경제적 위기, 정조의 위협 등 온갖 인생의 시련을 겪은 애련한 '시골소부'에 더 가깝다. 따라서 『여인전기』에서 진주는 "일본의 제국주의 모성론을 무비판적으로 수용"함으로써 친일의 논리를 체현하는 인물[17]이라기보다는 전통적인 가족 내적 위기와 그것의 극복을 몸으로 겪는 고전적 여성인물이라고 할 수 있다. 이렇게 볼 때, 이 소설의 중심에서 결합되어 있는 두 가지의 이야기구조인 여성 수난담과 친일적 서사는 실제로는 각기 서로 완전히 다른 서사적 논리를 갖는 것이다. 다시 말해, 이 두 이야기는 각각 통속과 친일의 논리를 담당하는

16) 한민주, 「일제 말기 소설 연구－파시즘의 소설적 형상화를 중심으로」, 서강대 박사논문, 2004년, 119면.

17) 이정옥, 「모성신화, 여성의 또 다른 억압 기제」, 『여성문학연구』 제3호, 2000년, 132면.

별개의 이야기다. 그렇다면 『여인전기』는 이질적인 두 가지 이야기가 제각각 따로 노는 파탄된 텍스트라고 해야 하는가? 이 두 가지 이야기를 결합시키는 텍스트 내적 계기는 없는가? 이러한 질문에 대한 해답은 통속적 원리가 작품 내적 메커니즘, 즉 친일의 논리로 이전해 작동되는 방식에 주목함으로써 가능할 것이다. 진주가 시집살이를 회고하기에 앞서 결혼이 여성의 인생에 미치는 중대한 영향을 강조하는 서술자의 다음과 같은 진술은 이 문제에 대한 실마리를 제공한다.

> 사람이 여자로 태어나 부모 앞에서 자라다 출가를 하기까지가 인생으로 제일관문이라고 한다면 결혼은—남편을 맞이하고 가정을 이룩하고 시집살이라는 것을 하고 한다는 것은 그 제이의 관문이라고 보아야 할 것이다. 그리고 만일 우리의 일생을 싸움이라고 부른다면 결혼은 정녕 여자의 제이진이라고 일러야 옳을 것이다. 하되 여자는 그의 제이진이야말로 앞으로 전 생애를 좌우하는 중대한 출진(出陣)일 것이다. (330면)

서술자는 '우리의 일생을 싸움'으로 규정하되, 특히 여자의 경우 결혼 이전까지의 삶을 '제일관문'으로, 결혼 이후의 삶을 '제이관문'으로 설정한 뒤, 이 제이관문에서의 싸움, 즉 '제이진'을 가장 중요한 전쟁이라고 부른다. 인생을 전쟁으로 비유하는 수사법은 상투적인 것이지만, 이는 소설 전체를 관통하는 수사법이기도 하다. 그리고 이러한 상투적인 수사법은 '여인전기(女人戰紀)'라는 제목의 명명법으로도 이어진다. 이렇게 함으로써 소설에서 여주인공의 고난에 찬 일대기는 전쟁과도 같은 어떤 것, 혹은 전쟁 그 자체를 이야기할 수 있는 토대가 된다. 언뜻 서로 잘 어울리지 않을 것 같은 구여성의 일대기와 전쟁담은 맨 처음 서술자의 관념적 진술에 의해 그렇게 결합한다. 그리고 소설의 구조적 차원에서 그것은 임경식 중위—무일—철로 이어지는 친일적 남성 계보가 여성의 서사 속으로 들어옴으로써 이루어진다. 소설은 진주의 일본인

의붓동생 무일이 등장하여 동기간의 정을 확인하면서 끝나는데, 앞서 지적한 것처럼 이 사건의 의미는 단순히 조선과 일본의 결합관계를 상징하는 것에만 머무르지 않는다. 그것은 오히려 아버지－아들－손자로 이어지는 친일적 계보의 완성으로 나타나는데, 중요한 것은 그 계보가 진주의 가계를 중심으로 이루어진다는 점이다. 진주의 서사가 친일 남성의 서사와 만나게 되는 계기가 되는 것은 바로 이 지점이다. 여기서 문제가 되는 것은 친일 남성의 서사가 철의 아버지 준호가 아니라 진주의 아버지, 즉 철의 외가 쪽 가계에서 마련된다는 점[18], 그리고 그 과정에서 진주의 수난담이 친일적 서사를 구축하고 수렴하는 결절점 역할을 한다는 점이다. 일차적으로 서술자의 진술에 의해 결합된 통속과 친일의 서사는, 이렇게 구조적인 차원에서 다시 한번 확인된다.

좀더 심층적인 이데올로기의 차원에서도 이 두 가지 논리의 상동성을 발견할 수 있는데, 상투적 고정관념에 의존하는 방식이 바로 그것이다. 소설에서 진주는 온갖 시련과 고난에도 불구하고 여성적 미덕을 지켜내는 윤리적 영웅의 면모를 보인다. 예를 들면 남편이 죽은 뒤 진주는 생활의 곤란으로 양육 자체가 불가능한 상황에서도 '여자의 정조'를 끝까지 지켜낸다. '여자의 정조'가 위협받는 상황은 이미 채만식의 장편소설 『인형의 집을 나와서』나 『탁류』 등의 소설에서 여주인공을 위기로 몰고 가는 결정적인 계기로 작용한 바 있다. 이때 소설에서 그려진 여성 정조의 몰락은 사회 전체의 위기를 반영하는 상징적 지표의 역할을 함으로써 서사에 개연성을 부여해준다. 그러나 『여인전기』에서 여성이 처한 정조의 위기는 구체적인 현실 속에서 인물의 문제제기적 성격을 드러내기 위한 필연적 조건이라기보다는 그러한 정조를 지켜내는 자

---

18) 『여인전기』에서 황군인 아들 철의 친일적 자질은 아버지 준호가 아니라 외할아버지－어머니로 이어지는 여성적 가계에서 계승된 것으로 볼 수 있다. 이는 친일의 논리를 여성과 결합시키는 방식이면서, 역사담당 주체인 남성이 소멸된 자리에 여성을 친일에 대한 변명의 장치로 위치짓는 방식이기도 하다. 『여인전기』에서 여성(박씨부인과 진주)과 친일이 결합되는 방식에 대한 좀더 상세한 논의는, 심진경, 앞의 글을 참조할 것.

의 도리를 강조하기 위해 작위적으로 설정된 에피소드에 불과하다. 그리하여 소설은 여성이 지조를 지켜내는 일을 '당연한' 일로 만듦으로써 여성에게 부과된 관습적인 의무를 충실하게 수행하게 한다. 그리고 소설에서 이러한 여성의 윤리적 의무의 실행은 '의'의 승리로 귀결된다.

> 이리하여 진주는 의를 살리었다. 물론 큰 희생이었다. 장차로 헤아리기 어려운 고난이 있을 것이었다. 그러나 그것은 큰 의의 가벼운 대상에 불과할 것이었다. (425면)

진주는 남편과의 우연한 만남 직후 "조그마한 억지"나 "잠시의 주저와 상량"도 없이 "완전히 여섯 해 전의 상냥코 다정스럽던 준호의 새댁이요, 얌전한 며느리요, 애련한 시골 소부"로 돌아가는데, 소설에서는 이를 가능하게 힘을 "이론을 초월한 마술적인 힘"(424면)으로 명명하고 있다. 그 마술적 힘은 일차적으로는 진주의 개인적 행복을 포기한 '큰 희생'이자, 좀더 근본적인 차원에서는 '여자의 소위 첫정'을 끝까지 지켜야 한다는 전통적인 여성적 미덕의 실현이기도 하다. 그것은 다름 아닌 '의를 살리'는 일이다. 그리고 어떤 희생과 시련을 통해서도 지켜져야 하는 이러한 '의'는 목숨을 바쳐 이영삼고지를 지켜낸 아버지 임중위의 '충의'와 "전사(戰死)를 제일 상팔자"(316면)라고 믿는 아들 철의 '용맹'으로 이어짐으로써, '정조'라는 전통적인 여성적 덕목은 자연스럽게 제국주의 식민담론이 요구하는 '충의'라는 덕목과 결합된다. 이 정조의 미덕이 독자들의 관습적 통념을 충족시켜주는 전통적인 이데올로기라면, 충의는 일제 파시즘의 이데올로기를 구성하는 요소라고 할 수 있다. 통속의 서사에서 구현되는 지조라는 여성적 미덕은 그대로 친일의 논리를 이루는 충의라는 덕목으로 변형되어 반복된다. 이런 방식으로 소설에서 친일적인 남성에게서 실현되는 파시즘의 논리는 통속적인 서사문법 속에서 익숙한 여성적 미덕과 결합하고, 그것은 당연한 윤리적 당위로 제기된다. 이로써 『여인전기』에서 친일이라는 "체제유지 이데올로기는 (작가의 서술전략에 의해) 독자의 관습적 기대체계를 한 측면에서 만족시켜 주면서"[19] 은밀하게 관철되고 있는 것이다. 이는 일제말기 많은 친일소설이 통속의 서사문법을 차용하고 있는 것에서도 확인할 수 있다. 통속성의 본질이 무기력한 대중의 관습적 기대지평을 충족시킴으로써 현실적 패배를 은폐하고 허구적인 위안을 제공하는데 있다면, 이러한 통속성의 본질을 극단적으로 밀고나가서 만나게 되는 것은 결국 체제유지의 이데올로기일 것이다. 채만식의 『여인전기』에서 그것은 내선일체라는 친일의 논리로 나타난다. 그런 점에서 이 소설의 통속과 친일은 같은 이데올로기의 자장 안에서 움직인다고 할 수 있다. 『여인전기』를 통속적 친일소설이라고 부를 수 있는 것은 이 때문이다.

• **심진경** | 서강대 국문과 문학박사. 문학평론가. 저서로는 『여성, 문학을 가로지르다』가 있고, 역서 『근대성과 페미니즘』(공역)이 있다. 현재 서강대, 서울예대, 성공회대에 출강중이다.

19) 김영찬, 앞의 글, 87면.

해방 전후의 채만식과 좌우합작론의 소설적 형상화

단편소설 「역로」에 관하여

방민호

1. 들어가면서

채만식의 「역로」는 1946년 6월에 『신문학』에 발표된 단편소설이다. 해방 후에 발표된 순서로 따져보면 1936년 3월과 4월에 걸쳐 『백민』에 발표한 「맹순사」에 이은 두 번째 작품이다.

이 작품은 그보다 몇 년 후에 발표되는 「낙조」와 더불어 해방 공간의 시국적인 상황을 종합적으로 다루면서 당대의 한국인들이 취해 나가야 할 역사적 방향에 대한 예리한 감각을 보여주고 있다는 점에서 주목할 만한 가치와 의의가 충분한 작품이다.

그럼에도 불구하고 이 작품이 그동안 충분히 언급되거나 다루어지지 못한 것은 채만식 미학의 본령 가운데 하나로 간주되는 본격적인 풍자와도 거리가 있고, 해방 후 채만식 문학을 이해하기 위한 관건으로 간주되는 자기 비판 및 성찰의 문제에 비추어 보아도 뚜렷하게 부각될 만한 요소를 충분히 보여주지 못한 것처럼 간주되었기 때문일 것이다.

이 논문은 이러한 상황을 감안하면서 해방을 맞이한 채만식 자신의 내면 풍경과 당대 시국에 대한 문제의식 및 역사감각을 중심으로 이 작품에 대한 분석 및 고찰을 시도해 보고자 한다.

2. 예기치 못한 해방을 전후로 한 채만식의 내면 풍경

채만식의 자전적 소설로 알려진 「민족의 죄인」의 주인공인 '나'는 『매일신보』에 대일 협력적 태도가 노골적으로 드러나는 장편소설을 연재하다가 중단한 후 낙향한 과정을 다음과 같이 쓰고 있다.

> 일본의 패전, 그 다음에 오는 불안과 공포랄지 눈에 살기를 먹음은 일본병정들의 등덜미를 겨누는 기관총뿌리의 위협이랄지, 이런 것 외에도, 멀찍이 궁벽한 시골로 낙향을 하여야만 할 또 한 가지의 다른 사정이란, 곧이, 대일협력의 수렁으로부터의 도피행 그것이었다.[1)]

이렇게 명시적으로 표명된 낙향의 동기는 두 가지로 나타난다. 그 하나는 일본의 패전에 뒤따라 올 불안과 공포로부터의 도피를 위한 것이었다는 것이고 다른 하나는 대일협력 행위로부터 도피였다는 것이다. 두 번째 동기에 대해서 '나'는 "오직 그 대일협력이라는 사실에서 풍기어 나오는 악취, 그것이 못 견데이게 불쾌하였고, 목전에 그것을 면하고 싶은, 지극이 당면적인 간단한 욕망으로서일 뿐이었다"[2)]라고 부기하였다. 이러한 진술에 따르면 '나'의 낙향의 중요한 내면적 동기는 대일협력을 회피하기 위한 것이었던 셈이 된다. 그러나 해방을 전후로 한

---

1) 채만식, 「민족의 죄인」, 『백민』, 1948년 11월, 54면.
2) 위의 책, 같은 면.

채만식의 몇 가지 행적과 문필 기록은 그에 못지않게 일본의 패전에 따른 불안과 공포, 그리고 위기의식의 측면이 컸음을 보여준다.

「민족의 죄인」을 보면 '나'의 낙향은 한편으로는 총독부의 소개 정책에 부응한다는 명분을 띠고 있었음을 알 수 있다. '나'는 "소개랍시고"[3] 라는 표현으로 그의 낙향이 소개를 내세운 대일협력 행위로부터의 도피행이었음을 은연중 강조한다. 그럼에도 불구하고 낙향한 후인 5월 중에 다시 『매일신보』에 '소개의 변'이 게재된 것은 본인의 뜻에 따른 것이 아니었다고 한다. 그렇다면 이것은 타의, 즉 『매일신보』로 대표되는 권력의 강제에 의한 것이었다는 셈인데 이와 같은 타율성은 어디에서 비롯된 것일까.

작중의 '나'의 기억에 준거하여 『매일신보』를 검토해 보면 실제로 5월 4일부터 「疏開 산 戰訓－先驅者들의 辯」이라는 제하에 계정식・이무영・안석영 등의 순으로 연재가 진행되었고, 「민족의 죄인」의 '나'에 의해서 두 번째라고 기억되고 있는 것과는 달리 다섯 번째이자 마지막 순서로 채만식 편이 게재되어 있다.[4]

『매일신보』 편집자의 설명에 따르면 소개란 "도시에 뭉처 있는 전투력을 요소요소에 분산 배치하는 작전계획"으로서 "이번 전쟁을 이기기 위하야 동원된 민병으로서 증산전의 용사로 나서는 것"을 말한다.[5] 『매일신보』에는 1945년 3월 18일자에 「소개의 긴급성」이라는 제하의 사설을 게재한 것을 비롯하여 3월에서 5월까지 집중적으로 소개를 강조하는 기사가 게재되고 있다.

이러한 소개 전략의 의미는 비교적 명료해 보인다. 태평양 전쟁의 전개과정을 보면 1945년 2월 이후에 미군은 필리핀을 접수하고 이오 섬[硫黃島]에 상륙하게 되며 4월에 들어서면서 오키나와 해전이 시작되어 3

3) 위의 책, 같은 면.

4) 「疏開 산 戰訓－先驅者들의 辯」, 『매일신보』, 1945년 5월 4~9일 참조.

5) 『매일신보』, 1945년 4월, 2면에서 인용.

개월간의 공방이 벌어지게 된다. 이 시기에 『매일신보』는 연일 전황을 일본 측에 유리한 형태로 과장하거나 꾸면서 전달하면서도 미국의 일본 본토 공략에 대한 대비책을 전달하고 독려하는 일에 골몰하고 있다. 소개 정책은 이러한 대비책의 일환이었다.

『매일신보』에 매일 소설을 연재하고 있던 채만식이 이러한 전황의 급속한 전개를 몰랐으리라고 생각한다는 것은 있을 수 없다. 해방을 몇 달 앞두고 있던 시기에 채만식은 그가 해방 후에 발표한 한 수필에서 밝혔던 것처럼 "조선이 일본의 식민지로부터 그렇듯 수월히 해방되리라고는 자못 생각 밖"[6]인 상태에 놓여 있었다고는 해도 일본의 패전 자체를 전혀 감지할 수 없는 상태는 아니었던 것으로 판단되는 것이다. 이것은 지금껏 인용되어 오지 않은 채만식의 한 수필에 나타난 회상을 통해서 확인된다.

> 沖繩島의 패전 이전부터 나는 나 같은 사람이 보기에도 일본은 전체로 패색이 농후하였다. 히틀러-의 패색이 伯林 방어전 이상으로 무모한 속전인 것이 번연하였다. 팔씨름에다 비하면 거진 다 넘어갔으면서도 그러고 힘을 더 써보았자 나중에 팔이나 더 아펐지 승전에는 아무런 효과도 없는 것을 그래도 버팅기고 있는 것과 다름이 없었다.[7]

이러한 회상은 『여인전기』의 연재가 마무리되던 시기를 전후로 하여 대일협력으로부터 벗어나고자 했던 채만식의 행적이 단순한 민족적 양심이 발로만은 아니었음을 보여준다. 그러나 이렇게 일본의 패전이 기정사실화될 때 더불어 전개될 수 있는 상황으로서 채만식이 상상할 수 있었던 것은 조선의 해방 이전에 「민족의 죄인」의 '나'가 술회했던 것처럼 "일본의 패전, 그 다음에 오는 불안과 공포랄지 눈에 살기를 먹음

6) 채만식, 「글루미 이맨시페이션」, 『예술통신』, 1946년 10월 30일. 문학과사상연구회 편, 『채만식문학의 재인식』, 소명출판, 1999년, 251면에서 재인용.

7) 채만식, 「8·15 전후」, 『건설』 1권 5호, 1945년 12월, 14면.

은 일본병정들의 등덜미를 겨누는 기관총뿌리의 위협"이었다.

연합군이 군산비행장에로의 상륙작전이 내일이냐 모래냐 하는 기대와 낭설이 한참이던 7월 그믐 면에서는 드디어 부락 담당 직원이 나와 남자 이십 세 이상 육십 세까지라는 소위 국민 의용대라는 것의 명적을 꾸며갔다. 나도 물론 그중에 들지 아니치 못했다.

「인제는 꼼짝 없이 죽창 들고 상륙군의 기관총 앞에 나서서 일병의 육방비가 되는고나」

이런 소리를 혼자 중얼거렸다. 도리어 안전하였을 서울서 일로 소개 핑게를 하고 피해온 것이 짜장 호혈을 찾아든 형국이었다.

두 가마니나 드는 궤짝으로 가득 찰 낡은 작품과 원고의 서신들을 골라서 없샐 것 없애고 하려고 몇 번 궤짝을 열곤 하였으나 좀초럼 일이 손에 잡히지 아니하였다. 그보다는 역시 채전의 버레잡기가 마음을 가란치고 만사를 잊고서 잠심케 하였다.

팔월로 들어서드니 마침내 국민의용대원만 남고 노약은 전부 소개 지정지인 금산 남면으로 피해가라는 령이 내렸다. 그러면서 군산으로부터 쏟아져 나오는 피난민의 떼가 군강도로를 덥기 시작하였다. 바리바리 우마차에 세간짐을 실고 사람들은 노약을 부뜰면서 끝없이 풀려나왔다. 암담한 광경이었다.

동네 사람들은 제마다 얼골에 수심과 불안을 띄우고 둘만 모이면 수군거리느니 피난못할 걱정이었다.

「어린것들과 늙은이들만 피난을 보내기로서니 쌀 한 말에 삼사백엔 하는 판에 가서 무얼 먹고 살아?」

「여기서 가치 있다 가치 죽고말지」

그들은 모도 다 빈농들이었다. 나는 여전히 이른 새벽부터 날 저물기까지 하로 종일씩을 채전에 나가서 지우곤 하였다.[8)]

이처럼 채만식은 공포와 불안의 와중에서 뜻밖에도 조선이 해방되고 독립국이 되는 상황을 맞이하게 된다. 채만식 자신의 술회에 따르면 그

8) 위의 책, 14면.

는 쇼와 텐노가 항복 선언을 한 지 사흘 후에야 조선이 해방되었을 뿐만 아니라 또한 독립까지 약속이 된 소식을 듣게 된다. 이를 두고 채만식은 "여승 꿈에서 깨어난 것 같았다"[9]라고 표현하고 있다.

채만식의 경우 일본의 패전과 그에 따른 조선의 해방과 독립은 논리적으로 예측된 것이 아니라 예감과 공포와 불안에 이어 꿈에서 깨어난 것과 같은 비논리적, 감각적인 차원에서 획득된 예기치 않은 사건이었다.

3. 자기 비판 및 성찰에의 요구와 「역로」의 해결 방식

이렇게 해방을 맞이한 채만식의 창작활동은 크게 두 갈래로 나뉘어 이루어지고 있음을 볼 수 있다. 그 하나는 일련의 풍자적인 단편소설 계열의 작품들이고 다른 하나는 일련의 자전적 소설 계열의 작품들이다.

전자는 「맹순사」(『백민』, 1946년 3~4월) 「미스터 방」(『대조』, 1947년 7월) 「논 이야기」(『해방문학선집』, 1946년) 「도야지」(『문장』, 1948년 6월) 등으로 이어지는 흐름을 갖는다. 그리고 후자의 흐름은 이 논문의 분석 대상인 「역로」(『신문학』, 1946년 6월)와 「민족의 죄인」(『백민』, 1948년 10~11월)으로 대표된다.

「역로」와 「민족의 죄인」은 발표 시기상으로 보면 약 2년 이상의 차이를 보여 주지만, 발표 지면에 탈고 일자를 밝히는 채만식의 습관에 따라 작품이 완성된 일자를 확인해 보면 각각 1946년 4월 24일과 1946년 5월 19일로 그 시기가 거의 겹치다시피 하고 있음을 확인할 수 있다. 이것은 두 작품이 같은 문제의식을 배경으로 하고 있음을 의미한다.

9) 위의 책, 15면.

한편 여기서 발표 시기상으로나 작중 주요 모티프 상으로 볼 때 아주 근접한 양상을 보여주는 「민족의 죄인」과 「낙조」(『잘난 사람들』, 1948년)가 탈고 일자로 보면 각기 1946년 5월 19일과 1948년 8월 15일로 오히려 약 2년여의 격차를 갖고 있다는 점에 유의할 필요가 있다. 이것은 그 외면상의 유사점에도 불구하고 두 작품이 작가 의식상의 현격한 차이를 내장하고 있을 가능성이 큼을 시사한다.

「민족의 죄인」과 「낙조」가 작가 의식상으로 볼 때 전혀 다른 성격의 작품이라는 논자의 생각에 따르면, 「낙조」는 앞에서 논자가 제시한 풍자적인 단편소설 계열과 자전적 소설 계열을 지양하면서 보다 철저한 자기반성과 성찰의 양상을 보여준 작품이 된다.[10] 이러한 반성과 성찰을 디딤돌 삼아 채만식은 비로소 구한말의 역사적 상황을 새로운 민족사적 시각에 입각하여 재구성한 연작 장편소설 『역사—총기 좋은 할머니』[11]로 나아갈 수 있었던 것으로 판단된다. 이 연작 장편소설은 비록 미완에 그쳤지만 노골적인 대일 협력에 기울었던 해방 직전의 연재소설 『여인전기』를 심리상으로나 의식상으로나 보상하는 의미를 띤다. 다시 말해 「낙조」를 경유함으로써 비로소 작가는 내선일체론에 입각한 대일 협력 행위를 청산할 수 있는 근거를 마련할 수 있게 되었던 것이라고 할 수 있다.

이러한 생각의 연장선상에서 다시 「민족의 죄인」으로 돌아와 보면 이 작품은 「낙조」에 비해 상대적으로 불철저한 반성과 성찰의 단계에 머물러 있는 것으로 파악된다. 채만식에 대한 전반적인 고찰을 시도한 곳에서 논자는 그 근거를 그 장르적 한계의 문제로 파악하여 제시한 바 있다. 즉 「민족의 죄인」이 몇몇 연구자들에 의해 반성과 성찰이 불철저

10) 「민족의 죄인」과 「낙조」의 작가 의식상의 낙차에 관해서는 졸저, 『채만식과 조선적 근대문학의 구상』, 소명출판, 2001년, 116~133면 참조.

11) 이 작품은 「신미 전후」(『학풍』, 1949년 1월), 「늙은 극동선수」(『신천지』, 1949년 2~3월), 「아시아의 운명」(유고, 『야담』, 1955년 10월) 등으로 이어지는 미완의 연작장편소설이다.

한 작품으로 평가되는 이유는 단순히 작가적 태도가 그러한데 있다기보다는, 반성 및 성찰이라는 이 작품의 의도가 '사소설'이라는 이 작품의 형식과 조화를 이룰 수 없었던 데 더 큰 이유가 있다고 보았던 것이다. 그러나 역으로 「민족의 죄인」의 한계와 문제점을 단순한 장르 선택상의 한계로만 치환해 둘 수는 없을 것이다. 이러한 문제들을 재검토하기 위해서는 일제 말기에 채만식이 발표해 나간 일련의 자전적 소설들을 잠시 되짚어볼 필요가 있다.

채만식은 일제 말기에 「근일」(『춘추』, 1941년 신춘호) 「집」(『춘추』, 1941년 6월) 「삽화」(『조광』, 1942년 7월) 등으로 이어지는 일련의 자전적 소설을 발표하면서 「근일」의 주인공 '나'의 표현을 빌려서 이를 이른바 '사소설'로 명명하였다. 그런데 주지하듯이 사소설이란 본래 일본 소설에 고유한 장르로 알려져 왔다. 즉 일본 근대의 자연주의가 이룩한 자아의 개념 위에서 자기 이야기를 있는 그대로 숨김없이 쓰려는 작가적 모랄에 의해 지배되는 소설양식이라는 것이 사소설이라는 것이다.[12)]

최근에 들어서 이러한 사소설이라는 것이 사실 그대로 썼다는 것 자체보다는 독자들이 해당 작품을 그렇게 읽어준다는 의미에서 사후적으로 인준되고 성립된 장르이고, 따라서 사소설은 일종의 읽기 모드로 보아야 가장 잘 파악될 수 있다는 유력한 견해가 피력되어 있다.[13)]

이러한 견해는 작가가 자기의 경험을 사실 그대로 쓴다는 것이 원천적으로 불가능하다는 점에서 당연한 논리적 도달점이라고 할 수 있지만 비교적 최근까지만 해도 사소설은 곧 작가적 경험의 사실 그대로의, 따라서 진실한 표백이거나 적어도 그러하고자 하는 의지의 소산이라는 해석이 주류를 이루어 온 것이 사실이다. 이것은 사소설이라는 장르적 고유성에서 일본문학의 정체성을 확인하고자 했던 일단의 일본 문학인들

12) 졸고, 「일제 말기 이태준 단편소설의 '사소설' 양상」, 『상허학보』 14집, 2005년, 224면 참조.

13) 스즈키 토미, 한일문학연구회 역, 『이야기된 자기』, 생각의나무, 2004년, 31면 참조.

의 오랜 성향이 낳은 결과라고 할 것이다. 그리고 이러한 견해가 오랫동안 주류를 이루어왔다는 점에서 비록 엄밀한 확인을 요구하는 문제라고는 해도 채만식이 일련의 '사소설' 창작을 시도한 1940년대 초의 조선 문단에서 일본적 사소설이란 작가적 경험을 그대로 쓴 소설을 의미한다는 견해가 일반적이었을 것임은 충분히 예상해 볼 수 있다.

그러나 막상 채만식 발표한 일련의 '사소설'은 이처럼 작중 주인공이 곧 작가 자신이며 따라서 작가는 자기 이야기를 숨김없이 있는 그대로 표현해야 한다는 사실성의 원리를 그대로 따르지 않은 결과를 보여준다. 오히려 채만식은 일반화된 일본적 사소설의 독법을 비틀어버리는 묘미를 보여준다. 즉 그는 대일 협력적인 행위에 빠져들고 있는 자신의 '실생활' 대신에 가난과 병고에 시달리는 가족 울타리 안의 협소한 생활상만을 묘사함으로써, 정치적인 요구에 따라 체제협력적인 소설을 발표해야 하는 상황을 보상받고자 하는, 복잡한 운산법을 보여주는 것이다. 이러한 운산법은 감추면서 내비치는 것이기에 여간 섬세한 독법이 아니고는 그 양가적 의도를 실감하기 어려울 정도다.

그런데 이것은 일제말기의 발표된 채만식의 '사소설'이 자기 보호적, 방어적인 차원의 소설 형식을 취한, 일제말기라는 특수한 정치적 환경에 대응하고자 한 사소설의 변형물임을 의미한다. 채만식은 일본적 사소설과 자신의 '사소설' 사이에 작용하는 반복적 차이를 통해서 협소하나마 체제에 협력할 수만은 없는 그 자신의 문학적 공간을 확보하고자 했던 것이다.

반면에 이러한 '사소설'을 써나가는 와중에도 채만식이 엄연히 대일 협력적인 소설들을 창작하고 발표해 나갔다는 사실은 가볍게 취급될 수 없을 것이다. 결국 일본의 패전과 더불어 뜻하지 않게 밤손님 같은 해방이 도래했을 때 그가 무엇보다 먼저 봉착해야 했던 것이 엄정한 자기 비판이라는 난제였음은 의심할 여지가 없다. 이와 관련하여 채만식이 자발적이고 능동적인 태도를 보여주었는가 하는 문제는 검토의 여지가 많다.

해방 직후 자기비판의 문제와 관련하여 흔히 참조되는 일명 봉황각 좌담회와는 별도로 김남천, 이원조, 채만식을 위시한 7인이 모여 모인 창작합평회 역시 자기비판의 문제를 외면할 수 없는 상황이었고 채만식의 경우는 특히 그러했다고 할 수 있다. 자기비판의 문제를 제기한 이원조에 대해서 채만식은 다음과 같이 발언하고 있다.

> 나 역 대담하게 쓰고 시펏스나 주저하게 됩니다. 역시 죄인이니까 나의 죄를 써서 역효과를 내보려고도 햇지만 주저하게 되는 것은 할 수 업드군요. 그러나 요즘엔 언제까지 주저하고만 있을 필요가 업다고 생각합니다.[14)]

이와 같은 발언에 이원조는 채만식의 성격에 비추어 그 고민을 넉넉히 짐작할 수 있으며 그러나 이처럼 죄를 고백하려는 심리가 드높은 것이라고 하여 자기비판 소설을 독려하는 듯한 발언을 하고 있다.[15)]

이 창작합평회가 1946년 4월 20일에 열렸음을 감안할 때, 각기 1946년 4월 24일과 1946년 5월 19일에 탈고를 본 「역로」와 「민족의 죄인」가 작가의 자기 비판 소설을 요청하는 문단적 분위기에 의해 촉진된 측면이 강하다. 즉 「역로」나 「민족의 죄인」은 이러한 문단적 상황에 직면한 채만식이 자기 비판과 성찰에 합당한 소설적 방법론에 대한 고민을 미처 다 수행치 못한 상태에서 서둘러 쓰고 완성을 본 작품들이다. 이는 이들 작품이 모두 일제 말기에 그가 발표해 나간 '사소설'의 형식을 그대로 차용하는 것으로 나타났다.

특히 「역로」는 그 도입부가 약 1940년경에 탈고했으나 발표하지 않고 유고로 남겨진 「상경반절기」(『신사조』, 1962년 11월)와 유사한 철도 여

---

14) 송영, 채만식, 김남천, 이원조, 윤세중, 이흡, 박영준, 「취산장 창작합평회」, 『신문학』, 1946년 6월, 158면.

15) 위의 글, 같은 면, 참조.

행 모티프로 구성되어 있다는 점에서 그 급조적 측면이 두드러진다.

그 결과 「역로」의 '나'의 심리를 일차적으로 지배하고 있는 것은 과거 자신의 행위에 대한 전면적인 반성이나 성찰에 기초하지 못한, 사회적 시선에 대한 부담감이다.

> 요새 난 절실히 생각인데 사람이 어떤 사회적 죄달지 과오를 범을 했을지면 고즈넉이 일정한 형식을 통해서 공공연하게 작죄의 경위를 밝히구 죄에 상당한 증게를 받구 그래야만 떳떳하구 속두 후련한 법이지 걸 불문(不問)을 당하구서 남의 뒷손꾸락질만 받구 살아야 한다는 것은 견델 수 없는 불쾌요 고통이요 슬흠이요 한 거야. 마치 몸에서 고약한 체취(體臭)가 나는 사람이 늘 마음에 남의 앞에 나가면 남들이 돌려세워 놓구 얼굴을 찡기리구 코를 쥐구 하려니 하여 우울해하구 비관하구 해야 하는 것처럼.16)

그리고 이러한 심리적 부담감은 「민족의 죄인」의 '나'에 의해 이루어지는 잘 알려진 자기 고백과 동일한 차원에 놓여 있는 것으로 보인다.

> 용맹하지도 몰한 동시에 영리하지도 못한 나는 결국 본심도 아니면서 겉으로 복종이나 하는 용렬하고 나약한 지아비의 부류에 들고 만 것이었었다.17)

「역로」에 비해 「민족의 죄인」은 자기의 과거를 전면적으로 다루고자 한 본격성이 돋보이는 작품이지만 위의 인용문은 철저한 문학인의 자기 비판이라기보다는 생활자의 자기 변명에 가깝다는 인상을 선사한다.

1946년 상반기의 시점에서 채만식이 해방의 충격에서 벗어나 자신의 문제를 정시한다는 것은 어려운 일이었을 것이다. 「역로」의 두드러진 요소 가운데 하나는 채만식이 이미 일련의 풍자적인 단편소설에서 시도한 바 있는 해방 직후 사회상에 대한 비판적 묘사다.

---

16) 채만식, 「역로」, 『신문학』, 1946년 6월, 41~42면.
17) 채만식, 「민족의 죄인」, 『백민』, 1948년 10월, 46면.

작가는 고향의 집안 사람이 위독하다는 전보를 받고 낙향하기 위해 서울역에 나온 작중의 '나'의 시선을 통해서 젊은 여인이 담뱃불을 청하고 암표가 판을 치고 철도원이 거스름돈을 돌려주지 않는 등의 혼탁한 사회상을 보여준다. 이러한 묘사의 마지막 부분은 "아무튼 사람들이 질(質)이 전보담 되려 떨어졌어. 걱정야"[18]라는 양복신사의 대사를 인용하는 것으로 정리된다.

그런데 이처럼 작중의 '나'가 해방 직후 사회상을 직접 비판하지 않고 타인의 시선이나 음성으로 하여금 '나'를 대리하게 함으로써 획득될 수 있는 효과는 사회적 책임에 대한 시선의 분산일 것이다. 이러한 묘사를 통해서 책임은 대일협력의 죄를 짊어진 '나'만이 아니라 사회 구성원 전체가 나누어 짊어져야 할 몫이 된다.

「민족의 죄인」에서 '나' 대신에 '김'이 '나'를 비판하는 '윤'을 향해 당신은 지조가 얼마나 굳센가를 시험받지 못한 자가 아닌가 하고 반격한 것 역시 꼭 같은 경우를 보여준 것이라고 할 수 있다. 제삼자의 논리를 빌린 이러한 반비판은, 작가로서는 민족의 죄인 된 죄의식을 묘사하려 했다고 해도 결과적으로 '죄인의 민족'에 귀착할 위험성이 농후한 것이다.

결국 「역로」는 자기 비판 및 성찰이라는 측면에서 보면 「민족의 죄인」과 마찬가지로 불충분할 뿐만 아니라 혼탁한 세태 묘사의 와중에 작가 자신이 안고 있는 문제의 핵심을 비껴나갈 소지를 안고 있는 작품이라고 할 것이다.

그러나 역으로 다음과 같이 평가할 수도 있을 것이다. 채만식은 「역로」에 나타난 죄의식, 사회적 시선에 대한 부담감, 혼탁한 사회상에 의탁해 과거 행위에 대한 부담을 분산시키고 싶은 욕망 등 갑작스러운 해방이 선사한 심리적 충격을 회피하지 않고 그것을 작중에 기입하는 정

18) 위의 책, 37면.

공법으로 자기 문제를 사유해 나갔으며 그 결과 「낙조」가 보여준 깊은 자성의 단계에 도달할 수 있게 되었던 것이라고.

4. 당대 사회상의 압축적 기록과 좌익 양보의 좌우합작론

한편 「역로」는 통상적인 단편소설로 보기에는 분량이 큰 작품으로서 여기서 채만식은 작가 자신의 문제와 관련된 변해를 적극적으로 시도하기보다는 국제 관계를 포함한 당대 사회상 전체를 한 폭의 축도로 그려 내 보이는데 역점을 두었던 것으로 판단된다.

「역로」는 일종의 여로형 소설로서 서울에서 천안을 거쳐 대전으로 가는 기차 여행 중에 일어난 일들이 그 중심적인 줄거리를 이룬다. 따라서 이를 중심으로 그 얼개를 살펴보면 이 작품이 크게 세 개의 부분으로 나뉘어 있음을 알 수 있다.

그 첫째 부분은 서울역에서 벌어진 일이 중심이다. 여기서 작중 주인공인 '나'는 집안 사람이 위독하다는 전갈을 받고 고향에 내려가고자 서울역에 나가서 여러 가지 일들을 겪게 되며 '김'이라는 지인을 만나게 된다.

두 번째 부분은 서울에서 대전까지 가는 기차 안에서 벌어지는 일들이 중심이다. '나'와 '김'은 기차 안에서 "짬바 입은 이십대 가량의 젊은 이"[19) "육십 된 동저고리 바람에 철 지난 방한모의 늙은 농민"[20) "사십 가량의 시골 신사"[21) "양복짜리 젊운이"[22) 등을 만나 이야기를 나누게

19) 채만식, 「역로」, 앞의 책, 44면.
20) 위의 책, 같은 면.
21) 위의 책, 50면.

된다.

마지막으로 세 번째 부분은 '나'와 '김'이 대전역에서 호남선 기차로 갈아타려다가 미군의 존재를 목도하게 되는 이야기가 중심이다.

작가가 이러한 이야기 전개를 통해서 전달하고자 하는 대주제는 단연 건국 문제라고 할 것이다. 첫 번째 부분에서 작가는 해방 직후의 혼탁하고 혼란된 세태를 그려 보여준다. 두 번째 부분에서는 이러한 세태 묘사를 바탕으로 정치적 입장과 세력이 다른 사람들의 갈등과 투쟁을 보여준다. 세 번째 부분에 이르러서는 미군으로 요약되는 미군정의 실체를 보여줌으로써 민족적 갈등과 투쟁을 지양해야 할 필요성을 보여준다. 시국을 바라보는 작가의 중심적인 생각은 이 작품의 말미에 이르러 '나'와 '나'의 지인인 '김'의 목소리를 통해서 비로소 드러나게 된다.

> 「사회진화의 노선이 적실히 유물변증법적 방향인 바엔 협조가 헤―게모니의 영원한 상실을 의미하는 건 아닐 텐데. 독일의 나치슴이 영원한 승리가 아닌 것처럼. 결국 문제는 협조하는 기간 동안 임금을 조금 덜 받아야 하구 소작료를 조금 더 물어야 하구 한다는 문제루 귀착하는 것이니깐. 사세가 차차 더 절박해 가니 돈 몇 천원이나 벼 몇 섬씩을 애끼다간 민족 천 년의 대계를 그르칠 염녀가 있다는 걸 깨달아야 할 텐데. 새로운 역사의 주인 노릇을 할 긍지와 도량으루다 말이지.」
>
> 「사람이 없나 봐. 한 정당 한 정당의 두령 재목은 있어두 민족의 두령 재목은 안직 없는 모양야.」[23)]

이와 같은 결말은 이 작품을 탈고할 무렵인 1946년 상반기의 시국 상황에 대한 작가 채만식의 해석 방향을 가늠할 수 있게 해주는 의미가 있다.

이때 시국을 바라보는 채만식의 태도는 여운형의 좌우합작 노선에 대한 지지라는 것으로 요약된다. 특히 "사회진화의 노선이 적실히 유물

---

22) 위의 책, 53면.
23) 위의 책, 59면.

변증법적 방향인 바엔 협조가 헤—게모니의 영원한 상실을 의미하는 건 아닐 텐데"라는 구절은 채만식이 조선공산당을 주도하던 박헌영 세력의 양보에 기초한 민족적 단결과 이를 통한 자주적 독립의 실현을 기대하고 있었음을 알 수 있게 해준다.[24)]

채만식이 이러한 논리적 귀결점을 보여주기 위해서 「역로」에서 제시한 근거는 대략 두 가지다. 그 하나는 제 사회 세력으로 분열되어 대립과 반목을 거듭하고 있는 사회상에 따른 타협과 협력의 긴급성이며, 다른 하나는 소비에트와 이란 간의 국제적 분쟁이 선사하는 교훈이다.

먼저 전자에 대해서 살펴보면, '나'와 '김'은 서울에서 대전으로 가는 기차 안에서 서로 다른 사회적 계급에 속한 사람들의 건국을 둘러싼 상충된 제 견해를 접하게 된다. "짬바 입은 이십대 가량의 젊은이"는 공산주의를 지지하면서 여운형이나 박헌영이 대통령이 되어야 한다고 하는데 반해 "사십 가량의 시골 신사"는 이승만과 한민당의 미국식 민주주의를 주장한다. 이 두 사람은 좌우로 나뉘어 극심하게 대립하고 있는 당시 한국의 시국 상황을 대표한다.

나아가 "육십 된 동저고리 바람에 철 지난 방한모의 늙은 농민"은 공산주의적 정책에 대해서는 무의식적인 불안감을 느끼면서도 토지 분배를 열망하는 농민 계층의 심리를 보여준다. 그렇다면 당대의 한국은 어디로 나아가야 하는가 하는 물음이 제기될 수밖에 없다. 여기서 이 물음에 하나의 해결책을 제시해 주는 역할을 맡은 인물은 부산에 살면서 천안에까지 쌀을 사러 왔다 돌아가는 "양복짜리 젊은이"다.

「팔일오 이전 일본한테는 좌익이구 우익이구 민족주이구 공산주이구 다들 합치해서 대항하구 했다면서 어째 시방은 아니하는 거예요? 장차 완전히 독립

---

24) 1946년 내내 여운형의 주도 아래 추진된 좌우합작 운동은 박헌영을 중심으로 한 공산계의 냉담한 반응 속에서 뚜렷한 성과를 보지 못하다가 1946년 12월 5일 여운형의 정계 은퇴 선언과 더불어 사실상 종막을 고하게 된다. 박명서, 「여운형 씨의 정치노선을 비판함」, 『재건』 1947년 1월, 42~43면 참조.

되구나서 노동자허구 자본가허구 대가리가 깨지구 대리 뻭다구가 불어지구 하두룩 싸움을 할갑시라두 대외적으룬 노동자나 자본가나 이해가 일치하니깐 아쉰대루 우선 합치를 시켜야 옳지 떼여 놀려구 들어야 옳아요?」[25]

독립과 건국의 과제 앞에서 일치단결해야 한다는 "양복짜리 젊운이"의 발언은 당시로서는 당위론에 속하는 것이라고 할 것이다. 그러나 채만식은 이러한 좌우 합작 당위론에서 한 발 더 나아가 소비에트의 위험성을 강조함으로써 박헌영 계열의 양보에 의한 조속한 건국을 강조하는데, 이때 그 근거로 작용하고 있는 것이 바로 소비에트와 이란 간의 국제적 분쟁이다.

소비에트와 이란 간 분쟁이란 1941년경에 영국군과 소비에트 군이 각기 이란의 남부와 북부에 진주한 이래 「역로」가 발표된 1946년경에 이르기까지 이란 북부를 연방에 귀속시키려는 소비에트와 연합국 및 이란 사이에 벌어져온 긴장과 갈등을 말한다.[26] 특히 채만식이 「역로」를 탈고한 1946년 4월 24일을 전후로 해서는 소비에트 군이 북부 이란에서 철수하는 문제가 초미의 관심사가 되어 있음을 확인할 수 있다.[27]

이처럼 이란을 사이에 두고 소비에트와 미영이 줄다리기를 하고 있는 상황이 남북 분단과 미소군 진주를 경험하고 있는 당시 한국의 정황과 유사하다는 것은 분명하다. 작가는 '나'와 '김'의 대화를 통해서 이 문제를 소비에트 제국주의의 팽창주의적 위협이라는 견지에서 파악하고 있음을 보여준다.

「김군?」

「?」

---

25) 채만식, 「역로」, 앞의 책, 56면.

26) 알렉산델 뻐-드, 최기일 역, 「소련과 이란」, 『가톨릭 청년』, 1947년 8월 참조.

27) 「이란 문제의 귀추」, 『조선일보』, 1946년 3월 19일; 「소군 이란 전토서 철퇴 완료」, 『조선일보』, 1946년 4월 26일 참조.

「저 이란 있지 않은가?」

「그래서?」

「그게 어느 시간 후에 가서 싸베에트 · 이란이 됫다구 가정을 하구, 물론 약소민족국가 이란인 건 변함이 없구.」

「그래서」

「그래 약소민족국 싸베에트 · 이란이 처억 모스코바에 있는 이란 공살 시켜 스딸린 수상더러 싸베에트 · 노서아를 싸베에트 · 이란의 한 연방(聯邦)으루 편입을 시키겠으니 생각이 어떠시뇨? 하는 교섭을 한다면 그 자리에서 스딸린 영감의 열골이 어떨꾸?」

「울 상을 하겠지」

나는 김군과 어울어저 한참이나 웃었다. 그러고 나서 다시

「그럼 이번엔 이란이 아니라 불란서나 영국쯤이 싸베에트 · 불란서 혹은 싸베에트 · 영국이 돼 가지구 처억 모스코바에 있는 불란서 공사면 불란서 공사 영국 공사면 영국 공살 시켜 크레믈린으루 스딸린 수상을 찾아가 싸베에트 · 불란서(혹은 싸베에트 · 영국)의 한 연방으루 편입을 시키겠으니 생각이 어떠시뇨 한다면?」

「원자폭탄을 자네네만 발명한 줄 아나? 우리두 있어요 그러겠지」

「그보담은 여보 불란서 (혹은 영국) 동지 우리 두 나라가 꼭 같은 권리와 의무를 가지는 한 개 한 개의 연방이 되기루 하세나 이럴 껏 같은데?」

「문제는 그러니깐 조선이 내일 바루 싸베에트 · 조선이 되어 버리느냐 내일은 고구려(高句麗) 그리구나서 모래 싸베에트 · 고구려가 되느냐에 달렸겠지」[28)]

당시 이미 소비에트 연방으로 편입되어 있던 아르메니아나 아제르바이잔과 마찬가지로 이란 역시 소비에트 연방에 편입된 이후의 과정을 상상하고 있는 '나'를 통해서 위의 인용문은 소비에트가 조선 독립에 위협적인 존재라는 인식을 드러낸다. 그리고 이것은 채만식 사후 2주일 만에 발발한 한국전쟁을 통해서 증명된 사실이기도 하다.[29)]

---

28) 채만식, 「역로」, 앞의 책, 51~52면.

좌익, 즉 박헌영 세력의 양보를 통한 좌우합작을 통해 건국을 이루어 내야 한다는 이 작품의 결말은 그와 같은 국제정세 인식에 바탕한 것이라고 할 수 있다. 여운형 사후에 발표된 한 정치평론은 박헌영을 위시한 공산당의 의도와는 관계 없이 당시에 실제로 연방주의의 위험성이 거론되고 있었음을 시사해 준다.

> 현재 우익, 좌익하는 정당이 있지만 우익이라고 전부가 자본주의 옹호가 아니며, 우익이라고 전부가 자본주의 옹호가 아니며, 좌익이라고 공산주의 예찬은 아닐 것이다. 오늘날의 조선은 저 불란서 혁명 당시의 귀족 계급의 봉건세력 타파가 아니고 독립을 목표로 하고 지향하기 때문에 우익은 사회주의적 성격이 농후하고 좌익은 공산주의적 성격을 나타내고 있는 것이다. 그러나 여게 있어서 단지 다른 것은 국가주의냐 연방주의냐 하는 것만 상이하다.[30]

이처럼 「역로」의 채만식은 이러한 시국 상황을 바탕으로 소비에트의 실질적 위험성에 대한 예리한 역사 감각 위에서 "Just a reduced drawing!"[31] 이라는 말로 요약되는 당대 시국의 축도를 그려 보이면서 좌익의 양보에 기초한 좌우합작 및 조속한 건국의 필요성을 제시했던 것이라고 할 수 있을 것이다.

---

29) 「낙조」에서 채만식은 주인공인 '나'를 통해서 한국전쟁의 발발 가능성에 관해 이야기하고 있는데 이것은 채만식이 세상은 뜬 직후에 현실화되었다.

30) 이현구, 「여운형 씨의 정치적 견해」, 『백민』, 1947년 9월, 9면.

31) 위의 책, 50면.

5. 나오면서

이 글은 지금까지 해방 직전에 채만식이 처했던 상황을 중심으로 그에게 있어 해방이 어떤 의미를 갖고 있었는지를 중심으로, 「역로」를 쓰고 발표할 수밖에 없었던 배경을 검토한 후, 「역로」에 나타난 자기 비판 및 성찰의 문제를 「낙조」를 비롯한 여타의 작품과 비교적으로 검토하고, 나아가 「역로」에서 작가가 역점을 두고 묘사하려고 한 것과 그가 기대했던 좌우합작에 의한 독립국가 건설의 꿈이 작품에 어떤 형태로 부조되어 있는가를 살펴보았다.

지금까지 단일한 연구 대상으로 논의된 적이 거의 없었던 작품임에도 「역로」는 해방 이후의 채만식이 처한 고민과 역사를 둘러싼 문제의식을 헤아릴 수 있게 하는 작품으로서 당대의 상황과 관련하여 더 깊이 있게 검토되어야 할 필요가 있는 것으로 보인다.

지난 3,4년간을 돌이켜 볼 때 채만식 문학에 관한 연구는 오랫동안 채만식 문학에 바쳐진 관심과 열의에 비추어 볼 때 그리고 여타의 식민지 시대 작가들에 관한 최근의 연구열에 비추어 볼 때 상대적으로 소홀하다는 인상이다. 이것은 채만식 문학의 풍부한 의미와 가치에 비추어 볼 때 바람직스럽지만은 않을 것이다.

특히 해방 이후 생을 마칠 때까지의 채만식에 대한 연구는 채만식과 그의 문학에 관한 전반적인 고찰을 시도했던 논자가 볼 때도 아직까지 살펴보아야 할 문제적인 대목이 많은 것으로 생각된다. 「역로」는 이러한 연구 대상의 하나로서 앞으로 더 깊이 있는 천착이 필요한 작품인 셈이다.

• **방민호** | 1965년 충남 예산 출생. 현 서울대학교 국어국문학과 교수. 「채만식 문학에 나타난 식민지적 현실 대응 양상」으로 대학원 박사과정 졸업. 저서로는 『비평의 도그마를 넘어서』, 『성찰과 모색』, 『문명의 감각』, 『채만식과 조선적 근대문학의 구상』 등이 있다.

『옥랑사』에 나타난 역사인식과 현실인식

황국명

1. 들머리

채만식은 현실의 형성과정에 대해 혹은 역사의 소용돌이 속에 놓인 민족의 운명에 대해 지속적인 관심을 지녔던 작가이다. 역사소설 『玉娘祠』도 그런 관심의 성과물이다. 역사소설을 자신의 창작활동 범위로 꼽은 것은 30년대 동반자작가 논쟁 직후인데(「似而非評論拒否」, 1934년), 그 논쟁 과정에서 채만식은 현실적 토대가 없다며 프로문학의 영웅적 급진성을 비판한 바 있다. 말하자면 역사를 앞당겨 쓸 수는 없다는 것이다(「현인군의 몽을 계함」, 1932년). 이는 미래에 대한 성급한 전망을 경계하고 현실을 객관적으로 이해하려는 태도라 할 수 있다.

채만식은 언제나 엄숙하게 스스로의 법칙대로 운동 발전하는 것이 역사라고 지적한다. 그렇다면 채만식에게 이해된 민족의 역사 현실은 어떠한가? 역사의 기형아임을 면치 못하는 게 조선의 정당한 특수 현실이다. 이런 부정의 현실도 진실이므로, 현실을 은폐하거나 미화할 것이 아니라 진실로 긍정해야 한다고 채만식은 주장한다. 왜냐하면 역사적 발전법칙으로써 현재의 부정면은 미래로의 긍정면을 내포하기 때문이다. 이런 이유에서, 채만식은 아무리 추악하고 부정적인 현실이라도 “진실은 진실”(「위장의 과학평론」, 1937년)이라고 강조한다.

그런데 같은 시기에 채만식은 역사극 「제향날」(1937년)을 발표한다. 동학과 기미전후, 그 이후의 시기를 배경으로 조・부・손 3대의 투쟁을 담아낸 「제향날」은 『옥랑사』의 전신으로 간주할 수 있다. 그런데 자작해설에서 「제향날」을 두고, 채만식은 부정에 의한 긍정이라는 역설의 방법이 아니라 가장 건실하게 나가본 것이라 설명한다(「자작안내」, 1939년). 실제로 「제향날」은 해방전 채만식의 작품 가운데 예외적으로 긍정적인 작품이며, 특히 역사를 점유하려는 인간의 투쟁과 그 비극을 보인다는 점에서 동학 접주 김성배의 비장한 최후는 특별하다.

그렇다면, 「제향날」의 긍정적 방향은 객관현실에 근거한 것인가 아니면 작가의 주관적 전망일 뿐인가? 혹은 역사 현실을 기형적 부정적인 것으로 파악한 것은 작가의 주관적 이해이고, 「제향날」과 같은 건실하고 긍정적 방향이 객관현실은 아니었던가? 이와 같은 의문을 『옥랑사』에도 적용할 수 있을 것이다. 검열이라는 외압이 사라진 상황에서 완결된 작품이므로, 『옥랑사』는 역사에 대한 채만식의 인식, 현실과 전망 사이의 관계를 가장 정확하게 드러낼 것이다.[1] 이에 본고는 작중인물의 행위방식과 서술방식을 살펴, 『옥랑사』에 나타난 역사인식과 현실인식의 상호관련을 해명하고자 한다.

---

1) 『옥랑사』는 1948년 1월에 완결되어 채만식의 사후 1955년에서 56년 사이 『희망』에 분재되고, 1961년 성화사에서 단행본으로 출판되었다. 본고는 성화사본을 대상으로 하며, 원문 인용시 본문에 그 면수만 표시한다. 그런데 1939년경 집필을 시작했다는 후배 장영창의 술회에 근거하여, 『옥랑사』는 1939년에 집필하여 1948년에 완성된 작품으로 간주되기도 한다. 류종렬, 『가족사・연대기소설 연구』(국학자료원, 2002년), 221면 참조.

2. 시간 모험과 '우리'의 발견

『옥랑사』는 구한말에서 국권박탈기에 이르는 30여 년의 사회적 격동기를 배경으로 주인공 장선용의 일대기를 그려낸 역사소설이다. 사랑하던 연인 옥랑이 죽자 삭발하고 입산을 하는 1900년을 첫머리로 삼지만, 소설의 발단은 그 이전으로 거슬러 올라간다. 장선용의 행적을 중심으로 이야기의 대강을 보이면 다음과 같다. 도서원(세납의 책임자)으로 아전에 속했던 선용의 아버지 장학수는 지배권력의 전횡에 희생된다(1장). 매부 강영석으로부터 갑신년 이후 변화하는 세상 이야기를 듣고 동요하던 차에 목숨을 구해준 백진사의 딸 옥랑에게 청혼하였다가 치욕스럽게 거절을 당하자 선용은 임진년 집을 떠나 여행에 나선다(2~3장). 여행 중에 최토호를 마주걸이로 혼을 내고 동서 송서방과 외숙 박재춘으로부터 동학에 관한 이야기를 듣는다(4장). 서울에 도착한 선용은 다음 해 경복궁 수비병정이 되고 갑오년에 일본군과 전투를 펼친다(5~6장). 그 후 동학군의 2차 봉기가 일어나자 선용은 외숙 박재춘을 만난 뒤 동학군 진영을 떠나 귀향한다(7장). 귀향 후에도 마음을 잡지 못한 선용은 2차로 고향을 떠나 조선 전도를 여행하고, 다시 서울에 들러 독립협회의 관민공동회에 참여하였다가 보부상의 황국협회와 싸운 후 귀향한다(9장). 귀향 후 포쌈한 옥랑이 아들 불명을 낳고 죽은 뒤 입산하지만, 경술년 한일합병과 함께 아들이 죽자 일제주구를 처단하는 인간사냥 끝에 옥랑의 사당 앞에서 최후를 맞이한다(10~12장).

대강의 줄거리로 볼 때, 장선용의 편력은 심리적 동기와 사회적 동기에 근거한다고 할 수 있다. 옥랑을 잊기 위한 심리적 도피라는 측면에서, 선용의 여행은 마지못한 여행이다. 사회적 동기로 보면, 선용의 고향 떠나기는 일종의 기회요 행운이라 할 수 있다. 왜냐하면 이때 여행은 내부적 권력체계에 대한 반감 및 사회의 새로운 가치체계와 관련되고 역사와 정치의 측면에서 세계의 새로움을 꿈꿀 수 있기 때문이다.[2] 따라서 『옥랑사』에 낡은 제도와 가치의 부정이라는 역사적 충동과 시효 없는 사랑의 감정이라는 낭만적 충동이 공존한다고 하겠다. 이중의 동기와 충동이 공존한다는 점에서, 『옥랑사』는 인간 존재의 복합적 경향을 보여준다고 할 수 있다. 그런데 이야기의 전개 과정에서 이들 동기와 충동은 상호작용하지 않는다. 말하자면 역사적 정치적 충동이 사랑의 낭만적 충동을 자극하는 것은 아니며, 옥랑에 대한 사랑이 역사적 정치적 행로에 동력을 부여하는 것도 아니다. 이처럼 사회적 동기와 심리적 동기, 역사적 충동과 낭만적 충동이 서로 교섭하거나 충돌하지 않기 때문에, 『옥랑사』는 플롯의 이중화 혹은 구조적 이중성을 드러낸다고 할 수 있다.[3]

선용의 여행은 기한도, 원점회귀에 대한 약속도 없다. "영영 돌아오지 못"할 수도 있는, "도무지 기약이 없"(62면)는 선용의 여로는 또한 명시적인 방향을 갖지 않는다. 1차 여행에서 "지향은 막연히 서울"이었을 뿐, "반드시 서울"이라거나 "단숨에 서울"(64면)로 가려는 생각은 없었다. 또 세상의 변화를 "무엇인지는 모르겠으되 아무튼 어떤 무엇을 하기 위"(34면)한 것이라 하듯이, 선용은 변화의 목표를 분명하게 이해하지 못한다. 일상으로의 복귀가 전제되지 않고, 여로의 방향이 없으며, 세계 변화의 진로를 인식하지 못한 상태이므로, 선용의 여행은 낯선 길 위의 모험이라 하겠다.

---

2) 젊음의 소설적 메타포로 여겨지는 여행의 동기는 고향을 떠나는 것이 행운이고 기회인 경우, 살던 곳을 의도적으로 부정한 결과 추방되는 경우, 자신의 의지와 무관한 도피의 경우 등이 있을 수 있다. F. Moretti, *The Way of the World*(Verso, 1987), pp.202~204 참조.

3) 옥랑을 잊지 못하는 심리적 고통으로 고향을 떠나지만, 선용의 여행은 사랑을 금지하는 사회적 권력 탓이 아니라 선용의 내면적 강렬성 때문이다. 옥랑의 죽음도 사랑 에 기인한다고 보기 어렵다. 출산과정에서 몸조리를 잘못한 결과라고 하겠는데, 이런 우발적인 요인이 아니었더라면 옥랑은 죽지 않고 선용과 행복하게 살았으리라는 추정이 가능하다. 이 때문에 『옥랑사』는 전기와 로망스를 한 몸에 걸친 구조적 이중성을 갖는다. 이에 대해 황국명, 『채만식 소설연구』(태학사, 1998년), 142~147면 참조.

미지의 세계와 조우하는 모험은 선용에게 생성의 과제, 즉 나는 누구이며 무엇이 될 수 있는가 라는 문제를 부여한다. 말하자면, 선용은 상실한 정체성을 회복하는 것이 아니라 아직 아닌 자신의 정체성을 만들어가야 하는 것이다. 더구나 생성의 과업은 이제 막 새로운 방향으로 나아가는 세계의 변화에 몸을 싣는 것이므로, 『옥랑사』는 개인과 세계가 함께 변화 성장하는 역사적 성장소설로도 읽힐 수 있다.[4)]

주인공이 역사의 급류 속으로 뛰어드는 형국이므로, 『옥랑사』는 선용의 여로를 따르면서 간지와 연호를 사용하여 시간을 자세히 표시한다. 예를 들어, 1장 첫머리에서 "그것이 광무(光武) 四년 경자(庚子)－서기 一九00년……" "이보다 十년을 앞서 고종(高宗) 二十八년 신묘(辛卯)"(5면)라거나 마지막 12장의 첫머리처럼 "十년의 세월이 흘러 경술년(庚戌), 융희(隆熙) 四년"(259면)과 같은 식으로 시간의 흐름이 명시적으로 제시된다. 선용의 주요 행위와 관련된 시기를 정리하면 다음과 같다.

> 병술년(1885) → 신묘년(1890) → 임진년(1891=1차 여행) → 계묘년(1892) → 갑오년(1894=1차 귀향) → 을미년(1895=2차 여행) → 무술년(1898) → 기해년(1899=2차 귀향) → 경자년(1900) → 경술년(1910)

이렇게 볼 때, 선용의 여행을 지배하는 것은 시간이다. 말하자면, 낯선 장소로의 이동이 아니라 격동기의 시간 과정에, 시간의 경과를 통한 세계의 경험과 현실 인식에 여행의 중점이 있는 것이다. 이런 의미에서, 『옥랑사』는 공간성이 아니라 역사성을 최대로 확장한다고 하겠다. 그렇기 때문에, 두 번에 걸친 여행에도 불구하고, 낯선 장소의 풍경과 그런

---

4) 바흐찐은 성장소설의 유형을 역사적 형성없이 사적 발전을 드러내는 목가적·순환적·전기적·교육적 유형과 개인적 역사적 생성의 상호의존성을 강조하는 역사적 유형으로 나눈다. 역사적 성장소설은 사회의 변화와 이에 따른 인간의 변화를 통합하는 소설이다. 즉 역사적 시간을 동화하면서 형성 과정의 인간이미지를 드러낸다는 것이다. M. M. Bakhtin, *Speech Genres and Other Late Essays*(Univ. of Texas Press, 1986), pp.21~24 참조.

풍경에 대한 선용의 심리적 반응이나 실존적 기민성은 결여되어 있다. 이는 선용의 여행이 장소, 공간의 모험이 아니라 시간, 역사의 모험임을 의미한다.

시간 과정을 통한 모험의 내용이 가장 선명하게 드러나는 사례는 경복궁 수비병정으로서의 전투, 동학군에의 참여, 독립협회 가담 등이다. 시류에 편승하려는 맏동서 송서방의 말을 듣고 동학을 "허황하고, 사위스런 잡도"(79면)로 여기던 선용은 외숙이자 동학 접주인 박재춘을 만나 생각을 바꿀 계기를 얻는다.

> 조정에는 불량한 권신이 짜고 들앉어 정사와 백성을 농락허구. 밖으로는 외국이 군사를 함부로 거느리고 들어 와 우리 국토를 엿보고……. 그래, 나라가 조모간에 망할 지경이니 그런 불량한 무리를 베히고 외국 군사를 물리치고 해서 나라를 바로잡고, 좋은 정사를 베풀어 백성이 편안히 살게 하고……. 이런 뜻으로 난리를 일으킨다면 일으키는 것이겠지." (82면)

권신과 외세를 제거하는 데 동학운동의 의의가 있다는 박재춘의 설명을 통해 선용은 "그렇다면 동학도 무던한 거라고, 노상히 괄시할 것은 아닐까보다"(84면)고 여기게 된다. 봉건지배와 외세침탈에 대한 인식이 경험적으로 강화되는 것은 수비대 병정으로 일본군과 벌인 전투를 통해서이다. 전투 과정에서 늙은 병정의 죽음은 '국사'를 위한 '뜻 깊은 죽음'이지만, '개화의 신풍조를 억지로 막'고 '백성의 반란을 치러 갔었으니' 세도 재상과 양반들에게 덕이 되었을 뿐 이 나라 이 땅에 끼친 '공로'는 없다고 생각한다. 그리하여 늙은 병정의 '쓰잘데 없는 죽음'에 선용은 수비병정이 된 것을 '후회'하게 된다.(131~132면)

그러나 자신의 싸움이 봉건권력에 봉사할 수 있음에도 불구하고, 선용은 일본군과의 전투를 피하지 않는데, 이는 '일본군'은 '남의 나라'를 침범한 '적군'인 까닭이다(133면). '남의 나라'라는 말이 암시하듯, 선용은 내부적 권력체계보다 이민족의 침략을 더 중대한 문제로 인식한다. 전투 이후, 수구파뿐 아니라 개화파 역시 백성의 힘을 배제하고 '남의 불에 게 잡'으려는(140면) 사대주의라 하고 개화당 가입을 권유하는 강영석의 제의를 거절한 일이나, 국권상실도 "백성의 손에 망하지를 못하고 타국=일본에게 망한" 것이 애석(270면)하다 한 이유도 여기에 있다.

'남의 불' '타국'에 대한 선용의 자각은 지정학적 현실에 근거한 주체 인식이다. '우리 국토' 혹은 '우리의 강토'(141면)라는 표현을 동원하고 있거니와, 『옥랑사』는 구한말의 형편을 다음과 같이 요약한다.

> 청국이 늙은 범이라면, 일본은 어린 삵괭이요, 노서아는 북방의 주린 곰이었다.
>
> 이 세마리의 맹수가 조선이라는 한 덩이의 고기를 사이에 놓고, 으르렁거리며 싸웠다. 조선을 얻는 자 극동의 패권을 쥐는 자요, 조선으로부터 쫓긴 자 극동으로부터 발붙임을 잃고 마는 자이기 때문이었다. (171면)

이런 맥락에서 볼 때, 선용은 '남'에 대응하여 '우리'를 발견한다고 할 수 있다. 조선의 영토를 노리는 외세가 침략자로서의 공동성을 지닌다면, 적의 공동성에서 비롯된 박탈의 경험을 공유함으로써 선용은 공동주체, 즉 '우리'라는 집단구성원이 되는 것이다. 따라서 선용은 영토에 근거한 공동체, 지리적 관련에 의해 통일된 집단에 포섭된다고 할 수 있다.[5]

외세의 강제력에 대해 '우리'가 민족구성원을 뜻한다면, 국내적 권력체계에 대응한 '우리'는 계급구성원을 의미할 것이다. 1장 제목이 「아전의 자식」이고 2장 제목은 「양반의 딸」인 것처럼, 선용은 계급의 존재와 대립을 의식하고 있다. 아전은 "원이나 양반의 밥"(25면)이라 하고 "아전—쌍놈의 해폐"(48면)를 뼈저리게 경험하거니와, 최토호를 마주걸이로

5) D.Carr, Time, *Narrative, and History*, Indiana Univ. Press, 1986 , pp.132~133 참조.

징치함으로써 선용은 계급대표자의 성격을 띠며, 늙은 병정의 헛된 죽음을 통해 보다 명확하게 자신의 계급적 연관을 자각한다고 하겠다.

이렇게 볼 때, 선용은 영토적 관련과 계급적 관련 양면에 걸쳐 외부의 강제력을 체득한다고 하겠다. 국내의 봉건적 수탈과 관련해서 계급적 귀속성, 즉 계급의식을 얻게 되고, 외세의 침탈과 관련하여 민족적 귀속성, 곧 민족의식을 확보한 것이다. 따라서 나는 누구이며 무엇이 될 것인가 라는 생성의 과제에 대해 선용의 여행은 개체로서의 '나'를 뛰어넘어 '우리'라는 공동주체로 답한 셈이다.

'나'라는 개인의 모험이 '우리'라는 집단의 발견에 이른다고 볼 때, 『옥랑사』는 구한말의 사회과정을 지배한 통일된 힘으로 반제반봉건의 기치를 강조한다고 하겠다. 특히 동학농민전쟁을 "백성의 난리(民衆蜂起)"(97면)로 인식하고, "민족국가를 근심"하는 진보적 지식청년들의 독립협회운동이 '민중의 힘'으로 '조선의 자주독립'(186면)을 모색함에 있다고 한 것은 역사의 방향성에 대한 올바른 인식이라 하겠다. 그것은 민중의 힘에 근거한 민주적 권력체계와 자주적 민족국가를 지향하기 때문이다.

물론 선용의 계급적 자의식에 모호한 부분이 없지 않다. 『옥랑사』의 서술자는 동학농민군의 고시문 가운데 "아전 또한 백성"(105면)이라 한 것, 격문에서 "백성은 나라의 근본"(108면)이라 한 것은 '특별히 주목'할 사실이라 지적한다. 이같은 지적은 두 가지 의미로 이해된다. 하나는 『옥랑사』가 상대적으로 봉건적 수탈보다 제국주의 침략을 더 강조한다는 뜻이다. 이는 공동의 적에 대응함에 있어 체재내부의 극단적 상호부정은 바람직하지 않다는 전략적 고려일 수 있다.[6] 다른 하나는 선용의

---

6) 동학군의 폐정개혁 내용 가운데 가장 논쟁적인 부분은 봉건지배의 체제내적 개혁을 통해 침략에 대비하느냐 혹은 봉건지배의 전면적 부정을 통해 침략에 맞서느냐이다. 이 문제에 대해 학계에서도 어떤 일치를 보지 못한 것으로 보인다. 김영작, 『한말 내셔널리즘 연구』, 청계연구소, 1989년, 236~242면; 김인순, 「조선에 있어서 1894년 내정개혁 연구」, 마연정리 외, 『갑신갑오기의 근대변혁과 민족운동』, 청아출판사, 1988년, 3판

아버지가 아전이라는 사실과 무관하지 않다. 1장에서 드러나듯 원과 양반뿐 아니라 아전의 극성스런 토색질도 양민 도적화의 한 요인이다.[7] 그렇다면, 선용에게 공동주체로서의 계급적 민족적 정체성을 부여하기 위해 『옥랑사』는 아전을 백성과 동일시한 부분을 주목한 것이라 할 수 있다.[8] 이러할 때, 아전층으로서 선용 일가가 겪는 사적 소유의 상실은 공적인 문제가 될 수밖에 없을 것이다.

3. 민중의 역사적 주변성과 비관주의

『옥랑사』에서 개인의 모험은 '우리'라는 계급적 민족적 자각을 이룬다. 그런데, 공동의 외적 타자를 인식하고 우리라는 공동주체가 되지만, 선용의 인식과 행위 방식 사이에 적지 않은 문제가 있다.

선용은 중요한 역사적 사건과 불투명한 관계에 놓인다. 민중봉기가 일어날 "역사적 사회적 근거와 사태가 존재"(104면)한다고 하면서도, 『옥랑사』는 황토현의 승리는 '백면서생' 전봉준이 야습을 통해 얻어낸 우연한 것임을 강조한다. 2차 삼례 봉기 후에 진영에 가담한 선용은 동학군은 '부질없는 수효'이고 '주체스럽기만 한 나그네들'이라 하여 비조직

참조.

7) 서리층은 농민 수탈을 자행함으로써 농민전쟁을 유발시킨 장본인이다. 매천 황현은 호남지방의 이폐는 팔로에 으뜸이라 지적한 바 있다. 김용섭, 『한국근대농업사연구』 하, 일조각, 1984년, 증보초판, 179면.

8) 채만식의 가계는 개항 이후 상당한 재물을 획득한 경영형 부농이라 할 수 있다. 재산 형성과정에서 그의 선대는 특히 아전층과 긴밀한 관계를 유지한 것으로 보인다. 아전과 백성을 동일시한 고시문을 특별히 주목하고, 선용의 아버지를 물욕없는 사람이라 한 것은 아전이나 경영형 부농의 반민중성에 대한 채만식의 심적 방어일 수 있다. 이에 대해 황국명, 『채만식 소설연구』, 156~157면, 257~259면 참조.

성을 지적하고 "승리를 맹신"(145~146면)하는 지도부를 비판한다.[9)]

> 저두 동학당이 제일 일은 함직 하다구 생각했어요. 개화당이니, 민가네 사대당이니, 아라사 파니, 미국 파니, 아 소용 없구, 동학당 하나가 일하겠다구. 백성이 등 뒤에서 뒷받침을 해 주니깐요. 백성이 등뒤에서 뒷받침을 해 주는게 그게 힘 아녜요 ? 그래서 저두 서울서 그런 생각 저런 생각 없이 무턱대구 쫓아 내려오질 아니했어요. 했드니, 막상 와서 보니깐, 호왈 十만 해 놓구는 실속은 병정다운 병정 천백명 몫이두 못하게 생겨놨으니 이거 큰 일 아녜요? (153면)

그래서 공주대전이라는 중요한 전투 직전에 선용은 동학군을 '오합지졸'이라 하고 지역단위의 양병을 주장하며 진영을 이탈한다. "승부가 미리서 작정"된 싸움(146면)이라는 선용의 판단은 행동을 낳을 조건이 결여된 객관현실에 대한 합리적 안목을 드러낸다.[10)] 그러나 파옥하겠다는 선용을 만류하고 "집안 일은 둘째다. 나는 죽어야 할 사람"(164면)이라며 의연히 죽음을 맞아들인 외숙 박재춘의 비극적 종말을 고려하면, 선용은 농민전쟁에 대해 거의 방관자적 거리를 유지한다고 할 것이다. 선용이 을미의병과 을사의병 등 중요한 역사적 사건과 연관되지 않는 것도 같은 의미로 이해할 수 있다. 애초에 대의에 헌신하는 일 자체가 합리

---

9) 동학 집단을 성립시킨 요건을 보면, 비조직성에 대한 선용의 비판이 적절하다고만 할 수 없다. 또 '시천주조화정 영세불망만사지'라는 주문을 그는 사위스런 잡교의 주문으로만 말하고 있으나, 이는 운수풀이를 통해 공통경험의 장, 의식의 공감영역을 확보하고 희망과 구원을 주려는 커뮤니케이션의 일환이며, 또 종교적 구원뿐 아니라 광제창생의 혁명의식도 입당 동기였음을 간과하고 있는 듯하다. 이런 점들에 대해선 이현희 편, 『동학사상과 동학혁명』, 청아출판사, 1984년, 222~234면, 244~245면 참조.

10) 갑오개혁의 실패, 농민군 내부의 갈등과 통일적 지도체제의 부재, 봉건지배층의 부패와 매판성 등이 농민전쟁 실패의 결정적 요인이라 지적된다. 강재언, 「봉건체제 해체기의 갑오농민전쟁」, 안병직·박성수 외, 『한국근대민족운동사』, 돌베개, 1980년, 328~330면 참조. 또 경제력이 뒷받침되지 못한 허술한 전력, 충분한 이념체계를 지닌 지도자의 부재, 현실을 냉정하게 판단하지 못한 이상주의적 색채 등도 동학농민전쟁이 실패로 끝날 내적 원인으로 해석된다. 조창환, 『해방전후 채만식 소설연구』, 태학사, 1997년, 124~125면 참조.

적으로 의도된 목표를 지향하는, 불합리하고 몰인격적인 것이므로, 선용의 합리적인 시선은 백성의 '뒷받침', 곧 민중이 지닌 역량의 역사적 실재성을 회의한다고 할 수 있다.[11)]

민중 역량에 대한 확신이 없기 때문에, 『옥랑사』에서 선용은 언제나 참여자의 내적 응집이 결여된 상황에 처한다. 경복궁 전투에서 부하들이 모두 도망간 뒤 "저 혼자만 남아서"(135면) 싸우고, 황국협회와의 싸움에서도 "겹겹이 에운 적의 무더기 속에서, 혼자 처져 있는것"(208면)처럼, 선용은 다른 인물이나 집단과 연대하지 못한다. 이전에 활빈당과 의병이 일던 시절의 자극을 받아 "나도 장차 보아서 한바탕"하려는 생각(24~25면)이 없지 않았으나 그것은 막연한 계획이었고, 두목이 되어 달라는 초적떼의 제의를 거절(13면)한다. 또 산막 생활을 하면서 '게제'보아 '무리'를 모아 일어설 것을 암시하지만(224, 244면), 이 또한 실현되지 않는다. 이렇게 볼 때, 선용의 행위는 공동체의 삶에 속한다기보다 개인적인 삶의 요소라 하겠고, 따라서 그가 발견한 우리라는 공동체는 관념적 발명품일 수 있다.

물론 공동행동은 외압을 공동으로 경험한 사람들의 참여이지만, 공동경험이 반드시 공동행동으로 전개되는 것은 아니다. 예를 들어, 공동행동에 참여하는 주체에게 극동의 패권을 노리는 외세는 모두 '적'으로 규정될 수 있다. 이들 주체의 내적 응집이 적대적 타자는 누군가를 확정하는 것이다. 그런데 각 파당에 의하면 외세가 모두 적일 수 없다.

三백년을 당파 싸움으로 갖은 비극, 갖은 추태 다 피우면서 살아 온 조선사

---

11) 죽음을 수락함으로써 인격적 고결함을 보인 박재춘은 희곡 『제향날』의 김성배, 『여자의 일생』의 남진사와 흡사하다. 특히 『여자의 일생』은 동학농민전쟁의 성과를 상당히 긍정적으로 기술하고 남진사 또한 백성의 힘이 실재함을 경험한다. 1946년에 완결된 『여자의 일생』과 48년에 완성된 『옥랑사』 사이의 이런 미묘한 차이는 무엇일까? 『어머니』를 『여자의 일생』으로 개작하는 과정에서 친일소설 『여인전기』를 의식했고, 『옥랑사』를 마무리하던 시기는 해방 직후의 들뜬 상태에서 벗어나 냉정을 되찾은 탓이라고 할 수 있겠다. 채만식의 개작과 관련하여, 황국명, 『채만식 소설연구』, 164~168면 참조.

> 람이 일조에 개화당이 정권을 잡았다고, 그 버릇 별안간 남 주었을리 없는 것이었었다. (169면)

당파 싸움, 곧 권력상층부의 부패와 무능이 외세를 끌어들인다. 그렇다면, 친러파, 친일파, 친미파라는 파당은 외세에 의해 그 존재가 규정된 집단이다. 말하자면 타자가 이들 집단의 우리관계를 결정하는 셈이다. 그렇다면, 수탈과 침략에 노출된 민중은 어떠한가?

> 조정과 양반들이라는 것들은 백성들을 하나도 살게 하여 주는 것은 없고, 일일이 못 살게만 굴었고 백성들은 조정=나라가 털끝만치도 고마울 것이 없고, 소중한 생각이 없었고. 백성들에게는 조정=나라가 원수스럽고, 그런 원수스런 조정=나라는 차라리 없는 것이 좋았고, 그렇기 때문에, 조정=나라가 망하는 것을 보고도, 하나도 아까운 생각이 날 것이 없고. 그러느라니 백성들이 나서서 막으려 들지 아니한 것이요, 그래서 속절없이 빼앗기고 만 것이라 하였다. (269~270면)

부패한 권력층이 백성들을 못 살게 만드니, 백성들 또한 원수 같은 나라가 망해도 막으려 들지 않는다는 것이다. 그렇다면, 민중은 무관심한 민중이며, 행동하는 백성이 아니라 억압받고 착취당하는 백성일 것이다. 말하자면, 민중은 수난의 경험을 공유할 뿐이다.

각자의 이해관계를 따르는 파당과 고통받는 집단으로서의 공동성뿐이라면, 이들은 모두 민족의 운명에 대해 구경꾼이 될 수밖에 없고,[12] '민족국가의 멸망'(182면)은 불가피한 일이다. 특히 민중의 힘은 실재하지 않으며, '우리'라는 공동체는 주관적 발명품일 가능성이 있다면, 선용이 드러낸 역사의 방향성, 곧 민주적 권력체계와 자주적 민족국가는

12) 우리관계를 외적 대상의 뜻대로 규정할 수 없을 때, 공동주체는 공동행동에 나설 수 있다. 그러나 외적 대상에 의해 우리관계가 유지될 때, 공동주체는 운동경기의 구경꾼과 같다. 경기 종목에 따라 우리는 이합집산할 수 있으므로, 우리주체는 대상에 의해 좌우된다고 할 수 있다. D. Carr, 같은 책, pp.134~135 참조.

실현불가능한 목표라고 할 것이다. 왜냐하면 집단적 행위의 목적은 먼 미래에 성취되며, 그 성취 여부는 지금 여기서의 공동행동에 의존하기 때문이다.

민중역량의 비실재성, 공동행동의 부재, 수난의 공동성 때문에, 『옥랑사』에서 장선용은 역사적으로 주변적인 존재가 될 위험에 노출된다. 이를 가장 상징적으로 보여주는 것이 아들 불명의 죽음과 그 이후의 인간사냥이다. 불명은 이름이 없다는 뜻(不名)과 명이 없다는 뜻(不命)을 동시에 지닌다. 이름이 없다 함은 이름을 짓고 부여할 아버지의 부재를 뜻하고, 아버지의 부재는 명이 없음, 즉 국권상실을 의미한다. 그런데 민족사의 측면에서 내재적으로 역사의 단절이 있을 수 없다면,[13] 불명이라는 이름은 역사의 전개과정에서 인간의 의지는 무기력함을 암시한다고 하겠다. 다른 한편, 어린 아들의 죽음은 종(種)의 연속성이 중지됨을 의미한다. 자신에게 기원을 둔 아들의 죽음 때문에, 선용은 자신의 미래 생성을 기약할 수도, 일상적인 삶의 세계와 깊은 연관을 맺을 수도 없다.[14]

인간 의지의 무력성, 종의 연속성 중지는 선용의 역사적 주변성을 표나게 드러내며, 이를 두고 『옥랑사』에 스며든 비관주의라 할 것이다. '인간사냥', 곧 '살 멋 없는 세상'에서의 '죽는 날까지 분풀이'는 인간

13) 국권상실은 국가개념 없이 민족개념만의 역사 전개라고 할 수 있다. 김윤식, 『한국근대작가논고』, 일지사, 1974년, 448~449면 참조.

14) 출산 혹은 아이는 일상의 세계를 초월하여 나의 미래를 지시하는 부성(父性)의 모험이라 이해된다. 그러나 반대로, 아이의 죽음은 공동체에의 참여를 중단하고 세계와 단절됨으로써 환원할 수 없는 나의 개별성을 되찾는 것이라고도 이해된다. 서동욱, 『차이와 타자』, 문학과지성사, 2000년, 323~325면, 333~338면 참조. 채만식의 소설에 아이(소년) 모티브가 현저하지만, 대체로 부정적으로 취급된다. 긍정적으로 다루고자 한 『소년은 자란다』와 같은 중편에서도 소년의 미래는 불투명한 전망 속에 있다. 이에 대해, 황국명, 『한국현대소설과 서사전략』, 세종출판사, 2004년, 335~342면 참조. 『소년은 자란다』를 포함하여 채만식의 해방직후의 중단편은 작가의 주관적 희망을 드러내었을 뿐 역사에 대한 올바른 전망일 수 없다고 평가되기도 한다. 우한용, 『채만식 소설 담론의 시학』, 개문사, 1992년, 96~112, 269~292면 참조.

능력에 관한 비관의 최종적인 모습에 불과하다.

> 선용은 무리를 모으지 아니하였다. 열이나 스물이나, 백명 천명이 있어도, 매양 그 없애자는 것을 없애지 못할 바이면 하나나, 열, 스물이나, 백병, 천명이나가 다를 것이 없었다. (275면)

합병에 대해 선용은 "일인놈들을 닥치는 대로 죽이고"(269면) 싶지만, 그런다고 빼앗긴 나라가 되찾아지는 것은 아니라고 생각한다. 이처럼 "없애자는 것을 없애지 못"한다는 절망에 근거한 분풀이인 까닭에, 비장한 죽음에도 불구하고 선용은 민중과 연대하는 역사적 위대함을 지닐 수 없다.

『옥랑사』에서 선용을 포함한 민중의 역사적 주변성은 객관적으로 인식된 것이라 하기 어렵다. 왜냐하면, 투쟁하는 자의 비극을 규정할 사회역사적 상황이 구체적으로 형상화되지 않기 때문이다. 따라서 선용의 인간사냥은 없앨 수 없다는 사실에 대한 주관적 저항일 뿐이지 필연과 자유의 변증법을 보인 것이라 할 수 없다.[15] 이미 결정된 승부라 여기고 동학농민군의 진영을 떠난 일, 아들의 이름을 불명이라 작명한 일, 부정할 수 없는 사실이므로 분풀이나 하겠다는 주관적 저항으로 볼 때, 『옥랑사』는 역사의 예비된 종말에 인물을 속박한다고 하겠다.

---

15) 서정적 주관주의적 저항이 아니라 사회역사적 객관적으로 파악되고 형상화될 때, 인간능력의 역사적 주변성은 보다 풍부한 표현을 얻는다. 이를 역사의 진행과 인간의 의지의 변증법, 필연과 자유의 변증법이라고도 하는데, 이런 변증법을 통해 저항의 비극을 규정하는 사회적 요인이나 당대의 역사적 상황을 객관적으로 파악할 수 있다. 게오르그 루카치, 이영욱 역, 『역사소설론』, 거름, 1987년, 30~31, 186~193면 참조.

4. 사회단계의 역행과 심리적 퇴행

인간적 위대성을 결여한 주변적 존재인 까닭에, 선용의 모험은 환멸에 이른다. 수비병정이 된 일에 후회하고, 동학군의 전투 능력과 비조직성에 실망하며, 성과없이 흐지부지된 독립협회의 일에도 실망을 한다. 그렇기 때문에, 두 차례의 여행에도 불구하고, 선용 자신은 소득 없이 귀향한다.

> 전후 두 차례나 객지로 나가 떠돌아 다니면서 약간 풍상도 겪으고 하였다.
> 소득은 무엇이냐.
> 별반 두드러진 소득이랄 것이 없었다.
> 그렇다면 앞으로 장차 어떻게 할 것이냐.
> 도로 다시 시골 구석에 가만히 굻어 엎드려, 농사나 짓고 한다는것은 가사 옥낭에게 대한 번뇌가 아니더래도 도무지 갑갑하고 마음에 차지를 않는 노릇이었다.
> 그렇다고 또다시 인삼 삽작이나 해 가지고 나서 보았자, 조선 전판을 거진 다 다녀 본 나머지니, 더 다닐 곳도 없는 것. (223면)

격변하는 세계를 경험한 선용은 '시골 구석'의 국부적 삶을 견디기 어려울 것이다. 그런데 국권상실 직전의 서울로 가고 싶지 않으며, '더 다닐' 주변부가 있는 것도 아니다. 그렇다면 선용은 국가 경계를 넘어 해외로 지평을 넓혀 새로운 삶을 모색할 수도 있을 것이다. 그러나 선용에게 조선 밖의 낯선 타자는 민족적 삶을 위협하는 외세 열강이다. 국내외 어디로도 갈 곳이 없다면, 선용은 '세상을 등지고'(225면) 살 수밖에 없을 것이다. 그래서 안팎 70리 내에 인가가 없는 노루재에 산막을 짓고 사냥으로 생활을 삼는다. 첩첩산중이니 간섭하고 시비할 사람 없고 "썩어빠진 세상, 아니꼬운 양반붙이, 기승스런 왜놈"(224면) 보지 않으니 마음 편하리라는 것이다.

세상을 등진 삶은 외부현실과의 불화를 함축한다. 그런데 선용의 일대기를 두고 볼 때, 국가 상실에 이르는 역사전개와 인물 행위공간의 위축은 정확하게 일치한다. 이를 간단히 표시하면 다음과 같다.

글공부 → 농사 → 여행 → 사냥 → 입산 승려→ 사당 앞에서의 죽음

여행자에서 산막의 사냥꾼으로, 거기서 다시 승려 생활을 하다 사당 앞에서 죽는 과정은 선용의 행동이 닫힌 장소 혹은 하나의 점으로 수렴되는 과정이라고 할 수 있다. 선용의 시간 모험이 새로운 근대세계로 나아가는 격동기를 배경으로 한 것임을 고려할 때, 사회형식의 변화에 역행하는 방식으로 『옥랑사』는 국권상실에 이르는 파행적 근대화를 비판한다고 하겠다.

그런데 사회변화의 단계를 역행하고 공간적으로 하나의 점에 수렴되는 행위방식은 일종의 심리적 퇴행이라 할 수 있다. "죽는 날까지 분풀이"하겠다는 선용의 인간사냥은 욕망의 부정 혹은 죽음 욕망에 가깝다. 그래서 옥랑과 아들의 죽음처럼, 선용의 죽음도 저항의 비극이라 하기 어렵다. 『옥랑사』의 대미를 장식한 영혼의 결합이 가장 뚜렷한 증거이다.

> "탕 탕"
> 산 울림이 멀리까지 울려 나간다.
> 산새가 놀래어 깃을 치고 날아간다.
> 염초 냄새가 좌악 풍긴다.
> 평생에 그리던 옥낭의 앞에서 그의 영혼을 뒤따르리고는, 선용이 생각지도 바라지도 못하였던 노릇이었었다. (278면)

"인간의 감정은 사리대로만 되지 않는다"(49면)고 지적되거니와, 옥봉

을 향한 선용의 몰두는 시간 범주를 초월한다. 유동하는 시간과정 속에서 선용에게 유일하게 의미 있는 삶의 사건은 옥봉에 대한 지속적인 기억이다. 그 기억은 세상의 전부와 바꿀 수 있을 정도로 강력하다.

> 내가 집을 버리구 七十의 편모와 젊은 가숙을 버리구, 유랑객이 되어 떠돌아 다니다 필경은 세상까지 버리구, 이 산중으루 들어 온 것이 다 뉘 탓인지 아시요? (233면)

그렇기 때문에, 선용은 "옥낭을 잃음으로서 만사에 뜻이 없어 중"(268면)이 되었다. 선용은 시간의 변동 속에서 국권상실과 모든 욕망의 상실이라는 이중의 니힐리즘에 직면하였고, 이런 니힐리즘의 위협에 대해 연인과의 항구적인 영혼의 결합이라는 방식으로 대응한 셈이다.[16]

그러나 옥봉과 선용의 결속은 아이러니하다. 사랑은 그들이 원한 장소에서 이루어지지 않고, 이루어졌을 때 그들은 더 이상 기대한 장소에 살지 않기 때문이다. 따라서 그들의 영적 결합은 시간의 밖에 있을 뿐이고, 급진적인 역사의 변화에 책임을 다할 수 없다. 왜냐하면 이들의 죽음은 현재의 육체를 부정하고, 과거와 육체의 계보적 연관(가족)을 부정하며, 미래를 생성하는 육체의 힘을 부정하기 때문이다.[17] 다만, 기대한 것과 이루어진 결과 사이의 반어적 어긋남이라는 대미를 통해, 『옥랑사』의 구조적 이원성이 봉합되는 효과는 주목할 만하다.

---

16) 선용의 인간사냥으로서의 분풀이는 개인적 좌절과 복수라는 허무주의적 차원에 놓인다고 평가된다. 류종렬, 같은 책, 237면 참조.

17) 애초에 선용이 가족이라는 기본제도에 관심을 지녔던지 의문스럽다. 집을 떠나 기한 없는 여행에 나설 뿐 아니라, 옥봉이 죽은 후 아들 불명을 재취 아내 서씨에게 맡기고 입산하기 때문이다. 일상의 제도나 봉건적 권위를 돌파한 것이었다면, 이들의 사랑은 정치라는 측면과 길항할 수밖에 없고, 따라서 『옥랑사』는 구조적 이원성이라는 문제를 갖지 않았을 것이다. 그러나 상대역인 옥봉은 남성 시선의 대상이지 욕망주체가 아니다. 포쌈이 그러하듯이, 출산 즉 생물학적 재생산도 그녀의 동의없이 이루어진 것이다. 죽음에 이르러서야 그녀는 산막에 살 걸 그랬다고 후회할 뿐이다. 옥봉은 침묵하는 성(性)인 까닭에, 『옥랑사』에서 두 남녀의 사랑은 가부장적 제도를 위협하지 못한다.

5. 역사의 교훈과 상황서술

『옥랑사』의 후기에서 "歷史上 그 現段階에 있어서의 現實의 發見… 이것이 歷史文學의 正道"(279면)[18]라 한 것을 적극적으로 해석한다면, 현재를 형성과정에서 파악한 것이 역사소설이라 할 수 있다. 말을 바꾸면, 즉 현재의 전사로서의 과거를 구체적이고 생생하게 형상화하는 것이 역사소설의 본령이라는 것이다. 그렇다면, 현재의 전사로서의 과거는 어떠한가? 『옥랑사』에 제시된 선용의 다음 진술을 보자.

> 조선이란 나라는 종애속으루만 살기루만 마련인가 보지. 병자호란(丙子胡亂) 때에는 청나라가 명나라를 때려 뉘구서 집어 삼키더니, 이번엔 청국허구 아라사를 때려 뉘구서 일본이 늘럼 집어 삼켰으니. 이댐엔 그럼, 아라사가 일본을 때려 뉘면 아라사가 집어 삼기구, 미국이나 영국 법국이 일본을 때려 뉘면, 미국이나 영국 법국이 집어 삼키구, 하렸다……. 이리 저리 팔려 다니는 종의 자식 신세만두 못하구나. (270~271면)

과거 청나라의 종이었고, 현재 일본에 복속되었으며, 미래에 또 다른 나라의 종노릇을 할 수 있다는 것이다. 주인공 장선용이 이미 결정되었다는 승패나 없애지 못한다는 결과에 압도되고 심리적 퇴행의 방식으로 니힐리즘에 대응한 것처럼, 『옥랑사』는 인간이 역사를 통제할 수 없다고 강조하는 듯하다. 인간의 의지와 무관하게 역사는 일관된 질서를 갖는다. 그런데 그 질서는 부정의 질서이다. 부패하고 무능한 권력상층부의 사대주의, 백성의 무관심, 외세의 침략과 국권상실 등을 부정의 내용으로 본다면, 『옥랑사』에 드러난 역사는 엔트로피(entrophy)로서의 역사라

---

18) 이는 작가 자신의 말이라고 후기 작성자 최태응에 의해 기억된 진술이라 그 진의 여부를 확인하기 어렵다.

할 것이다. 엔트로피로서의 역사는 시간을 통한 사회정치적 변동에 대한 부정적 인식이다.[19] 사회형식의 변화에 역행하는 선용의 삶이나 그의 일가의 죽음도 역사를 엔트로피, 곧 부정의 질서로 이해한 결과라 할 수 있다.

예속이라는 부정의 역사를 통해 『옥랑사』는 외세의존적 당파를 비판하고 공동체로서의 내면적 혁신을 강조한다. 그래서 선용은 국권상실을 두고 "노상이 남만 탓을 할 일이 아니라"(269면)고 지적한다.

> 형제 화목히 지나구. 좀 불합한 일이 있더래두 남과 시비가 있거나, 일상을 겨루거나 한때는 합심합력 해서 대들구, 그러는 집안이 남한테 만만히 쥐어 지나구, 수모 당하구 하는 법 없느니. 박돌이두 자식이나 있었드라면, 이런 교훈이나 할걸 그랬지. (270면)

'남과 시비'가 있을 때 '형제'간에 '합심협력'하라는 '교훈'은 민족 내부의 모순보다 외세의 침략에 대한 공동행동을 강조한 것이다. 이는 해방기의 채만식이 현재의 관점에서 역사적으로 연구되어야 할 문제를 제기한 것이라 하겠다. 「역로(歷路)」(1946년)나 「미스터 方」(1946년)에서 드러나듯, 채만식은 좌우 이념 갈등, 노골적인 외세의존적 사고, 개인의 파당적 이해관계, 미소 강대국의 한반도 분할점령 등을 해방기 한국사회의 문제로 파악한 듯하다. 이런 문제인식으로부터 채만식은 과거의 역사를 교훈으로 삼지 못한다면 부정의 역사는 반복될 것이라고 판단했을 것이다.[20]

---

19) 엔트로피는 열역학 제2법칙을 뜻한다. 이에 의하면, 물질과 에너지는 한 방향으로만 바뀐다. 즉 질서로부터 무질서와 혼돈으로, 사용가능한 것에서 사용불능한 것으로, 획득가능한 것에서 획득불가능한 것으로 변한다. 이런 관점에서 보면, 역사는 발전, 진보, 성장, 성숙이 아니다. 시간의 화살은 무질서한 미래로 나아갈 뿐이며, 따라서 역사의 진로에 대한 인간의 자유의지 또한 제한될 수밖에 없다. J. Rifkin, 김건 · 김명자 역, 『엔트로피－새로운 세계관』, 정음사, 1988년, 12판, 60~62면 참조.

20) 『잘난 사람들』 후기에서 채만식은 역사는 같은 것을 되풀이하지 않는다고 일러 왔으

이런 맥락에서, 『옥랑사』는 민족을 호명함으로써 구성원 각자에게 공동의 정체성을 부여하고자 의도된 것이라 할 것이다.[21] 비록 시간을 통한 사회정치적 변동에 부정 일변도의 인식이긴 하나, 교훈이란 현재의 문제를 해결하고 그 필요를 충족하기 위한 것이므로, 이는 매우 정당한 제안이라 할 것이다.[22] 분단고착화로 전개된 이후의 한국사를 염두에 둔다면, 더욱 그렇다.

인간행동에 대한 교훈을 끌어낼 역사의 인과론적 패턴을 발견한 점에서, 『옥랑사』가 과거 사실을 단순 진술한 것은 아니다. 그러나 역사의 교훈을 강조하였음에도 불구하고, 이 장편소설이 과거의 가능성을 회복하는 기억이라거나 형성과정에 파악된 현재 자체에 대해 새로운 발견이 있다고 하기 어렵다. 왜냐하면 부정의 역사를 긍정의 역사로 전환시킬 매개가 없기 때문이다.

바로 이런 이유로 해방기 채만식의 현실인식은 조심스럽게 검토될 필요가 있다. 자신의 친일에 대한 변증이라 할 「民族의 罪人」(1948년)에서 채만식은 작중인물의 입을 통해 '해방을 우리가 횡재'한 것이라 지적한다. 횡재한 해방은 타율적으로 주어진 해방이라는 뜻과 일제로부터의 해방을 전망하지 못했다는 뜻을 포함한다. 횡재한 해방과 쌍벽을 이

나, 침략 외세를 숭배하고 자진 굴복 동화되어 일신의 영달을 꾀하는 「치숙」의 나와 같은 인물이 상하층에 충만하여 있다 하고, 세상은 「치숙」의 시절을 방불케 한다고 적었다. 『채만식전집』 8권, 창작과비평사, 1989년, 609면. 이런 맥락에서, 근대사에 대한 객관적 이해를 통해 민중을 일깨우려는 작가의 책임의식에 『옥랑사』의 창작 의도를 두기도 한다. 조창환, 같은 책, 126면.

21) 민족 내부의 갈등을 충분히 고려하지 않고 또 '우리'라는 공동체를 주관적으로 인식한 측면이 있지만, 『옥랑사』는 근대소설의 상징적 기능에 부합할 수 있다. 근대소설은 자본주의뿐 아니라 민족국가의 지정학적 현실과 연관된다고 이해할 수 있다. 후자의 맥락에서, 소설은 민족(국민)국가를 재현할 수 있는 유일한 상징적 형식이며, 지역애보다 민족애를 강조하여 국가의 보다 추상적인 지배를 이해시키려는 상징형식이다. F. Moretti, *Atlas of the European Novel* (Verso, 1998), pp.17~18 참조.

22) 이런 진술에서 민주적 민족주의에 바탕을 둔 진보적 역사의식과 정치적 혼란과 무질서, 외세의 개입으로 인한 분열이라는 해방 직후의 민족현실에 대한 날카로운 통찰을 보인다고 이해된다. 이내수, 『채만식 소설연구』, 이우출판사, 1986년, 125면.

루는 것이 '결백을 횡재'한 것이다. 이는 친일문제를 둘러싸고 '지조의 경도(硬度)란 미지수'라는 맥락에서 나온 것으로, 인간의 양심조차 역사와 투쟁하는 결정력이 아니라 역사의 우연한 부산물임을 뜻한다. 그러니 일본 패전 뒤에 오는 것은 '혼란과 무질서' '살육과 약탈, 능욕과 방화, 질병과 기아의 구렁'이며 '죽음과 공포의 거리'일 거라고 예상할 수밖에 없었을 것이다. 이는 지식인들에게만 해당되는 사항이 아니다. 「논 이야기」(1946년)에서 보여지듯, 해방을 횡재, 즉 '남의 불에 게 잡기'라고 이해하는 일반민중은 사사로운 이해관계에 따라 '나라 없는 백성'을 자청할 수도 있다.

결백이든 해방이든 그것이 횡재한 것이라 함은 사태의 진로를 결정할 수 없는 인간의 무능을 뜻하며, 따라서 긍정적인 미래를 전망할 수 없다. 이렇게 볼 때, 해방기 채만식은 정치나 역사에 직접 영향을 미치는 민중의 주체적 역량, 집단화된 민족의식의 사회적 실재성을 회의했다고 할 수 있다.[23] 역사를 추진할 어떤 세력도 신뢰하지 못했고 따라서 미래에 대한 전망도 있을 수 없다는 것, 바로 이것이 채만식의 역사 및 현실인식의 핵심이며, 『옥랑사』는 그 문학적 표현이라고 하겠다.

한 사회가 나아갈 지평이 보이지 않고 어떤 나라를 만들 것인가에 확신이 없는 상황에서 역사의 인과적 패턴을 통해 교훈을 제시하고자 하였기 때문에, 『옥랑사』에 역사적 상황에 대한 서술이 두드러질 수밖에 없다. 5장 「聖恩이 禽獸에 미치다」는 임오군란 이후 10여 년에 걸친 민씨 일파의 전횡, 개에게 감역을 제수한다는 황감역 삽화, 동학군의 1차

23) 해방 직후에 발표된 채만식의 단편소설 대부분은 역사의 주체에 대한 파악과 역사의 전개에 대한 전망을 결여한 채 민중과 지식인의 행태를 비롯한 모든 부정적 현실에 대해 비판으로 일관하며 이는 허무주의적 태도라고 지적된다. 김재용, 「세계질서의 위력과 주제 부재의 저항」, 문학과사상연구회 편, 『채만식 문학의 재인식』, 소명출판, 1999년, 172~180면 참조. 이는 역사적 전망의 상실과 민중연대성의 부재가 리얼리즘 작가로서 채만식의 한계라는 평가와 다르지 않다. 양문규, 『한국 근대소설과 현실인식의 역사』, 소명출판, 2002년, 174~176면 참조.

봉기와 휴전에 대한 진술이 그러하고, 9장에서 독립협회의 성립과 활동을 설명한 부분, 8장 「통역정치(通譯政治)」에서 권력상층부의 부패와 무능에서 민족국가의 소멸에 이르는 상황을 서술한 것이 그러하다. 특히 5장과 8장에서 주인공 장선용은 등장하지 않는다고 할 수 있는데, 작중인물의 장악력이 미치지 않는 상황을 장황하게 설명하는 것은 역사소설로서의 약점이라 할 것이다. 왜냐하면 이같은 상황서술은 민중생활의 특수한 사실들로 구성되는 대상의 총체성을 형상화할 수 없기 때문이다.[24] 심지어 『옥랑사』는 4년에 걸친 장선용의 2차 여행을 "조선 전도를 골골이 들르면서 포구도 찾고 절도 유심히 구경"(183면)했다는 하나의 문장, 하나의 단락으로 표시할 뿐이다. 근대로 향해 가던 사회의 다양한 변화양상이나 개화기의 다채로운 풍속을 배제한 결과, 장선용은 민중의 생활현실과 접점을 찾지 못한다고 하겠다.[25]

인물과 환경의 복잡한 연관을 대신한 상황서술은 과거의 가능성을 통해 미래를 전망할 수 없는 작가(서술자)가 소설세계에 개입하려는 욕망과 다르지 않다. 채만식 특유의 풍자적 진술이 권위적인 서술자를 전제하고 있는 것처럼, 전지적 서술자의 권위적인 서술은 상실한 부의식(父意識)을 회복하는 방식일 수 있다. 또 권위적인 서술자의 개입은 구한말의 사회사적 변동에 혹종의 설명과 평가를 보탬으로써 『옥랑사』를 단순한 연표 이상의 것으로 만든다. 그러나 작가가 적극적으로 개입한 연대기적 상황설명 때문에, 작중인물의 수가 제한될 뿐 아니라, 그들이 스토

24) 올바른 관점에도 불구하고, 인물을 대사건의 현장에만 등장시킴으로써 민중의 생생하고 구체적인 삶을 드러내지 못한 데 역사소설로서 실패한 요인이 있다고 지적된다. 채만식의 다른 역사물이 현실성을 확보하지 못한 강사류에 흐른 것도 같은 의미로 이해할 수 있다. 최원식, 「채만식의 역사소설에 대하여」, 『민족문학의 논리』, 창작과비평사, 1982년, 187~188면.

25) 시간과 특정한 관련을 지닐 뿐 아니라, 역사소설은 공간적으로도 중심에서 벗어나는 이야기라고 할 수 있다. 주변부의 불평등을 제시하고 그것을 제거하여 국가의 더 큰 단위로 통합하는 데 필요하기 때문에, 역사소설은 국가 수도에서 벗어나 변경 가까이 접근한다는 것이다. F. Moretti, *Atlas of The European Novel*, pp.33~35, 40 참조.

리를 장악할 수 없게 만든다. 이런 의미에서, 『옥랑사』는 작중인물의 이야기와 작가(서술자)의 언술 사이에 불균형을 초래한다고 할 수 있다.[26)]

이러한 불균형 속에서 서술자의 현실주의적 태도가 드러난다. 거대한 역사, 견고하고 불쾌한 현실은 변하지 않는다는 냉소가 그것이다. 당파성, 사대성, 노예근성 등 예속의 역사를 근거로 삼은 냉소적 태도 때문에, 주인공 선용의 현재는 희망이 없고 옥랑에 대한 기억의 힘은 현재의 경험을 무가치하게 만드는 것이다.[27)] 현실과의 형성적 만남이 불가능하기 탓에, 선용의 죽음은 불가피하다. 물론 선용의 죽음을 통해, 역사의 불쾌한 인과를 통해 민족의 운명에 관한 교훈을 얻고 역사의 방향성에 대한 각성을 얻을 만하다. 더구나 임박한 미래를 낙관한다면, 역사소설을 창작할 이유가 어디 있겠는가.[28)] 그러나 자유의지, 역사적 주체의 실재성을 회의하는 한, 교훈은 언제나 작가의 사후 잔소리일 것이다.

---

26) 30여 년에 이르는 시간 진폭에 비해 『옥랑사』의 등장인물은 매우 제한적이다. 선용과 직접적 관련을 맺는 인물로 옥랑, 매부 강영석, 맏동서 송서방, 외숙 박재춘, 박돌 등인데, 이들 상호간의 연관이 부족할 뿐 아니라 이들의 대결이 서사를 추동하지도 않는다.

27) 1939년에 발표된 「상경반절기」는 추악하다는 종족근성을 비판하고 있는데, 해방후의 「민족의 죄인」에서도 강자에게 아첨하며 자신의 안전만을 도모하는 '타협주의'는 '우리 민족성의 큰 결함'이라 지적된다. 너절하다는 종족근성을 타매할 뿐이라는 점에서, 채만식의 역사적 무책임성이 비판되기도 한다. 이경훈, 「근대주체의 좌절과 초극」, 문학과사상연구회 편, 같은 책, 148~163면 참조.

28) 삶이나 문학에서 해피엔딩은 끝까지 살아남은 생존자를 위해서만 존재한다. 말하자면 해피엔딩은 먼 미래에 살 사람을 위한 것이다. 현대세계에서 생존자의 완벽한 미래 전망은 희극적 신화라 하겠는데, 프라이는 민주주의의 진보 신화와 무계급사회 신화를 그 예로 꼽는다. N. Fry, *The Secular Scripture* (Harvard Univ. Press, 1976), pp.135~136 참조.

6. 맺음말

지금까지 역사소설 『옥랑사』를 대상으로 채만식의 역사인식과 현실 인식의 상호연관성을 살펴보았다. 이를 요약하면 다음과 같다.

첫째, 주인공 장선용은 여행은 시간 모험이다. 즉 그의 여행의 중점은 낯선 장소로의 이동에 있는 것이 아니라 시간의 경과를 통한 세계의 경험과 현실 인식에 있다. 이 여행에서 선용은 타자에 대응하여 우리를 발견하게 된다. 외세의 강제력에 대해 '우리'가 민족구성원을 뜻한다면, 국내적 권력체계에 대응한 '우리'는 계급구성원을 의미한다. 말하자면, 선용은 국내의 봉건적 수탈과 관련해서 계급의식을 얻게 되고, 외세의 침탈과 관련하여 민족의식을 확보한 것이다. 이런 의미에서, 선용의 여행은 개체로서의 '나'를 뛰어넘어 '우리'라는 공동주체로 이행하며, 『옥랑사』는 민중의 힘에 근거한 민주적 권력체계와 자주적 민족국가의 구성을 역사의 방향성으로 제시한다고 할 수 있다.

둘째, 공동의 외적 타자를 인식하고 공동주체가 되지만, 선용의 인식과 행위 방식 사이에 적지 않은 틈이 있다. 공주대전이라는 중요한 전투를 앞두고 진영을 이탈한 것은 민중이 지닌 역량의 역사적 실재성을 회의한 결과라 할 수 있다. 그렇기 때문에, 『옥랑사』에서 선용은 무리를 이룸이 없이 혼자 행동하며, 수탈과 침략에 노출된 민중은 오직 수난의 경험만을 공유할 뿐이다. 민중역량의 비실재성, 공동행동의 부재, 수난의 공동성 때문에, 『옥랑사』에서 장선용은 역사적으로 주변적인 존재가 된다. 아들 불명의 죽음과 분풀이로서의 인간사냥은 이를 가장 단적으로 보여주는 사례이다. 그러나 선용을 포함한 민중의 역사적 주변성은 객관적으로 인식된 것이 아니다. 왜냐하면, 선용의 행위는 사회역사적 상황과 이에 맞선 저항의 패배를 통해 이 형상화되지 않기 때문이다. 이는 『옥랑사』가 역사의 예비된 종말에 인물을 속박한 증거이기도 하다.

셋째, 인간적 위대성을 결여한 주변적 존재로 머물기 때문에, 선용은 세상을 등지고 살 수밖에 없다. 이는 외부현실과의 불화를 함축한다. 선용의 일대기를 두고 볼 때, 여행자에서 사냥꾼으로, 거기서 다시 승려생활을 하다 사당 앞에서 죽는 과정은 하나의 점으로 수렴되는 과정이다. 이는 사회형식의 변화에 역행하는 방식으로 국권상실에 이르는 파행적 근대화를 비판한 것이라 할 수 있다. 그러나 행동반경의 위축은 영혼의 결합을 드러낸 『옥랑사』의 대미처럼, 욕망을 부정하는 심리적 퇴행에 가깝다. 그래서 옥봉과 선용의 결합은 반어적이다. 사랑은 그들이 원한 장소에서 이루어지지 않고, 이루어졌을 때 그들은 더 이상 기대한 장소에 살지 않기 때문이다.

넷째, 이상과 같은 근거로 미루어, 『옥랑사』는 역사의 진로에 대한 인간의 통제능력에 회의적이라 할 수 있다. 역사는 엔트로피, 곧 부정의 질서라는 것이다. 예속이라는 역사의 교훈을 통해 『옥랑사』는 민족의 내면적 혁신을 통해 외세의 침략에 공동으로 대응할 것을 강조하고 있다. 이런 의미에서, 『옥랑사』는 해방기의 채만식이 현재의 관점에서 역사적으로 연구되어야 할 문제를 제기한다고 하겠다. 그럼에도 불구하고, 해방기의 현실인식에서 채만식은 역사를 추진할 어떤 세력도 신뢰하지 못했고 따라서 미래에 대한 전망도 갖지 못했다. 이것이 채만식의 역사 및 현실인식의 핵심이며, 『옥랑사』는 그 문학적 표현이다. 작중인물의 장악력이 미치지 않는 상황서술이 현저한 것도 이런 이유와 무관하지 않을 것이다.

• **황국명** | 인제대학교 인문문화학부 교수. 저서로 『한국 현대소설과 서사전략』 『삶의 진실과 소설의 방법』 『채만식 소설 연구』 등이 있다.

작가의 존재와 자기 처벌, 혹은 대속

「민족의 죄인」

한형구

1. 머리말–'해방 공간'의 열림과 그 지평 변환의 의미

문학 작품을 연구한다는 것은 무엇일까. 특별히 채만식의 「민족의 죄인」을 연구한다는 것은?

한국 근대문학 연구자치고 채만식의 「민족의 죄인」을 모르는 사람은 별로 없을 것이다. 많은 채만식 연구자들이 이 작품을 주목하고 그 역사적 의미망에 관해 논급했다. 그렇다고 추가로 밝혀진 사항이 있는가 하면 그것은 의문이다. 그렇다면 왜 새로이 밝혀진 사항이 없음에도 불구하고 우리는 이 작품에 대해 그토록 줄기차게 논변의 언술을 늘어놓아야 할까.

우선 '희소성'의 이유로 사태를 해명해보고자 하면, 이에 비견할 만한, 즉 채만식의 「민족의 죄인」에 비견할 만한 소설사상의 작품이 별로 찾아지지 않는다는 점에서 그 이유가 꼽힐 수 있을 것이다. 일제 식민지 시대를 마감하고 새로운 민족국가 세우기에 나서면서 누구도, 그리고 어떤 작품도, 이처럼 전면적으로 자신의 민족적 죄상을 밝히고 그

업보를 수용함으로써 '민족문학'을 정화하고자 한 경우가 없었다. 천하가 다 아는 친일 작가, 친일 문인의 존재가 수다했음에도 불구하고, 아무도 (채만식처럼) 반성의 제단을 차리고 다음 민족문학의 수립에 헌신하고자 한 경우가 없었다. 왜 그랬을까. 너무 흔한 과오, 흔한 범죄가 돼버려서, 죄의 정화 자체가 쑥쓰러운 행위로 인식된 때문이었을까. 혹은 '묻어간다'고 하는 시쳇말의 형용처럼, 구렁이 담 넘어 가듯 넘어가는 것이 가장 현명한 처신이라고 생각한 때문이었을까. 혹은 새로운 나라 세우기의 과제가 너무 긴급하여서 지나간 과거 돌아보기 따위의 반성적 시간을 허여하지 않은 때문이었을까.

만약 이 대목에서 역사 인식의 지평 문제를 생각해 보기로 하면, 1945년 8월 15일, 즉 해방의 날이 열리면서 한 순간 지나간 역사의 지평이 닫히고 새로운 역사 지평이 열리게 되었다는 것을 인식할 수 있을 것이다. 식민지 시대가 종막을 고하고, 새로운 개벽의 시대가 열리게 되었던 것이다. 결국 이 지평 변환, 혹은 이 지평 변환의 갑작스러움이 사람들로 하여금 인식상의 혼미를 가져오게 하였다. '개벽'에 걸맞게 경천동지하는 인식상의 대변환이 초래되면서, 지나간 과거의 일에 망집하는 따위는 한가로운 일이 되고 말았다. 대개 행동하는 시대에 글쓰는 일 따위로 꾸물거린다면 그 사람은 용감하고 적극적인 사람으로 취급받기 어려울 것이다. 실상 흠결을 따지기로 하면, 새나라 건설에 참여하고자 하는 사람 대부분이 (정도의 차이는 가졌을망정) 흠결을 가진 사람일 수밖에 없었다. 그러니 이광수이거나, 최재서 같은, 거물 친일파의 족적을 가진 사람이 아니라면 대부분 묵인하고 어서 새나라 건설에 동참하자는 식의 묵계 같은 것이 이미 그 시기, 즉 해방 공간의 열린 시기에 조성되고 있었던 것인지 모른다. 해방된 직후의 1945년, 그해 연말 벌어진 한 좌담회 속에서 당대 문인의 한 대표 격이었다 할 임화가 내뱉은 다음과 같은 언설 속에서 우리는 이러한 당대적 인식 지평의 문제, 그 공유의 문제가 고스란히 투영되고 있음을 알아차릴 수 있을 것이다.

물론 그럴 리도 없고 사실 그렇지도 않았지만, 이것은 단순히 예를 들어 말하는 것인데 가령 이번 태평양전쟁에 만일 일본이 지지 않고 승리를 한다, 이렇게 생각해 볼 순간에 우리는 무엇을 생각했고 어떻게 살아갈랴고 생각했느냐고. 나는 이것이 자기비판의 근원이 되어야 한다고 생각합니다. 이때 만일 '내'가 일개 초부로 평생을 두메에 묻혀 끝막자는 것이, 한줄기 양심이 있었다면, 이 순간에 '내' 마음 속 어느 한 구통이에 강잉히 숨어 있는 생명욕이 승리한 일본과 타협하고 싶지 않았던가? 이것은 '내' 스스로도 느끼기 두려웠던 것이기 때문에 물론 입밖에 내어 말로나 글로나 행동으로 표시되었을 리 만무할 것이고 남이 알 리도 없을 것이나 그러나 '나'만은 이것을 덮어두고 넘어갈 수 없는 이것이 자기비판의 양심이 아닌가 하고 생각합니다. 이럼에도 불구하고 이 결정적인 한 점을 덮어둔 자기비판이란 하나의 허위상 가식이라고 생각합니다.[1)]

이러한 발언 정도로 '친일 잔재의 청산' 문제가 해소될 수 없다는 것을 잘 알면서도, 이처럼 보편적인 문제 상황으로 문제 인식의 지평을 확대함으로써 오히려 죄의 문제가 유야무야 넘어가게 된 사정을 짐작할 수 있다. 만약 '생명욕'의 문제로 문제가 치환되어야 한다면, 이 속에서 죄의 올가미를 벗어날 수 있는 사람이 없고, 따라서 모든 사람이 죄인이 되는 상황 속에서는 아무도 죄인일 수 없는 역설의 상황이 성립될 수밖에 없기에 이르는 것이다. 이와 같은 논변이 치밀히 준비된 논변이었느냐, 아니면 무의식적으로 토설된, 다분히 우연적 논변이었느냐에 상관없이 이러한 논변이 당시 많은 문인들에 의해 암묵적으로 지지되고 수용되었다는 것은 우리의 문제 인식을 더욱 어렵게 하는 요인이다. 일제 시대, 특히 전쟁기의 일제 말기가 특별히 어려운 시대였다는 것은 더 말할 것이 없다. 이 시대에 그리하여 많은 사람들이 '대일협력(對日協力)'이라는 부역 책임, 혹은 부역의 죄를 뒤집어쓰게 되었지만, 「해방 전

1) 『중성』, 1946년 2월, 창간호, 48면; 김윤식, 『해방 공간의 문학사론』, 서울대 출판부, 1989년, 91~92면에서 재인용.

후」 속의 이태준처럼 실제로 모든 것을 버리고 훌훌 두메산골에 은거, 낚시꾼이 됨으로써 부역 혐의로부터 면죄된 사람도 또한 전혀 없지는 않았다. 하지만 저 『성경』 속의, "죄없는 자만이 이 여인에게 돌 던지게 하라!"는 언설처럼, 죄 없는 자가 죄 있는 자들을 문책하는 형태로 역사 법정이 진행된다면 이 역시 치사한 역사 공판정이 되고 말 것이다. 그렇다면 이러한 문제를 우리는 어떻게 처리하여야 하는가.

"자수하여 광명 찾자"는 표어가 있었던 것처럼, 자발성의 언설에 기대 문제를 처리함이 역시 문학의 법정으로서는 가장 적절한 처리가 될 것이다. 문학사의 법정이라 하더라도 이곳에서 우리는 기껏해야 어떤 포상을 기대할 뿐이지, 결코 죄와 벌을 기대하여 그에 합당한 처리를 기도하는 것은 아니다. 더구나 '문학'이란 "내 민족의 양심을 벼리기 위해 떠난다" 하는 선언처럼, 민족의 죄를 대속하기 위해 스스로의 자기 처벌을 기도할 수는 있을망정, 결코 누구를 벌주기 위해 역사 법정을 여는 곳이 아니다. 결국 이런 뜻으로서 오늘 되풀이 채만식 문학, 특히 그 중에서도 「민족의 죄인」을 다시 바라다보아야 할 필요성은 주어지는 것이지, 이로부터 누구를 흠집내고 처벌을 강행하자는 목적이 주어지는 것은 아니다. 이런 관심과 자세로부터 더욱 겸허하게 우리는 문제의 텍스트 자체를 꼼꼼히 들여다보아야 할 필요성이 주어지는 것인지 모르며, 이런 실증적 자세에서 어쩌면 당시 채만식이 토로하고 싶었던 어떤 진정성, 문학적 진정성이 더욱 설득력있게 우리에게 다가올 수 있을지 모른다. 미리 전제하기로 하면, 이 작품 「민족의 죄인」 집필로서 채만식은 단지 역사에 대한 변호, 변명만을 꾀한 것이 아니라, 그나름의 자기 처벌을 꾀한 것으로 보이고, 이 자기 처벌을 이해할 때, 우리는 당시 작가 채만식이 취하고 있었던 민족적 반성, 문학적 반성의 자세와 그 의미를 더욱 깊이 이해할 수 있게 되지 않을까 생각한다. 작가가 붓을 놓거나, 혹은 꺾거나, 혹은 붓을 들거나, 어느 편인들 반드시 바람직하다거나, 혹은 틀리다고 말하기 어려우리라는 법을 우리는 예단할 수 있지만, 한편 작가가 취할 수 있는 자기 처벌이란 기껏해야 붓을 들거나 꺾는, 그런 류의 집필 행위 여부 속에서 주어지는 선택적 행위 의미일 수밖에 없음도 우리는 생각할 수 있겠다. 만약 그가 붓으로 밥을 벌어먹고 사는 작가라면 '절필', 혹은 '낙향'이란 자신의 실존 전체를 건 근본적 기투의 자발적 처벌 의미에 값할 수 있다는 것을 우리는 생각할 수 있겠다. 이런 점에서 우리는 이 「민족의 죄인」을 전후하여 작가의 집필 상황, 혹은 더욱 정확하게 작품 집필의 시점 문제를 점검해 볼 수 있다고 생각하는데, 이에 덧붙여 작가 자신의 실존적인 이주(移住) 상황의 문제를 점검해 봄으로써 「민족의 죄인」이 안고 있는 진정성 확보의 예비 검토 작업에 나서보기로 한다. 요컨대 작품 주변의 실증적 사안에 일차 우리의 시선을 모아봄으로써 작품이 안고 있는 문제성의 외부적 검토 의미를 그것이 확보할 수 있기를 나는 기대한다.

2. 작품의 주변—실증적 사안들

1) 집필 시점의 문제

「민족의 죄인」이 지상에 모습을 드러낸 것은 1948년 말, 그러니까 그 해 10월호의 『백민』지에서였고, 그 뒤 동지(同誌) 49년 1월호에서 그 '하' 편이 모습을 드러냈으므로, 발표 시점으로만 보면 대한민국(大韓民國) 정부가 수립되고, 국회 내에서 소위 '반민특위'가 본격적으로 활동을 개시하기 전후한 시점에서 쓰여진 것이라고만 생각하기 쉽겠으나, 실제 이 작품의 집필은 1946년 봄의 시점, 더욱 구체적으로 밝히자면 그 탈고가 1946년 5월 19일자에 이루어진 것으로 살펴진다. 「민족의 죄인」 육필 원고의 후미에 "1946.5.19. 鄕村에서"라고 기록되어 있음으로 살펴지기 때문이다. 『채만식전집』(창작과비평사)의 간행자, 편집자들 역시 이 사실을 분명히 알고 있었다. 전집본의 '해제'란에서 그들은 다음과 같이 말해 놓고 있기 때문이다.

> 「민족의 죄인」은 1946년 5월 19일 향리(鄕里)인 임피에서 탈고하고 '어떤 사정'으로 발표되지 않고 있다가[2)]

이와 같이 판단할 수 있는 근거는 그러니까 이 작품 후미에 "1946.5.19. 鄕村에서"라고 명기되어 있기 때문이다. 채만식 문학 연구자들은 모두 알다시피 채만식은 작품마다 그 탈고 일자와 장소를 명기해 놓는 버릇을 가지고 있었다. 그렇다면 작가의 이 주기(朱記)가 과연 정확하고 명백한 것일까. 이 점을 확인하기 위해서는 무엇보다 작품 안으로 들어가서 꼼꼼히 텍스트의 문면을 확인해 보는 작업을 벌일 수밖에는 없다. 텍스트야말로 절대적이며 또한 최대의 자료이기 때문이다. 그를 위해서 먼저 총 6절로 된 이 작품의 서두 부분 1절을 인용해 두기로 하면 이렇다.

> 그동안까지는 단순히 나는 하여커나 죄인이거니 하여 면목 없는 마음, 반성하는 마음이 골똘할 뿐이더니 그날 김(金)군의 P사에서 비로소 그 일을 당하고 나서부터는 일종의 자포적인 울분과 그리고 이 구차스런 내 몸뚱이를 도무지 어떻게 주체할 바를 모르겠는 불쾌감이 전면적으로 생각을 덮었다. 그러면서 보름 동안을 머리 싸고 누워 병 아닌 병을 앓았다.[3)]

"그동안까지는 단순히 나는 하여커나 죄인이거니 하여 면목 없는 마음, 반성하는 마음이 골똘할 뿐이더니" "그날 김(金)군의 P사에서 비로소 그 일을 당하고" "일종의 자포적인 울분과 (……) 불쾌감"이 "전면적

---

2) 『채만식전집』(이하 『전집』) 8, 창작과비평사, 1989년, 256면.
3) 「민족의 죄인」, 『전집』 8, 414면.

으로 생각을 덮었다"고 말하고 있다. 그리하여, "보름 동안을 머리 싸고 누워 병 아닌 병을 앓았다"고 고백하고 있는 것이다. 사태의 발단을 이룬 계기가 "그날 김(金)군의 P사에서" 당한 '그 일'이었다고 설명되고 있는 것인데, 그렇다면 '그 일'이란 무엇인가.

여기서 '그 일'이란 2절 전체를 통해 설명되고 있는 '전직기자 윤(尹)'으로부터의 봉변(逢變) 사건이라고 해야겠거니와, 우선 시간적인 문제만을 여기서 점검해 두기로 하면 (어느 해) '사월 그믐의 저녁 무렵'이 '그 일'이 발생한 시간 배경이었던 것을 알 수 있다. 인쇄된 모습으로 작품의 둘째 페이지에서 서술되고 있는 양상이 다음과 같기 때문이다. 즉,

> 점심 나절부터 그무릇까무릇하던 하늘이 정녕 보슬비라도 내릴 듯 자욱히 다 흐리어 가지고 있는 사월 그믐의 저녁 무렵이었다.[4]

고 작가는 서술하고 있는데, 여기서의 '사월'이 해방된 다음 해, 즉 1946년도의 '사월'일 것은 작품 5절의 다음 문면을 보아 알 수 있다. 작품 「맹순사」(『백민』, 1946년 3월호) 발표의 직후 시점인 것이 다음과 같은 대화 중의 문맥을 통해 확인되기 때문이다. 즉 'P사'의 주인(주간) '김(金)군'은 다음과 같이 말하고 있다.

> (가령 옐 든다면,) 자네가 이번에 ××(백민)에다 쓴 '맹순사' 같은 소설은 도저히 이쁘장스런 소설이 아니니깐.[5]

P사(아마도 '박문사'가 아닐까?)의 주간인 '김군'의 발언 속에서 튀어나왔다는 위 대사는 그러니까 작품 「민족의 죄인」의 집필 시점을 추정하는데 결정적인 근거 자료가 되는 셈이다. 여기서 해방 후 채만식의 작품

---

4) 『전집』 8, 415면.
5) 『전집』 8, 444면.

활동 사항을 잠시 살피면, 1946년 3월호의 『백민』에 「맹순사」를 발표한 채만식은 이후 「역로(歷路)」(『신문학』, 1946년 6월), 「선량(善良)하고 싶던 날」(『약업신문』, 1946년 6월 18~25일), 「미스터 방」(『대조』, 1946년 7월), 「논 이야기」(『해방문학선집』) 등 활발히 작품 활동의 재개에 나섰다가 '어떤 이유', '어떤 사정'으로 작품 활동을 일시 중단하고 휴면 상태에 들어간 것으로 판단되는 것이다. 여기서 '어떤 이유'나 '어떤 사정'이 「민족의 죄인」 집필과 관련한 모종의 정신적 사태, 즉 정신적 충격으로 일종의 공황 사태 때문이었을 것으로 짐작되거니와, 그 전말이 말하자면 작품 「민족의 죄인」 전편을 통해서 서술되고 있는 '(민족의)죄인 작가'로서의 자기 의식과 관련된 것임을 어렵지 않게 추단할 수 있는 것이다. 작가의 실존적인 '이주(移住)'의 문제를 여기서 따져보기로 하자.

2) 작가 이주(移住)의 문제

작가 이주(移住)의 문제가 중요한 것은 「민족의 죄인」 속에 나타난 사건, 즉 '전직 기자 윤(尹)'으로부터의 봉변(逢變)이 어떤 현실적 파장, 곧 여파를 미쳤는가에 대해서 알아보아야 하기 때문이다. 작가가 이 사건으로부터 어떤 정신적 충격을 입게 되었는가에 대해서는 작품에 어느 정도 나타나 있는 셈이지만, 그것이 미친 현실적 파장에 대해서는 우리가 객관적으로 검증하기 어렵기 때문에 미흡하나마 우리가 취할 수 있는 척도의 하나로서 이 사실을 중시해 볼 수 있는 것이다. 이주(移住)의 사실이 보기 따라서는 간단한 사실로 비칠 수도 있겠지만, 거주의 장소로서 '서울'을 택하느냐, 혹은 두메 산골, 향리를 택하느냐 하는 것은 현실에 대한 작가의 참여 자세, 곧 현실에 대해서 어느 만큼 적극적으로 가담하고, 개입하려는 의지를 가졌느냐의 문제를 판별하는 데 대단히 중요한 척도의 의미를 지닌다고 해석될 수 있기 때문이다. 작가 자신이점에 대해서 깊이 유념하고 있었던 셈인데, 작품의 결말을 이루는 마지막 절, 6절의 초두 부분에서 주인공 화자는 다음과 같이 말하고 있다. 보라.

> 집으로 돌아와, 병난 사람처럼 오늘까지 꼬박 보름을 누워 있었다.
> 조반보다도 점심에 가까운 나 혼자의 밥상을 받고 앉아서 안해더러 밑도 끝도 없이 말을 내었다.
> "도루 시굴루 내려갑시다."
> "……"
> 안해는 놀라지 않는다.[6)]

"도루 시굴루 내려갑시다", 이 발언이 이주(移住)의 제안을 의미하는 발언인 것은 당연하고, 이에 대해서 "안해는 놀라지 않는다"고 작가는 쓰고 있다. 그리고 이에 이어서 왜 이주(移住)가 바람직하지 않은가, '시굴(골) 생활'이라고 하는 것이 구체적으로 무엇을 뜻하는가, 하는 데 대해 자세한 논란이 부가되어 있지만, 실질적인 결과는 다시 '귀향'을 택하게 된 것으로 보인다. '1946.5.19. 鄕村에서'라고 되어 있는 작품 후미의 주기 사실이 바로 그 작가 이주(移住)의 사실을 적시하는 바라고 다시 해석될 수 있기 때문이다. 그렇다면 왜 작가는 태평양 전쟁의 최말기(1945년 초)에 선택한 '귀향'(당시의 용어로는 '소개(疏開)'라 하였다 한다)을 해방을 맞아 번복(서울로의 이주)하였다가, 다시 이 「민족의 죄인」 속의 '봉변' 사건을 계기로 또 다른 '귀향'을 택하게 된 것일까.

「민족의 죄인」을 꼼꼼히 읽어본다면, 작가의 실존적 이주(移住) 궤적이 말 그대로 작가의 삶의 외적 궤적을 이루는 주된 모티브로서 설명되고 있기에, 여기서 더 구체적으로, 자세한 설명을 보탤 필요도 없는 사항이 된다고 생각되지만, 단편 「레디메이드 인생」에 나타난바, 독거(獨

6) 『전집』 8, 453면.

居)의 서울생활을 지탱하던 작가는 전업작가의 생활을 결심함과 함께 제2의 가정을 꾸려, '개성—안양—광나루' 등 서울 주변을 전전하며 살았던 것인데, 태평양 전쟁이 최말기로 접어듦과 함께 고향 임피로의 솔거를 결심, 실행했던 것이다. 그리고는 해방과 함께 서울로의 재이주를 결행, 작가 생활의 재개를 결의하며, 바야흐로 그 실천에 나서고 있던 셈인데, '전직기자 윤(尹)'으로부터의 봉변 이후 다시 고향으로의 낙향을 결심하게 됐던 셈이다. 그리하여 일단 향리, 임피로 솔거하였던 그는 교통이 좋은 '이리'에 터를 잡고, 6·25 직전 타계시까지의 생활 개척에 나섰던 것으로 보인다. '1949년 5월'로 그 집필 일자가 부기되어 있는 한 수필의 글 속에서 작가가 다음과 같이 말하고 있는 것을 볼 수 있기 때문이다. 1946년 봄 재낙향 이후 2년 가까이 현실 참여적인 작품 활동을 거의 중단하고 있었던 작가는 1948년 여름 이후, 5·10선거를 제재로 한 단편 「도야지」(『문장』, 1948년 10월)를 발표하고, 또 그해 8월 15일의 정부수립을 계기로 한 작품 「낙조」를 집필하면서, 그리고 장편 『옥랑사』와 『심봉사』 등의 발간과 함께 작품집 『잘난 사람들』을 상재하면서 상당한 인세 수입을 발판으로 한 목돈 마련에 나설 수 있었던 것으로 설명된다. 그럼에도 불구하고 왜 그럼 또 이 시기 그는 서울로의 이주(移住)를 망설이게 됐던 것일까. 수필 「밤손님」(『협동』 제25호, 1949년 11월 1일) 속의 작가 육성을 통한 설명은 이렇다.

> 당초에는 이 봄에 서울로 올라가 살 요량을 하고 있었다. (……) (하지만) 구차스러이 남의 사랑채살이의 서울살림을 하느니보다는 백사가 불비미흡하고 종종 서울 왕래를 해야 하는 불편이 있고 하더래도 차라리 시굴서 왼채 집을 사 오붓이 살기만 못한 노릇이라고 그래서 이 고장에 한동안 더 주저앉기로 하고, 집을 산 것이요.[7]

---

7) 채만식, 「밤손님」(『협동』 제25호, 1949년 11월), 111~112면; 졸저, 『한국 근대문학의 탐구』, 태학사, 1999년, 389면에서 재인용.

이 문면을 살피면, 작가의 지방 이주가 반드시 결정적인 사태, 즉 절대적인 사태로 주어진 바는 아니었고, 다만 임시방편으로 그런 방책이 취해졌던 것인데, 다시 서울로의 이주를 결심했다가도 여의치 않아 곧 그곳(이리)에서의 거주를 지속하게 된 것으로 설명되고 있는 것이다. 그렇다면 거슬러 올라가 왜 작가는 해방 이후 서울로 옮긴 거처를 1946년 봄의 시점에서 다시 지방 향리 쪽으로 옮기게 됐던 것일까. 그 이유를 찾자면 우리는 이 모든 것이 작가의 '자의식'이 시킨 탓이라고만 설명할 수밖에는 없으며, 그 자의식 유동의 계기가 다시 말하거니와 '전직 기자 윤(尹)'으로부터의 '봉변(逢變)' 계기로 주어졌다. 그렇다면 왜 작가는 이 봉변의 계기로부터 그렇게나 심각한 자의식의 상처를 입게 되었던 것일까. 이를 확인해 보기 위해서는 채만식 전체의 생애와 그 작품 세계 전반을 아울러 채만식(蔡萬植)이라는 작가의 의식적, 성격적 특질 전체를 조감해 보는 작업에 미치지 않을 수 없다. 채만식이라는 작가의 특이한 형질, 즉 그 '자의식' 자체가 이러한 (봉변)사건에 맞닥뜨려 반응을 야기한 총체적인 모태가 된다고 할 수 있기 때문이다. 그렇다면 채만식 특유의 형질, 채만식다운 자의식의 형질이란 무엇인가.

3. 채만식 문학의 자의식적 형질, 혹은 비극적 형질

필자는 채만식 문학을 전체적으로 개괄하면서 그것을 '비극적 세계관'의 소산이라 규정한 바 있다.[8] '비극적 세계관'이란 무엇인가. 서양 비극문학의 전통 속에 내재된 세계관의 성격을 '비극적 세계관'이라 이

8) 졸고, 「채만식의 세계관과 창작방법 연구」, 서울대 대학원, 1987년 참조.

름할 수 있거니와, 현실과 진실, 허위와 참이 얽힌 세계 속에서 이러지도 저러지도 못하는, 진퇴유곡, 진퇴양난의 세계관으로 이해할 수 있다. 개인 관계 속에서 이러한 세계관의 성격을 흔히 '우유부단'형이라고 설명하거니와, 채만식의 경우는 특별히 강한 비판적 형질과 이러한 내면적 성질이 결합된 경우라고 볼 수 있겠다. 습작의 형태로나마 채만식 최초의 작품으로 기록되는 「과도기」 속에서 이미 이러한 중간적 성질의 비판적 형질이 드러난다고 볼 수 있으며, 이러한 비극적 세계관이 강한 비판성으로 투영될 때 그의 풍자문학의 세계가, 그리고 주체에 대한 자기 연민의 운명적 형식으로 드러날 때, 비극적 유형의 소설들이 발현하게 된 것으로 볼 수 있다. 장편 『탁류』를 대표로 한 여성 비극의 세계가 대개 이 후자의 유형이라 볼 수 있는 것이다.

결국 풍자(성)와 비극(성)으로 요약되는 그의 문학적 특질, 세계관적 형질이 결합되는 지점에서 두드러지게 그 특유의 미학적 자질로 드러나는 세계가 '자기 풍자'의 세계였다고 할 수 있다. 그의 문학적 출세작인 「레디메이드 인생」에서 바로 이와 같은 미학적 자질이 뛰어나게 발휘되었다고 할 수 있겠는데, 해방 후에 이와 같은 자기 연민과 풍자의 발현이 말하자면 「민족의 죄인」으로 나타났다고 할 수 있다. 풍자보다는 연민의 태도가 강화되어 나타남으로써 「레디메이드 인생」에 비교된 「민족의 죄인」의 보다 침중한 비극성의 면모가 드러나게 되었다고 할 수 있는 것이다. 결국 이러한 태도로써 최소한의 자기 처벌이 불가피하게 되었다고 할 수 있고, '이주(移住)'라는 자기 처벌이자, 동시에 도피의 수단이 강구된 것이 이러한 태도로부터 비롯된 것이라 할 수 있는 것이다. 이러한 면모를 두고 우리가 특별히 그 문학의 '자의식'적 형질이라 부르지 않을 수 있을까.

채만식 문학 특유의 위와 같은 자의식적 형질, 비극적 형질을 염두에 두고 해방 후 채만식 문학의 도정을 다시 더듬어 보면, 1946년 여름을 경계로 그 이전과 이후가 확연히 다른 모습으로 나타난다는 것을 알 수 있다. 「맹순사」(『백민』, 1946년 3월호)를 필두로 「역로(歷路)」, 「선량(善良)하고 싶던 날」, 「미스터 방」, 「논 이야기」 등 활발히 작품 활동을 개시하였던 그는 이후 갑자기 작품 활동의 휴지기에 접어들고, 그 2년 후 48년의 5 · 10선거를 모티프로 하여 쓰여진 「도야지」(『문장』, 1948년 10월호), 그리고 '1948.8.15'의 집필 일자가 보이는 「낙조」 등의 탈고 이후 그다운 현실 참여적인 작품 활동이 재개된다는 것을 확인할 수 있기 때문이다. 이 사실은 무엇을 뜻하는가. 결국 「민족의 죄인」 속에서 암시되고 있는 바와 같이 스스로의 자기 처벌로 인한 이유였거나, 혹은 우울증과 같은 상태에서 현실 참여적인 작품 활동을 중단하고 있었던 그는 당시 2년 가까운 침묵기를 거쳐서야 겨우 작품 활동의 재개에 나설 수 있었음을 시사하는 것이다. 그렇다면 이 사이에 그는 어떤 활동들을 벌이고 있었을까.

「민족의 죄인」 속에서 암시되고 있는 것처럼 실제로 그가 이 시기, 곧 46년~48년 사이에 농사를 짓거나 하는 등으로 세월을 보냈는가 하는 점은 현재로서 확인키 어렵지만, 그렇다고 그가 이 시기 문필 작업을 전적으로 중단한 상태에 있었다고까지 말하기는 어렵다고 생각된다. 『옥랑사』 등의 작품을 매만지고 있었던 것으로 살펴지기 때문이다. 비록 현실 참여적인 작품을 생산하고 있지는 못했을망정 그가 이 시기 『옥랑사』 등의 작품을 매만지고 있었다는 사실은 그가 문학으로부터 완전히 마음이 떠난 상태에 있지는 않았다는 사실을 말해준다. 그리고 작품 『옥랑사』를 점검해 보면 이 시기 그가 어떤 의식 상태에 있었던가 하는 점을 간접적으로나마 짐작해 볼 수 있다. 그렇다면 장편 『옥랑사』란 무엇인가.

일종의 '역사 비극' 형태로서, 조선조 말, 개화기의 영웅적 인물 '장선용(張先用)'이라는 인물을 통해 일제에 대한 원망과 망국의 설움을 토로한 내용의 이 작품은 전체적으로 우울의 비관적 어조가 서술의 기조를 형성하고 있는 작품이라 할 수 있다.[9] 이 시기 채만식의 상태가 전체적으로 우울증의 상태에 있었으리라고 짐작되는 것은 이와 같은 의식상의, 내면상의 기조 양상 때문인데, 비단 『옥랑사』가 아니더라도 이 시기 이후 발표되는 「도야지」나, 「낙조」, 그리고 「역사」를 위시한 일련의 역사 강담류 단편, 그리고 유고로 발표된 「소년은 자란다」 등을 검토해 보더라도 한결같이 우울한 현실 관찰이거나, 역사 강담, 혹은 미래 전망의 소설 세계로서 작가 말년의 글쓰기가 채워져 있어, 이 시기 작가 의식이 어떤 상태에 있었던가를 살필 수 있게 하는 것이다. 특히 『옥랑사』의 경우가 「민족의 죄인」 집필 이후 시기 채만식의 의식 상태를 고스란히 반영하고 있다고 보면, 이 작품의 주인공 '선용'이 실심하여 '산막'에 은거하는 스토리를 보인다거나, 사랑하는 여자와 자식 등 가족을 돌보는 데 열중하던 주인공이 가족의 소실과 함께 허무주의에 입각한 영웅적 행동주의 양상으로 작품을 귀결시키고 마는 것은 이 시기 그의 우울증의 내면 구조를 여실히 반영하는 면모라 할 수 있는 것이다. 우울증의 근저에는 반드시 (어찌할 수 없는) '분노'의 감정이 깔려 있다[10]고 하거니와, '친일'이라는 지울 수 없는 (민족적) 죄의 형적을 짓고, 어찌할 수 없이 세상으로부터 물러나와 가족들이나 돌보는 데서 존재의 의미를 찾아야 하는 이 시기 채만식의 우울한 내면 풍경, 누구에게도 그 침작된 분노의 감정을 전가시켜 폭발시킬 수 없었던 채만식의 답답한 내면 풍경이 이 작품 속에 여실히, 잘 반영되어 나타나 있다고 할 수 있는 것이다. 「민족의 죄인」에 서술되고 있는, 혹은 투영되고 있는 작가 의식의 면모가 어떤 것인가를 우선 외적으로 확인해 두기 위해 이토록 먼 길을 필자는 에둘러 살펴온 셈이거니와, 이제 이 외면적 확인에 버금가는 내적 구조화 양상을 다시 「민족의 죄인」 내부에서 확인해 볼 차례다. 「민족의 죄인」의 의식 구조, 혹은 내면 구조, 이로부터 추출될 수 있는 작가 채만식의 의식적 특질 인자에 대해서 다시 방향을 선회하여 살펴보기로 하자.

---

9) 졸고, 「해방 공간의 채만식」, 『한국 근대문학의 탐구』, 408~414면 참조.
10) J.C. 네마이어, 유범희 역, 『정신병리학의 기초』, 민음사, 1997년, '우울증' 참조.

4. 「민족의 죄인」의 내면 구조

1) 1절－도입부

총 6절로 이루어진 「민족의 죄인」 중에서 그 첫절 도입부를 이루는 문장, 즉 "그동안까지는 단순히 나는 하여커나 죄인이거니 하여 면목 없는 마음, 반성하는 마음이 골똘할 뿐이더니 그날 김(金)군의 P사에서 비로소 그 일을 당하고 나서부터는 일종의 자포적인 울분과 그리고 이 구차스런 내 몸뚱이를 도무지 어떻게 주체할 바를 모르겠는 불쾌감이 전면적으로 생각을 덮었다"의 문장부터 그리하여 이제 우리는 다시 음미해 두지 않으면 안 되겠다. 이를 하나의 문장 단위로 분석해 볼 때, 그것이 우선 크게 두 부분의 복합 문장으로 이루어진 것임을 알 수 있다. "그동안까지는 단순히 나는 하여커나 죄인이거니 하여 면목 없는 마음, 반성하는 마음이 골똘할 뿐이더니"가 그 전반부이고, "그날 김(金)군의 P사에서 비로소 그 일을 당하고 나서부터는 일종의 자포적인 울분과 그리고 이 구차스런 내 몸뚱이를 도무지 어떻게 주체할 바를 모르겠는 불쾌감이 전면적으로 생각을 덮었다"가 그 후반부임을 알 수 있는 것이다. 여기서 전반부의 상태는 자의식의 상태, 즉 스스로의 자기 책망에 의해서 '죄'를 의식하는 상태라 할 수 있으며, 후반부는 '김(金)군의 P사'에서 '그 일'을 당하고, '일종의 자포적인 울분'과 '불쾌감'이 전면적으로 생각을 덮었다고 말하고 있는 것이다. 이로 보면 위 후반부의 문장 역시 '그 일'의 경험 진술 부분과 그로 인한 정신적 충격의 진술 등 두 부분의 진술 내용으로 이루어진 것을 알 수 있다. 사건의 외적 체험이 있었고, 그로 인한 심리적, 정신적 충격이 있었다는 설명이다. 이 충격을 설명하기 위해 "그러면서 보름 동안을 머리 싸고 누워 병 아닌 병을 앓았다"의 문장을 부가하고 있는데, 이는 그 충격이 심각했음을 말해주는 바에 다름아니다. '그 일'이 무슨 일이었길래, 즉 당한 '봉변(逢變)'의 사건 내용이 어떠했길래 이토록 깊은 충격을 주인공—화자가 감내할 수밖에 없었다는 것인가. 다음 2절에서 그에 대한 자세한 서술을 들을 수 있다.

2) 2절—'봉변(逢變)'의 사건 진술과 '소개(疏開)의 변(辯)'

2절의 주 내용은 우선 '그날 김(金)군의 P사'에서 당한 '그 일'의 진술이다. 그 전말을 설명하기 위해 우선 작가는 또 그날 'P사'에 들르게 된 연유를 설명하게 되는데, 그 문체가 대단히 유연하고 능란하기 짝이 없는 솜씨의 양상을 이루고 있다는 점을 또한 우리는 주목하지 않을 수 없다. 2절 서두의 문체 양상을 잠시 보이자면 이렇다.

> 항용 문필하는 사람의 마음 한가로움이라고 할까 누그러진 행습이라고 할까, 가까운 친구가 간여하고 있는 잡지사고 출판사고 하면 일이나 있으나마나 달리 소간이 긴급한 때 외에는 그 앞을 그대로 지나치지는 않게 되고 들어가 앉아서는 신문 잡지도 뒤척이고 많이 잡담하고 조금 문담(文談)하고 방담도 싫도록은 하고 하기에 세월을 잊고
>
> 하는 것을 주인 편에서는 흔연히 맞이하여 주고 같이 섭쓸려 이야기하고 하되, 한결같이 폐로와하는 법이 없고 출판사나 잡지사의 사무실은 문필하는 사람에게 이런 이를테면 동네 쇠물방처럼 임의롭고 무관함이 있어 김군이 주간하는 P사도 나의 그런 임의롭고 무관한 자리의 하나였었다.
>
> 하루 거리엘 나가면 그래서 출판사나 잡지사를 몇 곳씩은 자연 들르게 되고, 그날도 남대문 밖까지 나갔다 집으로 돌아오는 길에 역시 별볼일이 있던 것이 아니요 지날녘이고 해서 푸뜩 P사를 들렀던 것인데, 무심코 들르느라고 들렀던 것인데… 김군의 말따나 일수가 매우 좋지 못했던 모양이다.[11]

11) 『전집』 8, 414~415면.

이 서술에 이어서 바로 이미 인용한 시간 지정의 서술, "점심 나절부터 그무릇까무릇하던 하늘이 정녕 보슬비라도 내릴 듯 자욱히 다 흐리어 가지고 있는 사월 그믐의 저녁 무렵이었다"의 서술이 이어지는 것인데, 이런 문체적 양상을 통해서 느낄 수 있듯, 언어를 구사하는 작가의 솜씨, 경지가 이 시기 최고의 수준에 올라 있었다는 것을 알 수 있다. 사태를 손에 잡힐 듯 명료하게 서술하면서도 조급함이 없이 유장하고, 그러면서도 한편 작가—주체의 마음 씀씀이, 행로가 눈에 선하도록 드러나 있다는 것을 알 수 있는 것이다. 요컨대 무심코 '김(金)군의 P사'에 들렀던 것인데, "김군의 말따나 일수가 매우 좋지 못했던 모양"인지, 횡액(橫厄)의 '그 일'을 당한 사태가 되었다는 전말의 서술인 것이다. 이제, "P사에는 먼저 온 손이 있었다"로 '그 일'의 구체적인 전말이 기록된다.

여기서 '그 일'의 사건을 간단히 정리해 두기로 하면, '먼저 온 손' 즉 '윤(尹)'이라는 전직 기자로부터 말할 수 없는 수모(受侮)를 겪는 사건으로 그것은 정리된다. 전직기자 윤(尹)과 작가는 그 동안 깊은 친교를 나눌 기회는 없었던 셈이며, 그러나 바로 그 때문에 작가는 그를 어려워할 수밖에 없는 사이였다. 무엇보다 '윤'(尹)은 "대일협력(對日協力)을 하지 아니한 사람"이었던 것이다. "일중전쟁이 일던 아마 그 이듬해부터" 그의 이름은 각종 지상에서 "씻은 듯 없어지고" 자취조차 사라진 사람이 되었다. 이렇게 "일체로 붓을 멈추고 신문사원의 직업도 버리고 함으로써 대일협력의 조그마한 귀퉁이에도 참여를 하지 아니"한 사람, 그런 사람인 탓에 대일협력의 죄를 짓고 민족반역자, 혹은 친일파의 대열에 들어서지 않을 수 없는 작가가 한팔 꺾이는 신세가 되지 않을 수 없는 것은 당연한 이치가 되는 터였다. 이 미묘한 심리 관계의 조응 대목을 작가는 다음과 같이 피로해 보여주고 있다.

> 이렇게 대일협력을 하지 아니한, 그래서 지조가 깨끗한 윤에 대하여 많으나 적으나 대일협력을 한 것이 있음으로 해서 민족반역자 혹은 친일파의 대열(隊

列)에 들어야 할 민족의 죄인(民族의 罪人) 나는 그에게 스스로 한팔이 꺾이지 아니할 수가 없고, 따라서 그가 어려운 사람이 아닐 수가 없던 것이었었다. 동시에 죄지은 사람의 약한 마음이라고 할까, 섬뻑 그를 만나자니 눈치가 먼저 보여지지 아니할 수가 또한 없던 것이었었다.

과연 내가/"안녕하십니까?"/하는 인사에 같은 말로/(…중략…) 대답하는 윤의 말 억양과 표정에는 역력히 경멸하는 빛이 머금어 있었다.[12)]

얘기는 이로부터 시작된다. 서로 수인사를 교환한 후에 윤(尹)은 뜬금없이 "시굴루 소개(疏開)가셨드라구" 하면서, 아주 노골한 '경멸과 조롱'의 발언을 늘어놓기 시작하는 것이다. 그리하여, "생각하면 윤으로는 충분한 근거가 있는 경멸과 조롱이었다", 뒤이어 "지나간(1945년) 사월에 나는 소개를 하여 고향으로 내려갔었다" 하면서, 이 2절의 후반부를 이루는 「소개(疏開)의 변(辯)」이 구체적인 내용으로 토로되기에 이른다.

표면의 이유는 "지방으로 소개를 하여 스스로 폭격을 피하며, 그리 함으로써 소위 국토방위에 소극적 협력을 하기 위한", 이른바 '당국의 방침에의 순응'이었지만, "실상은 구실이요 소개를 빙자코 도피행(逃避行)을 한 것이었다"고 작가는 술회하고 있다. 이는 무슨 뜻인가. 또 간략히 작가의 술회를 요약해 보기로 하면, 이 대목, 즉 1945년 봄의 시점에서 작가는 일제의 패망을 거의 예감하게 되었다고 한다. 그리하여 문제는 "일제의 패전 그 뒤에 오는 것은?"이라는 자문의 물음이었다고 하는 것인데, 그러니까 예견되는 '혼란과 무질서에 대한 불안과 공포', 이 때문에 작가의 낙향 행은 결정되었다고 하는 것이다. 패전 상태가 되어 일제가 겨눌지도 모르는 조선인에 대한 총부리가 무서워 고향행을 선택하게 되었다는 설명이다. 또 대일협력에의 수렁에 점점 깊이 발목이 빠져들어가는 자신의 행보가 안타까워 일제 말기 낙향행을 선택하게 되었다고도 그는 말하고 있다. 더하여 1938년경, 그가 '개성'살 때 체험하게

12) 『전집』 8, 417면.

된 모종의 '독서회' 사건이 그를 대일협력에의 수렁에 빠져들게 한 최초의 올가미였음을 그는 술회하고 있는데, 일제 경찰 기구 앞에 힘없이 무너지고 만 이러한 전력의 고백이 말하자면, '고백체' 양식의 소설로서 이 작품이 내면적 실감을 확보하는 주요 장치로 활용되고 있음을 알 수 있다. 말하자면 '체험 즉 소설'인 것인데, 이 체험 술회의 내면적 장치를 마련하는 것이 곧 '고백체' 소설 기법의 핵자가 되는 부분이라 할 수 있고, 따라서 「민족의 죄인」 구성의 핵심적 장치가 이와 같은 고백적 계기의 꼬리물기 형태로 주어지고 있음을 알 수 있다. 결국 일제말기 친일어용의 문학 단체였던 '조선문인협회'로부터의 엽서 한장이 유치장으로부터의 놓여남을 안기는 유력한 증명서가 되는 것을 경험하고, 알게 모르게 대일협력에의 길에 나서게 된 것으로 그는 회술하고 있는 것이다. 2절의 결어부가 되는 다음 서술 내용은 이런 뜻에서 작품의 주제 전체를 압축적으로 전달하는 요지부의 대목이 된다고 할 수 있다.

> 나중 가서야 어찌 되었든 (…중략…) 소위 미영격멸국민총궐기대회의 강연을 피하려 하지 않고서 내 발로 걸어 나갔던 것은 그처럼 대일협력의 이윤이 어떻다는 것을 안 것이 있었기 때문이었었다.
>
> 많은 수효의 영리한 사람들이 저의 이익과 안전을 도모하기 위하여 진심으로 일본 사람을 따랐다.
>
> 역시 적지 아니한 수효의 사람이 핍박을 받을 용기가 없어 일본 사람에게 복종을 하였다.
>
> 복종이 싫고 용기가 있는 사람은 외국으로 달리어 민족해방의 투쟁을 하였다. 더 용맹한 사람들은 외국으로 망명도 않고 지하로 숨어 다니면서 꾸준히 투쟁을 하였다.
>
> 용맹하지도 못한 동시에 영리하지도 못한 나는 결국 본심도 아니면서 겉으로 복종이나 하는 용렬하고 나약한 지아비의 부류에 들고 만 것이었었다.[13]

13) 『전집』 8, 433~434면.

3) 3절－대일협력의 내면

이처럼 '2절' 속에서 작가의 대강의 행적이 술회되고, 밝혀졌지만, 핵심적인 행적은 아직 진술되지 않은 셈이라 할 수 있다. 따라서 '미영격멸국민총궐기대회' 이름의 '시국강연'에 어떻게 참여했는가, 혹은 작가로서 친일의 글쓰기에 어떻게 노출됐는가가 이제 진술될 차례에 이르렀다고 할 수 있는데, 3절의 전반부에서 피로되고 있는 것이 주로 그 첫 번째 강연 행각의 내용이며, 이어서 뒤미처 대일협력의 글쓰기 행각이 토로되고 있다. 비록 대일 협력에의 길에 나서긴 했지만, 그 내심까지 편안하지는 않아, 이면적으로는 오히려 청년들에게 민족의식을 전파하고, 징병, 학병에 나서지 말라는 권유까지를 마다하지 않는, '양서동물'의 이중 행위자 역할을 면할 수 없었다고 그는 자조적으로 털어놓고 있다. 그리하여 그 뒤 1944년 5월에는, 비록 글로 발표되지는 못했으나마, '증산소설' 생산 대열에 참여했다고 고백하며, 또 그해 가을에 다시 한 번 강연 대열에 참여했으며, 이밖에 매일신보 지상에 연재한 소설 집필을 통해서도 친일 행각에 나선 바 있음을 고백하고 있다. 그러면서 그는 어느 날 문득 깨닫게 되었다는 것이다. "하루 아침 잠이 깨어 수렁(無底沼) 가운데에 들어섰는 나 자신을 발견하였다"는 것이다. "한정 없이 술술 자꾸만 미끄러져 들어가는 대일협력자라는 수렁."[14)]

결국 그가 고향으로의 소개(疏開)를 감행하게 된 데에는 이와 같은 민족적 죄의식의 이유가 결정적으로 작용하게 된 것으로 작가는 설명하고 있다. "시골로 가서 있으면 한 가락의 호미가 보리밥의 반량이나마 채워주어 창녀(娼女) 못지 아니한 그 매문질은 아니할 수가 있을 것"이라 생각해서. 그리하여 "일본의 패전, 그 다음에 오는 것의 불안과 공포랄지, 눈에 살기를 머금은 일본 병정들의 등덜미를 겨누는 기관총 부리의

---

14) 『전집』 8, 440면.

위협이랄지, 이런 것 외에도 멀찍이 궁벽한 시골로 낙향을 하여야만 할 또 한가지의 다른 사정이란, 곧 이 대일협력의 수령으로부터의 도피행 그것"으로 주어진 것임을 그는 강력히 변호하여 주장하고 있는 것이다.

물론 그렇다고 그것이 무슨 대단한, 용맹스런 결단일 수는 없고, "역시 나답게 용렬스런 가만한 도피행일 따름이었다"고 스스로 자조 섞인 목소리로 해명하고 있으며, "오직 그 대일협력이라는 사실에서 풍기어 나오는 악취 그것이 못견디게 불쾌하였고, 목전에 그것을 면하고 싶은 지극히 당면적인 간단한 욕망으로서" 그리했을 뿐이라고 그는 덧붙여 말하고 있다. 그리하여 "아무리 정강이께서 도피하여 나왔다고 하더라도, 한번 살에 묻은 대일협력의 불결한 진흙은 나의 두 다리에 신겨진 불멸의 고무장화"가 되었다고 말하고, 이로써 "씻어도 깎아도 지워지지 않는 영원한 '죄의 표지(罪의 標識)'", "창녀가 가정으로 돌아왔다고 그의 생리(生理)가 숫처녀로 환원되어지는 법은 절대로 없듯이",[15] 그렇게 절대로 지워지지 않을 '죄의 표지'를 안게 되었다고 그는 체념적으로 수긍, 고백하고 있다. "가사 발목께서 도피를 하여나오고 말았다고 하더라도 대일협력이라는 불결한 진흙이 살에 가 묻었기는 일반인 것"이어서, 그러므로 "정강이까지 들어갔으나 발목까지만 들어갔으나 훨씬 가슴패기까지 들어갔으나 죄상의 양에 다소는 있을지언저 죄의 표지에 농담(濃淡)이 유난히 두드러질 것은 없는" 이치로, 이미 죄인으로서의 표지가 뚜렷이 자기 몸을 감싸게 되었음을 숙명적으로 인식, 업보화하여 서술하고 있는 것이다.

4) 4절—다시 '소개의 변', 그리고 해방 현실로 돌아오기

작품의 중동을 이루는 부분임에도 불구하고, 4절은 매우 짧다. "소개

15)『전집』8, 441~442면.

랍시고 고향으로 내려오기는 하였으나 막막하기 다시없었다"고 전제함으로써 낙향한 뒤 겪은 시골 생활의 어려움을 구체적으로 토로하고 있으나, 그 내용이 별로 길지 않고, 일종의 삽화 격으로 「소개(疏開)의 변(辯)」이라는 글이 매일신보에 실리게 된 전말만을 뚜렷한 맥락을 지어서 설명하고 있다. 하지만 그 분량은 이렇게 소략한 양상이라 하더라도, '소개의 변' 자체가 당초 '민족의 죄인' 죄상 고백으로 이끈 단초 구실을 하였던 탓에 이 대목의 서사적 기능은 오히려 결정적인 편에 속한다고 할 수 있으며, 마찬가지로 '낙향'의 현실적 결단 의미가 무엇을 가르치는지 설명하기 위해서도 이 대목은 범상치 않은 역할을 수행한다고 할 수 있다. 어쨌거나 이제 작품은 서사적 긴장이라는 면에서 절정으로 치올라 가고 있다.

5) 5절—민족의 죄인, 그 내면의 법정 공방 혹은 풍경

5절은 말 그대로 일종의 역사 법정이 벌어진 문학의 공간이라 할 수 있다. 전직 기자 윤(尹)이 순진무구한 인간으로서 기소를 담당한 검사 역할을 수행하고 있다면, 작가는 한갓 피고인일 따름이며, P사의 주간 김(金)이 힘겹게 작가의 변호인 역을 감당하고 있다. 이 공방의 자세한 내역을 여기서 되살릴 필요는 없으리라. 실상 작가 자신이 자신의 죄에 대해서는 엄중하게 이미 법정 앞에 제출해 놓은 상태인 셈이며, 단지 순진무구한 인간이기에 전직 기자 윤(尹)이 거침없이, 그리고 직설적으로, 친일행위자, 곧 친일작가의 죄를 밝히고 있을 따름이다. 이에 대해서 주간 김(金)의 변호 솜씨가 어떤가를 감별함도 여기서 큰 의의는 없을지 모른다. 이른바 '인정론'이며, 조금 격하게는 검사 측의 자격을 문제삼는 정도다. 이를테면 지조 높은 검사 격의 처신이란 그만한 가계의 뒷받침 위에서 가능했다고 볼 때, 그만한 가계의 뒷받침이 없었던 필부들의 처지도 조금은 이해해 줘야 하지 않은가, 이런 내용. 하지만 이런 식의 변호에 대해서 피고인 자신이 "아니 검사의 논고가 옳고, 변호인의 주장은 아모 소용도 없어"라는 식의 심리에 빠진 것을 고백하고 있고, "죽기만 많이 못한가 보이"의 심정을 토설하고도 있다.[16] 이에 대해서 위로하는 김(金)은 "이왕 깨끗했을 제 분사(憤死)를 못했을 바엔 때가 묻어가지구 괴사(愧死)라니 더욱 치사스러이"라는 말로 적절히 사태를 요리하고 있다. 요컨대 작가 노릇으로 작가 노릇의 원죄를 씻을 수밖에는 없다는 논리, 결국 이와 같은 '참여', 혹은 소극적 '도피'의 실존적 선택 속에서 작가의 행방이 결정될 수밖에는 없는 것이었고, 6절 속에서 '낙향론'이 재론되는 사정을 빚는 것도 결국 이런 소극적 도피의 행로가 양심을 가진 문인, 지식인의 가능한, 혹은 유일한 선택의 길로 떠오르기 때문이다.

6) 6절—자기 처벌의 논리, 혹은 학문(문학)영웅지여사(英雄之餘事)論

아내를 향해 다시 '낙향'의 불가피론을 펴는 작가에 대해서 "안해는 놀라지 않는다"고 말하고, 그러나 실제의 낙향이 얼마나 어려운 과제가 될 것인가를 아내의 입을 빌어서 작가는 말하고 있다. 그것이 '형극(荊棘)'의 길이라는 것을 알면서 또한 수행하지 않을 수 없다는 것을 말하는 셈이며, 이 담화 속에서 겨우 '지아비'로서의 가족적 존재의 면모를 견지해 나갈 수밖에 없는 작가의 초라한 모습이 투영된다. 죄를 안고 갈 수밖에 없다는 것, 죄를 안고 가면서 가족이라도 잘 건사함이 지아비의 마땅한 책무이리라는 것, 이 담화의 문맥 속에서 또한 작가의 우울한 마음을 위무하는 아내의 결정적인 논리가 피로된다. 대사 그대로

16) 『전집』 8, 452~453면.

살펴두기로 하자.

> 당신야 존재가 미미하니깐 이댐에 민족의 심판을 받지두 못하실는진 몰라두, 가사 받아서 벌을 당한다구 하더래두, 형벌이 죌 속량해 주는 건 아니잖아요?[17]

> 원고 쓰실랴 마세요. 차라리 영리회사 같은 데 취직이래두 하세요. 것두 싫으시거든 얼마 동안 집안에 들앉어 기세요. 내가 박물 보퉁이래두 이구 나서리다.[18]

벌이 죄를 속량해주는 것 아니라는 이런 논리, 혹은 작가 노릇을 버리면 되지 않느냐는 이런 논리 속에 작가의 의식, 무의식의 깊은 곳이 깃들어 있음을 알아차리기란 어려운 일이 아니다. 자식을 키우는 것도 중요하고, 가족을 부양하는 것도 중요하지만, 결국 모든 것이 '작가'라는 존재의 실천 자체 속에 깃들어 있음을 알아차리기란 역시 어려운 일이 아닌 것이다. 그렇다면 작가의 최종적인 선택이란 어떠한 것이 되었는가? 역시 '작가'의 길을 버리지는 못하고, 더 나은 작가, 곧 민족적인 작가가 되어야 한다는 것으로 그의 선택의 길이 좁혀지게 되었던 것을 알 수 있다. 「민족의 죄인」이라는 작품을 쓴 것 자체가 이 선택의 사실을 의미하는 것이려니와, 그렇지만 작품의 발표는 일정 기간 유예하는 식으로 결국 내면의 타협을 보지 않았던가 살펴진다. 더하여 '낙향'의 선택으로 소극적 도피, 혹은 자기 처벌의 길을 준수하게 된 것으로 보이며, 그렇지만 이 결과로 그는 상당 기간 동안 현실 참여적인 작품 활동의 권 외에 놓이게 된 것으로 보인다. 1946년 여름 이후 「도야지」를 발표하기까지 2년 가까이 문학적 휴지기를 갖게 되었던 것이 이 사태의 여파로 보이거니와, 작품 「민족의 죄인」 안에서는 동맹 휴학을 피하여 서울로 올라온 조카 아이를 향하여 다음과 같은 훈계조, 자기 경계의

17) 『전집』 8, 455면.
18) 『전집』 8, 456면.

언설을 늘어놓음으로써 민족적 죄과의 반성에 임한다는 자기 실천의 의미를 최종적으로 구축, 축조하고 있다. 우선 들어두자.

> 학문은 영웅지여사(學問英雄之餘事)란 말이 있어. 사람이 잘나야 하구, 학문은 그 댐이니라. 인격이 제일이요, 지식은 둘째니라 이 뜻야. 공부보다두 위선 사람이 돼야 해. 옳은 일을 하기 위해선 불 가운데라두 뛰어들어갈 용기. 옳지 못한 길에는 칼을 겨누면서 핍박을 하려래두 굽히지 않는 절개. 단체를 위한 일이면 개인을 돌아보지 않는 의협. 그런 것이 인격야. 그러구서야 학문도 필요한 법야. 알았어, 이놈아.[19]

5. 결어–자기 처벌과 작가적 실천

「민족의 죄인」이 하나의 소설 작품으로서 뛰어나고, 흥미있는 읽을거리임에 틀림없다. 그렇지만 이 작품이 단순히 능란한 문체 솜씨의 소산이거나, 능변의 소산일 뿐이라면, 그것에 대해 우리가 짙은 애정을 바치고, 그 의미를 두고두고 되새겨야 할 이유는 없을 것이다. 이 작품이 설득력과 감동을 동반시키는 까닭은 무엇보다 여기에 담긴 진정성이 우리의 가슴을 때리고 저미기 때문이라 할 수 있는데, 이것은 채만식의 이 「민족의 죄인」이 진정으로 민족적 작가로서의 자기 반성과 그에 준한 자기 처벌의 의지를 내면화한 작품인 것으로 읽혀지기 때문이다. 스스로 '용렬한' 인간임을 누차 반복하고 있는 대로, 겁이 많고, 기개가 약한 것이 자의식적 인간으로서 그의 천성의 바탕이 되었을진 모르나, 그런 탓으로 또 그는 아무도 진지하게 수행하지 않는 자기 반성과 자기 처벌

19) 『전집』 8, 458면.

의 치열한 작가적 모범, 민족적 모범의 족적을 시현했다고 할 수 있는 것이다. 하지만 스스로의 이런 자기 반성적 행보, 자기 처벌의 행보조차도 내놓고 광고하듯이 할 수 있는 행보는 아니었기에 스스로 '용렬한 도피행'이었다고 하는 만큼 현실의 참여 전선으로부터의 후퇴, 퇴각이라는 소극적 결단의 길을 택하게 되었다고 할 수 있는 것이다. 1946년 이후 그가 고향인 임피, 혹은 이리시에 정주하여 『옥랑사』 등의 역사 비극, 강담류 소설 작업에 임하다가, 1948년 5·10선거 이후 겨우 현실 참여적인 작품 활동을 재개하게 되는 것은 리얼리스트 작가로서 채만식 내면 속의 이런 거대한 고투의 드라마를 반영하는 사실들이라 읽힐 수 있는 것이다. 채만식에게 있어 1946~7년을 전후한 해방 공간의 시기란 이런 시야에서 정신적으로 우울증의 상태를 감내하지 않으면 안 되었던 자기 처벌의 힘든 유형기의 세월로 파악될 수 있거니와, 해방된 이듬해 봄부터 그가 정력적으로 발표한 「맹순사」, 「미스터 방」, 「논 이야기」 등의 작품과 함께 대한민국 정부 수립을 계기로 하여 쓰여진 중편 「낙조」 등을 제외하면 이 시기에 그가 더 많은 리얼리즘계 소설 문학의 진경을 이룩할 수 있었을 터임에도 불구하고, 아쉽게 저러한 중·단편의 소설 세계에 머무는 성과를 내고 만 것은 결국 위와 같은 자기 처벌 의지의 치열함과 진지함을 반영한 사태 귀결의 양상이었다고 하겠다. 하지만 이와 같은 유형의 세월 중에도 그는 결코 붓을 놓지는 않았으니, 근대 민족사에 대한 반성과 민족의 내일을 투시하기 위한 「역사」 등의 강담류 소설과 유고작 「소년은 자란다」 등의 소설을 이 시기의 소산들로 간주해 살핀다면, 그 자신 '용렬한 지아비'의 노릇밖에 한 게 없다는 자책에도 불구하고 그가 얼마나 민족의 운명, 민족사의 행방에 대해서 염려하고 그 아픔의 역사를 기록하고자 하는 민족적 소명 의지의 작가 노릇에 충실하고자 했었던가가 여실히 증명된다고 하겠다. 그는 비록 6·25를 보지 못하고, 전쟁의 먹구름이 6월의 한반도를 검게 드리우는 1950년 6월 중순의 어느날 '민족적 민주주의'를 되뇌이며 마지막 숨을 몰아

쉬었다고 하거니와, 「낙조」를 통해서 그가 민족상잔의 비극을 예감하고, 또 「민족의 죄인」을 통해 정신사의 깊은 상흔을 치료하고자 한 것은 민족적 작가로서의 그의 분명한 입지를 보증하는 문학적 사태들이라 할 수 있다.

그를 끝내 죽음으로 내몬 육체적 병질은 '폐질환'이었던 것으로 설명되지만, 결국 가난과 우울, 그리고 통한과 통분 등의 흥분된 감정들이 적절히 해소되지 못해 결국 마음의 병을 얻은 것이 이와 같은 민족적 작가의 조기 타계 이유로 작용하지 않았던가 싶다. "1946.5.19, 鄕村에서"의 주기를 단 작품 「민족의 죄인」의 엄밀한 읽기가 긴요한 것은 이처럼 작가의 내면 읽기를 위한 필요성에서도 그러하거니와, 연약하였지만 양심적이었던 한 작가의 내면 고백, 육성 고백의 실록은 비단 한 작가의 죄의 고백일 뿐만 아니라, 궁극적으로 문학사적인 기능과 역할을 통해서 당대를 살았던 당시 한반도 주민 대부분의 자기 배반의 역사를 언어로써 대속(代贖)한다는 의미를 획득함으로써 두고두고 민족문학사상 뚜렷한 별자리의 위치를 차지하리라는 것을 예감치 않을 수 없다.

• **한형구** | 서울대 국문과 및 동대학원 졸업, 문학박사, 문학평론가. 현, 서울시립대 국문과 교수. 지은 책으로 『한국 근대문학의 탐구』, 『합리주의의 문턱에서』 등이 있다.